彭林　嚴佐之　主編

方苞全集

第九册　方望溪文集全編（下）

復旦大學出版社

方望溪文集全編（下）

諸偉奇　陶新民　整理

方望溪文集全編卷十六

紀事

左忠毅公逸事[一]

先君子嘗言：鄉先輩左忠毅公視學京畿，一日風雪嚴寒，從數騎出，微行入古寺。廡下一生伏案卧，文方成草，公閲畢，即解貂覆生，爲掩户。叩之寺僧，則史公可法也。及試，吏呼名至史公，公瞿然注視；呈卷，即面署第一，召入使拜夫人，曰：「吾諸兒碌碌，他日繼吾志事，惟此生耳。」

及左公下廠獄，史朝夕獄門外，逆閹防伺甚嚴，雖家僕不得近。久之，聞左公被炮烙，旦夕且死。持五十金，涕泣謀於禁卒，卒感焉。一日使史更敝衣，草屨背筐，手長鑱，爲除不潔者。

[一] 本篇以下至逆旅小子，原爲望溪先生文集卷九。

引入，微指左公處，則席地倚牆而坐，面額焦爛不可辨，左膝以下，筋骨盡脱矣。史前跪抱公膝而嗚咽。公辨其聲而目不可開，乃奮臂以指撥眥，目光如炬，怒曰：「庸奴！此何地也？而汝來前！國家之事，糜爛至此。老夫已矣！汝復輕身而昧大義，天下事誰可支拄者？不速去，無俟姦人構陷，吾今即撲殺汝！」因摸地上刑械，作投擊勢。史噤不敢發聲，趨而出。後常流涕述其事以語人曰：「吾師肺肝，皆鐵石所鑄造也。」

崇禎末，流賊張獻忠出没蘄、黄、潛、桐間，史公以鳳廬道奉檄守禦。每有警，輒數月不就寢，使將士更休，而自坐幄幕外，擇健卒十人，令二人蹲踞而背倚之，漏鼓移則番代。每寒夜起立，振衣裳，甲上冰霜迸落，鏗然有聲。或勸以少休，公曰：「吾上恐負朝廷，下恐愧吾師也。」史公治兵，往來桐城，必躬造左公第，候太公太母起居，拜夫人於堂上。

余宗老塗山，左公甥也，與先君子善，謂獄中語乃親得之於史公云。

高陽孫文正逸事

杜先生岕嘗言：歸安茅止生習於高陽孫少師，道公天啓二年以大學士經略薊、遼，置酒别親賓，會者百人。有客中坐，前席而言曰：「公之出，始吾爲國慶，而今重有憂。封疆社稷，寄公一身，公能堪，備物自奉，人莫之非；如不能，雖毁身家，責難逭，況儉觳乎？吾見客食皆鑿，而公獨飯粗，飾小名以鎮物，非所以負天下之重也。」公揖而謝曰：「先生誨我甚當，然非敢以爲名也。好衣甘食，吾爲秀才時，固不厭。自成進士，釋褐而歸，念此身已不爲己有，而朝廷多故，邊關日駭，恐一旦肩事任，非忍饑勞，不能以身率衆。自是不敢適口體，强自勖厲，以至於今，十有九年矣。」

嗚呼！公之氣折逆奄，明周萬事，合智謀忠勇之士以盡其材，用危困瘡痍之卒以致其武，唐、宋名賢中猶有倫比；至於誠能動物，所糾所斥，退無怨言，叛將遠人咸喻其志，而革心無貳，則自漢諸葛武侯而後，規模氣象，惟公有焉。是乃克己省身憂民體國之實心自然而愜乎天下者，非躬豪傑之才，而概乎有聞於聖人之道，孰能與於此？然惟二三執政與中樞邊境事同一體之人實不能容，易曰：「信及豚魚。」媢嫉之臣乃不若豚魚之可格，可不懼哉！

石齋黄公逸事

黄岡杜蒼略先生客金陵，習明季諸前輩遺事，嘗言：崇禎某年，余中丞集生與譚友夏結社金陵，適石齋黄公來遊，與訂交，意頗洽。黄公造次必於禮法，諸公心嚮之而苦其拘也，思試之。妓顧氏，國色也，聰慧通書史，撫節安歌，見者莫不心醉。一日大雨雪，觴黄公於余氏園，使顧佐酒，公意色無忤，諸公更勸酬，劇飲大醉。送公卧特室，榻上枕衾茵各一，使顧盡弛褻衣，隨鍵户，諸公伺焉。公驚起，索衣不得，因引衾自覆薦而命顧以茵卧；茵厚且狹，不可轉，乃使就寢。顧遂暱近公，公徐曰：「無用爾！」側身内向，息數十轉，即酣寢，漏下四鼓覺，轉面向外；顧佯寐無覺，而以體傍公，俄頃，公酣寢如初。詰旦顧出，具言其狀，且曰：「公等爲名士，賦詩飲酒，是樂而已矣！爲聖爲佛，成忠成孝，終歸黄公。」

及明亡，公縶於金陵，在獄日誦尚書、周易，數月貌加豐。正命之前夕，有老僕持鍼線向公而泣，曰：「是我侍主之終事也。」公曰：「吾正而斃，是爲考終，汝何哀？」故人持酒肉與訣，飲啖如平時，酣寢達旦，起盥漱更衣，謂僕某曰：「曩某以卷索書，吾既許之，言不可曠也。」和墨伸紙作小楷，次行書，幅甚長，乃以大字竟之，加印章，始出就刑。其卷藏金陵某家。

顧氏自接公，時自懟。無何，歸某官。李自成破京師，謂其夫：「能死，我先就縊。」夫不能用。語在搢紳間，一時以爲美談焉。

明禹州兵備道李公城守死事狀

崇禎十四年冬十有二月，流賊寇禹州，兵備道李公乘雲到官始二十四日，按籍閲軍伍半虚，守禦具一無藉。知州事某請迎降，公怒斥之曰：「此吾死所也。」召士民激以大義，共登陴，賊死傷甚衆。城破，公率衆巷戰，猶手刃十數人，力屈被執。

方是時，河南守令多望風降伏，獨禹州士民殊死戰。賊入，下令屠城。公奮呼謂賊曰：「城守，吾事也。吾令衆守城，不敢不守；猶汝令衆攻城，不敢不攻。民何罪？獨吾一身當，任汝殘殺耳！」賊意解，收屠城令，因欲屈公。公憤罵不屈，乃立公爲質而聚射之，徵死猶寸磔焉。

公初至禹時，徽王支屬在禹者凡十七家，公議徵士人訓練而資餉於宗藩。知州事某持之，宗藩莫應。及城破，十七家無一脱者。知州事某叩首乞哀於賊，公忽奮起以足蹴其面，曰：「汝負國勤民，尚思向狗彘求活邪？」

賊既去，士民收骸骨棺斂建祠，私謚忠烈，春秋時祀。與公同難者，駐防千總張某，吏目周某，州人候選州同知余全生，遥授訓導趙日躋，太學生侯九韶，庠生周鳴岐、李儀化、田種玉、陳懋能，皆配享。

公磔於州城外西南隅大路旁槐樹下，其樹至今存，故老過之，猶或爲欷歔流涕云。公既歿八十年，夏峰孫徵君曾孫用禎爲州學正，徵於禹人，而屬余爲之狀。

記李默齋實行

余將受室，先兄命之曰：「人之大倫五，以吾所聞見，惟婦死其夫及守貞終世者爲多，子之能孝者差少焉，臣之能忠者差少焉，友之能信者差少焉，而實盡乎弟道者，則未見其人。其所以然，特由私其妻子及貨財耳。」余行四方，竊以兄所言陰求之士友間，其疏節不違者，蓋無幾人。

蔚州李□□，余同年友也，嘗道其兄默齋及嫂氏之賢：其事父母，夫婦帥先而盡瘁焉。□□有急，傾貲産以佐之，化於其妻無難色。嘗遘家禍，獨身當之，流離毒痛幾死而不忍累群弟。難既解，益勤家事，督課子弟。□□令高密，以運餉出塞，爲攝縣事者所誤。默齋之卒也，□□尚留滯山東。家人懼其憂勞中，不能復勝哀慟，大功衰將脱，尚不敢以告。用此觀之，默齋之仁恩所以愜乎門内者可知矣。

先兄所願見而不可得者，越數十年而幸有其人，乃傳所聞以式吾子姓焉。

書萬烈婦某氏事

烈婦某氏，江東巨室婢也，妻僕萬某，早寡，守貞二十年，年四十餘。會其主以事當與妻謫戌，妻泣而謂烈婦曰：「汝無子女，單獨一身，能充解脱我，俾幼稚有依，吾子孫當世祀汝。且汝少長吾家，主父年七十矣，猶汝父也，汝何嫌？」烈婦曰：「雖然，非禮也。」固請。既而曰：「吾之生贅也，亦無不可。但自當官充解後，陸行必異車，水行必異舟，逆旅必異室，抵戍之日，吾有以自處矣。」

既行至中途，其主忽戲曰：「汝爲吾妻，官作之合矣，而不同寢處可乎？」烈婦曰：「吾以主爲父，父何所不得老婦人，而忍出此言？」察其主意不悛，越日，夜中自經死。聞者莫不流涕，皆曰：「烈婦之志足悲矣，而其初之義則未審焉，其諸荀文若之儔與？」

方子曰：「操之心，途之人皆知之，文若爲之謀主，以固其操柄。文若死而操之惡已成矣，是猶共剽而終以不取分爲義也。若烈婦之主，身在縲紲，垂死之年而忍爲大惡，則豈烈婦所及料哉？烈婦之行也，早以死自處矣，不得已乃中道而潔其身，蓋自信其泥而不滓者也。豈可使與文若同名而不辨哉？」

西鄰愍烈女

愍烈女失姓氏，余西鄰某家婢也。主父行賈，妻某氏與豎通，烈女數切諫。謀并污之，以死拒，連衣裳，申固縫紝。某氏有母同居，一夕陽怒，以綿裹昵物置烈女口，因築入喉間，以杙抉其陰而死。被短布單衣，襲敝葛，蒲蔽首及膝，投東鄰宅後方塘中。賄隸胥報縣：有寒女自沈，莫知其誰何。三日命掩埋。既而迹頗著，鄰里皆知之而無以詰也。

烈女之死也，尸不可舉，或助之，易衣負以出。久之，求索不應，怒而争，乘醉詣郡言狀。衆皆曰：「此天也。」及對案，某氏言婢出惡言詈其母，怒而鞭之，夜自經。時烈女尸已焚棄絶蹤，而律文：主父主母以罪杖僕婢至死，無抵法。遂釋不推。時鄰某適歸自遠方，過姻家，聞故掉臂而去。某氏聞之，遂因其貲，挾豎遷居，又逾年，合爲夫婦。

昔先王知民性之不可枉也，故獄之疑者，訊之群臣，訊之群吏，訊之萬民，而又議事以制，不徵於書。其典獄者，又能悉其聰明致其忠愛以盡之，所以下無遁情而罰必中也。自三季以後，民抏敝以巧法，吏昏瞑以決事，貞良者枉死於無告，淫慝者安利而無殃，求其所以然者而不得也。此佛之徒所以因民之惑而爲之説與！

吕九儀妻夏氏

婦人居常而早寡者，無死道也。夫不以良死，則義可死；而堂有舅姑，室有子，或己之父母篤老而無兄弟，則其死也，雖當於義而傷於恩。

蕪湖呂九儀死於仇。其妻夏氏將死之，姑止之。逾年，仇抵死如法。夏氏遂修舊業，持門户，於今二十年，姑既殁，二子受室而成家矣。其始之欲就死也義，終則不愆於義亦不傷於恩。故夏氏之生也，賢其死也。

逆旅小子

戊戌秋九月，余歸自塞上宿石槽。逆旅小子形苦羸，敝布單衣，不襪不履，而主人撻擊之甚猛，泣甚悲。叩之東西家，曰：「是其兄之孤也，有田一區，畜産什器粗具。恐孺子長而與之分，故不恤其寒饑而苦役之，夜則閉之户外，嚴風起弗活矣。」余至京師，再書告京兆尹：「宜檄縣捕詰，俾鄉鄰保任而後釋之。」

逾歲四月，復過此，里人曰：「孺子果以是冬死，而某亦暴死，其妻子田宅畜物皆爲他人有矣。」叩以吏曾呵詰乎，則未也。

昔先王以道明民，猶恐頑者不喻，故以「鄉八刑糾萬民」，其不孝、不弟、不睦、不婣、不任、不恤者，則刑隨之，而五家相保，有罪奇衺則相及：所以閉其塗，使民無田動於邪惡也。管子之法，則自鄉師以至什伍之長，轉相督察而罪皆及於所司。蓋周公所慮者，民俗之偷而已；至管子而又患吏情之遁焉。此可以觀世變矣。

湯司空逸事[一]

國朝語名臣，必首睢州湯公。公自翰林出爲監司，年四十，從孫徵君講學夏峰，質行著河漳。其治績，吴淞十郡兒童女婦皆耳熟焉。立朝之節，同時士大夫多知之。惟受特知於聖主，而卒困於僉壬，其致怨之由，相搆之迹，雖門人子弟或不能詳也。

公巡撫江蘇時，執政明珠有家隸，言事多效，公卿震懾，所至大府常郊迎；過蘇，畏公威聲，弗敢謁。自監司以下，朝夕候其門。公聞，使召之，將命者用故事，以客禮請。從騎數十至轅門，顧謂左右：「主人出迎何遲也？」久之，辟大門，傳呼。大驚，窘迫，脱廝輿服被之，入至階下，見公南面坐，乃跪而聽命。公曰：「汝主與吾同朝，聞汝來，故以酒食犒汝。」命門卒爲主人。其人慚沮，即日去蘇，歸訴之，謀致難於公。而公聲績甚焯，上方鄉公。念公在外，無從得事端，

[一] 本篇以下至結感録，原爲望溪先生集外文卷六。

會東宮出閣讀書，乃爲上言：「湯某以理學爲時所崇，輔教太子，非某不稱。」上然之，遂以詹事徵。

公之内召也，比郡士民争以農器什物塞水陸道，不可行。公示諭：「吾在外，不能爲父老德。往者屢請核減浮糧，並爲廷議阻。今入見天子，且面陳之。」余相國國柱者，執政私人也。得此以告曰：「曩議，皆上所可也。『善則歸君，過則歸己』，而市於衆以爲名，使上知此，立蹶矣。」比公至，語已上聞，而公未之知。進講東宫，首大學「財聚民散」數則。畢講，東宫入侍，上問所肄，具以聞。上曰：「此列國分疆時語也。若海内一統，民散將安之？試詢之。」公具陳秦隋土崩狀，且言：「一統而民散，禍更烈於分國時。」上聞，猶諒其忠。會靈臺郎董漢臣上書，指斥時事及執政大臣。下内閣九卿廷議。執政惶悚，不知所爲，議與同列囚服待罪。王相國熙繼至，貌甚暇，徐曰：「市兒妄語，立斬之，則事畢矣。」執政曰：「上閲奏至再三，親點次，類嘉與之，奈何君言若是？」王笑曰：「第以吾言入，視何如？」時公爲宗伯，最後至。余相國述兩議以決於公。公曰：「彼言雖妄，然無死法。大臣不言，故小臣言之，吾輩當自省。」國柱曰：「此語可上聞乎？」公曰：「上見問，固當以此對。」執政入奏，國柱尾其後而與之語。命下，董漢臣免議。自是上滋不悦公。

戊辰余國柱宣言：「上將籍公内府，爲旗人表率。」時公以興作，度材於通州。某月某日日下晡，忽返，招鄉人某官與語。客退，獨坐一室，嚮晦，語家人：「吾腹不寧。」夜半遂殁。

既殁逾月，上與諸大臣語曰：「吾遇湯某特厚，而怨訕不休，何也？」衆曰：「無之。」上曰：「廷議董漢臣，彼昌言『朝無善政，君多失德，大臣不言，故小臣言之』，尚不爲怨訕乎？」衆乃知公爲執政及國柱所傾也。非上寬仁，夙重公，含怒而不發，公以此無類矣。公之以執政家隸、生釁也，余聞之蘇人蔡忠襄之子方炳及其族子又韶。其以董漢臣之議見誣，聞之相國桐城張公英、安溪李公光地。余國柱與執政比而傾公，聞之冢宰錢塘徐公潮。公之死，聞之孫徵君之孫淦。公之孫之旭，余同年友也。叩公遺事，皆未之前聞。恐久而衆説異端，故著其所聞於目擊公事者。

湯潛菴先生逸事

此篇，厚子自湯公年譜録出。所叙康熙時詔免田租與王本小異，而文較簡明。今從蘇録，而分注王本之不同者於内。鈞衡識。

睢州湯公内召時，吴人已建生祠，刻石紀德政，其殁也，巷哭里奠，薦紳學士争爲誄表傳記。其家有狀，有誌銘，有編年之譜，而德教在民，及詐不信之先覺，耳目衆著，足爲萬世標準者，尚逸四事焉。公巡撫江蘇時，上言：「歲祲免租，民困少蘇而已，必屢舉於豐年，富乃可藏於民。

免當年之租，半中飽於有司胥吏，故每遇國有大慶或水旱形見，不肖者轉急徵以待賜除。必豫免次年，然後民不可欺，吏難巧法。」聖祖皇帝深嘉與之，遂定爲經法。康熙年間，特諭户部，自今以往，海内農田正賦編折銀，通三年輪免一年，周而復始。直省均以徧皆豫免，不問豐凶。王本「遂定爲經法」下云：凡免地丁編折銀，必於前一年頒諭。康熙三十年十二月，特諭户部各倉儲積，計足供用，應將起運漕糧，逐省蠲免，以紓民力。除河南省明歲漕糧已頒諭免征外，湖廣、江西、浙江、江蘇、安徽漕米，自三十一年始，以次各蠲免一年。其後雖以西邊事起中輟，而大訓炳然，籍藏於故府，聖子神孫，當重熙累洽之餘，必將繼志述事焉。是公之訏謨，實受其福者，非一世也。

淮、泗漲漫，山陽、鹽城、寶應、高郵、興化、泰州、如皋七州縣，蕩析離居。上南巡，命濬海口以洩積水，敕于成龍主工植，尋以廷臣議使受靳輔節制。成龍議工費八十餘萬。輔議海口沙淤，非起高郵車邏鎮築高堤，束内水高丈餘，不能出海，費二百七十八萬。上召輔及成龍面詢。成龍力排輔議，淮南士大夫懼傷墳墓田廬，亦廷爭之。乃命尚書薩木哈、學士穆成格，會公及總漕徐旭齡合勘，兼問七州縣耆老云何。輔議本執政主之，至是上心頗是成龍。廷臣知輔議勢不行，欲并罷成龍功役。淮南士民言海口不宜罷工者十八九。謂宜并罷者，亦十之一二，使者意嚮之。公力爭。使者曰：「公言，吾當口奏。」及公内召，上語及海口。公對：「開一丈有一丈之利，一尺有一尺之利。」上愕然曰：「爾時汝胡不言？」公乃具陳前事。詰旦，召二人與質對。

二人强辨，公徐曰：「某故知有此。汝行後，即彙士民呈牒並某議，具文書印册存漕臣所。漕臣亦如之，存巡撫所。檄取，旬日後可覆視也。」二人語塞。上怒，立罷之，而發官帑，遣工部侍郎孫在豐往濬下河。

公里人有受業公門者，以黄門奉使過蘇謁公，曰：「吾師方嚴，孰敢以事請？但東南鹽政大病于商民，已聞知否？」公曰：「吾不知。」因條舉數事，每發，公詰難正言其非。乃出謝商人曰：「吾師素明達，獨於兹事未諳，見謂無一可行。」比使歸逾月，次第禁革，壹如所言。黄門每語人曰：「吾師至誠，而或以術馭人，賢者固不可測也。」

蘇之巨室有優，恃容儀，每闖入民宅。多見貌相悦而與之私。或結黨行强，所犯累累，有司不敢詰。聞公至，數月不出。公使入微迹而得之，痛予杖，戒毋傷筋骨；嚴伺守，故瘡將合，更薄笞；朔望縛載以徇於市及四郊，久之膚剥見骨，逾半歲始瘐死。由是奇衺浮淫者心悸，相勸改前行。蓋公之誠明仁勇，皆自學問中出，故道足以濟物，而政無所偏，即此四事，已足徵公治法之全矣。而記述者乃逸之，以是知紀事纂言，非於道粗有所聞，不能無失其體要也。

余遊吴門，與蔡忠襄之子方炳善，告余以勢家深心疾公之由。客京師，見四明萬斯同傳慈溪姜宸英逸事記，備載搆公者之陰謀巧言，而狀誌、年譜皆闕焉。或事相牴，或大體合而節目有異同，乃徵於桐城張文端、安溪李文貞、長洲韓宗伯、錢塘徐冢宰，皆曰：「三君子之言，信而有徵。」蓋公未嘗以語家人，而士大夫各述所聞之顯迹，亦未能究悉其所以然，故語焉而不詳耳。乃並著之，俾公之子孫就而求索，以上之史館，而三家之子孫，亦藉是以不歿其先人所傳述也。

安溪李相國逸事

康熙己亥秋九月，余臥疾塞上，有客來省，言及故相國安溪李公，極詆之；余無言，語並侵余。嗟乎！君子之行身固難，而遭遇蓋有幸有不幸也。

憶癸巳夏四月，余出獄，供奉南書房。一日，上召編修沈宗敬至，命作大小行楷。日下晡，內侍李玉傳諭安溪公曰：「朕初學書，宗敬之父荃實侍，每下筆，即指其病，兼析所由。至於今，每作書，未嘗不思荃之勤也。」公因奏對曰：「此即成湯改過不吝之心也。苟自是而惡直言，則無由自鏡矣。」時上臨御天下已五十年，英明果斷，自內閣、九卿、臺諫皆受成事，未敢特建一言，惟公能因事設辭以移上意，故上委心焉。每內閣奏事畢，獨留公南書房，暇則召入便殿，語移時。

是日，公晨入，上諮及民情，公對曰：「方三藩播亂，民心摇摇，未知所歸。今上恩德顯信於天下矣。往歲閩中旱荒，郡吏不能體上意，所發帑粟多乾没。民飢且死，獨歸怨於所司，而鮮不信上之志在矜卹者。」嗣問礦事，對曰：「今議開礦以甦民困，請著令止土著貧民無産業職事者，許人持一銚，而越境者有誅。則姦民不致聚徒山澤，以生事端矣。」議遂定，一時大豪輦金謀首事者，皆蹙指自悔。

先是，江寧太守陳鵬年爲大府所劾，吏議當大辟。無何，上問江督，公對曰：「當官勤敏無害，其犯清議，獨劾陳鵬年一事耳。」戴名世以南山集下獄，上震怒。吏議身磔族夷，集中掛名者皆死。他日，上言：「自汪霦死，無能古文者。」公曰：「惟戴名世案内方苞能。」叩其次，即以名世對。左右聞者無不代公股栗，而上亦不以此罪公。江督噶禮與巡撫張伯行互糾，獄辭久不決，上忽罷噶禮，尋孥戮焉：公實贊之，其語祕，世莫能詳。以余所聞見如此，公之設心，豈猶夫世之容悦者與？

然自公在位時，衆多誚公；既殁，詆訐尤甚。蓋由三藩播亂時，公適家居，以蠟丸獻入閩策；賊平，以編修擢内閣學士，忌者遂謂公始固有貳心。公恐爲門户之禍，故不能無所委蛇。及得君既專，常閉門謝客，所往還及顯然薦達者無多人。由是衆皆深怨，引繩批根，播揚於遠邇。然公方柄用時，朝夕入對，上所諏度，惟尚書、周易及朱子之書，而一時海内所號爲廉吏，無論公所習與否，皆得安於其位，則其實迹固有可按驗者。自公告歸未旬月，而忌者首攻公所薦舉，以爲傾公之地。因揚言公恃上恩，植黨以要權重。微上信公之深，禍且不測矣。故公再入，專務韜默。及逾年身歿，上出前後三章付内閣，然後知公始至，即出苦言以求退也。

嗚乎！公之設心如此，其於時事無所補救，而得謗乃過於恒人，此古之君子所以難於用世，而深拒夫枉尺直尋之議也夫！

叙交

余性鈍直，雖平生道義之友，亦多疑其迂遠不適於時用。志同而道合，無若朱公可亭者，而交期則近。雍正元年，公爲冢宰，禮先於余。是年冬，語余曰：「上將用我矣！子尚有以開予？」余曰：「某何知？」公曰：「吾知子乃鄭公孫僑、趙樂毅之匹儔也。子毋隱！」

次年二月，余請假歸葬，始以周官餘論十篇之三示公。及還，相國張公曰：「高安持子周官論至上書房手録，曰：『當吾世有此異人，而上竟不聞知可乎？』我數以子病久痼止之。子將若何？」余急過公，正告曰：「今上信大有爲，而士大夫結習未除，凡吾所云，必君相一德，衆賢協心，然後爲之而可成，成之而可久。不然，上求以誠心而下應以苟道，民不見德，反受其殃。公志果大行，異日以告於吾君而次第布之，不必知自僕也。」

乙巳春，公以實畿輔一篇致怡賢親王，合辭請開畿輔水利。余謂公曰：「近畿積水無歸久矣，必以數年疏決支河，俾伏秋潦漲，下流無壅。然後規下地，擇良有司，官治一區以爲民表，使民豔其利而爭自營之。苟少違其節次，動必無功。」其後爲之數年，果利害相半，公由是益信余言。

自是以後，凡吏疵民瘼，辨賢抑姦，胸中所知見，壹爲公盡之。且告以海内大事宜及時注措者，莫如復明初大寧三衛，兼求唐韓重華屯田故蹟，自歸化城西連三受降城以達於寧夏，及經略苗疆，控制臺灣三事，因盡出餘論七篇，公皆慨然引爲己任。會西事方殷，度無暇部署三方，而公尋遘沈疴，久而弗瘳，嘗力疾拜賜。有旨命公毋勤，自後即有錫賚，免拜受，毋至宫門。用此不得上言。嘗告漳浦蔡聞之曰：「吾伏枕吟呻，望溪至，輒心開而氣揚，欲於天下事有所轉移支柱，微斯人莫屬。子謹志之！」聞之疾將革，猶掩涕重言以勖余。余困於憂虞，屢欲告歸。公固止之，曰：「譬如巨室虚無人，雖老疾者偃卧其中，盜賊猶有戒焉。吾輩三數人尚可以疾自引去乎？」

及先帝登遐，今皇帝嗣位，公適奉命巡視海塘，自中途召還。時上方孜孜求治，凡民心所願欲與善良沈抑者，數月中設張搜擢，計日無虚。衆皆謂發其端者必公，而公與余朝夕南書房，未嘗一言及此。聖孝性成，依古禮經致行三年之喪，諸王大臣屬余草具儀法，及制詔將頒，復速余赴雍和宫討論。公常左右之，惟恐余言之不盡用也。

乾隆二年，公舊疾復作。余就公榻前，相視泫然，將行，公蹶然而興，以手拄頤曰：「子所言三事及九篇之書，吾未嘗一日忘。以聖天子布德推誠，維世礪俗，謂子所云禮義之明，人材之興也有日矣，而吾將泯焉，命矣夫！子性剛而言直，吾前於衆中規子，謂子幸衰疾支離，於世無求，假而年減一紀，尚有國武子之禍。欲諸公諒子之無他，而不以世情相擬耳。賓實既没，吾病不支，子其懼哉！」

公卒以九月十有八日。前二日，余在直房，日方晛，天氣清和，俄而陰雲起，風沙蒙霧，忽心動，曰：「公疾其變節乎！」使人問之，果然。賓實之疾之將革也亦然，相去始浹旬耳。吁，異哉！始余與公一見如久故，自戊申以後，公行步亦艱，約相送下堂盡階而止。先帝之喪，公與余同次内閣，雖入政事堂，衆既退，坐必下余，行必後余，余懼衆人之聞也。公曰：「衆争爲市道交，即此可示之以禮矣。」

余經説公手訂者過半，嘗序周官析疑、春秋綱領二書，以示聞之曰：「周情孔思，不圖二千餘年後，乃有如親受其傳指者。吾嘗謂望溪灼見大原，學皆濟于實用，其斯以爲根柢夫！」嗚呼！公今已長逝矣！自公殁後，余行身益不敢自苟，惟公於九原之下與余心相鑒照耳。

曩公卧病連年，每謂「吾身後之文，子當任之」。余既序公增纂戴記，公曰：「吾於古文，未之學也，而以意爲之者亦數十百篇，方自削𠝹，異日子終訂之。」及公既殁，而家人未嘗以一事屬余，故獨叙次爲交之始末，以志不忘久要之言。其平生忠孝大節，實德顯功，嘉言懿行，概弗著於篇；蓋公之行迹，宜列於國史，而狀與外碑壙銘已具，義不得私爲之傳云。

記長洲韓宗伯逸事

癸未春正月，余以計偕入都，會慕廬韓公將扈從南巡，往省焉。衆賓在堂，獨肅余就西序，坐始定，即謂余曰：「吾與子之相知不淺矣！然子終謂我何如人邪？」余曰：「公爲人，天下之士盡知之，況某邪？」公曰：「世人多好吾文，吾文不足言。或目爲曠達，亦似之而非也。吾立身尚能粗見古人之繩墨耳！吾爲亞卿，未嘗一至官正之門也，吾爲學士，未嘗一至執政之門也。自趨朝外，輿馬未嘗入内城。吾好朋游，常與酣嬉淋漓。然貳冢宰，歲未再終，發吏之姦，爲永禁者七百餘事，鋟諸版。是誠沈飲人邪？」余曰：「上於公意倦矣，而公不告休何也？」公曰：「剛當位而應，與時行也。吾後而失其時矣，徒滋譴呵耳！」余曰：「雖然，進退有禮，譴呵非所避也。」是歲，公果再告，再被詰責，而卒死於官。

始上遇公最渥，自爲宗伯，屢與孝感熊公同召對，忌者謂公旦暮且入相。會江南布政司張萬禄虧庫金三十餘萬，制府阿山上言非侵牟，費由南巡。或謂張於制府爲姻家，上震怒，下九卿議。御史大夫某曰：「山之罪在大辟，無疑也。」公正色曰：「果有連，其情私，而語則公也。且斯言得上達，所益不細。」忌者增語上聞，公由是日替。公天性與物無町畦，而睢州湯司空數語人曰：「表裏洞然，不可奪以非義，惟韓公耳。」上嘗親試翰林，欲黜者二人，時公與法公良同掌院事，命劾奏。公謂法公曰：「姑緩之，此民譽也。」越日，法入見，上怒，命削職，隨本旗供勞辱事。衆皆趣公，公曰：「法以吾言至此，而吾乃苟免乎？」又數日，召公詰責，公徐曰：「此二人於院中不在應斥之列，文雖不工，惟上寬假之！」上霽顔，爲公曲止焉。

公鄉試出崑山徐司寇門，及徐與重人相失罷官，而傅臘塔節制兩江，承意興大獄搆徐，凡素居門下者争避匿。公適在籍，獨盛與從，朝夕至門，且爲别白於在事者。公嘗乘小舟徜徉郊野間，會縣令出，隸卒争道，覆公舟，比登岸，衣裘盡濡，戰栗移時，戒從者無聲，竟不知爲公也。

余見當世名貴人能自忘其勢者有矣，而能使人忘其勢者，則未之見也。惟與公習，並忘其爲顯學人。然用此世皆目公爲曠達，而不知其植節守義深固而不可移也。余與公相知深而聚處日稀，及見公誌狀，凡可以不殁於世者，概乎其未有見焉，乃記公言而略道其所知。公自癸未春，遂不復與余相見，薄遽中忽標白其平生，若豫以相屬者。吁，異哉！

記徐司空逸事

余始至京師，長洲韓公、安溪李公皆爲余道蝶園徐公之爲人。時余方奔走衣食，而公顛躓於宦途，無因緣相見。癸巳春，余出刑部獄，蒙恩召入南書房，嗣移蒙養齋，與公一見如舊相識；共事十年，始灼知公所祈嚮，具得其往事。

公始仕，會明珠、索額圖執政，以利權相傾，各樹羽翼。中朝士大夫，非陰自託，各有主張，宦不得遂。當是時，顯與爲敵者，惟潛菴湯公、環極魏公。柴立中央而無所依附者，韓、李外可指數也。索額圖生而盛貴，性倨肆，有不附己者，常面折顯斥之。明珠則與其黨深相結，異己者陰謀陷之，而務謙和，輕財好施，以招來新進及海内知名士。公爲庶常，李公掌翰林院事，嘗薦公及德公格勒，上時召見，講論經義。德公嘗扈從巡行，明氏使人奉萬金爲裝。固辭裝已治，無所用之。公散館，第二等，例以科道用。索額圖惡公不附己，奏改部屬。用此，明氏尤欲致公。公爲童子，試京兆，與明氏子成德名相次；成進士，同榜選庶吉士。屢相招，皆不就。爲部屬時，以公事見，珠必偏贊於廣衆中。及改官中允，遷侍講。上一日詢公之爲人，珠以誠實對。選講官，列薦名先於學士，公終不一至其門，而德公以揲蓍陳言，大惡於珠。天久不雨，上命筮，遇「夬」，問其占，進曰：「『澤上于天』，將降矣，而卦義五陽決一陰，小人居鼎鉉，故天屯其膏，決去之即雨。」上愕然曰：「安有是？」遂以珠對。時索氏已挫於珠矣。

始上親政，方沖齡，額圖首建謀，黜輔臣專横者，百僚懾伏。而珠善結左右親近爲腹心耳目，其黨徧布中外。雖有賢者，慎自守，不求親媚而已，終莫敢齟齬。惟康熙十有七年，京師地連震，上晝夜坐武帳中。魏公環極直入奏：「天變若此，乃二相植黨市權，排忠良，引用僉壬，以剥黎蒸之應。」繼之者則德公。用此名震天下，而珠亦駭遽不自安。

自是以後，蜚語時上聞。謂公之父爲兩江制府麻勒吉僚屬，黷貨不貲。公與德公比，議朝政。適靈臺郎董漢臣上書言時事，多所指斥，下内閣九卿。大學士勒公德洪、尚書達公塔哈及湯公，謂書中「豫教太子，崇節儉」宜施行，而衆陰撓之，駁議至再三，以湯公尤珠所深疾也。由是衆口喧騰湯公不欲上親教太子，覬爲師傅，公與德公亦然。先是上嘗詢公所學視德格勒孰優，公自陳遠不逮也。至是復舉廷臣某與公相衡，而德公奏公遠過之，請上面試。忌者遂言公及德公交相推引，湯公實陰主焉。

越日，召試尚書陳公廷敬以下文臣十二人於乾清宫。公與德公方屬草，有旨責讓。德公遂於試文後申辨，公詩亦未成。上命同試諸臣校勘，衆相視無言，而湯公獨以公文爲是。又命廷臣公閲，湯公執前言，且謂德公品學素優，不宜以文字黜。是日，翰林院奏劾，德公削五級留任。時湯公爲東宫講官，上遂命爲師，而公亦爲皇子師。珠復使所親謂公：「此非福也！惟歸誠於執政，或少安。」公不答。是秋，上御瀛臺，教諸皇子射，公不能挽强。上怒，以蜚語詰責，公奏辨。上震怒，命撲責。被重傷。命籍其家，父母皆發黑龍江安置。然上意終憐公，其夜命醫二人治其瘡。翌日，復召詣皇子書堂。時大雨，裹瘡至宫門，跪泥中，見御前侍衛，即號泣求轉奏：「臣奉職無狀，罪應死。臣父廉謹，當官數十年，籍産不及五百金，望明主察之！且臣父母皆老病，臣年正壯，乞代父謫戍，尚能勝甲兵，盡命力。」衆皆掩耳而去之。有關公名保者，最後至，斥公而入，盡以公言奏。上立赦公父母，則已繫檻車就道矣。及諸途，觀者夾路，皆感泣。遂復公官，仍侍皇子。

冬杪翰林院奏德公私删起居注，有旨問公知否。會太皇太后升遐，各以尉二人、甲士二十人監守於私室。次年二月下獄。始至，即以雙木訊。公旁逮也，撞擊數十，脛大如股。禁親屬家僕毋通。席地卧，求水漿不得。獄卒刻時以至，提木索而摇之。毒痛，自分必死。適侍衛某入視族姻，公辨其聲，大呼曰：「上命問我，非欲殺我也。」其人就視，出謂典獄者曰：「此人死，我必入告。」由是家人得入進食飲，而湯公亦以教東宫，議董漢臣事得咎。桐城張文端相國嘗語余曰：「偉哉華野郭公，人傑也。往時蜚語數聞，所陷有至死而不知其故者。科道糾參，同僚舉首下西曹，可使無罪者死於非刑，而上不知其所以死。賴公訟言，聖主剛明，故至於今，王道蕩蕩，吾儕得甘寢達旦耳。」蓋謂湯公及公與德公事也。起居注故事數易稿，然後登籍。德公所删易，乃未登籍之稿。公晨夕教皇子，守官分局，無由與知，而獄辭上，當德公大辟，立決；公監候，秋後絞。上特旨改德公監候，公免死，鞭一百，荷校三月。妻子入辛者庫。逾年，公主出降科爾沁。公一子一女，主旗務者遂以公女媵。時德公遇赦出獄，歸本旗，遂使盡室以從。公不善騎，某公主疾，或請於上，遣公往視，相去千餘里，刻日反命。從者二人，一道斃。公入反命，出昏踣，兼旬不起。蓋自郭公劾奏，珠雖落職家居，而所引用，已盡列要津。每承意觀色，以求饜其忿好，又善事勢貴，與相應如影響也。

珠既老，其黨亦漸散。安溪李公日見親信。上亦久而察公之忠誠，歲壬午，復用爲内務府會計司員外郎。是秋，充順天鄉試主考。壬辰，以内閣侍讀學士副左都御史趙公申喬爲會試總裁。尋遷内閣學士兼禮部侍郎。特旨出辛者庫，復旗籍。甲午，巡撫浙江。丁酉，遷左都御史兼掌翰林院事。逾月，晉工部尚書，教習庶吉士。自乙酉冬，李公入相，上萬幾之暇，時召入獨對，同列無與班者。李公南還，公繼之，恩遇幾與比並。

公與人敬以和，貴賤老少如一。長翰林數年，物望所歸，鮮不薦達。老而篤學，共事蒙養齋，暇即就余考問經義。時江浦劉無垢、泰州陳次園常在側，交口而責余曰：「有是哉，子之野也！徐公中朝耆德，且爲諸王師，子抗顔如師，而誨之如弟子可乎？」余應之曰：「吾以忠心答公之實心耳！子視公遂出孔道輔下乎？」諸王侍衛中，有年逾三十始讀大學而請余講以所聞者，至秦誓，作而言曰：「所云一個臣，吾視徐公良然。」嗚呼！即是而公之誠於中而動於物者，可見矣。

上晚而信公甚篤，嘗賜詩，稱爲同學老友。時太夫人四體猶康彊，屢朝皇太后於慈寧宫，禮賜備至，而德公已老死徼外矣。然其部大人皆敬信，將校尊事之，身死猶善視其子孫。公爲余言之，未嘗不慘悽而顔變也。

記開海口始末

自明萬曆中，潘公季馴以河沙流埶無常，非人力所能濬，而引泇、沂、淮水以盪之。於是河、淮安流，漕運無壅者百餘年。國初，鄭成功之亂，治東南海防，凡入海津隘，皆下巨木爲椿。河流高，性湍悍，海舟本不能逆流而上，而在事者不察，下木雲梯關。久之，覆舟、漂楗、薪蓄之入海者，經此輒凝滯而沙乘之，由是海口隘，河流壅，洪澤湖漲，而下河七州縣咸被其災。

康熙二十三年，臺中相繼言：河正道雲梯關海口既日隘，非别開天妃石闥海口，不能洩湖流之漫於七州縣者。上南巡，問淮、揚水患，河督靳輔奏「宜用臺臣言」。乃命兵部尚書伊桑阿相視，奏「河臣議是」。上以兩河難兼理，别命安徽按察使于成龍董其役。始議開海口，執政明珠實陰主之，定計屬役於河督。及别設官，大失所望，而于成龍名受河督節制，實相牴牾。輔乃上言：「宜罷海口之役，而别開大河自車邏鎮築横堤抵高郵，洩洪澤湖水於堤内。自高郵東築長堤二，歷興化白駒場東所洩水以入海。請發帑銀二百七十八萬，俟堤成，丈七州縣故沈水之田，凡在額外者，官鬻之以補帑。」疏入，廷議多是河臣言。

自明珠執政，其黨余國柱等導以陰收天下利權。凡督撫、提鎮、監司，有不出其門者，遇事輒陰沮之。自九卿、六垣、臺中，皆樹私人。所欲興建及斥逐，則臺垣執奏。所欲引用，則九卿保任之。其已被上知而不附己者，陰使他人毁之而若弗聞也者。海口設官，既違執政本謀，遂鋭意别興是役。私議留帑銀百萬於内，自國柱及其黨皆取分焉。由是衆議莫敢齟齬，而上命訊淮、揚人官京師者。

寶應喬侍讀萊、山陽劉選司始恢聚其鄉之齒朝者而告之曰：「是役也，工未成，其害二；既成，害又二。河延三百里，堤内廣百有五十丈，非壞圩隴、毁村落、掘墳墓不可堤。河行磬折，可東可西，民夤緣以避其害，官吏要挾以牟其利。令下之日，七州縣之民，鬭訟無寧晷矣。害一也。凡里甲雇役，人日七十。功令官給四十實不能半。往例歲修，邑役數百人，數月而罷，猶病不支。今三工並興，邑役萬人，是歲加賦錢二千餘萬。害二也。工未成，水中之田，民田也。魚可捕，菰蒲可採。工既成，則河督之田也。濱河地瘠，率三四畝而當一，或十而當一，以起稅法。一旦據額丈量，而没其餘於官。奪其田之十七八，而責以故稅，民尚有遺類乎？害三也。往者，漕河之堤雖屢決，而河廣不過十丈。今並注洪澤諸湖之水於百有五十丈之河，獨恃新築一線之堤以爲固，而堤高於民居。城郭人民化爲巨浸，可計日而待。害四也。且湖流東注高、寶，則不能西出清口，河當日淤而病漕。」議遂定。

越三日，淮、揚朝士十一人，詣左掖門上四不可議。上意以爲然。執政進曰：「此縉紳意也，尚宜詢之小民。」又數日，上命工部尚書薩木哈、内閣學士穆成格會江蘇巡撫湯斌、總漕徐旭齡問民所欲，時執政知輔議勢不能行，因欲並罷海口之役。二人復命，稱：「百姓欲兩罷之」。而湯公尋内召。上問海口，公力言宜早開。上大驚，召九卿，俾二人與湯公面質。二人巧説。公曰：「我故知此事重大，汝行時，即書民狀及疏稿各二通，一用巡撫印存總漕所，一用總漕印存巡撫所，可覆視也。」二人始相視語塞。上大怒，立奪其官，而以工部侍郎孫在豐督濬海口，時二十五年六月某日也。秋八月，甄别翰林，掌院學士庫勒納以喜事奏奪喬萊官。又二年，聊城郭公琇爲御史，劾罷輔及在豐。江南總督董訥、總漕慕天顔亦交章論輔，輔疏辨，因互相劾，並下刑部。在豐與諸公皆降調，而海口工用不成。

始，輔開中河，實便於漕，而潘公成法亦自是而變。車邏鎮大河雖未開，而先是已開減水壩於高堰，以洩洪澤湖伏秋之漲。由是淮水力弱，不能出清口以盪河沙，而河沙倒入湖口及漕河，所在墊淤。後十餘年至丁丑、戊寅，漕河數決，湖益漲，而下流不通。七州縣之民陷溺者，不可計數。上親授方略，命尚書張公鵬翩往治之。塞高堰諸壩，濬清口，出湖流以盪河沙。雲梯關海口故道始漸深廣，而河患暫息焉。

記所聞司寇韓城張公事

大司寇韓城張公自視學江南，擢少宰，列於九卿，即以明決敢言任事著聲。其始爲司寇而罷也。以提督九門陶和氣勢方熾，司寇齊世武阿附，摭其讎人死刑獄。公持不可，因此譖公。逾年先帝燭其姦，誅和氣，投世武於荒。乃思公，以大司空徵。既至，改司寇。公感先帝灼知，益以國是自任，而衆亦知先帝信公。凡部事，主斷者十之七。九卿廷議，待決者亦過半焉。公性沈毅，凡朝議，親故、門人、子弟雖有問不告。性骨鯁，爲世所駭異，及利澤廣被於衆者，尚載人言。

先帝春秋高，諸王門下人或因緣詭法。有以負債訟淮商及吏民者，命闞逮。公正言折將命者，合堂變容。公意色愈堅，事竟罷。誠王屬長，以文學信任，朝夕上側。王府孟尚曾嫠甘肅平民，事達部。王再三切諭不得聞於上，而公具以實奏。衆皆危之，公恬如也。

今天子在藩邸，優人徐采嗾傭者捶殺人，部議以傭抵，公獨奏：「采罪在不宥。」事下九卿，是公議者獨趙司農申喬。及上嗣位，褒勵諸大臣，謂公伉直。無何，逮采於西邊，以故罪繫獄，俟秋決。天下悚然，誦聖德焉。

西事方殷，急饋餉，大將軍入覲以爲言。内大臣定議：「各途守選及遷補並停止，專用捐貲運餉人，事可集。」已得旨，始下外廷。公曰：「此關國體，當以去就爭。」九卿會議數四，相視不言。公乃昌言：「惟捐納所分員缺，可避運餉人。其正途及遷補仍舊。」因手定奏議。執政使人謂少宰張公廷玉曰：「聞舉朝同議，獨張公阻之。不識何張公也？」少宰曰：「首議者，張公廷樞；然余吏部也，亦同此議。」少司寇張公大有曰：「我亦同議者。」於是士論翕然歸三張。遂寧張太宰鵬翮爲不適者久之。

公復起，事先帝凡十年。四方有大獄，必使公往成。大災、大工役，必使往視。所奏當及興罷，常合衆心。康熙戊戌，鎮將、守、令激閿鄉四縣民變。公奉命往鞫。時河南州縣困於歲徵黄糧，中家以下，鮮不破産鬻子供輓賃。巡撫楊宗義疏請改折，而倉督及有司陰阻之。户部、九卿皆曰：「毋庸議。」公歸，奏使事畢，因陳民艱，退而具疏。上爲斥群議，特改諸州縣之遠水次者。巢可託爲司寇，滯留謫發黑龍江應赦免者二百七十餘人。公謂宜檢舉，巢難之。會巢罷，公獨自檢受罰，而囚家皆獲免，直隸、各省視焉。余嘗謂公：「前後朝議及出按諸大事，宜札記，異日付史官，乃本朝憲令，非爲公名也。」公曰：「吾議伸者，幾且忘之矣。」

公己卯主江南鄉試，己丑主會試，所登半名俊。爲九卿，任舉皆民譽，多未識面者。其終廢也，以陳夢雷久託誠王府，積罪惡發露。天子震怒，姑免死，發黑龍江，而公循故事，方冬停遣。又出其子使治裝。於時，人皆咎公。然觀過知仁，公之宅心易直，當官蹇然，而不以身之利害與焉，於兹亦見矣。

記太守滄洲陳公罷官事

長沙陳公滄洲，名迹尤著於江寧。始到官，榜於門曰：「求通民情，願聞己。」過未旬月而衆心翕然，期年政教大行。嘗以公事與諸郡守集議大府前，大府曰：「此公事也，費無所更，奈何？」衆無聲而注目於公。公曰：「吾官可罷，民賦不可增也。」議遂寢，而自制府及諸司皆受其病。

會上南巡，使公主辦龍潭行宫。故事：自左右、侍衛及閹、寺、隸、圉皆有餽，公一切不問。或以蚰蚓穢物置簟席間，越日車駕到江寧，召公詰問。先是，予告大學士桐城張公迎見，上問江南廉吏，首薦公。及是詔問張公鵬年守官狀，公對曰：「凡良吏，才性治法，尚或有偏。惟鵬年，吏畏其威而不怨，民懷其德而不玩，士式其教而不欺，廉潔其末也。」上怒遂釋。江干叠石爲步，備車駕御舟觀水師，前期一日，始檄公治步，屬吏及胥徒皆惶急。公曰：「若皆有公事，按部無動，吾自辦之。」遂率子弟，躬運土石，士民從者屬路。詰旦步成，上由是益奇之。

公於官中不受一錢，群商歲供數百金，市芻米給幕士。又嘗逐群娼而以其地懸上諭，月吉，與吏民講讀。大府據此特糾，落職聽勘。檄下未移時，士民填街巷，揭帛鳴鉦，環制府，問太守見劾之由，門者重閉，叫嘑不退。有司械繫數人，制府欲并釋之，使謂曰：「汝偶行過此被繫邪？」皆曰：「非也，願入獄與太守同命。」及會鞫，以金木訊商人，商人曰：「歲餽自督、撫及州、縣皆有之，惟太守見却耳。」有司以建亭於娼室故址懸上諭，爲大不敬，公罪當在大辟。一日，上問制府於大學士安溪李公，對曰：「臣嘗與同僚，廉幹果於任事，其失民心，獨劾陳鵬年一事耳。」上頷之。

公性彊直，不能屈意上官，於大府左右親近，視之蔑如，用此毁言日聞。同時韓城劉公蔭樞爲監司於江西，性行大類公，與公同時被劾。江西士民號泣匍匐，叩制府爲請命者以千數。制府故有賢聲，用此頗心悔之。獄辭上，上特原公，召入武英殿，尋以蘇州太守攝布政使，而劉公亦登用。於時天下知與不知者爲二公躍喜，且歎天子明目達聰，於群下是非功罪，一以道揆而無成心也。

記張彝歎夢岳忠武事

張君彝歎之卒也，聞有異徵。逾歲，其邑子孔君端蒙至，曰：「彝歎爲諸生時，夢入古廟，見宋少保岳公與爲主客之禮，手文一簡，屬删定，且曰：『吾更謚久矣，而世人多舉故謚，願先生正之！』將别，忽變色易容曰：『會相待於桃山矣。』彝歎平生，迹不出州郡。其貢成均，試禮部，恒閉户不接一人。成進士，應除縣令，不就。既老，忽應徐中丞請，主杭州敷文書院。院中立碑，工以舊石至，按之，則岳公墓碑也。彝歎曰：『吾之兹行，有以也夫！』因告中丞以昔夢，補其文之缺漫而歸焉。中丞還朝，薦彝歎學行。詔下江南省，刻日齎送。行至桃山驛，憩廟旁，心動入視，果夢中所見。語從者曰：『吾死無日矣。』越三日，至茌平縣館驛，正衣冠，端坐而逝。」

余觀書傳所記，死而有前徵者衆矣。獨怪岳公志事與日月争光，故謚之不類，何足爲公瑕疵，而乃耿然自標白也？嗚呼！我知之矣。世教之衰，不獨小人敢爲誣善之辭，即所號爲學者，亦多恣胸臆，以顛倒前人之是非。推其心，蓋謂彼人與骨已朽，而誰與證其得失也。觀公之見夢於張君者如此，則知自古仁人志士，其精爽實不没於宇宙，以鑒照下人，而可任其誣枉哉？昔朱子論南渡人材，謂「公知義理，非韓、張所及。公以上，次第無人。」則嚮伏於公者至矣，而其門人乃有目公爲横，而假託於朱子之言者。以公之志事與日月争光，猶不能免此；況迹介隱顯、蔽于讒慝之口，而末由自列者乎？傳其事，使論古者有警也。

記姜西溟遺言

余爲童子，聞海内治古文者數人，而慈溪姜西溟其一焉。壬申，至京師，西溟不介而過余，總其文屬討論，曰：「惟子知此。吾自度尚有不止於是者，以溺於科舉之學，東西奔迫，不能盡其才，今悔而無及也。」時西溟長余以倍而又過焉，而交余若儕輩。

其後丙子，同客天津，將別之前夕，撫余背而歎曰：「吾老矣！會見不可以期。吾自少常恐爲文苑傳中人，而蹉跎至今。子他日誌吾墓，可録者獨三事耳：吾始至京師，明氏之子成德延至其家，甚忠敬。一日進曰：『吾父信我，不若信吾家某人。先生一與爲禮，所欲無不可得者。』吾怒而斥曰：『始吾以子爲佳公子，今得子矣！』即日卷書裝，遂與絶。崑山徐司寇健菴，吾故交也。能進退天下士，平生故人並退就弟子之列，獨吾與爲兄弟稱。其子某作樓成，飲吾以落之，曰：『家君云名此，必海内第一流。故以屬先生。』吾笑曰：『是東鄉，可名東樓。』健菴聞而憾焉。常熟翁司寇寶林，亦吾故交也。每乞吾文，曰：『吾名不見子集中，是吾恨也。』及翁以攻湯司空斌，驟遷據其位。吾發憤爲文，謂『古者輔教太子，有太傅、少傅之官。太傅審父子君臣之道以示之，少傅奉太子以觀太傅之德行而審諭之。今詹事有正、貳，即古太傅、少傅之遺也。翁君之貳詹事，其正實睢州湯公。公治身當官立朝，斬然有法度。吾知翁君必能審諭湯公之德行以導太子矣。』翁見之憮然，長跽而謝曰：『某知罪矣！然願子勿出也。』吾越日刊而布之，翁用此相操尤急。此吾所以困至今也。」時西溟年七十餘，始舉於京兆；又逾年，成進士。適翁去位，長洲韓公菼薦於上，得上甲。己卯，主順天鄉試，以目昏不能視，爲同官所欺，掛吏議，遂發憤死刑部獄中。

西溟之治古文也，其名不若同時數子之盛，而氣體之雅正實過之。至不能盡其才，則所自知者審矣。平生以列文苑傳爲恐，而末路乃重負污累。然罪由他人，人皆諒焉；而發憤以死，亦可謂狷隘而知恥者矣。西溟之死也，其家人未嘗以誌銘屬余，而余困躓流離，與其家不通問者，計數已十有九年。姑傳其語，俾衆白於其本志之所蓄云。

書羅音代妻佟氏守貞事

節婦佟氏，羅音代之妻也。音代母微，始生即被棄，少司空陳一炳養爲己子，使妾蕭氏母之。既長受室，而司空歿。諸子争産，以音代非陳氏子也，逐之，與母妻出居。或誑誘，貲産蕩盡，未幾疾卒，一子在襁抱。節婦母家貴盛，憐節婦年少，欲奪其志。歸寧，止之數月。一夕，脱身獨行，歸依其姑。其父母復使要之，則誓不復通。久之，益無以爲生。

學士敦公拜，司空故交也，少繼其小宗，與音代之父爲本生兄弟。蕭氏猶知之，使僕某往請。自司空之歿也，學士與其家人久不通問，至是始知音代死及節婦守志事。急過之，家徒四壁立，節婦與姑相向而泣，稚子在傍。學士曰：「吾兄之孫，兄子之婦，可依余。夫人，陳氏母也，義不可同宫。吾雖貧，請僦屋，繼米薪，自今無缺。但願婦志節有終，以成吾義。」節婦泣而受命。學士因就陳氏諸子，合要爲券，以稚子歸宗，使節婦育子奉姑居别宅。初陳氏諸子逐音代時，屢謂學士曰：「此君之兄子也，貲産尚數千金，君收之，非無益於君者。」學士怒曰：「是謂我不成丈夫也。若此子貧無依，吾當引爲己任耳。」遂謝不與通，至是卒如其言。諸公用此皆高學士之義，而學士每語人以節婦之義，輒爲纍欷焉。

記吴紹先求二弟事

吴紹先，山西平陽府稷山縣人。少讀書，略解文義。十三喪父，十六喪母。有二弟：季年十一，與從兄偶出，遂絶蹤，又數年，仲以博塞失負逃。紹先負販以迹之，南出襄、洛，西歷劍州，東至黑龍江，積十有六年，卒同時而得之。

其求仲也，出塞抵寧古塔豪家，以情請，豪隘之。乃冒公人入軍府訟，軍吏庇豪，欲威慴紹先，以應對失儀，捶其面，血淋漓。紹先辭愈强直，卒白大帥，持其弟以歸。時仲冬冱寒，夜經大卧磯，行者皆墮指。紹先與弟相推挽，顧而曰：「此中人未有如吾樂者也。」比入塞，爪甲脱爛無存者。至京師，待季偕行。知其事者，争傳説公卿賢士間，多就而體貌之。紹先赧然，若無以容。衣敝履穿，或贈遺，終不受。有與同寓者，聞其哭失聲，就視之，則讀魯論父母之年章也。

嗚呼！人知有父母，則愛其同生。賢人君子知尊祖，則能敬宗而收族矣。聖人知崇如天，故能帥天地之性，視天下疲癃殘疾惸獨鰥寡，皆吾兄弟之顛連而無告者。若恩薄於同生，則是不知有父母，人之道不宜有是也。而俗之偷，昧此義者，蓋累累焉。故紹先所爲，甚庸無奇，而名稱以動於時。兹録而傳之，亦將使昧者自循省也。

獄中雜記

是篇，傳貴刻本僅前一段；後四段及劉君所識，先生自記，皆得之於王本者也。鈞衡識。

康熙五十一年三月，余在刑部獄，見死而由竇出者日四三人。有洪洞令杜君者，作而言曰：「此疫作也。今天時順正，死者尚希，往歲多至日十數人。」余叩所以，杜君曰：「是疾易傳染，遘者雖戚屬不敢同卧起，而獄中爲老監者四。監五室：禁卒居中央，牖其前以通明，屋極有牕以達氣，旁四室則無之，而繫囚常二百餘。每薄暮下管鍵，矢溺皆閉其中，與飲食之氣相薄，又隆冬貧者席地而臥，春氣動，鮮不疫矣。獄中成法，質明啓鑰。方夜中，生人與死者並踵頂而臥，無可旋避，此所以染者衆也。又可怪者，大盜積賊，殺人重囚，氣傑旺，染此者十不一二，或隨有瘳。其駢死，皆輕繫及牽連佐證法所不及者。」余曰：「京師有京兆獄，有五城御史司坊，何故刑部繫囚之多至此？」杜君曰：「邇年獄訟情稍重，京兆、五城即不敢專決。又九門提督所訪緝糾詰，皆歸刑部，而十四司正副郎好事者，及書吏、獄官、禁卒，皆利繫者之多，少有連，必多方鉤致。苟入獄，不問罪之有無，必械手足，置老監，俾困苦不可忍，然後導以取保，出居于外，量其家之所有以爲劑，而官與吏剖分焉。中家以上皆竭資取保。其次求脱械，居監外板屋，費亦數十金。惟極貧無依，則械繫不稍寬，爲標準以警其餘。或同繫情罪重者，反出在外，而輕者、無罪者罹其毒，積憂憤，寢食違節，及病又無醫藥，故往往至死。」余伏見聖上好生之德，同於往聖，每質獄辭，必於死中求其生，而無辜者乃至此。儻仁人君子爲上昌言：「除死刑及發塞外重犯，其輕繫及牽連未結正者，别置一所以羈之，手足毋械。」所全活可數計哉！或曰：「獄舊有室五，名曰現監，訟而未結正者居之。儻舉舊典，可小補也。」杜君曰：「上推恩，凡職官居板屋。今貧者轉繫老監，而大盜有居板屋者，此中可細詰哉！不若别置一所，爲拔本塞源之道也。」余同繫朱翁、余生及在獄同官僧某遘疫死，皆不應重罰。又某氏以不孝訟其子，左右鄰械繫入老監，號呼達旦。余感焉，以杜君言汎訊之，衆言同，於是乎書。

凡死刑獄上，行刑者先俟於門外，使其黨入索財物，名曰斯羅。富者就其戚屬，貧則面語之。其極刑，曰順我，即先刺心，否則四支解盡，心猶不死。其絞縊，曰順我，始縊即氣絶，否則三縊加别械，然後得死。惟大辟無可要，然猶質其首。用此，富者賂數十百金，貧亦罄衣裝，絶無有者則治之如所言。主縛者亦然，不如所欲，縛時即先折筋骨。每歲大決，勾者十四三，留者十六七，皆縛至西市待命。其傷於縛者即幸留，病數月乃瘳，或竟成痼疾。余嘗就老胥而問焉：「彼於刑者縛者，非相仇也，期有得耳；果無有，終亦稍寬之，非仁術乎？」曰：「是立法以警其餘且懲後也，不如此，則人有倖心。」主梏撲者亦然。余同逮以木訊者三人：一人予二十金，骨微傷，病間月；一人倍之，傷膚，兼旬愈；一人六倍，即夕行步如平常。或叩之曰：「罪人有無不均，既各有得，何必更以多寡爲差？」曰：「無差，誰爲多與者？」孟子曰：「術不可不慎。」信夫！

部中老胥家藏僞章，文書下行直省，多潛易之，增減要語，奉行者莫辨也。其上聞及移關諸部，猶未敢然。功令：大盜未殺人及他犯同謀多人者，止主謀一二人立決，餘經秋審，皆減等發配。獄辭上中有立決者，行刑人先俟於門外，命下遂縛以出，不羈晷刻。有某姓兄弟以把持公倉，法應立決，獄具矣。胥某謂曰：「予我千金，吾生若。」叩其術，曰：「是無難。别具本章，獄辭無易，取案末獨身無親戚者二人易汝名，俟封奏時，潛易之而已。」其同事者曰：「是可欺死者而不能欺主讞者，儻復請之，吾輩無生理矣。」胥某笑曰：「復請之，吾輩無生理，而主讞者亦各罷去。彼不能以二人之命易其官，則吾輩終無死道也。」竟行之，案末二人立決。主者口呿舌撟，終不敢詰。余在獄猶見某姓，獄中人群指曰：「是以某某易其首者。」胥某一夕暴卒，衆皆以爲冥謫云。

凡殺人，獄辭無謀故者，經秋審入矜疑，即免死，吏因以巧法。有郭四者，凡四殺人，復以矜疑減等，隨遇赦將出，日與其徒置酒，酣歌達曙。或叩以往事，一一詳述之，意色揚揚，若自矜詡。噫！渫惡吏忍於鬻獄，無責也，而道之不明，良吏亦多以脱人於死爲功而不求其情。其枉民也，亦甚矣哉！

姦民久於獄，與胥卒表裏，頗有奇羨。山陰李姓以殺人繫獄，每歲致數百金。康熙四十八年，以赦出，居數月，漠然無所事。其鄉人有殺人者，因代承之。蓋以律非故殺，必久繫，終無死法也。五十一年，復援赦減等謫戍，嘆曰：「吾不得復入此矣。」故例：謫戍者移順天府羈候。時方冬，停遣。李具狀，求在獄候春發遣，至再三，不得所請，悵然而出。

劉大山曰：望溪在獄，思老監惟各牖於壁間，氣可少蘇，使圬者計工費。同繫者曰：「居老監者，多生獄也。吾輩死人也，而憂生人氣鬱，奈聞者笑何？」及出獄未兼旬，蒙詔入南書房。數日，得七十金。刑部主事龔君夢熊引爲己任。禁卒、司獄難之，訟言於六堂曰：「牆有穴，大盜、重囚逸出，咎將孰任？」龔君曰：「牖函木格，因何從逸？」乃具結狀，獨任其辜。牖乃成。望溪事無足異，龔君之義則不可没也。先生自記曰：其後韓城張公復入爲大司寇，静海勵公繼之，諸弊皆除。仍有易官文書，以僞章下江西省者。其駁稿乃韓城公所手定，詰承行之胥，伏罪。命具奏，翼日即上本。司正郎請曰：「侯參胥役，例發五城兵馬司看守。」公從之。胥以是夕遁，蓋未定罪人犯逸，司坊罰甚輕，而所得過望，故甘爲受罰也。又言：始至録囚，有磨錢周郭取鋊者，事可立斷，而遲之二年，鈎致牽連佐證七十餘家矣。司官遞代，應參者至十數人。同官持之，中止。每歎恨人心抏敝，典獄者雖悉其聰明，致其忠愛，猶不能使民無冤痛也。

結感録

康熙辛卯冬十月，余以南山集牽連被逮。江寧蘇侯奉檄至余家，時吾母老疾多悸。侯偕余入見，具言天子有詔，入内廷校勘，馳傳不得頃刻留。是日，下縣獄。侯朝夕入視，或夜歸，必就榻上相慰勞。時制府噶禮鋭意窮竟根株，委某官搜余家書籍。侯聞，以暮先至部署，不使老母得聞。余北行值隆寒，爲具輿馬，所出皆庫金。余固辭。侯曰：「自吾爲吏於此，迫公事以虧庫金者屢矣！獨爲君累乎？」

侯始之官，即不偕妻子，曰：「吾不能逢上枉下，歸有日矣。」江寧縣附省城，而所治屬蘇、松巡撫。時巡撫儀封張公伯行，賢者也，而與侯亦不相知。緣是歲鄉試弊發，儀封公疏糾制府。制府委某官暨侯捕某胥，陰令某官置金某胥空舍中，隨發之以自解。侯實不知，而儀封公謂侯亦與聞其事也。甲午冬，有名貴人之官過蘇，余寄語儀封公：「蘇侯賢者，不得以制府事相疑。」

而侯已以他事罷矣。侯名壎，字慕鞠，庚辰進士，福建南安人。

安徽布政使馬公逸姿，字駿伯，陝西咸寧人。先公在官至於寇，公以蔭起家。始至，嘗介吾友白君玟玉通問，願爲交。余謝不敢見。及余被逮，江蘇廉使以事出，制府命公攝理，督糧道李公玉堂佐之。公豫誡群吏：「毋得縲絏。」每見余，貌必蹙，語必稱先生。李公亦然。時制府欲得戴氏他書以上，親鞫諸被逮者。公入言：「某，邦人之望。每大府及監司至，必禮於其廬而固辭不敢交也。雖在難，願公毋操切，以慰邦人之心。」制府實惡余，其後與儀封張公相構，掛余名彈章；而親鞫時，未嘗加聲色，則公力也。無何，廉使歸，亦欲得事端以自爲功，將以金木訊余，公力阻之，不可。乃正色曰：「朝命捕人，非鞫獄也。某，儒者，上所知名。今以非刑苦之，設犯風露死，孰任其責？」乃止。遣解之日，公與諸司及部使者坐堂上，吏執籍呼逮人過堂下，加械畢。公起立離位，諸司次第起，使者亦起。公肅余升堂，手解余縶，謂使者曰：「方先生，儒者，無逃罪理。君爲我善視之，毋使困於隸卒。」既就道，使者每食，必先饋余，同逮者餘喙。就逆旅，必問安否。既至京，揖余曰：「吾在江南，惟馬公遇我獨厚，問何以然，則子之急也。子今至矣，爲我報公，子無傷也。」余告以未事時，與公實未謀面。聞者莫不嗟嘆焉。

張公丙厚，字爾載，號腹菴，甲戌進士，磁州人。壬申、癸酉間，余至京師，與相識。或問曰：「某甚輕君。」越數歲，相見於江南，始得自解說，而爲交亦未深也。及余被逮，公適爲刑部郎中。時上震怒，特命冢宰富公寧安與司寇雜治，富廉直，威棱慴衆，每決大議，同官噤不得發聲。余始至，閉門會鞫，命毋納諸司。公手牒稱急事，叩門而入。問何急，曰：「急方某事耳！」遂抗言曰：「某良士，以名自累，非其罪也。公能爲標白，海内瞻仰，即不能，慎毋以刑訊！」因於案旁取飲，手執之，俯而飲余。長官暨同列莫不變色易容，衆目皆集於公。公言笑灑如。供狀畢，獄隸前加鎖，迫扼喉間。公厲聲叱之，再三易，仍用狹者。時事方殷，長官曰：「俾退就堦墀，徐易之。」公曰：「下堦終不得易矣。」既易鎖，親送至獄門，諭禁卒曰：「某有罪，彼自當之。汝輩如以苛法相操者，吾必使汝身承其痛。」是獄，朝士多牽連，雖親故畏避不敢通問。公爲刑官之屬，乃不自嫌而訟言余冤，相護於公庭廣衆中。諸公自是乃服公之義也。旬餘，公以他事奪官。始公年少尚氣，多聲色之好。及罷歸，益自刻砥，讓型於家，任卹比於鄉人。自成童至艾耋，背面皆稱腹菴公。以語余者，夏峰孫徵君之曾孫用禎也。

宋夢蛟字德輝，無爲州人。余被逮，戚友謀偕行者。懷寧宣左人曰：「吾友宋君適在此，可屬也。」是達於事而無欺，勤力，嘗送其友妻子自成都下峽，凡逾月，不脱冠衣。」因與劉古塘詣君言故。時獄方起，多枝蔓。余在縣獄，制府命入視者，輒記姓名。衆恇懼。君聞言，即許諾。既行，易姓名尾余後，每就逆旅，則間廁左右。在途事無違者。君以辛卯十有一月，偕余至京師，次年秋歸視其家。時獄久具，聖主矜疑，每請決，輒留不下，未知決時，而君雅遊，以余故乏其家事，且帀歲矣。衆謂事不可待，請君且他圖，以十金遺君家。君即用爲資至京。又逾年三月，余出獄，隸旗下，事定乃辭去。君貌甚昂，髮鬚皓然，嘗客司空熊公所，又與學士宋公有連，皆抗禮，遇事即面争。及偕余周旋隸卒間，甚自屈，與主逮部使者家隸朱某爲兄弟。將至京，使朱先致賂於梏撲隸。及至，即日會鞫，余承罪免刑，無所用之。衆皆曰：「金不可得矣。」越翼日，朱以金來，曰：「宋君之義，胡可欺也。」

楊三炯字千木，諸暨人。辛卯冬，余在刑部獄，同繫者與君善，君入視，必與余相見，自通姓名，逾月未嘗一接語言，其後一語即大相得。故事：凡讞重囚，必閉獄門，非在官者不得出入，君因置禁籍，冒群胥入視。獄中地狹，自春徂秋，疫厲作，死者相望，穢氣鬱蒸，雖僕隸不可耐，而君旬日中必再三至，或淹留信宿，道古今，證以天道人事，慷慨相勖，雖余亦忽不知其身之危與地之惡也。是獄成於辛卯之冬，而決以癸巳三月，獄辭五上始下，近畿有大姓，延君爲經師。君與要：「必吾友獄決，始可就。」凡五易期，至余出獄事定，然後去。當是時，君名動京師，士友皆延頸願交。是歲秋，特行會試，諸公争欲令君出門下。君曰：「以是爲名，非吾心也。」又因而利焉，鬻販之道也。吾恥之！」遂去京師，自是不復與計偕。始部胥承行是獄者，以求索不遂，於余獨深文周内，無何，以他事黜。易一胥，常陰爲余，莫知其由。君去京師逾年，始知後胥君所謀置也，爲是竭其資。金壇王澍若霖云。

結感録者，志辛卯在理時，諸公爲余德者也。余羸老蹇拙，雖報德不敢自誓也，惟感結於心而已。其故交如同里劉捷古塘、姊夫馮庚綏萬、清澗白斑玟玉、溧水武文衡商平、高淳張自超彝嘆、金陵朱文鑣履安、翁荃止園不在列。蓋感者以爲其道未可以得之也，若諸君子，則與吾爲友時，早見其然矣。今感而録焉，是輕諸君子之義，而使古者爲友之道不明也。考之於經，凡諸父諸舅，道同而志相得者，皆名爲友，既爲友，則有相死之義，有復讎之禮，況急難相先後哉！

始余與清澗白君，一見如故交，與之語連日夜。至戚某詫焉，余笑曰：「假余以急難叩門，其坦相受者，必白君也，執而訴諸官者，必吾子也。」諸姻戚聞之，皆以爲過言；及余在難，戚某果避余若浼，然後信前言之不妄焉。

記趙氏二烈婦事〔一〕

趙晉，福建□□人，康熙辛卯爲江南正主考。已復命，科場弊發，解送江南質審，下揚州府獄。妻某氏隨至揚候讞。及命下，當大辟。部檄未到前一日，聞之，某氏懸絞環，以帛授婢某

〔一〕本篇及記杜烈婦事，輯自方望溪遺集碑傳類，第一一一至一一三頁。

曰：「視我投此，即入告主人：『毋就市。』」婢入獄，已告故，爲結帛而懸之，候氣絶，乃開户，曰：「有罪我當之！」大窮獄中人。太守命押婢歸寓禁守，曰：「我不畏死，今尚何逃？」爲將小溲者，入側室自經死。一時聞者莫不嘆晉之行愧於妻妾，而悲二烈婦之所遇非人也。

厥後，或訛言晉實未死，脱身逃海外，大府入告，牽連拷掠，受刑至死者數人。乃知二烈婦之決以身殉，乃天牖其明，以曲全其貞潔之身也。故表而出之，以愧明亡失身於流賊而終不得其死者，以爲世永鑒焉。

記杜烈婦事

杜氏，山西絳縣農家女，聞喜張質夫側室也。質夫少力學。及壯，好遠游，其詩文大書流傳四方。既老，忽盡棄所學，從余講問經義。留都下逾年，余趣之歸。質夫無子，聞余將告歸，欲遷居白門以近余。會其友楊黄在爲縣令江西，遂攜其妾三人赴建昌，謀所以定遷者。中途舊疾作日臻，杜謂二妾曰：「天且墜矣，吾儕將若之何？」皆默然。舟過彭蠡，俗稱「火焰山」下，忽整妝再拜質夫前，曰：「吾辭主人去矣。」方欲問故，已攬裙躍入湖心。榜人操舟逐之，漸遠，猶時仰首向舟。求其尸二日，終不得。抵建昌，未旬日而質夫死。

嗚呼！屈子沉淵，不忍見禍殃之有再。而在婦人，則見微守身之義更無以易焉。嗚呼！孰謂農家女不事詩書，而能盡性命之理若是哉！

記歸舒節母劉夫人舉本事〔一〕

劉夫人，舒編修子展之母也，少遭家禍，苦節數十年，見子之成，而復見其死，酷矣！子展既没之次年，深冬，節母尚無裘。余與阮君亮采遺四金爲贖取，而其家以充他用。因與鍾君勵暇議，糾子展同好，各出其力，冀得三十金爲舉本，付亮采，俾子貸，專給節母果餌，百年後以爲附身之用，事久無成。

庚戌，亮采之官，轉屬其兄吏部。是冬，始得十金付焉。逾年，勵暇兄弟以十金來，徐侍御、俞侍講、劉少宰共成之，三公皆子展同年友也。勵暇初議俾朋友遞代，月致子錢，而不以故告其家人，又懼其數無稽，異日轉以病首事者，故與諸公合要，各書所出，其家雖有急用，不得收本，以付吏部爲成言。雍正九年重陽日，望溪記。

〔一〕 本篇輯自方望溪遺集雜記類，第一一六至一一七頁。

方望溪文集全編卷十七[一]

墓誌銘

李剛主墓誌銘

李塨字剛主，直隸蠡縣人。其父孝慤先生與博野顏習齋爲執友，剛主自束髮即從之遊。習齋之學，其本在忍嗜欲，苦筋力，以勤家而養親，而以其餘習六藝，講世務，以備天下國家之用，以是爲孔子之學，而自別於程、朱，其徒皆篤信之。余嘗謂剛主：「程、朱之學，未嘗不有事於此，但凡此乃道之法迹耳。使不由敬静以探其根源，則於性命之理知之不真，而發於身心施於天下國家者，不能曲得其次序。」剛主色變，爲默然者久之。

吾友王源崑繩，恢奇人也，所慕惟漢諸葛武侯、明王文成，而目程、朱爲迂闊。見剛主而大

[一] 本卷原爲望溪先生文集卷十。

説，因與共師事習齋，時年將六十矣。余詰之，曰：「衆謂我目空並世人，非也。果有人，敢自侈大乎？」

剛主嘗爲其友治劇邑，期年，政教大行，用此名動公卿間。諸王延經師、主闔外者争欲致之，堅不就。康熙庚午，嘗舉乙科。晚歲，授通州學正，浹月，以母老告歸，長官不能奪也。

崑繩慨不快意，既葬二親，遂漫遊，將求名山大壑而隱身焉，雖妻子不知其所之。余與剛主每蹙然長懷而無從迹之。數年，忽至余家，曰：「吾求天下士四十年，得子與剛主，而子篤信程、朱之學，恨終不能化子，爲是以來。」留兼旬，盡發程、朱之所以失，習齋之所以得者。余未嘗與之争。將行，憮然曰：「子終守迷，吾從此逝矣。使百世以下聰明傑魁之士沈溺於無用之學而不返，是即程、朱之罪也。」余作而言曰：「子之言盡矣，吾可以言乎？子毋視程、朱爲氣息奄奄人！觀朱子上孝宗書，雖晚明楊、左之直節，無以過也。其備荒浙東，安撫荆湖，西漢趙、張之吏治，無以過也。而世不以此稱者，以道德崇閎，稱此轉渺乎其小耳。吾姑以淺事喻子，非其義也，雖三公之貴，避之若浼，子之所能信於程、朱也。今中朝如某某，子夙所賤惡，倘一旦揚子於朝，以學士或御史中丞徵，子將亡命山海而義不反顧乎？抑猶躊躕不能自決也！吾願子歸視妻孥，流行坎止，歸潔其身而已矣。」崑繩自是終其身，口未嘗非程、朱。

其後余出刑部獄，剛主來唁。以語崑繩者語之，剛主立起自責，取不滿程、朱語載經説中已鐫版者，削之過半。因舉習齋存治、存學二編未愜余心者告之。隨更定，曰：「吾師始教，即以改過爲大。子之言然，吾敢留之爲口實哉！」習齋無子，剛主中歲還博野，爲葺祠堂，以收召學者。博野去京師三百里，剛主自來唁後，復三至余家：一問吾母之疾，再弔喪，終則自計衰疲，恐不能更出而就別余。驅柴車，長子習仁御，往返芻秣皆載車中，知余時窶且艱也。嗚呼！即是而剛主之勤於身，式於家，施於人，而措注於事物者，居可知矣。

剛主言語温然，終日危坐，肅敬而安和，近之者不覺自斂抑。以崑繩之氣，既老而爲剛主屈。以剛主之篤信師學，以余一言而翻然改。其志之不欺，與勇於從善，皆可以爲學者法，故備詳之，而餘行則不具焉。

剛主卒於雍正某年某月，年七十有□。父諱某君，母馬氏。生母馬氏，明錦衣衛指揮斌女，明亡家落，歸孝慤，生剛主兄弟。妻某氏。子三人：長習仁，早夭；次習禮，次習中，皆邑庠生。以某年某月某日葬於某鄉某原。銘曰：

習齋矢言，檢身不力，口非程、朱，難免鬼責。信斯言也，趨本無歧，各從所務，安用詆娸？君承師學，固守樊垣，老而大覺，異流同源，不師成心，乃見大原。改過爲大，前聞是尊，瑑瑕葆瑜，有耀師門，九原相見，宜無間言。

杜蒼略先生墓誌銘

先生姓杜氏，諱岕，字蒼略，號些山，湖廣黄岡人。明季爲諸生，與兄濬避亂居金陵，即世所稱茶村先生也。二先生行身略同而趣各異：茶村先生峻廉隅，孤特自遂，遇名貴人，必以氣折之。於衆人，未嘗接語言，用此叢忌嫉。然名在天下，詩每出，遠近争傳誦之。先生則退然一同於衆人，所著詩歌古文，雖子弟弗示也。方壯喪妻，遂不復娶。所居室漏且穿，木榻敝帷，數十年未嘗易，室中終歲不掃除。有子教授里巷間。窶艱，每日中不得食，男女啼號，客至無水漿，意色間無幾微不自適者。閒過戚友，坐有盛衣冠者，即默默去之。行於途嘗避人，不中道與人語，雖兒童廝輿惟恐有傷也。

初余大父與先生善，先君子嗣從遊，苞與兄百川亦獲侍焉。先生中歲道仆，遂跛，而好遊，非雨雪常獨行，徘徊墟莽間。先君子暨苞兄弟暇則追隨。尋花蒔，玩景光，藉草而坐，相視而嘻，沖然若有以自得，而忘身世之有係牽也。辛未、壬申間，苞兄弟客遊燕、齊，先生悄然不怡，每語先君子曰：「吾思二子，亦爲君惜之。」

先生生於明萬曆丁巳四月初九日，卒於康熙癸酉七月十九日，年七十有七。後茶村先生凡七年，而得年同。所著些山集藏於家。其子掞以某年月日卜葬某鄉某原來徵辭。銘曰：

蔽其光，中不息也。虛而委蛇，與時適也。古之人與！此其的也。

劉古塘墓誌銘

雍正四年五月望後二日，兄子道希書至，告古塘之喪。昔余成童，從先兄求友閭巷間得古塘。其後之近邑，歸故鄉，客京師，學同而志相近者，復得數人，而惟古塘爲本交。古塘少以雄豪自處，短衣厲飾，惟恐見者知爲儒生，而先兄獨義之。余少好氣，數以氣蓋余，心不能平，久之乃見謂直諒。古塘早喪母，家貧，母家給田數十畝。少長，覓食自活，以田歸庶弟。既爲諸生，得時譽，學使者、大府常以重幣延。歲時歸家，解裝，遇親交，隨手盡，俄而乏絶，飢不得餐，晏如也。年羹堯巡撫四川，固請與偕，議加賦，力争而止。遂以他故行，曰：「其心神外我矣！能守吾言以期月邪？」及督川、陜，復固請以往，再三見，浹日而歸。

古塘貌精悍。有與同姓名者，大患鄉里，督學邵嗣堯聞之而未察也，按試呼名，忽注視馮怒，榜笞數十。衆皆譁，群聚而詬之。嗣堯愧恨，發疾死。古塘始無愠色，既無寬容。嘗語余曰：「士之大閑二：其一義利也，其一利害也。君子懷刑，設子遘禍殃而我退避，以爲明哲，可乎？」及余以南山集被逮，冒危險以急余，如所言。辛卯鄉試爲舉首，以隨部檄，挈余妻子北上；

失會試期，後遂絶意進取，年六十有九，終於家。

始余出刑部獄，傳客諸公間。諸公計數余兄弟早歲諸同好，數之奇，彼此如一轍。時存者惟彝歎、古塘，因譜其行及殁而未見余文者，作四君子傳。無何彝歎亦殁，至於今無一存者矣，而余乃獨留其衰疾之軀，其尚足控揣邪？然吾聞古之爲文者，其有失言過行，則相引以爲羞。今諸君子各以身名完，未爲不幸，獨後死者滋懼耳。

古塘子幼，道希與翁君止園紀其喪，余恐不宿，乃豫爲誌銘以待事焉。古塘姓劉氏，名捷，懷寧人，流寓江寧。祖若宰，明崇禎辛未殿試第一。父璜，桐城縣庠生。母張氏。兄輝祖，康熙庚午鄉試第一，並有聞，亦余早歲同好之一也。妻王氏，早卒。繼室姚氏。子四人：長敏，次敦，次敭，次敩；女一，未字，並姚氏出。其卒以四月廿五日。某年月日葬於某鄉某原。銘曰：

孑孑以居，蹇蹇以行，身之困而道之亨。死乎由是，信無悔於其生。

左未生墓誌銘

君姓左氏，諱待，字未生，桐城人，明贈太子少保忠毅公之季孫也。少好老、莊，其學以遺物自遂爲宗，其文章要渺閎放不知其所從來。性畏俗，非戚屬，雖問疾弔喪不出，出則登城循雉堞而行，不欲見衢肆中人，惟宋潛虚、劉北固慕而與之友。

乙亥、丙子間，潛虚、北固客京師，未生繼至，與余一見如故交。與之語，觸物比類，日新而無窮，與之居，久而不厭，然竟不能窺其際也。未生雖與世齟齬，而重氣類，善鑒别人物，常稱邑中胡嘉及兄子廉，其後二君子學行果異於衆人。

余之在難也，未生適自燕南附漕船南下，至淮陰遇盜，折其二齒，衣裝盡失。入郡城，始知余已被逮北上，搏膺而呼。歸至家，時自懟曰：「吾不一親方子，天下士其謂我何？」己亥四月至京師，因偕余赴塞上。秋七月南還，道京師，而宜興儲六雅止之，一時少俊争慕與之遊，遂留逾歲。今年四月余將出塞，趣之歸。未生曰：「子憂吾老乎？若策蹇行數十里，腰膂不異少時。今已向暑，秋風起，吾當歸，築室白雲、浮渡間，手種松千株、竹萬竿。又明年歲在析木，吾年七十，當復來視子，然後歸而待老焉。」自余抵塞上，每旬月必通書，入秋無息耗，心謂未生已歸，而凶問忽至。

嗚呼！自未生言之，死於家，與死於朋友之手等耳！獨余於人紀，無不負疚而陰自恨者。惟朋友，則爲德於余者雖多，而余之愧於心者亦鮮焉。今未生乃爲余羈死，以遺恨於余心，則豈非余之命也邪？未生卒以八月二十六日。余以九月望後一日聞之，而其喪已附漕船南下矣。嗚呼！未生其謂余何哉？泣而銘以歸其孤。銘曰：

生浮而死休，惟子信之尤。浮山之陽，是爲子之丘。歸與，歸與！永與造物者遊。

王生墓誌銘

雍正元年冬十有二月，余病不能興，聞王生兆符蹷而蘇，輿疾往視，與之語，神氣若未動，越三日而死。嗚呼！是吾友崑繩之子也。王氏自明初以軍功爲宦族，至崑繩之父中齋公而五服親屬無一人。中齋二子：長汲公，無子。崑繩以兆符後小宗。今兆符僅一子，以繼祖，則崑繩無主後矣。

兆符從余遊，在丙子之春。余在京師，館於汪氏。崑繩館於王氏，使兆符來學，次汪氏馬隊旁，危坐默誦，闃若無人。方盛暑，日三至三返，不納汪氏勺飲。其後崑繩棄家漫遊，兆符自天津遷金壇，復從余於白下。崑繩嘗語余曰：「兆符視子猶父也。吾執友惟子及剛主，吾使事剛主。」曰：『符於方子之學，未之能竟也。』」

弱冠爲諸生，南遷遂棄去，逾四十，以餬口至京師，或勸以應舉，庚子與京兆，明年成進士。或餽之金，使速仕以養母。余曰：「用此買田而耕，則母可養，學可殖，而先人之緒論可終竟矣。」兆符蹷然，趣余爲書抵餽金者，及報諾而死已彌月矣。

方兆符之南遷也，以稚齒獨身將母及女兄弟陸行水涉三千里。及崑繩既殁，奔走四方，未嘗旬月寧居，而其母老病，暴怒不時，常恐妻女僕婢久不能堪，而在視不盡其誠，故身在外，憂常在家。又慮年日長，學不殖，而矻矻於人事叢雜中，是以心力耗竭，形神瘀傷，一發而不可救藥也。余與崑繩交最先，既而得剛主。三人者所學不同而志相得，其遊如家人。剛主之長子習仁亦從余遊。辛丑秋，剛主使卜居於江南而道死。自習仁之死，三人子姓中質行無可望者矣！今又重以兆符，而文學義理可與深言者亦鮮矣。余羸老，德既隳，學亦難補，所恃者後生，而天意若此，余所痛，豈獨崑繩之無主後邪！

兆符性孤特，不能容物，雖其父故交，既宦達，察其意色少異於前，即不肯再見。而行身端直，又以文學知名，故其疾也，聞者皆憂之，其死也，皆惜之。兆符渴葬先世兆域，而母及妻子在江南。葬事畢，士友南還者，爲紀其家。留京師者，分年而主墓祭。雖兆符意氣所感召，抑其祖若父節概風聲宿留於人心者，不可泯也。兆符年四十有五。所排纂周官及詩文若干卷，蔣君湘帆爲編録而藏之，以俟其孤之長而授焉。銘曰：

無所施於世，而行能已著於家。將道之探，而學焉已得其英華。並垂成而中毁，曷以泯吾儕之怨嗟！

巡撫福建都察院右副都御史黄公墓誌銘

右副都御史黄公既殁之逾年，其子廷桂因李君枚臣來請銘。余聞公名在丁亥、戊子間。時江、浙大饑，天子並命發粟以賑，而吾鄉有司失方略，骼骴布路，姧民朋聚，正晝剽掠。於時則聞浙之祲尤大，而民不阻飢，惟黄公之功。其後訊之浙士大夫，多曰：「公功豈獨在飢者？吾浙有二中丞：國初起瘡痍，致生聚者，曰范忠貞公；其後備荒政，遏亂萌者，則黄公。是吾民所尸祝也。」蓋公之撫浙也，在戊子之冬。承大嵐山案後，浙東西郡縣皆蕩恐，而杭、湖二州連饑，民心摇摇。前中丞出則群噪，憂惶引疾。時公以内閣學士賑湖歸報，至中途，就命撫浙，雖浙人亦不知公計所出也。公至，則懸禁不得抑米價，陰偵旁郡閉糴者而重懲之，爲書告糴鄰省；散庫金於典肆，約逾歲歸其本，勸富民分災而禁貧民之群聚要索者。會温、台二郡大穰，復奏開内洋，遠商總至。浙人皆曰：「吾父母妻子得保聚矣。」公始至湖，即以便宜截留漕糧十萬石。時常平倉粟皆虚，巡撫將具劾群吏。公曰：「吏盡黜，何與飢者？彼官存粟猶易致耳。」因設方略，俾多方補苴，卒賴以濟。

浙民既蘇，公方設政教而移鎮八閩。時海賊鄭盡心聚黨出没，上命會勦，制府、提督各以事諉。公刻日獨進，而懸賞格得其魁者千金。抵厦門，厲氣巡軍。忽轅門鼓三駴，鄭盡心已爲其黨所密首捕得之矣，時康熙五十二年正月十日也。方公之未至閩也，鄭盡心既嘯聚海隅，而山賊陳五顯亦相應和。盡心既獲，五顯亦就撫，而公官罷。聞命即送符篆，俾他人上之，而不有其功。

先是，湖、杭二郡緩征康熙四十七年漕糧，部議并於次年補運。公疏請分年帶徵，三請始得命。及次年，復奉部檄帶運。時二郡米價猶踴，又已過開兑期，督糧道請折價分授運弁，沿途採糴，部署已定，而公去浙。運弁乾没，糧額缺，遂挂吏議。公既罷歸，上惜其才，復命督理子牙河，給原階，而公竟卒。

其始知黔西州，嘗單騎入黎平猺洞，折其酋，使受約束。始入臺，有所陳，會上以他事震怒，宰執目公使下，而公直前，必申所請。居臺中五年，所條奏皆關大體，而謂御史司彈劾，不宜兼任保舉，中人捧緑頭牌傳旨，宜關内閣，登籍以便稽核，改逃旗人連坐法，尤人所難言者。

公自内擢，所居皆清要，卒秉節鉞，兩鎮大藩，可謂遇且顯矣。其卒也，年六十有五，而浙、閩之民及海内士大夫知公者，莫不相聚太息，恨公之無年，而惜其才有未盡試焉。

公諱秉中，字惟一，家世瀋陽人。祖諱憲隆，父諱道明，俱贈如公官。妻孫氏，誥封宜人，先公卒。子六人：廷鑑，候選知縣。廷鈺，戊子鄉試副榜，陝西平涼府静寧州知州。廷鉞，早亡。廷桂，三等侍衛。廷鍈、廷銑，太學生。女二人。公卒於康熙五十七年正月十五日，以某月某日葬於某鄉某原。孫宜人祔。銘曰：

公起蔭子，厲學聞顯，未壯出宰，厥猷已遠。入更二曹，陳義不苟，悚其長官，與相可否。遂踐中臺，屢正邦鈞。承使備祲，羸黎無呻。就加顯命，開鎮南服，爲父爲母，是鞠是育。衆心有依，孽萌弗孕，如器將傾，得公而定。公按閩疆，劇盜就梏。海波不驚，山無莽伏。蹇罷僨駕，萬口同咨！惟民之故，匪公之私。帝眷有終，民不能忘。徵此銘文，久而益光。

王大來墓誌銘

康熙五十二年四月，同年王蒼平至京師詣余，服齊而貌若梟，戚然曰：「吾季弟大來又死，吾今單獨惟一身矣。昔吾兄弟三人，吾父命某學書，仲弟治家，而大來行賈。仲弟卒，内外事皆屬焉，凡可以適吾親者，無不盡也。其家居，戚黨之窶艱者皆賴焉。父執某無子，奉以終其身。其客京師，鄉人底滯而無歸者，無不資也，而未嘗有私財。嘗盛服入肆，傭保誤以羹汁污之，慰以温言，色無忤。大來雖未涉書史，聞古今人懿行，必低佪久之。入其闥，牕壁户牖，皆所書格言也。其名雖不彰，實無愧士君子。其爲我誌之！」余於蒼平所，時見大來，其貌恂恂然，不知其質行若此。

余聞古之有學，將以明道而美其身。三代盛時，家有塾，黨有庠，師朝夕坐里門，所謂小學，人皆受焉。故其後雖去爲農、工、商、賈，而終不忘學問之意。此人紀所以修，賢者所以不擇地而出也。漢、唐後，以記誦詞章爲學。所號爲學者，既徇末而忘其本。而不學者未嘗一遊其樊，質雖美，無所藉以成。如大來之資材，使開以學，鄉道必力。惜乎其生之時，余徒以爲行賈之人而失之也。

蒼平居斬齊之喪，容貌顔色，幾於禮之所謂「稱其情、稱其服」者，而自謂不及大來。又所稱質而不誇，當無溢言，乃爲之銘。大來諱某，卒於康熙壬辰十一月，年三十有七。妻某氏。子某。以某年月日葬於某鄉某原。銘曰：

彼不令者，交相瘉以至老。此相依爲命，而顧不可保。君之歿也其寧！生無憾於兄考。

禮部侍郎蔡公墓誌銘

雍正十年冬十有一月，禮部侍郎蔡公病不能興，皇子日使人問視，天子賜醫，士大夫群聚必詢公疾增減云何。逾年正月朔後八日薨。天子震悼，自賢公卿以及廱庠之士重志節者，無知與不知，皆儻然若失其所倚。余屢困於衰疾，嘗屬公必銘余。及公疾篤，執余手而愴然曰：「子年先於吾，吾亦自謂終當銘子，而子今銘余！」其喪之歸，子弟生徒合辭以請。嗚呼！余安忍銘公？雖然，義不可讓也。

始余與公相見於相國安溪李文貞公所，文貞引公之袂以屬余曰：「是吾閩所謂蔡世遠聞之者也。」遂定交。及癸巳春，余出刑部獄，而公以是冬服闋至京師。會新令：「翰林科道在假者，並休致。」而公之請假也，旋丁父艱。或謂宜自列於吏部。公曰：「吾聞古者受爵而讓，未聞投牒以自申也。」時文貞公承編御纂性理精義，薦公分校。逾歲書成，造余謀所處，余曰：「天果不廢子之學，何患無周行坦步而出？以編書復官，去牒請一閒耳！」遂固請於相國以歸。先是，儀封張清恪公撫閩，延公父主鰲峰書院而招公入使院，共訂先儒遺書。至是大府復以鰲峰屬公。公夙尚氣節，敦行孝弟，好語經濟，而一本於誠信。由是閩士慨然感興於正學，而知記誦辭章之爲末也。其家居設族規，置大小宗祭田，孤嫠老疾月有餼。鄉人化焉，環所居三百餘家，二十年無博戲者。

今皇帝嗣位，特召入都，命侍皇子講讀，授編修，五轉而至禮部侍郎。公侍皇子，凡進講四書五經及宋五子之書，必近而引之身心，發言處事，所宜設誠而致行者。觀諸史及歷代文士所述造，則於興亡治亂，君子小人消長，心迹異同，反覆陳列，三致意焉。當是時，兼保傅之任者，皆執政大臣，政事方殷，不得朝夕在側，惟公奉事十年，晨入夜歸，無風雨之間。諸公背面多語余曰：「聞之忠信正直，學足以達其言，誠足以致其志。或過於闊疏而無近慮，洵書所謂『惟其人』者也。」

公議論慷慨，自爲諸生，即以民物爲己任。及從清恪公遊，吏疵民病，言無不盡，政行衆服而莫知其自公。辛丑夏，臺灣蠢動。公大會鄉人，聯伍團練，助官兵聲勢。平生好善樂施，出於天性，故人皆信嚮。既貴，士有志行及文藝之優，必躬禮先焉。知其賢，則思隨地而開通之，汲汲如有所負然。余每以公事至圓明園，必宿公池館。公薄暮歸，常挽余步空林，坐石磯，至昏暝或達夜中，雖子弟莫知云何。而所諏度，皆民生之利病，吏治之得失，百物之息耗，士類之邪正，無一語及身家淺事者。嗚呼！以公之志在竭忠，天子知人善任，使得竟其志業，未知所就於古人何似？而扼以無年，嗚呼！惜哉！

公性淡泊，所得禄賜，半索之族姻如舊，妻子僅免寒飢，敝衣粗食，視窶人或甚焉。其居外寢設一榻一帷，余至則以讓余而卧後夾室。方夏秋，蚊虻噆膚，竟夕不安，而惟恐余之不淹留信宿也。嗚呼！此公之志氣所以慊乎海内之士君子歟！

雍正四年，公列爲九卿，以侍皇子，廷議多不與。八年秋，以族人事牽連，吏議：降一級調補。及上特命復故職，而公疾已不可振矣！卒年五十有二。所著二希堂文集十五卷，鰲峰學約、朱子家禮輯要、合族家規各一卷。所編性理精要、歷代名臣言行録，論定古文雅正、漢魏六朝四唐詩各若干卷。惟學約、家禮、古文雅正及與高安朱相國共訂歷代名臣名儒循吏傳已刻行於世。蔡氏世居漳浦之梁山，故學者稱梁村先生。始祖元鼎，以講學名鄉里；五世祖宗禹，登明萬曆辛丑甲科，益著稱，行蹟見道南原委；曾祖諱一橙，萬曆丙午舉人；祖諱煜，郡庠生；父諱璧，以拔貢生爲羅源教諭：皆誥贈如公官。曾祖母某氏，祖母某氏，前母某氏，母吳氏，並贈夫人。妻劉氏有賢聲，先公一年卒。喪歸逾嶺，士友弔祭，數百里不絶。子六人：長長漢，己酉舉人。次長澐，郡庠生。次觀瀾，太學生。次長瀜，太學生。次長洁。次長注。長注夙孝慧，先劉夫人半月而殤，方十齡。女三人。孫男二人。以雍正某年某月某日葬於某鄉某原。銘曰：

其材天植，其學不迷，其志不欺，其數非奇，而不竟其所施。匪子之私，衆心所悽！

禮部尚書贈太子太傅楊公墓誌銘

雍正十有三年秋九月，皇帝宅憂，甫旬日，即起楊公名時於滇南，士大夫知與不知，皆驚喜相告。乾隆元年二月，公至自滇，時年七十有七，以禮部尚書入教皇子，侍直南書房兼國子監祭酒而不領部事。上與諸王大臣議政之暇，時召公入見。公自薦士七人爲助教外，未見其所言議施爲，而天下士皆曰：「楊公時獨對，忠言讜論，不知其幾矣！」公體素强，而是秋七月上旬遘末疾，浹月而薨。是日，士友奔唁，暨國子生聚哭於庭階者凡數百人。蓋公自童稚以至篤老，居鄉立朝，莅官撫衆，無一言一事不出於中心之誠，故其感於人者，如此其至也。

康熙辛未，李文貞與主禮部試，見公文而異之。及入翰林，遂朝夕相從問學。其充日講官，視學京畿，皆特擢，不由階資。始聖祖仁皇帝悼學政廢弛，以九卿督學，自文貞始，而公繼之，校士一遵文貞成法，士雖擯棄無怨言。其主試陝西亦然。乙酉，偕衆督學出防南河。逾年丁父艱，繼丁母艱。

癸巳，聖壽六十，廷臣慶賀。上問：「翰林中有楊名時否？」遂特召入京，侍直南書房。丁酉夏，出爲北直巡道，曰：「吾欲試以民事也。」國初沿明制，直隸不設三司，而以巡道主刑獄兼驛傳，政充事劇，吏因緣爲姦蠹。公細大必親，無留獄，無匿情，至今爲民所思，曰：「百年中無與比也。」

己亥，遷貴州布政司。數月就命巡撫雲南。會征西藏，大師駐省城。爲營館舍，數宴犒，而約束堅明，無敢叫囂。餉遞轉，民無咨。七年中，凡軍民疾苦，大者奏請，小者更易科條，事無遺便，恩信浹於蠻髳。公天性和易，雖馭僕隸，無厲色疾言，而是非可否，則守其所見，固植而不摇。自始入南書房，聖祖叩以易説中旁及象數者，公正對無所瞻顧。世宗憲皇帝即位，手諭褒嘉。三年，擢兵部尚書，總督雲貴。四年，晉吏部尚書，仍管雲南巡撫事。公益自奮厲，思竭忠誠，於人之邪正，事之得失，風氣淳薄之相倚，盡言無隱。五年，以奏豁鹽課敘入密諭，削尚書職，仍署巡撫事。六年，遣少司寇黄炳與新撫朱綱訊公以六事，獄辭成，罪在大辟。衆皆曰：「禍無振矣。」公於三朝皆受特達之知，而有識者則謂先帝保公之始終，德尤大，事尤難。蓋聖祖知公，實由文貞推輓。而公既得罪，務進取者，争欲實公之罪以自爲忠。雖雅知公者，亦難遽爲公言，而聖心自定，特旨赦原，凡有司文致之罪，一切置而不問。俾得從容偃息，聚徒講學於滇南者且七八年。非重公之素行，諒其無他，而能如是乎？

嗣天子大孝親賢，特頒明諭，然後知先帝本欲徵公。此萬邦黎獻所以追思盛德於無窮而歎爲至明之極也。

公平生介節義事，美行嘉言，不可勝紀，而孝德尤著，年逾强仕，父母摩拊如嬰兒。其防南河，同出者多以爲難，而公獨以近奉二親爲喜。數年中生養死藏，毫髮無憾，然後以身許國，夷險一節，而無所係牽，蓋若神者實陰相焉。

余始於督學宛平高公使院見公試藝，闔郡無與儔，因有意於其人，而束於禁防，雖時往來江陰，而無因緣會合。辛未，再至京師，乃見公於文貞公所。余與文貞辨析經義，常自日昃至夜中。公端坐如植，言不及，終已無言。用此益信公之爲學能内自檢攝，而未暇叩其所藏。及往年，余再入南書房，公繼至。始知公於文貞所講授，篤信力行，而凡古昔聖哲相傳性命道教之指要，異人異世而更相表裏互爲發明者，皆能探取而抉其所以然。嗚呼！公之用無不宜，忠誠耿著而人無間言，蓋有以也夫！

公疾未作，方奏對，天子見其徵。既疾，數使人問視。既殁，大痛悼。發帑金使國有司治喪，散秩大臣領侍衛十人奠爵。特諭稱公學問醇正，人品端方。贈太子太傅，入賢良祠，賜謚文定。

楊氏系出關西，明初以軍功世襲鳳陽勳衛，家懷遠。自諱元吉者始遷江陰，逮公五世矣。祖諱起鯤，父諱履泰，並贈資政大夫，巡撫雲南都察院右副都御史。祖妣任氏，前母陳氏，母許氏，並贈夫人。公字賓實，號凝齋，生於順治十七年十二月二十四日，卒於乾隆元年九月朔日。初聘趙氏，未娶，卒。娶劉氏，誥封夫人。以弟之子應詢嗣。應詢暨公門生王君文震、夏君宗瀾以銘幽之文請。余雖病衰，義無可辭。銘曰：

古有其德，事不待施。志之得行，書亦無爲。公承師説，篤信固執，探其本根，焉用枝葉。惟公惟平，政出民諧。惟誠惟信，頑姦無猜。我言無溢，來者之式。

廣東副都統陳公墓誌銘

公姓陳氏，諱昂，泉州人。世居高浦，國初遷濱海居民，從灌口。父兄相繼没，以母寡，艱生計，遂廢書，賈海上，屢瀕死。往來東西洋，盡識其風潮土俗，地形險易。

康熙癸亥，上命浙閩總督姚啓聖經略臺灣。遣靖海伯施琅統諸軍進戰，求習於海道者，公入見。時制府以水戰宜乘上風，公獨謂：「北風剽勁，非人力可挽，船不得成䑸，不若南風解散，可按隊而進。」施意合，遂參機密。將至澎湖，北風大厲，氛霧冥冥，晝面不相覿三日，軍中恫疑。公進曰：「此殺氣也！將軍毋以父兄之仇，欲效楚伍員倒行而逆施乎？」將軍曰：「然則吾誓天。」公手案以進。誓畢，風反日暉，遂克澎湖，歸疾病痍傷者於臺灣。其吏卒大喜，鄭氏遂歸命，兵不血刃。策勳，授蘇州城守。一調再遷而至碣石總兵官，擢廣東副都統，皆濱海地也。嘗奏請：「西洋治象數者，宜定員選，毋多留；其留者，勿使布其教於四方。」

自開海洋，登、萊、江、淮間，海舶至，菽、粟、布、帛即騰踊。僉曰内地年登而穀貴，職此之由。久之，語上聞。命盡閉海洋。公聞之，獨曰：「南洋，非此倫也。吾少歷諸番，皆習耕稼，無資於中國。或海壖毁饑，商舶尚以諸番之米至。今概絶之，則土貨滯積，而濱海之民半失作業。」欲上言，會疾作，將終，命其子以遺疏進。衆皆疑焉，叩之閩人，則曰：「斯言也其信。」

公之子倫炯介吾友楊君千木請銘。余既奇公之迹，又其言宜考信於後，乃受其請而譜之。公歷官皆能其職，有遺施在人。卒年六十有八。父諱健。前母許氏，母王氏。自曾祖以下，皆受一品錫命。夫人林氏。子三人：長倫炯，次芳，次倫焜。以某年月日葬公於某鄉某原，銘曰：

迫爲生，海之涯，備諸艱危，榮遇亦由兹。志願無餘，安以反其居。

知寧國府調補部員黄君墓誌銘

君諱叔琪，字果齋。自其父芳洲公始入籍京兆。君兄弟五人，皆登甲乙科，三人出入中外爲顯仕。康熙乙酉，君舉於鄉，以中書倅雲南景東府，土官實掌郡事。始至，甿獠時駭，乃嚴武守，勤偵緝，閭里宴眠。又以其暇，廓學宫，建橋梁。報政，擢知江南寧國府事。

雍正二年，余請假歸葬，以視執友之孤，道宣城，時君治郡已四年矣。入其境，民氣和樂，士勸於塾庠。有司胥吏則戴其寬簡，而知不可犯。用此，大府之賢者，皆誠信而禮貌之。其或臭味不同，亦無從得其過端。嘗以承追官民積負後期被劾，世宗憲皇帝特原，俾留任。莅兹土者凡十有四年，中間兼攝徽郡及太平。既久，民猶有述焉。

癸丑，改調入京，以伯仲及季同時而罷也。君在任採銅，爲商人所乾没，未盡入。寄家累於張秋。乾隆丁巳仲夏，太夫人九十，偕妻入拜慶。妻遘病，卒於京師。其冬，君親赴吴門，趣入銅。體素羸，抱慼傷，又辭老親，至張秋，病不能興，逾歲二月朔後八日卒，年六十有一。

余與君兄弟皆久故，惟君蹤迹較疏。其服在大僚者，所至皆有名績，而余得君於聞見尤詳。又念君兄弟雖中踣，數年中復次第光亨，而君竟長逝矣。以銘請，余豈忍辭？

君父諱華蕃，廩貢生，順天府大城縣教諭，以長子叔琳誥贈資政大夫吏部左侍郎。母吴氏，誥封太夫人。妻李氏，誥封恭人，甚有婦道；其卒也，太夫人深痛之。子六人：長子元幬，丙午舉人。次德鑄、幬燾，皆郡庠生。次鶴齡，丁巳進士。次崧年，業儒。女三人，並適士族。乾隆五年某月某日，葬於先兆之次。李恭人祔。其先世繫姓，余既爲贈公外碑，故不復詳。銘曰：

兄考既敷菑，子孫能耨之。宦非不遂，而年已耆。於衆爲無憾，而在君猶積而未施。吾是以爲之譆！

沈編修墓誌銘

常熟沈立夫與余同給事武英殿書館。雍正四年秋，揖余曰：「吾告歸，行有日矣！吾母安吾鄉。古之人耕且養，三年而窮一經，四十而仕。吾齒與學皆未也。吾少好柳文，自先生別其瑕瑜，然後粗見古人之義法。及聞周官之説，而又知此其可後者也。故奉吾母以歸，將畢其餘力於斯。」

立夫歸，自南方來者，争傳其務學之勤。八年三月，有來告者曰：「立夫死矣。」余自童稚從先君子後，具見百年中魁壘士，其志趨尤上者，誦經書、講學、治古文而止耳，而察其隱私，猶或以震耀愚俗，而私便其身圖。故其所得，終未有若古人之可久者。其誠心欲有立於後，惟吾友崑繩之子兆符，而既夭死，又其後則立夫。豈區區之文學，亦天心所重而靳其成邪？而古之人有言曰：「人皆可以爲堯舜。」豈求在我者，可稱其大小遠近而必有得，而與竭心於文學者異道邪？

立夫諱淑，雍正癸卯進士，翰林院編修，卒年二十有九。父某，太學生。母某氏。妻蔣氏，有子始三歲，未能訃。乃誌而銘之，以郵致於其家。立夫之祖育，以孝聞。其歸也，請誌其墓。余因舉立夫之志行，決其終有立，以爲孝德徵，而今乃銘立夫。嗚呼！悲矣！銘曰：

始謂斯人，若爲天所牖，而善爲承。豈惟無成，速殞其生，何數之難測，而理亦未可憑？

李抑亭墓誌銘

雍正十年冬十月朔後九日，過吾友抑亭，遂赴海淀。次日歸，聞抑亭蹶而瘖，日再往視，越六日而死。

始余見君於其世父文貞公所，終日溫溫，非有問不言。及供事蒙養齋，始習而慕焉。期月而後，無貴賤老少，背面皆曰：「李君，君子人也。」其後，余移武英殿，領修書事，首舉君自助。殿中無貴賤老少，稱之如蒙養齋。君自入翰林，再充順天鄉試同考官，典試雲南，士論翕然。視學江西，高安朱相國每曰：「百年中無或並也。」按察使李蘭以咨革諸生，君常難之，劾君牽制有司之法，而彈章亦具列其廉明。余自獲交文貞，習於李氏族姻，及泉、漳間士大夫。其私論鄉人各有嚮背，而信君無異辭。君被劾，當降補國子監丞，群士日夜望君之至。既受職，長官相慶，而莅事未彌月。用此六館之士尤深痛焉。

往者歲在戊申，君弟鍾旺蹶而瘖，卒於君寓，余既哭而銘之。君在江西，喪其良子清江，又爲之銘，以塞君悲，而今復見君之死。古者親舊相與宴樂，而樂歌之辭乃曰：「死喪無日，無幾相見。」有以也！君在蒙養齋及殿中，與余共晨夕各一二年。返自江西，無兼旬不再三見者。辛亥春，余益病衰，凡公事必私引君自助，無旬日不再三見者。一日不見而君疾，一言不接而君死，故每欲銘君，則愴然不能舉其辭。喪歸有日矣，乃力疾而就之。

君諱鍾僑，字世邠，福建泉州安溪縣人。康熙壬午舉於鄉，壬辰成進士，年五十有四。所著論語孟子講蒙十卷，詩經測義十卷，易解八卷，藏於家，尚書、周官皆有説未就。父諱鼎徵，康熙庚申舉人，户部主事，誥授奉直大夫。母莊氏，贈宜人。兄弟五人，四舉甲乙科。兄天寵自入翰林，十餘年與君相依，皆不取室人自隨。痛兩弟羈死，乃引疾送君之喪以歸。君娶黄氏，敕封孺人。子五人，四舉甲乙科：長清載，庚戌進士，兵部武選司額外主事。次清芳，癸卯舉人，揀選知縣。次清江，癸卯舉人，揀選知縣。次清愷，壬子副榜貢生。次清時，壬子舉人，世父撫爲己子。女一，適士族。以某年月日葬於某鄉某原。銘曰：

蓄之也深而施者微，將踵武於儒先而年命摧。悼余生之無成，猶有望者，夫人而今誰與歸？

中議大夫知廣州府事張君墓誌銘

君姓張氏，諱錞，字子容，山西蒲州人也。少異敏，博聞强記而不諧於俗，州部皆號曰狂生。既成進士，師友間亦見謂不羈。及余與供事武英殿，始知君樸質人也。嘗舉其鄉百年中立名義者，而叩以所自處，君曰：「子他日視吾所爲。」

今皇帝嗣位，大臣將以史才薦，訪於余。余曰：「是足爲民依，不宜使汨沈於藝文。」乃舍之。君始聞，不能無愠，既而知由余言，則大喜。因請外補，試湖廣應山縣。逾月，湖南北士人、商旅至都下者，争傳其治教如自矜所得。時鄭任鑰以布政使入覲，余詰之曰：「有吏如應山而不特舉，有説乎？」曰：「是貌不颺，言拙，將以計典列薦，俾循階以升。」朱相國聞之曰：「此過言也。彼人遭遇與國之得賢，固有天焉。以人事君者，惡用爲計較哉？」

雍正四年冬，上特召，五年春，引見，命知廣州府。抵任，首自陳於大府曰：「郡治劇，當坐署理民事，上官非傳呼不至。」由是監司以上皆患君骨鯁，而督撫方相構，陰樹附己者，君柴立其中央。久之，制府以民望所歸，加體貌焉。父老皆私歎曰：「我公自是側身無所矣。」君在廣州，治加嚴毅，諸生有患鄉里，榜其罪，使曲跽於交衢，而不能私出怨言。忌者雖多，無可瑕疵。七年春，始以屬縣囚逸罷。功令：囚獲則復官。士民爲君懸賞格以購之，逾歲果得焉。君以書來告曰：「吾官可復，但羞與群子傾側勢要間，枉道行私以負聖天子。頗思與子稽諏文史，浩然有以自得也。」時京師諸公聞君脱吏議，多躍喜，將俟前事奏結特舉焉，而君遘疾死矣。

君之官不持妻子，既罷，居廣州三年，士民日致薪米果蔬用物，不可抑止。及卒，無親屬在側。時大府皆已更易，群吏惘傷，共棺斂。士民驚呼，群聚而哭之。君家故窮空，其子聞喪，久不能奔。自大府群吏及士民咸出力以御君柩歸其鄉，而以賻之餘屬守土吏買田以給其妻子。

君將赴廣州，走别余。余謂君：「治法宜條記以式爲吏者。」君曰：「其能者豈恃故方？非其人，雖灼知不能用也。吾已棄此如遺迹矣。」君治應山僅逾兩年，廣州年餘，美政不可勝紀。其子以狀來，雜舉條目而首尾不具。其精神之運，方略所施，俱不可得而見，家事亦然，故概弗採列，而獨著其志節之耿然者。

君先世平陽府小南關人，元末遷蒲州，世居東關爲儒家。高祖諱杲明，天啓中舉乙科，官户部郎中。父諱含璵。母王氏，生四子，君其仲也，康熙甲午舉人，乙未進士，享年五十有六。妻任氏。子士瀹。以某年某月某日葬於某鄉某原。銘曰：

操行不迷，懷文抱質，而衆反以爲咍。官守無虧，主知民載，而終爲人所摧。惟直道之不亡，志愈遠而彌光。

白玫玉墓誌銘

康熙癸巳春，余出刑部獄，即通書吾友清澗白君玫玉，玫玉以書報曰：「必來視子。」庚子，其弟玖玉以守選至京師，曰：「吾兄歲爲裝，而喪荒滯之，今行有日矣！」逾歲絶音耗而凶問至。余自童稚從先君子見楚、越耆舊，長遊四方，海内知名士十識八九，聰明博達愿謹耿介者，時時有之。獨未見才識足以立事，確然可信，如古豪傑之士者。及得玫玉，始驚喜出望外。

辛卯冬，余以南山集牽連被逮。時制府噶禮、廉使焦映漢俱夙憎余，欲因事以螫。會玫玉客安徽布政使馬公逸姿所，見賴其力以免困辱。玫玉文學重鄉里，以拔貢生授高陵縣教諭，稱疾不就，而客遊諸公間。于中丞準其舊交也，巡撫江蘇，以重幣招至。則與要言曰：「君以蔭起，富貴至此，豈君之能？以乃祖清端公風節著朝野耳。今爲大府而莅其遺民，果能繼前人之廉公，恢張教治，以大庇民，則某不敢辭。若苟焉爲衆人所爲，又安用余？」越數日，假他事以行。

白氏五世不離居異財，玫玉終世客遊，齎裝皆盡之族姻朋友。幼工書，得魏晉人遺意。中歲爲詩，雄直過人，或欲鋟諸版，曰：「士乃以茲自名邪？」余在難，同學二三君子，時就縣獄中，多欷歔流涕，惟玫玉毅然無別離矜憫之色。

玫玉諱斑，以順治丁酉生，享年六十有六。曾祖諱宗舜，明萬曆丁酉舉人，知山西蒲州。祖諱慧元，崇禎甲戌進士，直隸任邱縣令，以忤宦官落職，會亂城危，士民扳援留守，死之，贈河南按察司僉事。父諱補宸，順治己酉舉人，三原縣教諭。妻郝氏。無子，以伯兄之子子正嗣。女四人，皆適士族。以某年月日葬於某鄉某原。銘曰：

夫人之生也，而無以爲。吁嗟乎！古其有斯。

翰林院編修查君墓誌銘

君諱嗣瑮，字夏重，後更名慎行，浙江海寧人也。余始入京師，查氏負才名者數人，而君尤獲重語。朋齒中以詩名者，皆若爲君屈。君少聞吾邑錢先生飮光深於詩，即泝江，繫舟樅陽，造田間講問，逾時而歸。錢先生數爲余道之。及與交久長，見其於時賢中微若自矜異，然猶以詩人目之。

及余脱刑部籍，聖祖仁皇帝召入南書房。中貴人氣焰赫然者朝夕至，必命事專及於余，乃敢應唯敬對，外此不交一言。又夙畏風欬，常著緇布小冠。諸内侍多竊笑，或曰：「往時查翰林慎行性質頗類此，而冠飾亦同。」嘻，異哉！余用是益有意於君之爲人，而君尋告歸。及篤老，以其弟嗣庭得罪，牽連被逮。同産弟姪並讁戍，而君獨見原。蓋先帝公聽並觀，君恬淡寡營，久信於士大夫，故在事者閔焉而以情達也。

君既殁，其子克念以狀請銘數年矣。乾隆元年十有二月，余卧病直廬，或告曰：「君之彌甥沈庶常廷芳屬爲通言，速君銘，且告克念之喪。」是夜，夢與君問勞如平生。晨起，命家人檢故狀不得，乃就所獨知於君者以誌焉。覽者即是以求之，其所狀事迹雖不具可也。其詩已行於世者，凡四千六百餘篇，各以時地次爲五十四集。君卒於雍正五年，年七十有八。父諱遺，字逸遠，爲浙西耆舊。母鍾氏。兄弟四人，皆成進士。妻陸氏。子三人：克建，丁丑進士，鳳翔知府，克承，國子生，俱先君卒；克念，甲辰舉人。以某年月日葬於某鄉某原。銘曰：

所嚮所祈，詎止於斯？而終已無施，惟以弸於詩。

禮部侍郎魏公墓誌銘

公姓魏氏，諱方泰，字日乾，江西廣昌人也。康熙甲子，舉於鄉，爲選首。庚辰成進士，選庶常。韓公慕廬掌院事，數爲余道公學行。時諸翰林以韓公故，多索交於余。間與公相見稠人中，未嘗以言語顔色相親，因是心重公。

及乙未西事興，領軍餉者四人而公與焉。衆皆詑公文儒，沙場萬里，行宿鮮人煙，數攻剽，言者皆爲色懼，而公恬然。及出塞，結隊安營，號令明肅，撫循徒旅，人忘其勞。反役，人畜鮮傷耗，什器無遺亡。自是以後，領運者六，事集而人皆便之。蓋公自散館後，即召入南書房，旋命侍淳親王講誦，聖祖已審知公之爲人，故自翰林改官通政司，蓋信公可屬以事久矣。於是天下士始謂公之底藴不可窺尋，而歎聖祖之知人善任使也。

公爲檢討，主山東鄉試，視學滇南，擢侍讀，改通政司參議，復主試閩中，教習壬辰科進士。

士聞公誨喻，多勵學自檢於躬行。其在滇南，與撫軍劉公蔭樞善，還中朝，大農趙公申喬數稱其廉公。世宗憲皇帝登極，擢太常卿，遷正詹事。乙巳夏，以本職攝内閣學士，尋遷禮部右侍郎。嘗正告廷臣曰：「如朱軾、張廷玉、沈近思、魏方泰，朕保其終無二心。」人皆意公將繼武於朱公，而公以年滿七十，力陳衰疾重聽，秩宗典禮雖虔恭將事，終憂隕越。温旨許之。嗚呼！公之不敢賴寵，先帝之篤信忠良，又能曲體其情而不强以仕，皆可以感人心，砥維風教，使奕世聞而興起者也。

公繦褓失母，終身哀慕，序譜牒，建宗祠，置祭田，恤族屬孤貧，延及朋友，鄉人式之。好讀書，造次不釋，往還絶漠，每至挈轡令舍，馬瘏僕吁。公部署既定，即端坐吟誦，神氣灑然，同行者皆心服焉。

公得告時，子定國爲直隸按察使，就養於保定。其没也，會定國以同官罣誤繫獄，尋謫黑龍江，窀穸猶未營。及今皇帝嗣位，特召還京，起署陝西西安按察使，而夫人李氏亦没矣。請歸葬然後之官，詔許之。乾隆三年冬，以狀來請銘。余與定國，同年友也，謫而歸，始相見於旅舍，然以道義相許有素矣，乃爲譜其世家。魏氏蓋了翁後也。元初，卜居南城之魏坊，繼遷於廣昌。支分爲三：長居甘竹，季居寧都，次居株橋，公其裔孫也。累世素豐，鼎革初，鄉里山賊數起，邑中善良避賊保水斗山。守將利其有，將屠之。公之父明之素與相識，馳見之。給令箭曰：「保爾家無虞。」泣曰：「某居别山，非爲吾家來也。此砦中皆良善，不忍其荼毒耳。」守將拒以强詞，色甚厲。乃拓家財，持千金爲壽，曰：「呰中父老所有盡此矣！必破呰，勿淫勿殺。」又以五百金賂其左右，於是兵入，衆皆安堵。及公既貴，定國繼之，子姓繩繩，鄉人皆曰：「此乃祖乃父積善之慶也。」曾祖諱沆，國學生，鄉飲大賓。承嗣祖諱復禧，父諱菁，誥贈通議大夫。祖妣孫氏，妣何氏，生妣陳氏，俱贈淑人。本生祖諱復禮，妣李氏，以定國及妻封貤贈如其官階。

公卒於雍正六年四月，年七十有二。配李氏，卒於雍正十一年三月，年七十有九，誥封淑人。以乾隆二年贈夫人。庚午，公在京師，贈公卒於家，夫人備禮致哀，族姻皆爲感動。以乾隆元年四月二十六日合葬於南城魏坊。子三人：長定國，康熙丙戌進士。次寶國，康熙甲午舉人，雲南永平縣知縣。次安國，早殤。女四人，皆適士族。孫七人，舉於鄉者三。銘曰：

美仕榮祿，遭遇適然，惟賢惟德，其兆必先。魏宗三支，寧都學顯。公務質行，身依文典。望比於鄉，勤施於國，衆信其誠，士馨其德。象賢有人，忠貞世宣，是父是子，帝有明言。明之澤近，華父光遠，於萬子孫，先型毋靦。

潘函三墓誌銘

君諱蘊洪，字函三，湖州人。康熙五十二年，與余俱供事蒙養齋。性孤特自遂，意所欲爲，

雖重得困，不悔也。所欲言，聽者色倦，語而不舍，用此衆指笑爲愚惑。吾母之喪，卜權厝近郊，

與君行度地，會日暮，余留宿而君堅欲歸，歸則陷積水中，終夜匍匐，卧疾累日，及相期再行，欣

然無難色。

君在湖籍博士弟子第一，至京師御試入修書館復第一，以未入太學，例不得試京兆，上特命內閣下其名禮部，送棘闈，群士皆驚。君自負才望，謂科名可垂手得，及數試不克而同館士强半舉甲乙科，忽忽減食飲。余謂君：「士果自負。當與百代人絜短長。今直省鄉貢，間三歲必千餘人。君乃以不得與於千人者而發憤以死邪？」其疾也，聞方藥輒試。余憂之曰：「子非死疾也，而漫試百藥，子必死。」君感焉，淚漬於眶，然竟不能止也。戊戌夏四月晦前三日，余赴熱河，走别君。相視而嘻，曰：「吾疾已愈矣。」越四日而死。

君近歲益窘空，數典衣，道逢廢疾窶人，即使持去。嘗遊江西，鄰舟覆，挈其夫婦子女，行千里而致其家。授經齊魯間，積百金將歸，會大祲，死者相望，惻然出傭力瘞埋，罄其裝。余意其尚有瘳，而竟止於此。

既卒，逾年，館中士友咸出其力，乃得以某月日歸君之喪，而屬余爲銘以畀其孤。妻某氏。子某。以某年月日葬於某鄉某原。銘曰：

一之不施，而信其積者誰？既歸骨於而宗，尚其無悕！

顧友訓墓誌銘

君姓顧氏，諱同根，字友訓，江都大橋人，書宣先生長子也。其居鄉閭，名在州部。居庠序，名在京師。諸公多欲資入太學，以母老諸弟幼，恒家居，雖教授，不出百里。康熙六十年，選高等諸生入太學，學使者注意於君，君避不入試。

始吾師以督學卒於楚，喪過金陵，余弔於舟次，始識君。其後歲時至君家，季方孩，君與讓訓、歙和朝夕講誦，怡怡如也。及余難後，聞歙和之喪，誌而銘之。又十餘年，余得假歸葬，再過君，君適以是日持仲之喪至自泰興，相視飲泣，意緒促促。及君之卒，則家不能訃，逾二時始得之傳聞。嗚呼！自吾師之卒也，海内士大夫已嘆其積而不施。至君則强志博學而未嘗一見其鋒穎，故聞者莫不痛惜發於中情，不獨親知久故然也。

君以雍正四年冬赴弔姻家，夜中體不適，旦而歸，未至家而卒，年四十有五。妻王氏，無子。以某年月日葬於某鄉某原。季以太夫人命來徵銘，銘曰：

孤與嫠，遑顧思？母之煢，恨無涯。惟數之奇，一至於斯！

陸以言墓誌銘

君諱詩，字以言，江寧人。家世農田，秀者學藝。君始以習宋字入蒙養齋書局，敬敏有聲，有旨得從群士校録叙用。君既拔起，稍自振飭，與群士抗禮，衆深心嫉之。及議叙，皆得美仕，君獨以後期數月不與，發憤成疾，逾年竟死。

君在書局凡八九年，始爲衆所排，常憤湧。余開之曰：「毋以爲也！若欲以聲勢與衆争衡，何道以相勝？苟能修身强學，則自知不足甍介矣。」君大感動，務自刻苦，念家貧，父母老不得養；或饋之品味，必轉遺他人而不自食。學柳書，晝夜矻矻，點畫無毫髮不似。將死，泣而語其人曰：「我無子，無用歸我喪，重父母感傷。」以雍正元年某月日權葬京東江寧義冢。

又四年夏，其叔父琢之至京師，來告曰：「吾兄子之婦，守節養舅姑，志歸其夫喪，吾不忍棄言。」余既悲君崎嶇以死，又感其妻與叔父之意，乃述所目見於君者，而爲之銘。君年三十有四，以監生考授州同知。父如珍。母劉氏。妻王氏。以某年月日葬於某鄉某原。銘曰：

婦能貞，子職率，諸父良，歸爾骨，死有知，億無鬱。

光禄卿吕公墓誌銘

雍正五年冬，詔公卿舉賢才。光禄卿吕公具劄不合儀式，天子夙知公謹慎，年篤老，許以原官歸休。余與公子耀曾爲同年友，而公於余尤志相得。將行，朝夕過從，要言書問必時通。俄而訃至，則至家之三日，晨興沐浴，飯罷而終。

公年四十有一，始舉於鄉，又十有七年成進士，由翰林改御史，轉給事中，遷鴻臚，大理至光禄寺卿，所歷必張其職。三主鄉試，再充會試同考官，士論翕然。其爲御史巡城，會南郊，奏以「薙草徵役，胥吏因緣病民」，又奏「夏秋之交，洞庭瀧濤壯猛，湖南士赴鄉試，苦遭覆溺，宜分設棘闈」，天子皆爲更舊制。公名位非甚盛，而以渾厚方直爲衆所推。其没也，凡與交接者，皆曰薦紳中，典刑又失其一矣！

自容城孫徵君講學淇源，湯司空、耿詹事名節在天壤。由是中州士大夫多好言理學，而公兄弟則尚質行，以文學知名。公兄少司農坦菴公與吾亡友崑繩治古文而旁及於詩，公則以詩名而兼治古文。余嘗以古文義法繩班史、柳文，尚多瑕疵，世士駭詫，雖安溪李文貞不能無疑，惟公篤信焉。

公至性過人，喪父母，壹稟禮經。自少至老，未嘗與司農久離。戊戌春，司農罷歸。次年五月，公忽搏膺而呼曰：「不得與兄見矣！」數日，訃果至。司農之歸也，思公爲樂府一章，時命耀曾之子肅高相和而歌，歌竟而哭。厥後，公展視，輒掩涕吞聲，耀曾乃竊而藏之。公貌端嚴，生平坐立無偏倚，讀書青要山凡數十年，所居特室，臨牕設几，坐下二足迹深寸許，幾穿其磚。

呂氏繫出宋丞相文穆公第六子居簡，其後自洪洞遷新安，至明季大司馬忠節公始光顯。自是五世，衣冠甚盛，家法爲士大夫宗。耀曾嘗卧病内寢，余入視，帷帳茵褥，爲寒士所不堪，肅高捧盤承飲而進。叩之，則已舉於鄉矣。雖呂氏家法，抑亦公之身教也。

余許序公青要集，久而未就。公欲爲古詩數章贈余，曰：「吾歸以詩來，則子之序毋更遲之又久矣！」肅高告終，稱公在途，諄諄及此。耀曾至自西川，來乞銘。余於公既負諸責矣，今忍不銘？

公諱謙恒，字澗樵，以雍正六年四月二十一日卒於孝慈莊，年七十有六。考諱兆琳，福建道監察御史，以司農贈都察院僉都御史。妣王氏，孟津王文安公女，敕封孺人，誥贈恭人。妻王氏，太常寺少卿諱無咎女，文安公女孫。子三人：承曾，雍正甲辰舉人，揀選知縣。光曾，康熙戊子舉人，陳留縣儒學教諭。耀曾，康熙丙戌科進士，四川按察使。孫五人。女孫九人。以某年月日葬於某鄉某原。其世系具忠節公傳，誌故不著。銘曰：

望其貌而心可知，敦於行而文副之，祖德克儀，以爲世裔師。

安徽布政使李公墓誌銘

乾隆十年六月朔，余卧病北山，閉關而外鍵之。安徽布政使李公屏騶從過余，謂門者曰：「即虚館，必啓鑰。」麥户而入，曰：「吾固知先生避客之深也！吾自獲見於先生，始知所以爲人之道，備官中外幾二十年，自省尚無負於君國，無慚於吏民，皆先生之教也。所懼民隱壅蔽，有過而不自知。今荷聖恩，位邦伯，而適在先生之鄉，故甫入城，未受印篆，而願聞緒論，望先生知無不言！」越三日而余遘危疾，不辨人事者浹月。及杪秋，少蘇。醫者曰：「子無他，昨視方伯李公，心脉已枯，恐無可久之道。」余瞿然，急通問。復書曰：「某陳臬於蘇，幾三載，即笞杖，必設身以求其情，積勞傷氣，又胃痛，醫人投藥物過猛，故一發不可支。如有瘳，即敬以聞。」未十日，則其子以棺斂事來諏，且乞銘矣。公所生三子皆幼，其弟之子承嗣者，雖少長從宦遊，而方從師務帖括，外事無聞焉。幕中皆新知，故狀所述，惟歷官及蒙恩遇，而政迹無叙列者，銘辭難舉。雖然，義不可却也。

公洛陽人，雍正五年進士，選庶吉士。不介而造余，形貌偉然，所爲詩及書法皆拔俗。時余掌武英殿修書事，因奏請共編纂。見公小心畏義，好賢樂善，出於至誠，勖之曰：「子公輔之器也，貴仕不足道，能如鄉先輩劉洛陽，更進之爲本朝湯睢州，乃無愧於爲人。」公竦然。及散館，授檢討。九年，改山東道御史。十年，巡察直隸順、廣、大三府。十一年，監會試内簾，巡視西城，轉兵科給事中，稽察倉場，充武會試同考。十二年，奉使策封安南，賜正一品服。十三年，授刑科掌印給事中，轉四川建昌道按察司副使。公出在外，歲時必通書。余見其地士大夫商旅，必詢公操行及所注措，故知公爲深，而欲籍之，則事實不能詳也。其巡三郡，官吏凜凜，雖大府亦嚴憚焉。在建昌，自打箭鑪至西藏，民獠威懷，治行甲兩川。金川諸土司相仇殺，公會諸將巡視開諭，皆駢首革心。

乾隆四年，大計卓異。五年，引見，天顔甚喜，賜蟒服，回任俟後命。七年，調江蘇糧道，弊絶民憙。會淮揚水災，制軍德公、撫軍陳公於要地多委公拯濟。其冬，遷江蘇按察使，明允無留獄。富商大豪姦私暴露，欲巧法彌縫，即私計曰：「惟法司大府，三關無道可通，奈何！」其遷藩司，蘇人皆曰：「吾民薄祜，雅太守遷閩嶺，李公復移調，誰其嗣之？」不謂公之不數月而奄忽也。

公處心平恕，終日温温，而不可强以非義。屬吏幕友於簿書或舛誤，未嘗動聲色，惟默思所以正之。而官中蠹胥時因事懲革，衆心感服而不知其所由然。痛少失怙，始舉於鄉，而太夫人即世，愛弟學峻如一身，甫逾三十，連喪耦，即以弟子焕爲己子。

公始見余，執後進禮。余入翰林後公，故事禮辭當卑遜，而公終以後進自處。及莅安徽，通書忽用師弟子之稱，余固辭。公曰：「先生每以睢州勖我，睢州既爲監司，始受業於夏峰，某獨不可繼武乎？」余告以「自明萬曆末，徵君即爲海内儒宗，而睢州乃鄉之後進也。今公爲邦伯，而余以薄劣爲部人，敢以徵君自處哉」，而公終不易稱。即此一節，非誠以古人爲準的而能如是乎？惜乎余之所望於公者，始少見其端倪。

聖天子累日積久以灼見其賢，而不獲竟其用也！然數年來，余夙所心許，如江西熊梅亭、濟寧黄訓昭、安溪李立侯皆以壯年受知於聖主，始列九卿，而倏如影滅，則又不若封疆大吏尚有實德之及民也。然則有心者，當爲國惜，爲民悲，而公則差可以無恨矣。

公卒於乾隆十年十月望後五日，享年五十有五。祖諱士傑，父諱本質，乾隆元年，誥贈如公官。祖妣楊氏、尚氏，妣曹氏，俱贈恭人。公諱學裕，字餘三。元配劉氏，繼室尚氏，以貤封，未受錫命。子四人：長焕，學峻次子，乾隆甲子舉人。次照，側室張氏出。次燕，次焜，繼室吕氏出。前夫人並葬洛陽城東十里鋪某原。公以某年某月某日卜兆於某岡某原。銘曰：

曰仁曰恭，宜得其壽。德載於民，其聲遠聞，而施則不究。俛焉日有孜孜，道固宜然，其淹其速，則惟命之自天。

莊復齋墓誌銘

余與安溪李文貞公久故，其門下士相從問學者十識八九，而獨未見莊君復齋。叩之，則初授山東濰縣令，母就養，卒於塗，歸而廬墓三年，自是不忍一日離其父。父既没，隱居教授，若將終焉。今上元年，楊文定公以大宗伯掌成均，薦授國子助教，始與余相見。西林鄂公、海寧陳公問士於余，余首言君，次某某，非禮先焉，不可得而見也。海寧徧往拜。西林使君同官達意至再三，君曰：「吾往見，是慕勢也。相國何用見此等人？」將命者以告，西林瞿然曰：「吾非敢安坐而相招也。顧吾非公事，未嘗一出内城，恐時人以爲疑。吾平生惡市交，莊君以老諸生視我，則不妨顧我矣。」君始入見，志相得，而自是未再至。君自助教遷吏部主事，每執稿與長官争是非，或齟齬，侃侃言無懼色。君成進士，出少京兆余甸、御史謝濟世門。二君夙以抗違勢要著聲，由是凡良士皆望君行所志，而好權利者則陰憚之。

六年夏，或薦君學行宜居言路，引見，上意甚相屬。越日命赴湖廣，以同知題補。十月，授德安府同知。逾月擢知江南徐州府。徐乃歲水災，君以七年四月至，相川澤，諮耆民，具方略，請「廣開上游水道，以洩異漲」，且告石林可危。未及注措，而石林決。沛縣城將潰，民竄逃；君立起駕輕舠行，告父老：「太守來，與爾民同難，爾民何往！」親率衆堵築，七日夜城完。在徐三年，兩遇大荒，勤賑事，飢不暇食，困不得眠。

九年，遷按察司副使，分巡淮安、徐州、海州。道至金陵，過余北山，曰：「吾再擢，俱聖天子特恩，而徐屬水災，乃數十年所未有，心殫力竭，終不能救斯民之饑溺。及爲監司，而淮、海承屢祲，凋敝多不異於徐，命也夫！吾聞古循吏，精誠能反風滅火。每對饑羸遺民，中心愧畏，夢寐中時摽辟呼嗟。今與先生一握爲笑，以海州歲歲苦病得脱耳。州有鹽河，蓄水通商運，故障塞海口，雖異漲，非徧告大府監司，不敢開洩；及文書畢下，而田苗沈没者，已不可救矣。陳於制府，已定議：『遇水漲，守土吏先開洩而後報聞。』故數年來未有如今日之樂者。」冬杪得手書，言：「巡行視災核賑，十二月始回徐，舊疾復作。」浹月而其孤使人告喪，以遺命徵銘矣。云卒之朝，猶强起視事。嗚呼！以君之孝，而恨於母者終其身；以君之仁，而民之顛連，與君之牧民相終始，不可謂非命之窮矣。然抱痛於母，而孝乃無虧於父；急民之病，勤事以死，而無負於君。凡君之生不怍於人，死不愧於天，實由於此，豈非易所謂「益之用凶事」者邪？

君學行爲賢士大夫所重，後進多宗之。將冠，鄉先輩戴麥村鑑識妻以族姑。泰安趙公撫閩，請主鰲峰書院，以持父喪辭。其家居，來學者歲以百計。在太學，六堂之士少有祈嚮者，多願爲弟子。九年京察，上命大僚各舉一人自代。内閣學士李清植舉君，公論大服。其卒也，士民啼號，聞者罔不痛惜。所著秋水堂集、河防算法書藏於家。

君諱亭陽，世居漳州靖南縣之龜山，辛卯舉人，戊戌進士，卒以乾隆十一年正月十六日，年六十有一。父諱某，母某氏。妻戴氏，孝於舅姑，與君之友於弟亭德並有聞。長子修，次撰。孫三人。以某年月日葬於某鄉某原。銘曰：

自大理熊君絶世，歲始四新。余方冀其有爲，而忽焉隕墜者五人，而今復銘君。實德之遺，視災黎之涕洟。

教授胡君墓誌銘

君諱禹冀，字載川，太平府儒學教授。自余有知識，見朋齒中背面皆稱胡先生。嘗至姑孰，憩君亭館，君適他出。往來嬉遊者皆曰：「胡公，賢者也。」雖兒童女婦亦然。夫天下之最難饜者人情，而細人又甚焉，而君之所得於衆人者如此，異矣！余遊四方，未得時見君，曾以事接談嬉，無甚異人。厥後亡兄百川授經姑孰，逾年歸曰：「胡公，賢者也。口未嘗言學，而叩以六經、子、史奥賾，衆人所難明者，能記辯之。因就習於君者而考其行，乃知君自成童以後，黽勉於人道六十餘年，未嘗有出入也。」

君以順治乙酉舉於鄉，至康熙乙酉始自姑孰告歸，重見鄉後進之歌鹿鳴者；人争羨之，以謂前輩登科後甲子復一周者，獨嘉靖中石城許公，而君即許公彌甥也。

君之生也，未嘗有疾病憂患，終日熙熙，逾八十，食飲行步如平時。君生於明天啓丙寅，余每見與君同時人，其形貌辭氣必篤於後生，遭遇多坦夷康樂。蓋方是時，明運雖衰，而太祖立國之規模遠迹三代，其教化之通乎陰陽而凝聚於萬物者厚矣。董子所謂陶冶而成之者是也。

君先世蘇州人，洪武初遷金陵，世多潛德。考諱某，妣某氏。兄弟六人，君伯也。壽八十有二，卒以大清康熙丁亥十二月。妻某氏。子某。以某年某月某日葬於某鄉某原。銘曰：

謂俗蓋陂，而遇君則甚平。謂天不可知，而賦君者獨貞。先民有躅，於君猶徵。

張樸村墓誌銘

君諱雲章，字漢瞻，號樸村，江南嘉定人也。曩者崑山徐司寇好文術，以得士爲名，自海内耆舊以及鄉里樸學，雍庠才俊有不能致，則心恥之，而士亦以此附焉。余初至京師，所見司寇之客十八九；其務進取者，多矜文藻，馳逐聲氣；即二三老宿亦争立崖岸，相鎮以名；惟君處其間，斂然静默，體恭而氣和。余心異之，而君亦暱就余。

君始以校勘宋元經解客司寇家，其後諸公貴人考訂文史，必以相屬，而君嘗就陸稼書先生問學，獨陰以名義自砥。方稼書先生爲當路所排，君上書崑山相國；其後儀封張中丞與江督噶禮互劾奏，讞久未決，君上書安溪相國。在君見謂義不可以苟止，而以言之不與爲衆所咍。君在舉場數十年，所與比肩游好次第登要津，司貢舉，每欲引手，君輒曲避，以是終無所遇。

康熙五十二年，聖祖皇帝詔求巖穴之士，九卿公舉九人。下江蘇巡撫徵君，君既至，而首輔安溪公適告歸，事暫寢。華亭王司空承修尚書，奏君參校。書既成，而君淹留逾時，衆以爲疑。余閒詰其所以然，君曰：「假予急功利，乃侘傺到今邪？顧竊自念，生逢明聖，平生所志，具上殿劄子，欲進見時一自列之耳。」既出京，會儀封公總督倉場，留主潞河書院。又逾年，然後歸。今皇帝嗣位，詔舉孝廉方正，江蘇布政使鄂公以君爲舉首，君老不能行，再書辭。大江以南，遂無列薦者。君内行飭修，遭母喪，既禫，子孫請少進肉湑，君固不肯，時年六十矣。將終，語不及私，慨然曰：「吾生獨君臣義缺，命也夫！」

君父諱某，邑庠生。母李氏妊君，得夢祥。以順治戊子九月十四日生，卒以雍正丙午七月朔後三日，享年七十有九。有樸村集二十卷行世。乙未以後文集若干卷、南北史摘要、詠南北史詩藏於家。妻李氏與君同庚，姑歿，群叔皆幼，撫育有恩，以康熙辛丑九月卒，葬今寶山縣横港。君以雍正丁未十二月朔後二日合葬。男四人：體方，太學生。直方，未冠，好學工書，從君卒於京師，余親弔哭。靖方，業儒。揆方，康熙丁酉舉人。女一人。孫四人。銘曰：

斂其容，志則强。居雖蔽，聞既彰。身壽耇，嗣衍昌，歸幽墟，宜樂康。

劉紫函墓誌銘

康熙丁酉冬十有一月，余自塞上返，聞山陽劉紫函歿以正月望後九日，逾九月矣。丁卯、戊辰間，公卿中有以收召後進爲名者，於是諸生皆尚聲華，急于謁。其務質行學修聞彰而閉户絶交遊者二人：一無錫劉齊言潔，一紫函也。太學嘗取高等生教習官學生，二人並與焉。期滿試吏部，皆見絀。於時吏部主此者負惡聲，而三人名重士友間。

余至京師與言潔善，因以得紫函。歸過淮陰，館其家。時紫函之父行人、叔父吏部皆歸休。長者肅客，紫函率群季更侍左右。冠者、成童、總角誦讀聲鏗然。僮僕執事，皆暇以恭。一室之内薰然成和，無一事不得其理者。劉氏大功不異財，自行人、吏部當官及退休，家事一任紫函。其親屬子姓男婦内外宗近百人，數十年無間言。余嘗私叩群季，皆曰：「此吾伯兄誠意所貫注也。」

紫函貌魁傑，精魄盛强，自喪季弟，未數月而頽如老翁。以余所見，居兄弟之喪，色稱情、貌稱服者，惟北平王源崑繩，而崑繩時客遊，起居飲食，多不得自遂。紫函家居，一如禮經。再期後，辭氣戚容，尚有異於人人。乙未之冬，其弟長籍復卒於長寧。余聞之，即爲紫函憂。無何以書來，使其子代書，而手注其後，則卧疾已數月矣，蓋自是未少間也。

憶辛未余在京師，共學者數人，惟余最少。十餘年來，次第凋喪，至紫函歿，而兄事肩隨者幾盡矣，乃流涕爲銘，以歸其孤。其世繫、享年、葬地、月日，俾自舉之。銘曰：

自閉於時衆所愕，安步周行志卓踔！我最其行辭不怍，所得孰多試省度。

陳依宣墓誌銘

昔吾友新安程若韓流寓邗上，余往來淮南必過焉。數稱陳君依宣，偕過余。與之交，泊如也。久之，命子夢文從余遊。及余遘難，吾友古塘隨部檄將余妻子北徙，至邗，資用絶。君曲爲營畫，俾得達淮、泗，自是歲時必通書致服用物，十餘年不倦。

雍正二年，余得假歸葬，杪冬及春兩過君。君老而弱足，久閉特室，不接賓客。聞余至甚喜，命夢文引入促坐，語不能任其聲，而固止余，淹留竟日。余既悲君衰疲，又喜君得自休息，從容養怡，可以永年也。及余返京師，逾年而得君之凶問，又數日古塘之訃繼至。

嗚呼！古塘没，而余少小同志趣之友，無一存者矣。君没，而中歲以質行相取者，亦幾盡矣！乃因唐編修範山通書以弔夢文。既而夢文以狀來，曰：「先子之行，有狀不能載者，吾舅範山先生嘗口之。」蓋君之事其親，於古禮經所云，幾可以無愧；而自致於其兄，尤有爲俗情所難者。噫！觀君之所以交於余者，則若韓、範山之所稱其信。

君諱新楷，揚州江都人，世爲儒，家教授數十年，生徒半庠序，多登甲乙科，而君卒不第。享年七十有一。妻唐氏。子夢文，雍正元年舉於鄉。女三人，皆歸士族。以某年月日葬於某鄉某原。銘曰：

學以得其朋，行無恨於躬；争時者呲其遇，而知德者見爲豐。我言無飾，以奠幽宫。

陳馭虛墓誌銘

君諱典，字馭虛，京師人。性豪宕，喜聲色狗馬，爲富貴容而不樂仕宦。少好方，無所不通，而獨以治疫爲名。疫者聞君來視，即自慶不死。京師每歲大疫，自春之暮，至於秋不已。康熙辛未，余遊京師，僕某遘疫。君命市冰以大罌貯之，使縱飲，須臾盡。及夕，和藥下之，汗雨注，遂愈。余問之，君曰：「是非醫者所知也。此地人畜駢闐，食腥膻，家無溷匽，汙渫瀰溝衢，而城河久堙，無廣川大壑以流其惡。方春時，地氣憤盈上達，淫雨汎溢，炎陽蒸之，中人膈臆，困憯忿蓄而爲厲疫。冰氣厲而下滲，非此不足以殺其惡。故古者藏冰用於賓食喪祭，而老疾亦受之，民無厲疾。吾師其遺意也。」

余嘗造君，見諸勢家敦迫之使麇至。使者稽首階下，君伏几呻吟，固却之。退而嘻曰：「若生有害於人，死有益於人，吾何視爲？」君與貴人交，必狎侮出嫚語相訾謷。諸公意不堪，然獨良其方，無可如何。余得交於君，因大理高公。公親疾，召君不時至。獨余召之，夕聞未嘗至以朝也。

君家日饒益，每出從騎十餘，飲酒歌舞，旬月費千金。或勸君謀仕，君曰：「吾日活數十百人，若以官廢醫，是吾日殺數十百人也。」諸勢家積怨日久，謀曰：「陳君樂縱逸，當以官爲維婁，可時呼而至也。」因使太醫院檄取爲醫士，君遂稱疾篤，飲酒近女，數月竟死。

君之杜門不出也，余將東歸，走別君。君曰：「吾逾歲當死，不復見公矣！公知吾謹事公意乎？吾非醫者，惟公能傳之，幸爲我德。」乙亥，余復至京師，君櫃果殡，遺命必得余文以葬。余應之而未暇以爲。又逾年客淮南，始爲文以歸其孤。君生於順治某年某月某日，卒於康熙某年某月某日。妻某氏。子某。銘曰：

義從古，迹戾世，隱於方，尚其志。一憤以死避權勢，胡君之心與人異？

鄭友白墓誌銘

有客手一帙，不介而造余，入自賓階。揖而告之曰：「凡抱其業而叩吾廬者，皆雷同炫燿，欲余爲諛佞之言以助之者也。其果能取名致官者蓋鮮，而奔走疲亡者接迹焉。願君毋效也！」客曰：「先生之言良是，而吾非爲此來也。吾叔父獲教於先生而以道自繩削，方得其階而願進也，而今死矣！其親隱焉，願得先生之文以奠幽宫。某所持者，某與同學哀之之辭也。」問其名居，則涇縣鄭生友白之族子天一也。

初友白亦不介而造余，告之如所以告天一者。曰：「吾非爲此來也，吾居深山，見先生之文類有道者，以爲近其人將有得焉。」余聞其親老，責而歸之。逾歲復至，將見王君崑繩於京師，曰：「是吾親之志也。」至京師數月竟歸，歸逾年而卒。

嗟乎！友白其果能有立與否？雖不可知，然其齒甚少，乃能以謀道爲先而汲汲於師與友，可不謂之有志者與？自功利之學漸於人心之幽隱，凡汲汲於利與名者，其父兄師友皆以爲道之當然。舍此而學與道之是謀，鮮不以爲怪民而料其無成者。而果爲不祥若此！無惑乎其去於此者決，而信於彼者堅也。

吾觀東漢、北宋士之有志行者，隨其才分之小大，莫不各有所就以顯於時，而余耳目所及，志稍異於衆人，往往鬱不得伸，甚者不終其天年而中道夭。豈造物乃與庸庸者同心，而不樂成人之美與？而汲汲於利與名者，又往往所欲而必從，所求而必遂，豈各有所乘之氣而不可强與？遂書之以慰其親，兼示崑繩，其有以發我也！

友白名青蓮，卒於康熙某年某月某日，年二十有五。妻某氏。子某。葬於某鄉某原。

銘曰：

學中道而未殖，志殁地而長賫，君毋悔於過計！使昬庸而夭札，豈復留吾人之涕洟。

胡右鄰墓誌銘

胡生蛟齡自成進士問學於余，即以其父右鄰誌銘爲請。生自翰林出爲縣令，其兄蜚往來京師及歲時通書，必以爲言。按君之狀，蓋自檢飭不苟於言動人也，而竟世爲諸生，教授宗族里黨間，無傑特之行可紀述者。余平生非親懿久故，未嘗爲銘幽之文。蓋銘者，謚誄之遺也。古者，必貴而賢始有誄，而謚則雖君父不敢有私焉。若於素不相識之人而與之銘，設實悖於所稱，是譸言也，於吾爲贅行矣。故常以爲戒，而於生徒朋好不可以終却者，則必多方以求其徵。

胡氏自元、明以來，爲涇縣大族，入國朝科名尤盛，而宣、歙間士友語力學敦行者，必及右鄰。其窶艱而篤於友行族婣，所述尤詳。余嘗歎人紀之衰，所尤薄者莫如兄弟。其能無間於妻子貨財而終保恩義者，聞見中蓋可指計，而蜚與蛟齡殆庶幾焉。及聞君之篤於同氣，乃知其平生不務爲傑特，乃所以不疚於庸行，而二子之友恭，抑君之徵也！是於法宜銘。

君諱一倫。祖諱尚衡，順治壬辰進士，工部虞衡司郎中。父諱懋績，縣學生，暨君皆以雍正元年贈翰林院庶吉士。母鄭氏，妻鄭氏，並贈孺人。君卒於康熙乙未九月朔後六日，年六十有二。鄭孺人卒於康熙戊辰十月望後四日。時君年甫壯，獨居者凡三十年。子二人。女一人，適士族。孫男六人。以某年月日，合葬於東鄉上林沖之原。銘曰：

學顯於邦人，行儀其後昆，我奠茲銘，久而不湮！

方望溪文集全編卷十八〔一〕

墓誌銘

尹元孚墓誌銘

蠡吾李塨剛主嘗言：「北方少俊不肯自混於俗者，博野有尹元孚。」余心識之，而無因緣會合。乾隆二年春，元孚自淮南入覲，再過吾廬，終未得面。以聖天子大孝，實行三年之喪，余時領武英殿修書事，請於二親王，就直廬持服，時未再期，余不出，元孚無公事不得入也。

五年春，自河南入爲副都御史，始得相見。方是時，元孚通籍已十餘年，顯功名於襄、漢、兩淮，開府河南，海内賢士大夫計數大府中人物，指再三屈，則必及焉。而元孚深愧不能有所樹立，以負天子特達之知。蓋少孤貧，太夫人口授論語，即知孔子之言不可違悖。既長，篤信程、

〔一〕本卷原爲望溪先生文集卷十一。

朱之書，謂：「治法不本於三代，皆苟道。」故自服官，日取漢、唐以來代不數見之人以自律，故自視若粥粥無能者。一旦入長御史，爲耳目之司，竊幸得自展布，而太夫人老疾不能就養京師，未數月即以終養告歸。居五年，太夫人考終，服未闋，天子豫虚少司空職以待之。及赴闕，未逾旬，特命視學江南。

十二年秋，莅金陵。八月望前六日，諸生既入棘闈。質明，操几席杖屨，徒步造清涼山下潭亭，余尚未起，童奴曰：「有客徑入。」不知其爲大人也。及相見，北面再拜，曰：「曩在京師，母命依門牆，先生固執不宜使衆駭遽。今里居無嫌，且身未及門，心爲弟子久矣。蒙授喪服或問，吾母之終，寢處食飲言語得無大悖，成身之德，豈有既乎！」時余治儀禮，因以相屬，欲共成一書。作而曰：「生未暇及此也。往者巡撫河南，會凶饑，未遑教治。居臺四涉月而聞母病。今使事畢，歸廁九卿，陪奉廷議，非忘身忘家不足以答主知。若不能自樹立，徒附先生經學以垂名，抑微矣。必衰老，或以不職罷歸，然後可卒先生之業。」越日，又獨身前來，從者一人。余畏邦人疑詫，乃掃墓繁昌，入九華山以避之，而私心竊幸吾君求賢若渴，又得一支柱名教之人也。未幾有旨，復掌江南學政。逾歲七月，按試至松江，遘瘧寒疾，卒於官。前是月特晉少宰，人皆曰：「上之信用益切矣！」嗚呼惜哉！

元孚始以吏部郎中出守襄陽，漢水暴上，壞護城石堤。修建萬山至長門近十里，分植巡功，民忘其勞。已調揚州，適荆州都統西征，取道漢江，飭造浮橋，吏民惶急。乃竭誠修禮，卒改令以船濟。凡利害切民，未有聞而不諮、知而不行者，所屬皆群聚而禱祠焉。其治揚州亦然。就遷鹽運使，尋擢巡鹽御史，晉中丞，積弊一清，導商民以節儉而身先之。及開府河南，開、歸諸郡大水，上章自劾，列賑恤之宜，天子一切報可。約法十六條，兼用北宋富公弼、趙公抃救災事宜，而令離鄉求食者，有司隨在廩給，開以作業，俟改歲東作，資送還鄉，則古法所未備也，以是災民無一出河南境内者。

元孚性淳白坦易，遇事必行其心之所安。少時授經祁州，語生徒，假館於張氏以奉母，凡七年不忍一日離也。其居官，每夕必以所措施詳告太夫人。意或未愜，則跪而請罪，不命之起不敢起。官中禄賜，出入壹稟於母，非請命，妻子不得取尺布錙金，日用之外，多布之治所。爲揚州兩營、河南撫標，置舉本各二千金，曰：「凡卒伍，必使衣食得自適，乃可以法繩。」完城，濬河，建橋梁，設津渡，修學校，立書院，創蜡祠，表前賢舊蹟，賜高年布帛，寒者衣之，疾者藥之。故民皆感興，政教信從。其在鄉，則族人皆授以田，使自耕以食而執其契。立義倉、義學，拯危濟困，不可勝紀。用此仁聲義聞，播流海内。顧公用方久任督府，再舉以自代。高公東軒以宗程、朱，志相得，總督畿輔，嘗以公事過博野，登堂拜母。孝德上聞，乾隆八年冬十有一月，天子特賜太夫人御製詩及楹聯，天下傳爲美談。最其生平，以與衆人絜度，則行既成，名既立，功業亦有所表見矣，而每爲余言，其胸中所藴蓄，尚未見其端倪。此余所以心孤氣結，涉月逾時而不能自克也。

其入覲，初命巡撫廣東，陛見，陳母老不能遠行，故有河南之命。禦災捍患，日不暇給，尚於其隙，布周官溝樹之法，編甲户以詰盜。命州、縣皆分四鄉，立社學，簡有德行者爲社長。朔月月半，書其孝弟敬敏任恤者，與其放逸奇衺爲患於鄉里者，有司巡問觀察，因事而勸懲之。行之數月，罷民竦愓，禮俗烝變，而尋内召。始入臺，即奏：「人主一言，天下屬耳目焉。今方甄別年老不勝任之員，而知饒州府事張鍾，又以年老命改部司。旬日間前後頓殊，恐群下無所法守。」上嘉納之。其在河南，嘗奏：「睢州湯文正公宜從祀孔廟。」視學三吴，首謁東林道南祠。舉舊典，答諸生再拜。凡試畢，士旅見，皆然。頒小學以明程、朱本意。聞隱士是鏡廬墓三年，親訪於舜山，薦舉以礪士行。既遘疾，自知不起，草遺疏，言任賢納諫，始終一意，以立誠爲本。旬日中，無一語及家事。卒之日，晨興，盥漱，扶杖至東齋；郡守入見，子嘉銓侍，尚爲辨人心道心；汗出霑衣，請解衣少偃息，不可；扶翊入寢，移時危坐而逝，時年五十有八。所述君鑑、臣鑑、士鑑、女鑑、增定洛學編、北學編已鋟版。居憂讀禮，作從宜録。侍養五年，讀三禮筆記及與師友論學語藏於家。

嘉銓承父學，欲繼其志事，水漿不入於口者三日，朝夕米飲不過一溢。淮商致五千金，曰：

「大人生不取一錢，今以此賻。」堅拒之，曰：「受一錢，何以對大人之靈？」聞者莫不感動，以爲君子有子。

元孚名會一，雍正癸卯進士。先世山西洪洞人，遷保定。至曾祖諱先知，始爲儒，祖諱澤，皆邑庠生；父諱公弼，早世，並贈河南巡撫。母李氏，庠生諱宗白女，旌節孝，累封太夫人。祖妣某氏，曾祖妣某氏，贈夫人。妻蘇氏，處士昂女，以貤贈未受巡撫時封，而前巡鹽用御史中丞所加級，封一品夫人。子二人：長嘉銓，雍正乙卯科舉人。次永銓，早殤。次啓銓，承蔭。女二人。以某年月日。葬於某鄉某原。銘曰：

以人視子，所受於天，實厚且全，而子自視，則終其身而缺然。子志方盛，道若可達，而不假以年，有子象賢，尚無恨於幽埏！

沈孝子墓誌銘

沈編修淑請假歸，逾年以書來曰：「先大父誌銘，先生前則諾矣，卜十月上旬，兆從，敢請。」又曰：「淑逮事尚幼，事迹不敢妄述，所據旌孝録及鄉里之公言也。」

按孝子之行尤著者：鼎革時，負母而行於野，遇盜奪其糒，母固不與，盜怒將殺之，泣而求代，並舍之。鄰失火，延母寢。母疾方劇，不可以變。孝子號痛呼天，風反火息。母八十餘，疾危篤，醫者皆曰：「法不可治。」割股以進，弗瘳。夢神緋衣告曰：「疾非五藥所治。醫淩某在雙林，速致之！」淩至，以針達之，脱然愈。余嘗怪書傳所記以孝感鬼神而得異徵者，大抵皆獨行之士，而聖賢則無之。蓋聖賢之學至於知命而不惑，雖事父母亦盡其心與力之當然而止耳。獨行之士悲憂感發，若焦若熬，常欲殉以身命。故精氣之積，而鬼神爲之通，理或然也。

余生平非所識，不見於文。惟節與孝，則無分於聞見。然人之情務崇其親，而不度於義。則事有傅會增加，而非其實者矣。故必得其所徵，始傳信焉。古之能以學行自振者，其先世必有潛德隱行。淑年少氣鋭，乃能不篤於聲利，而以養母治經爲事，其志固與衆人異矣。淑之終有立也，吾於孝子之行信之。孝子之行之非虚構也，吾即於淑徵之。

孝子諱育，年九十有四，卒於康熙四十九年。先世居浙之苕溪，十世祖秀，明初以平吴功，授侍駕親軍都指揮使、特進榮禄大夫。子永卿承嗣，五傳至校，嘉靖中爲江南常熟縣福山營遊擊，卒於官，遂家焉。子繁，繁生玠，玠生文瀧，配周氏，子二人，孝子其長也。娶吴氏，子六人：錫裕，庠生。錫祚，康熙己酉舉人。錫祉、錫某，並太學生。錫祐，歲貢生。錫禧，早卒。女二人，俱適士族。淑，錫某出也。以雍正五年葬於先兆慶安阡側，銘曰：

歷艱危，終坦夷，毋及身，皆耄期。名廣揚，後蕃昌，所受於天，兹乃得其正而常。

廣文陳君墓誌銘

君姓陳氏，諱鶴齡，字鳴九，直隸安州人。父諱澎，從容城孫徵君講學河、漳，義俠著州部。君既冠，亦好陽明氏及其鄉鹿忠節公論學之書而踐行之。父殁，故舊巧奪其産，弗與争。高陽李相國嘗延至京師，一日，念母謝歸，設教於家塾，從者數十人。每秋冬，生徒夜誦，燈火相聯，聲滿里巷。母殁，以鄉舉次選正定縣教諭。設條約，教諸生孝弟力田，治經史，暇則習射。屬府三十二城之士，多聞風而至。君精制舉業，其爲教，雖以力行爲宗，而常因文術以誘進之。凡經君指畫，輒籍于庠序，升京兆、禮部者相踵，故士争湊焉。其在正定，嘗奉檄視蕭家營水災，在事者陰授意以未成災報，不爲奪。太守命督隆平、寧晉諸邑民捕蝗，歸報曰：「民不畏蝗，捕蝗令屢下，官屢至，則苗盡矣。」一時士民咸載其言。

余聞古之學術道者，將以得身也。陽明氏爲世詬病久矣！然北方之學者如忠節、徵君，皆以陽明氏爲宗。其立身既各有本末，而一時從之遊者，多重質行，立名義，當官則守節不阿，如君又私淑焉而有立者也。用此觀之，學者苟能以陽明氏之説治其身，雖程、朱復起，必引而進之以爲吾徒。若嚾嚾焉按飾程、朱之言而不反諸身，程、朱其與之乎？然則尚君之行者，蓋不必以其學爲疑也。忠節之後人多與余往還，故余習知君之爲人。君殁逾年，次子德華奉冢子德榮命來請銘，固辭不獲，乃述而志焉。

君康熙甲子舉人，官止順天府武學教授，以雍正四年六月卒於京邸，年六十有五。母某氏，世儒家。妻鹿氏，忠節公其曾大父也。子三：德榮，康熙壬辰進士，黔西州知州。德華，雍正甲辰一甲進士，翰林院修撰。季德正，雍正甲辰舉人。女三，皆適士人。以某年月日葬於某鄉某原。銘曰：

聞之尊，行無慚。教之行，學亦顯。惟用不施，後昆之遺。

程贈君墓誌銘

君諱增，字維高，徽州府歙縣人也。程氏自晉、梁爲歙名族，譜牒具存，衣冠甚盛。至明中葉，河南道御史材以名節顯，而御史之子孫爲清門。御史當武宗時，劾劉瑾不法，奏留中。巡按浙江，卒於官。瑾誣以九庫贓，追論，合家徙海南。瑾敗，始歸鄉里。子二人，曰默，曰然，先後以禮經舉乙科。

君爲默五世孫。君父自歙遷淮之漣邑。歸展墓，遘疾厲。君方與二弟從師受書，聞之冒惡風渡江，舟幾覆，相去千五百里，六日夜而至，而父已殁。未逾月，母唐孺人疾作，遄歸不及含斂，自是遂絶意進取。漣地窪下，母柩在堂，水驟漲，倉卒號呼，與僕一人升柩于木案，既而下之，非多人莫能勝。既營兆域，合葬於休寧之蓀田山。乃移家山陽，使二弟學儒而身懋遷，家遂饒。父族四，母族三，死而無歸者畢葬焉。餘皆定其居，使有常業。設義田、義學，以養疏族人而聚教之。鄉人叩門告請，未嘗有難色。或急難，以千金脱之。後更相背，造怨騰謗，窮而自解，則待之如初。由是名著江、淮間。

康熙□十□年，淮、黄氾溢，數百里内，民皆露處隄上。君出家財，修邗溝兩岸險工十里，總督河道張公鵬翮以聞。康熙四十四年，聖祖仁皇帝南巡，閱芒稻河，召見，御書「旌勞」二字以賜。先是，于清端公總制兩江時，微服潛行，察疑獄，求民隱，奸人因造言散布，以傾怨家，或因之失入，屬吏雖灼知而不敢言。君進見，直陳其弊，且指目擊一二事爲徵。公悚然曰：「微子言，吾安知人心抏敝至此！」君以布衣得近天顔者三。長子鋈爲浙江糧道，攝布政使，每以公事道淮、揚覲省，夾道聚觀，人皆以是爲美談。詎知君之伉直不欺，言人所不能言，而不爲威惕如此。

君嘗因吾友吴東巖見余于河干野寺，樸質如老諸生。厥後東巖總其門生所爲文，隱其名，俾余甲乙，所取二篇，皆君叔子崟作也。東巖乃詳述君之生平而使崟從學於金陵。及余以南山集牽連赴詔獄，親故蕩恐不敢通問，惟崟以計偕入獄視余，即此可徵義方之教，而御史之風規所漸摩者遠矣。

君既卒三十有一年，余告歸。崟始以君詩請序，洛韻甚老。余夙有戒，不能爲生破也。又五年，卜宅始定，葬有期，來乞銘。嗚呼！君才足以立事而不求仕，詩足以達情而不以爲名，其用心爲不苟矣，是宜銘。

君父諱朝聘，祖諱必忠，皆□□□□□□君卒於康熙四十九年十月某日。年□十有□，以鋈誥封工部虞衡清吏司主事，以崟誥贈奉政大夫兵部郎中。元配唐氏，贈恭人。繼室童氏，封恭人。鋈，唐恭人出。次振箕，候選知州，次崟，次鍾，庠生，並童恭人出。孫三人：長揚宗，次春浩，次某。以乾隆十一年五月某日，葬君於歙縣之某鄉某原。二恭人祔。銘曰：

義正大府，乃夙昔之惇誠。聞正言而不怒，惟聽者之賢明。使君而謀仕，安能詭隨屈諂以自毀其操行。

通議大夫江南布政使陳公墓誌銘

公姓陳氏，先世浙江秀水人，明永樂初遷安州。五世祖始爲儒官，遂世其業。祖若父皆舉乙科，教授鄉邑，連州比郡秀傑之士多從遊。公成童補博士弟子，嶤然出儕輩，甫弱冠，即佐父爲諸弟師。學使者課試，壓其曹者必公兄弟也，而公自視缺然，陰與博野尹元孚思古處務、檢身、制事之學。壬辰登進士，年二十四。座師爲趙公松五、徐公蝶園，皆器公。榜下，即充武英殿纂修。時滄洲陳公掌殿中修書事，常語余後進有守有爲者，以公爲首。故公詣余，一見如舊識。初授湖北枝江令，鄰省大府即思得公守巖州劇郡。既典郡，即思得公爲監司，故論薦者如争。其以黔西州服闋引見，世宗憲皇帝即命赴貴陽以牧守補用。其守大定，以江西巡撫薦，遂命補道府，皆前此所罕見也。

公任官二十餘年，皆在西南，而勳績尤著於滇、黔。其爲政，急民之病如其私，而務以殖其衣食爲本。始令枝江，修百里洲隄，除解餉入川雜派。攝饒九道，剗去潯陽、大孤兩關錮弊。辨誣獄，出無辜者七人。未數月，經略張公以貴州按察使保奏。方是時，群苗交煽，軍旅四出，古州姑廬、朱洪文諸叛案，以爲非公莫定也。公至，出入重輕，咸稱其情，衆心始安。逾年春，攝布政使。黔地多山硱，少穀土，兵餉半移調於鄰省，民尤貧瘠。公奏給工木，築壩堰，引山泉以治水田，導以含洩涉揚之法。貴筑、貴陽、開州、威寧、餘慶、施秉間，不數年報墾升科者三萬六千餘畝。課種桑，募蠶師教蠶，出署内所登繭於大興寺繅絲織作，使豔其利，開野蠶山場百餘所，比户機杼聲相聞。又以其間大修城郭、廟壇、學舍。廣置栖流所，以收行旅之疾病者。益囚食。方冬寒，恤老疾嫠孤之無衣者。親課諸生，開以立志爲己之學。立義學二十四於苗疆。蓋惟公志廣而才足以達之，故於艱難倥傯中，庶政並興，而曲得其次序也。

其尤爲遠近所傳述者，公始至貴陽，委署威寧府。逾年，威寧改州，大定改府。會烏蒙土司謀叛，東川、鎮雄附之。威寧爲夷猓出入要綰地，仍命公馳赴威寧，督州牧完守。公至，城西陴頹，舉步可逾。乃聚民間米桶，實土石，層累丈餘，然後比次甃築，墉堞屹然。群夷縱火牛街鎮，去城三十餘里，火光燭天。公言笑自如，日夜爲守戰計，賊不敢逼。會哈元生兵至，賊敗。時鄂少保總制滇、黔，公其所舉任也，常以此自喜知人之明。張經略引公自助，亦職此之由，而余與尹元孚平生重公，則在志行之不苟。方威寧危急，公慮賊兵趨大理，屬州牧陳嘉會分守大理，執其手曰：「吾死於此，分也。但遺老母憂，賚志窮泉矣。」及公陳臬於黔，苗疆初定，方興屯以蹙扼之。將吏多欲以刻急見其能，謂：「此異類，勦絶不足惜也。」丁巳正月望，省城大火。公入見張經略曰：「天意如此，當設誠修省，雖群苗，亦人類也。」張公大爲感動，以申戒承事者。公之一於義理，而不雜以世情如此。昔滄州政績，惟著於郡縣與攝江蘇方伯時，及踐大府，河決武陟，以死勤事，而功不成，海内惜之。公之才識與滄州相近，而遭遇亦略同，自爲三司，天下皆望爲大府近十年矣。大府多舉以自代，而竟終於此。然滄州攝監司日淺，又不若公之久於其任而實德及人，良法垂於後世。然則在公亦可以無恨矣。

公自黔調移安徽未一年，會徐、鳳水災，民流於金陵，地非公治也，而竭俸賜，編棚、苫蓋，布席以栖災黎。重建陽明書院，以實學開群士。其卒也，官吏士民皆爲嗚咽。生平孝親友弟，睦婣任恤，仁於故舊僚友，不可備書，書其志事之卓卓者。

公諱德榮，字廷彦，號密山，康熙辛卯科舉人，誥授通議大夫。生於康熙二十八年正月十六日，卒於乾隆十二年八月二十七日，年五十有九。曾祖諱所聞，歲貢生；祖諱澎，順治庚子舉人；父諱鶴齡，康熙甲子舉人，以公及仲弟德華累贈通奉大夫。曾祖妣潘氏、姜氏、張氏，祖妣王氏、吴氏，妣鹿氏，並贈夫人。娶辛氏，浙江分水縣令禹奕女，誥封淑人。子四人：長策，乾隆丙辰進士，江南宜興縣知縣，次筠，雍正乙卯舉人，候補内閣中書，次筌，乾隆甲子舉人，皆辛夫人出；次籓，側室黄氏出。女四人。孫四人。以某年月日葬於某鄉某原。銘曰：

古賢之生，各有志事。雖遇於時，難滿其器。與其遇隆，而施則匱。孰若中閎，用有未致。公如金玉，韞則有輝。争先欲覩，衆心所希。蹇然當官，藹然近人，雨膏霑被，物象皆新。事至立剖，光融如煜。表裏洞然，蠹袪奸伏。中經畏塗，進退維谷。國爾忘身，如行平陸。誰謂文儒，絀於武守？持危濟變，左宜右有。信道不移，行身無倚。謇謇危言，以報知己。獲上以誠，師中有喜。異類同仁，德施無比。海隅蒼生，望公秉鉞。中朝良士，佇眙北闕。謂承天休，如枹與鼓。年未及耆，忽焉終古。愛己遺民，迹當見史。無爲公悲，公長不死！

葛君墓誌銘

江都顧友于兩歲四通書於余，皆以葛氏誌銘爲言。丁酉七月，余在塞上，同里胡襲參復自京師以友于之書并葛氏子宏文之狀來，且曰：「子之師書宣先生蓋受宏文之贄，因與友于有連，而某亦嘗定交焉。其乞銘辭甚哀，且所狀皆近事，實可知矣，願子勿却也。」

據狀：君諱士巽，字大生，揚之邵埭人。少學書，少長，慨然曰：「吾見爲士者，不遇則羸其躬以及其親；幸而第，浮客遠宦，長離親側，非吾志也。」因棄書，行賈淮南、吳、楚間，果大贏；承親之志，姊妹諸甥無不資給也。兄早卒，撫其子猶子，兄之子又卒，愛其子有加於孫。君家既饒，因大治塋墓，經田疇，建廬舍，而求名師以課諸子甚嚴，曰：「吾廢學以養吾親。今吾無仰於若！若甘食美衣而不幅以學，且生邪心。」其所狀大略若此。實其言，亦近於古者閭胥族師所書孝弟敬敏者矣。

予平生非親懿故舊，未嘗一與之銘。蓋銘者，謚誄之遺也。古者非貴而有功德不爲誄，而謚則雖君父不敢有私焉。今於素所不識之人而與之銘，設實背於所稱，是譸言也，於吾爲贅行矣。用此謝不爲銘而生怨嫌者，蓋累累焉。今乃爲葛君創爲之，蓋念胡、顧二君子誼不宜欺余，且以其素行爲質而非徒重其請也。

君卒於康熙乙未四月，享年七十。元配姚氏，繼配蔣氏。子三：長宏文，歲貢生；次宏友，國子生；次宏毅，郡學生。女子三。以某年某月葬於某鄉某原，姚氏祔。銘曰：

維君之行，不求顯於俗，而自得其情。二賢爲徵，吾與之銘。

劉篤甫墓誌銘

君姓劉氏，諱德培，字篤甫，河南商丘人也。劉氏世有聞人，君之父諱伯愚，以學行顯。君既没之明年，其子韋來省其從父上元邑侯某，而介侯以乞銘於余。韋之言曰：「吾父事親以孝，而與朋友以誠，其處身也儉以勤，其嗜學也老而不衰；少孤，所以事吾王母者，細大無違；先王父之遺文得復出於患難兵火之後者，吾父好學求友之力也。自鄰州比郡以及齊、魯、吴、越有道而文之士，無不交也。於書無不好，尤篤於詩、騷，雞初鳴，起漱盥，端坐誦吟，至日夕不倦，數十年如一日也。故吾父之終也，里中士友皆驚悼，以爲典型之失焉。」田君簣山者，中州之賢者也。其序君之詩曰：「篤甫之詩，至性之所結也。自吾與篤甫交而半生爲梁園之遊，夷險悲愉無不共也。」

夫道之不明久矣，士非有瓌怪非常之行，則不爲世俗所稱道，而不知是皆緣所遇之變以生。

自君子觀之，則循循於父母兄弟朋友之間，而久不失道者，其難倍於偶然之所發也。吾聞明之衰也，士大夫雖行過乎中，或不能盡出於中心之誠然，而無不知氣節之可貴者。當江右、吴中以文章角立爲社，而君之父亦起於北方以應之，雅爲艾南英、楊廷樞諸公所推。其後明亡，艾、楊諸公致命以成其仁，而君之父亦捍鄉里之患以死。蓋其一時因教化而成習尚者如此。然則君之近文章而重氣類，其來有自也。

君卒於康熙壬午十月二十日，以癸未十一月朔葬於某鄉某原。娶侯氏。子三人：長韋，拔貢生；次韞，太學生；次韓，邑庠生。女子三，皆適士人子。銘曰：

前爲良子後壽耇，行比於鄉學信友，事則未施道可久。

龔君墓誌銘

君諱聲振，字以成，先世江西進賢人，遷金陵。余里居，友其世父孝水。至京師與其父于路遊。君總角，余過孝水，見之門塾中。其後余行四方，孝水客大名，而于路官京師，不見君者十餘年矣。

余遘患，吾母北上，載櫬以從，爲關吏所扼，置天津逾歲，而吾母疾大劇，櫬不可致，計其費當三十千。南昌彭尹作曰：「于路使粤西，其子在是，吾爲子語之，其半可任也。」越日，君具以來，事遂集。既而聞之，乃貸於金陵賈人也。余多年不見君，叩曰：「猶務學乎？」曰：「未廢也。」曰：「曾試於有司乎？」曰：「爲是北來。」「其不遇奈何？」曰：「已舉於京兆矣。」其貌慤而辭質，不異在門塾時。

余閲世久，見齒與余若者，其設心及容貌辭氣已不若長老之篤，而後於余者則少異焉，又其後則又異焉，每以爲非世教之細憂。君稚齒而聞父之友之急，無難辭；其將之也，無德色；少而得舉，無寬容。其性資有大過人者，而竟夭死。嗚呼！是豈獨龔氏之慼邪？

君卒於金陵，家人秘之。余與于路屢見而不敢言。訃既至，乃啱而爲誌以歸焉。君卒於康熙丁酉某月某日，年二十有三。以某月某日葬於某鄉某原。銘曰：

胡混叢衆萬，而獨秉其英？芒乎芴乎，遽返乎幽冥。吾求之播物者，而不得其情。

佘君墓誌銘

君諱兆鼎，字季重，世爲歙西巖鎮人。父及伯兄行賈，母遘厲疾，仲出求醫藥，君獨在側。疾中言動異常，人不敢近。或叩曰：「爾懼乎？」對曰：「病者吾母也，何懼？」弱冠後爲人賈宣城，每三歲一歸省。一日心動，遽馳歸，則母卧疾已三日矣。時伯客金陵，後二日不期而至。叩之，其心動就道之日同也。其後伯病於金陵，君馳視，求醫於揚州，跪泣於其庭三日，始肯偕，然終不能療也。

少廢書，讀大學未半。行賈後，益好書，日疏古人格言善事而躬行之。其在宣城，有畢某負百金，所居與君夾河。一日，託賈事迎至其家，將夕，命其女靚妝出拜，曰：「君旅居，願以女奉箕帚，償宿負。」君奪户而出，則河無舟，其人尾而至。喻以理，且要言所負終不收。乃感泣，具舟以渡。明末，鄉里阻饑，君十歲與群兒樵蘇山中，籬間有果争取啗，獨君不給視。

有子華瑞，以文學知名，與子爲執友。康熙丁酉來京師，館余家，述其事以乞銘，距君之卒十有三年矣。蓋徽俗葬地難購而華瑞貧，故久而不能舉也。君卒於康熙乙酉，享年七十有三。娶汪氏，繼娶方氏。子二：長華瑞；次關瑞，早卒。以某年月日葬於某鄉某原。銘曰：

嗟嗞乎！君抱儒之質，以美其身，獨留其文，以遺後之人。

尹太夫人李氏墓誌銘

太夫人姓李氏，博野儒生諱宗白季女也。少時聞父夜讀書，即能暗誦。年十九歸贈公，七年而嫠。子會一經書，皆太夫人口授。自贈公之没逮會一未遇，家窶艱，舅姑老，父母衰疾無子，養生送死，不惟心瘁力殫，資用半手所拮据。自會一出守襄陽至開府河南，所以忠國利民，濟艱銷萌，拯凶饑，正禮俗，不惟朝夕訓誨，且多出於太夫人之規畫。

會一之守襄陽也，三攝荆州，九赴鄂城。每遇水旱，太夫人必跪烈日甚雨中。家衆恐致疾，羅跪挽掖，終不起，常應時而得所求。雍正九年，荆州都統將兵西征，命造浮橋，吏民惶急。太夫人曰：「凡人必曲致其情，而後可以理喻。」會一從之。乃次第以舟渡。時又調緑旗兵馬，會集襄陽。供具夙辦，軍憙而民不擾。未幾移守揚州。襄陽、樊城、宜城並建賢母祠，不可抑止。乾隆四年，開、歸諸郡大水，會一懇陳民瘼。流民所至，命有司隨地廩給而籍之。逾歲，資送還鄉，無一流亡於他省者。民皆曰：「豈獨大府之明，太夫人爲吾民廢寢與餐，大府安得不竭心與力乎？」

始會一入覲，已命攝廣東巡撫，以母老不能赴任辭，遂改河南。及自河南内召，授副都御史。未數月，聞太夫人疾，乞終養，得俞旨，皆數十年中大臣所未有也。八年春，特賜太夫人御製五言律詩一章、堂額一、楹聯一，時争傳謂前古邀此異數者亦罕云。

會一雖洗手奉職，而自遷兩淮鹽運司，晉巡鹽御史，秩賜皆豐。太夫人節儉，治家嚴，子婦非請命，銖金尺帛，不得專取，並蓄以待大用。其在官中救水火之災，給師旅，立營倉，置舉本以恤卒伍。建禮祠，修橋梁津渡，施濟窮民，見治所德政碑。家居睦婣任恤，分田贍族，立義倉義學，以及道路倉卒拯救急難，具載會一所編年譜。余前已入聞見録賢母類中，而太夫人卒，會一復以狀介余族子觀承請銘，余苦辭之，難更設也。既而思之：古稱女士，謂女子而有士行也。不爲一身之謀，而有天下之慮，今之士實抱此志者幾人哉？而太夫人，則志與事皆有焉。故更摭前録所未及而叙論之，俾吾儕有所愧恥而興起焉。

太夫人雖通文史，而不爲詩辭。其在廣陵，憫民俗怙侈縱逸，由近鹽多商，作女訓質言十二章以劼毖之。每閲邸報，至聖制惇大，必三拜稽首以慶。群下有讜論訏謨，亦再拜稽首。偉哉淵乎其宅心也！用此觀之，則所見於行事，抑又其淺焉者矣。

始贈公没，將卜於祖兆，族人隘之。太夫人泫然曰：「宅東有田，孤嫠便祭掃。」遂定窆，是爲東章新阡。越五十有一年而太夫人祔焉。贈公諱公弼，卒於康熙三十二年六月朔日，年二十有七。乾隆二年誥贈資政大夫河南巡撫。太夫人卒於乾隆九年七月朔後一日，享年七十有八，誥封夫人，祔以十一月十一日。孫男三人：長嘉銓，雍正乙卯舉人；次永銓，殤；次啓銓，承蔭。女孫二人。銘曰：

古之貞婦，守節閨房，夫人義事，實播家邦。古之賢母，義方是帥，夫人德心，曲成民物。克己裕人，恩周六親，禳災弭患，誠動鬼神。九重褒嘉，萬衆稱美，福德之全，在古無比。天實光啓，以昭女儀，豈惟女儀，志士之師。

大司寇韓城張公繼室王夫人墓誌銘

夫人姓王氏，宛平人，大司寇韓城先生繼室，中允兼翰林院編修縉之母也。夫人之卒，苞以門生即事喪所，讀先生所述夫人之行，畫然增哀敬。先是夫人遘疾類痺痿，及先生得末疾，夫人舍其疾而惟先生之疾是憂，遂浸加至不可療。苞居先生之門最久，而親族姻黨道夫人之賢如一口，蓋不獨家事治，其輔成先生之德義，有爲行述所未及者。夫人既卒數月，而先生病不能興。苞每往視疾，未嘗不傷先生之衰困，而不獲夫人相左右也。及先生歸田，逾歲而疾漸平，視聽不衰，喜過余望，而又痛夫人不獲與先生偕老而從容於林泉也。

丙午秋，縉以書來徵銘。乃質言而係以辭。夫人卒於雍正元年正月，享年六十有一。長子綖，元配李夫人出，與縉同登癸巳甲科。女一，適士人。孫四：長祇公，早殤；次民先，嗣綖；次立先，次因先，俱縉子。於某年月日葬於某鄉某原。銘曰：

起家編展，惟福之綏；作嬪賢達，惟德之宜。生有令聞，女婦所儀；没有遺施，君子所悕。年逾六甲，子姓兹兹。兆云孔安，庶無顧思。

工部尚書熊公繼室李淑人墓誌銘

淑人江西南昌人，明兵部侍郎元鼎之女，清故禮部尚書諱振裕之妹，工部尚書熊公諱一瀟之妻，翰林院編修本之母也。母朱氏，號遠山夫人，以詩名。淑人幼稟母教，好讀書，識大義，而不事吟詠。其繼室於熊，熊公已貳夏官矣，尋遷大司空。會淮、黄間議有興作，奉命往視。既行數日，或因戚屬以重貲叩門，曰：「中途既與公成言，囑家人驗受。」淑人曰：「此詐也，速持去！少延，當執送法司。」蓋公素方嚴，中立不可脅持，故操事構門户者，欲假是以相傾也。其後公卒以視河罷官。久之，聖祖仁皇帝具見其表裏，復召用公，再長冬官，以疾告休。時人皆多公能勇退，而意之決半由淑人。

余與本爲同年友；公歸，流寓金陵，特重余。余時過從，淑人使人進飲，必會余寒；進食，必會余飢。余遘難，在獄逾年。本自天津再至京師，候於獄門外，曰：「子毋憂！天子仁聖，子之罪及遠投而止耳！吾母已罄衣裘，使持而來，爲子道齎矣。」用此觀之，凡本所稱淑人以大義佐公，及幼事父母，治家教子，曲得其次序，皆無溢美可知矣。

淑人之没也，本適游秦中，而淑人留京師，余嘗拜於北堂，既彌留，入視於寢，迫公事未得與殯斂。越十有一年，本自金陵以書來速銘，曰：「葬有日矣。」嗚呼！余忍不銘？

淑人卒於康熙壬寅年七月望後三日，享年六十有三。長子大彬及女四人，皆前淑人魏氏出。淑人視之，不異於本。大彬子學熹、學烈，本子學鵬皆登甲乙科。公及魏淑人先葬異壠，各有誌。淑人以雍正某年某月某日葬於某鄉某原。銘曰：

淑人之生，顯光尊遂，乃遇則榮，而躬實瘁。少罹閔凶，心摧考妣，歸妹愆期，年逾再紀。翼翼熊公，共恪表著。淑人櫛縰，雞鳴戒曙。公在林泉，士友時式。淑人治具，夜分莫息。每視公疾，無昏與晨，巾帶不弛，涉月兼旬。既艾而嫠，且屯且邅，有子早達，方陟而顛。惟是仁賢，履艱益著，兹銘不磨，終古有譽。

謝母王孺人墓誌銘

康熙五十七年夏四月，余將行塞上，妹夫謝天寵聞其生母王孺人之喪，泣而言，必得誌銘乃歸。孺人之歸謝氏也，年十有八，其卒也，六十有一，而爲嫠者三十有六年。

始新津縣令謝君仁趾聘孺人爲側室，逾年而嫡死，遂攝内事。自孺人始歸，新津君已遘心疾，惑易無常，孺人與生三子一女，皆在憂懼中。自新津君没，家益落，諸子皆窶艱。孺人有弟，客死於非命。積軫鬱，癰發於乳，醫者求索不稱意，投惡石以反之，遂成錮疾，二十餘年不瘳。

計孺人之在謝氏，自少而壯而老，未嘗有一日恬安，其恂愗自苦不獨以爲嫠也。往歲孺人六十，天寵歸爲壽，舊所患良減。其家人之訃云：「乃者孺人時自寬，食飲有加，其疾以卒，旬日間事耳。」嗚呼！此昔之仁人所以不肯一夕離親而宿於外也。天寵之依余於北也，以余北遷，女弟御吾母以行，乃用此不得親母之含斂。以余之恨於天寵，固不能已於言，況重以孺人之節乎？

王氏，江寧故家，其先世有官指揮使者。孺人卒於二月十日。以某月某日祔於新津君之兆，在江寧縣東鄉某原。銘曰：

命之悖，節以亨，載此貞名，尚何憫於其生？

少司農呂公繼室王夫人墓誌銘

呂氏自明大司馬忠節公，家法爲中州士大夫宗，而奕世多賢婦人。少司農坦菴公未與余相見，即因吾友崑繩通問以索交。及余與宗華同會試榜，光禄好余尤篤。由是兩支子弟往來京師，鮮不過從而意相鄉者。

乾隆二年春，岳池令憲曾以母王夫人狀因宗華以求銘。夫人，司農繼室也。始歸，憲曾將冠，而宣曾生五齡，新喪其母，女子子五人；未逾旬而司農之官寧鄉。夫人居守，撫慰勤恤，男女長幼咸安焉。其後憲曾再喪偶，遺子女數人，夫人鞠育一如宣曾及諸女弟，而兩女早出室者皆寡，外孫窮無依，爲紀衣食，月要旬致，延及支庶。

夫人隨司農仕宦數十年，諸子皆通籍，而夫人所出守曾尤早達，顯榮烏奕，乃世所謂難逢而可羨者；然其拮据勞瘁，視貧家婦有甚焉。守曾爲宣化太守，憲曾令岳池，每戒之曰：「汝父常語家人：『居官而求便於身，則不便於民者多矣。』」又曰：「吾私親兄弟，各食力無憂寒飢，母以我故餽遺；惟妹適陳氏者及憲曾舅氏甚窶艱，勤周卹可也。」買婢而還其家，不責以值者凡三人。其一大父爲諸生，立遣之。父母不受，曰：「還則孳矣。」乃善養視，歲熟而歸之。嗚呼！信如憲曾所述，古之所謂婦順者，其備乎？詢於宗華，曰：「是吾先人家法，世毋敬帥而行之者也。惟始至吾家，曲藹隱慇，有人情所尤難者，狀蓋未之能具焉。」嗚呼！若是，則銘其可辭？

王氏河南新安人。父養林，鄉里稱長者。母牛氏，夫人其仲女也。司農爲僉都御史，誥封恭人，今上御極，覃恩自齒朝以上均得以父職官所極品階請封，遂晉夫人，以乾隆元年正月疾卒，享年五十有五。長子憲曾，前夫人徐氏出，康熙戊子舉人。次宣曾，王氏出，康熙甲午舉人。次守曾，雍正癸卯舉人，甲辰進士，授四川驛鹽道按察司副使，以夫人疾革，未赴任。孫男八人。以某年月日葬於某鄉某原。銘曰：

女教之明，嫡媵恩隆，同氣之愛，下型於所生。及俗之傾，繼室有涼德，而父子兄弟咸不得其情。有碩夫人，秉德之貞，盡室和寧，有孚以光亨，及而雲仍，家則是承。

光禄卿吕公宜人王氏墓誌銘

宜人姓王氏，孟津王文安公諱鐸之孫，太常寺少卿諱無咎之女，明大司馬忠節公之孫婦，監察御史贈僉都御史諱兆琳之子婦，光禄卿諱謙恒之妻，承曾、光曾、耀曾之母也。年十五，歸於吕。幼稟母教，通詩、禮。其爲婦，宗婦之長者皆羨焉。其爲母，宗婦之少者皆師焉。與光禄相愛敬以成厥家，族姻鄉黨有述焉。余爲耀曾同年友，而光禄信余最篤，以文學禮義相正，嘗語余曰：「吾生平無媵侍，或疑吾妻不能容，非也。家事治，子孫成行，吾自謂可無此耳。」

宜人與光禄生同年，卒後一歲，爲夫婦者六十有一年。逮事舅姑，並越二紀。子三人：伯仲舉乙科，耀曾歷官四川按察使，所至獲民譽。孫曾繩繩，耳目髮齒至耄不衰。卒之日，言動如平時。以余所聞見，婦人之德與福兼，蔑與宜人匹者。宜人生於順治十年六月，卒於雍正七年十月。余既誌光禄矣，故子姓戚屬不具。銘曰：

曰豫曰豐，民生所善，布列六位，憂虞過半。有碩宜人，得天獨贏，美合令終，爲咸爲恒。族姓素貴，夫家世隆，所儀則賢，盡室融融。上學舅姑，下儀子婦，有孫有曾，康强壽耈。在生疇榮，考終相次，憯此幽宫，永蔭世嗣。

趙孺人翟氏墓誌銘

孺人姓翟氏，涇縣趙贈君濬之繼室，御史青藜之母也。少歸贈君，順於姑，宜其家人。家素封，執婦事如寒素。其後中落，處之泰然。前孺人左氏子一，女三，孺人子女各二，數十年無間言。姑既殁，迎姑之女兄於家，忠養久而不怠。贈君殁，盡蓄藏以付長子預，俾秉家政。預爲縣令浙東。青藜入翰林，迎養於京師。乾隆八年夏，孺人思歸，少子希文侍，五月朔日於潞河登舟，是月晦前二日遘微疾，卒於德州舟次。青藜悔痛，再以書請銘，述孺人勤家教子，語甚詳，兼及贈君義事。余按銘者，誄之遺也。非於德於功於言有立，或有奇節義烈，無以舉其辭。據狀：孺人乃履順而持家有法度者，贈君則富而好行其德，於法尚未可以銘。然及吾門者，有所祈嚮而可信其操行之終不迷，青藜其一焉。古之人善，善及其子孫，況父母乎？故援斯義而爲之銘，使青藜知成親之名，在自敬其身，而後此所宜自奮厲者甚重且遠也。

贈君貢生，候選訓導。預，邑庠生，以薦舉知浙江餘姚、嘉興二縣。青藜，壬子中順天鄉試，丙辰舉進士第一，授翰林院編修，改江西道御史，著直聲。希文，丙辰中本省鄉試。女五人，皆適士族。孫八人。翟氏邑舊族。孺人生於康熙二十三年，卒年五十有九。以某年月日祔於贈君之兆，在某鄉某原。銘曰：

爲婦爲母，可富可貧，以睦以姻，内和外親，貴而思約，老而益勤，德言諄諄，孫曾永循。

王孺人墓誌銘

康熙五十八年冬，吾友朱君履安嬰疾沈痼，動息不自由，余心憂之，而竊幸其有良妻。余里居時，過履安食飲，盤匜杯斝必潔修，而家無女奴。今履安疾雖困，孺人左右焉，必能自苦以適履安。逾歲而履安以書來，曰：「吾妻死矣！吾憫其生之勤也，欲丐子文以列幽壚。且子在難，吾妻能與吾同憂。其垂死時，吾謂必得此於子矣。」

昔辛卯之冬，余以南山集牽連被逮，下江寧縣獄。同學二三君子，朝夕會履安所。履安或以事出，諸君子頻去來，孺人必先爲具，以時候問，無使渴飢。方是時，大府命吏迹與余往來者甚嚴。一日縣令以他事入履安門巷，或告曰：「履安亦相隨入獄矣。」孺人驚悸成疾，久而不瘳。今其死，猶緣故疾動也。嗚呼！余以昏愚，不能自敬戒以即於罪戾，而累於朋友一至此乎！非孺人既死，而履安自言之，余不知也。履安徵銘之書一歲六七至，既而曰：「速爲之，及吾之見也！」余心隱焉，夜不能寐，晨起而志之。孺人姓王氏，江寧縣人，享年五十有五。子三人。女二人。以某年月日葬於某鄉某原。銘曰：

長子老身，苦辛以有年，疾則莫養，而死獨先。命乎！命乎！永賫志於窮泉。

許昌禎妻吴氏墓誌銘

康熙辛卯九月，歙縣許起昆持其母行狀，因吾友吴君東巖來乞銘。東巖於其母爲族子，而狀即東巖所作也。余既許諾，逾月而被逮，又二年出獄。東巖適在京師，復以爲言，余曰：「吾非敢負諾責也，恐爲僇人，其言不足以列幽墟。」曰：「子淺之乎視許生也。」因復以狀來。諦觀之，辭達而事信，余無以易焉。因摭其語而係以銘。

狀曰：「爲人婦而以衰絰終其世者，惟吾族姑許節母。節母幼時，父客死，輿櫬歸，衣衰泣血，哀動族黨。年十六，歸同邑許昌禎。入門，姑寢疾已六月餘矣。厥明，即解妝侍湯藥，動息扶將。」姑將瞑，泣曰：「吾生不與若久處，吾魂魄猶相依。」居姑喪，與祖姑卧起。祥禫畢，逾歲生男，未彌月，夫驟病。强起在視，足弱，常匍匐户榻間。夫不起，即絶食飲。祖姑泣納兒懷中，久之乃乳兒。居無何，祖姑卒。依繼姑，繼姑又卒。其生而忠養，死喪以禮，一視姑。節母叠遭閔凶，及繼姑死，益自傷，嘔血，寢疾數歲而卒，年四十有三。

其歸許近三十年，爲嫠凡二十三四年，而服苴菅及群喪不下二十年，艱貞苦恨，自節母而外，蓋未之見也。卒之後，家人啓篋笥，嫁時衣物如新，蓋終其身未御云。

起昆爲邑諸生，以文藝稱於時儕，行身謹飭。東巖云：皆節母之教也。以某年月日奉母柩合葬父墓某鄉某原。銘曰：

煢煢三世嫠仔肩，病姑呻吟兒孌孌，死之不得生憂纏，天以百罹禄貞賢，蜕此短晷何恨焉！

高善登妻方氏墓誌銘

四川夔州府學增廣生梁山高善登妻方氏，工部主事諱登嶧之女，己丑進士式濟之妹也，於余爲妹之無移服而未遠者。工部居近吾家，式濟童稚，視余如嚴師。至其家，必從問經書古文，妹常在旁。高氏故華族，流寓金陵，甚貧，妹歸不逮舅姑，能忠養祖姑兼奉尊嫜之嫠。

自工部父子以家禍謫戍黑龍江，族衆北徙。善登餬口四方，妹獨持門户，忍飢寒課子。吾宗在金陵者，或窶艱自顧不暇，或不相往來。惟歲時一返余家，視道希兄弟如近親，喜憂必告，時通有無，然逾時閱歲，必歸之以爲信，不可曲止。其後年餘，絶無假貸。道希兄弟時候問，門者每以他出辭。入視，户果外鍵。

雍正己酉秋，疾既亟，道希始聞，奔視。卧蒯席，别無覆薦，惟少子在側。急購衾茵，進藥物。越二日而卒。老婢曰：「年來以假貸不能歸，衣敝履穿。戒姪輩至，即鍵户堅辭，曰：『無爲使忡忡也。』」時長子允從父歸西川，應鄉試。道希、道永、道章親含斂，以書來告。嗚呼！先王制禮：小功皆在他邦，加一等。其此故也夫！余與道希兄弟悔痛不可追矣。然其性行之艱貞，不可使終泯也，故質言之，俾異日以奠於幽宫。

妹諱敷，年五十有一。子二人：允，乾隆元年恩科舉人；暉，縣庠生。銘曰：

假而非女，士遭變砥節，志事當如何？吁，悕乎！隱愍而莫之恤，惟生者之瘥。

贈孺人鄒氏墓誌銘

孺人姓鄒氏，友人余東木之妻，學子㒦之母也。世儒族，家宜黄之潭溪，幼通詩、書，流覽傳記。東木垂髫，以試事過潭溪，孺人之父偉其容貌，請於親，字焉。及嫁，宫事無違，娣姒皆宜之。暇時喜吟詠，姑止之，遂不復焉。㒦稚齒，經書皆孺人所授。東木爲諸生，歲授經鄰邑。孺人紡績，苦辛勤養，及成進士館選，入上書房課讀，而孺人卒於家。

始㷁之從余遊也，能倍誦十三經，絶意進取，思力踐古人之學。既而以族人陵侮，就有司求試，舉於鄉。及母歿，痛生養未致，請余爲銘幽之文。余告之曰：「非文之難，而義無以立之難。姑卑之母高論，曩子能定心廣志，而學有所成，則亦如曾氏鞏銘其母者，得據以爲辭矣。雷同叙次，婦事之常，覽者欲卧，將焉用此？」孺人既歿且十年，㷁以余卜宅改葬先祖暨亡兄弟，自京師跋涉來承事，必得余文然後歸。乃舉其崖略，并述前言，使㷁怵然於往不可追而來者猶可自奮厲也。

孺人卒於雍正癸丑十有一月，年四十有二，以乾隆元年覃恩贈孺人。祖閶，鄉貢士，湖廣臨武縣令。父用揆，國學生。子二：㷁，壬子舉人；光，縣學生。女二，俱幼。以某年月日葬於某鄉某原。銘曰：

夫之榮，命不延，名彰徹，在子賢。銘爲德輿，使國人稱願：是爲君子之母。㷁與！光與！

方望溪文集全編卷十九

墓誌銘

明故兵部郎中劉公墓誌銘〔一〕

崇禎十七年春三月丙午，賊李自成陷京師。莊烈帝死社稷，越日，出殯東華門外。有明臣擗踊號呼以前，哭三日無停聲，伏地昏然且死。其家人迹之，而負以去。時衆方鬨，竟莫知爲誰。其後李國楨死于山陵，一時遂争傳爲國楨事，而習于國楨者，又按時日以推其迹，而以爲無有。

康熙己巳，余遊真江，遇蜀人劉孟易，偶言明季事及此。孟易蹙然曰：「是吾先子也。甲申城陷，失先子所在。僕丘文求索數日以歸，則昏然迷人事矣。越日而蘇，卧疾數月，常忽忽自

〔一〕本篇以下至全椒縣教諭寧君墓講誌録，輯自望溪先生集外文卷七。

恨。賣卜燕市，居六年。病且革，泣而曰：『吾昔擗踊東華，見大行皇帝短衣短褶，先后繼以小牀載至，鼻有傷痕。易棺再歛，藉灰掩紙而已。我死，斂用灰數斗，紙覆之。加於此者，子爲不孝，戚友爲不仁。』」因出公手書遺令示余。又十年而孟易改葬公于金陵，求銘於余。

余觀公之生也，不欲以此自暴，必不忍以垂死之言欺其子，而國楨之事，雜出于一時紀事之書，著于南渡褒卹易名之典，又非可苟冒也。豈臨于梓宮者公，死于山陵者國楨，而世傳爲一人事歟？此迹之衆著者，經時未久，而已難得其實如此。此古之人所以重于爲史，而不敢自任也。然吾觀百家所記，往往同事而異其人，而太史公之書有一事再見而彼此相抵者。豈非傳聞異辭，無所據以考其信，故並存以不廢歟？然則公之義又惡可没哉！

公蜀邛大邑人，崇禎辛未進士，由司理累官兵部郎中。嘗讞大獄，陳時事，再忤莊烈帝，特命謫官。初娶金氏，生子孟鼎；再娶汪氏，生孟京及一女子；又娶傅氏，生一女一子，子即孟易，女與前夫人子女皆在大邑，蜀亂，不知所終。公生於某年某月某日，卒於某年某月某日。前夫人已葬大邑，今祔者獨傅氏夫人，生於某年某月某日，卒於某年某月某日，與公合葬京師某原，今遷葬金陵某鄉某原，從公遺命也。銘曰：

胡守道執義，而仕再而顛？胡遭變砥節，而迹晦於人言？苟魂魄之不愧，諒無恨于重泉。

邵懿辰曰：「誌劉公，不著其諱，殊可怪。按明史據魏禧言，辨國楨死義之誤，斷爲降賊，後爲賊考掠死。則東華哭拜之爲劉公，明矣。」鈞衡曰：太學題名碑録崇禎辛未進士有劉養貞，四川夔州府大邑縣人。殆即此人歟？

翰林院掌院學士兼禮部侍郎湯公墓誌銘

公諱右曾，字西涯。先世海鹽人，明永樂中遷仁和。祖瑞州太守，諱之奇，始中乙科。父諱頤和，發聲庠序。公少異敏，既冠游京師，聲華壓儕輩，名貴人皆延頸願交。丁卯，舉京兆鄉試，弁國子生。戊辰，成進士，入翰林。庚辰，改刑科給事。由右通政歷光禄、太常卿，遷通政使，特授翰林院掌院學士，兼禮部侍郎。尋遷吏部右侍郎兼掌院事。

公在諫垣，所條議甚衆，而豫荒政，釐邊儲，緩煅鑄，糾督撫、監司養姦蠹民，其語尤著薦紳間。丙子，主貴州鄉試；丙戌，充會試同考官，皆廉公號得人。及視學中州，杜苞苴請託，絲粟不取之官中，勸學厲教，終事無一語可瑕摘。

其司通政，奉命副少司寇某赴廣東讞楊津叩閽獄事成，議傅法，同官拱手受成，歸報，果當上心。及貳吏部，其正乃白山富公、遂寧張公。二公夙廉辨有威棱，得公協心相助，甚歡，而遇事或異議，二公多黜己見以從公，未嘗以爲忤也。自富公督師西邊，惟公與遂寧公爲衆望所注，而遂寧公時承使以出，則公獨當之。公性明達，凡案牘涉目，即洞其姦弊。選人有挾大力者以要，必破其機關，使終不得遂。由是干進射利者皆蘩怨於吏部，而遂寧公在事久，見知於上深，莫可摇動，遂争爲浮言以撼公。公早歲知名，交遊滿天下。在翰林十年，日與士大夫流連詩酒。及改官諫垣，列九卿，則閉門謝親知，孤立行一意。以故館中後進及群士亦不能無望焉。辛丑六月，上命政府諭公解部職仍掌院事。時公抱羸疾已逾年，入秋遂劇，次年正月竟卒。

始公以文學見知於上，院中擬撰祭、告、記、序之文，出公手或經改削，奏必稱善。其遷吏部，赴熱河行在，上問公詩。以旅舍所作文光果七言律一章進。頃間宣示御製詩一章，目爲詩公。聞者驚羨，度公進用且不次，而十年不調，卒奪一官。以公恃上恩遇，不恤人言，又於故舊或不能無偏厚，而衆遂指目爲口實也。余與公交近四十年。公既顯，余勇於責善，或衆人所難茹，而公終不以是疏余。故憫其困於人言，不獲終上之恩遇，而略舉聞見所及，以傳信於來者。

公有至性，四歲時，瑞州疾篤，夢中驚呼或攫阿某去。即應聲曰：「某在此。」自是不離寢榻。少孤，自隱傷。及貴，置義田以收族，所遺於子若孫者不能校豐也。其詩既刻者曰使黔集，餘藏於家。

公生於順治十二年正月，享年六十有七。元配劉氏，誥贈夫人。子六人：在官、在藻、學植俱先公卒；學聚後公卒；今存者，學基、學顯也。女子五人，俱適宦族。以某年月日葬於某鄉某原。銘曰：

胡達之易而行之艱，謠諑抑根，其徒乃實繁。方其生也，宵王以爲憒，而君子亦責之備；今其死矣，賢者爲之悕，而衆人亦有餘思。幽靈有炯，徵此銘辭。

彭訒菴墓誌銘

君姓彭氏，諱佑，字承吉，號訒菴。始祖宋東京留守參軍忠扈，隆祐太后南遷，遂居南昌。七世祖制使義斌，真定之戰，與弟五人同日死，事載宋史，家聲顯江右。至明季，衣冠尤盛，諸父昆弟多顯仕。君既冠，而諸公皆次第罷歸。父禹功，尤砥學行，深藏不市。君遂力田以養，且耕且讀書，足迹不至城市。父母殁，年近四十，始有四方之志。

君才略過人，諸大帥争致之幕府，而名績尤著于粵東。時三藩逆亂，君與寧都魏際瑞以策説平南王不合，遂遊諸方面間，而制府金光祖雅重焉。劉進忠畔，官兵合圍潮州，議繞營掘濠，而近營冢數百，居民洶懼。君詢知其俗多深葬，語光祖：「掘濠計誠便，第深廣逾常，民且以役死。莫如寬上狹下，如釜形，斜深丈許，即無傷墓中骨。」光祖稱善，因屬役於君。民大憙，未幾城下。君在軍數年，倦遊將歸。會海寇趙子龍犯肇慶，欲招之降而難其人，强君往，至則露刃相向。君屹然注視良久，曰：「若非濠半街趙某乎？」趙屯胄涕泣，立解甲歸順。始趙居廣城，衆辱之于市，君解之，與白金爲生計，故一見而屈云。光祖將上功，用君攝監司，而君遂行。抵廣州，撫蠻滅寇將軍傅宏烈以書幣迎。謝曰：「公惟伉直，輕信人，勿蹈賊計！吾二親未葬，子幼，不復來分憂矣。」已而賊詭計約傅入營，果遇害。

君在軍，諸公所遺金幣，皆隨手散。至家解裝，僅買屋兩楹，田數十畝；而葬四世十喪，凡族婣及朋友之子不能殮不能娶者，多代營焉。生平志節伉慷，遇王公無所屈。履險歷變，坦然如平常。及家居，豪暴人侵淩詬誶，避之如畏然。

君近四十始出遊，旋歸；數年復出，至五十竟歸。始出遊，娶夫人郭氏，近四十矣。後舉四子及孫，皆登甲乙科，一子官翰林。君年九十有二，夫人八十有二，實親見之。夫人江寧名家女，善治家，子貴後猶勤内事，與君布衣蔬食，蕭然如故云。

君生明天啓癸亥七月二十三日，歿今康熙甲午九月十六日。夫人生崇禎某年月日，歿今康熙甲午某月某日。子廷典、廷謨，並戊子舉人；廷訓，翰林院編修；廷誥，癸巳副榜。女一，適士人。孫五，長元堪，與廷誥同中副榜，貢太學。以某年月日，合葬某鄉某原。銘曰：

既挾策以干時，乃成功而不尸。嗟心迹之相判，繄惟君其自知。

顧飲和墓誌銘

君諱一本，字飲和，故編修江都顧公諱圖河三子。公以詩振聲淮海間，登上甲，鄉人榮之，故諸子皆近文章。余會試出公門，公喪自楚歸，始見君江寧舟次，隨赴弔至君家。君從諸兄後，退然未嘗一接語言。其後，君師吾友胡襲參。襲參言君好書，稟氣不類世俗人。

君娶于江寧龔氏。其俗不親迎，而母將女至壻家，爲苛禮以抑壻，一夕稽首至二十有四，妻之母坐而受之。古者九拜，稽首最重，非君父無所施，而數止于三。見于傳者，惟楚臣申包胥乞師秦庭，九頓首而坐，外此無有。唐顯慶禮：「子拜，父坐、母立受。」事妻之母隆于君父，最陋俗之宜革者。偶爲君舉之，君遂執禮以争，婦家陳說百方，卒不可奪。余自是知君植志果異于衆人。

君家大橋，遠城市而多故家，族姻比屋居，林沼相錯。余每至君家，君兄弟常静習宅後小園，竹樹蓊翳，誦讀聲鏗然。間引余過旁舍，亭廡籬落，泉石花蒔，無不可愛。余嘗謂君：「吾輩爲衣食謀，促促至衰老，學不殖而落，行溷于俗，皆此之由。子年少守先人田廬，諸兄持門户，俯仰泰然。用此學古人之學而企其行，孰相難者？」君忻然，若有意於余言。自余遘難北徙，違離五六年，未知君所造竟何似？而君伯兄友訓以書來訃，君中暴疾死矣。

君侍母疾，服勤羸其躬。居父喪，毁瘠稱禮。逾歲約諸史之文，欲自成一書，絶筆于南史。卒之前夕，猶編録不自休。友訓云。君生於康熙己巳三月，卒於乙未七月，年二十有七。子季炎，甫四歲。以某年月日葬於某鄉某原。銘曰：

有軋其萌，而或剔之；有坦其行，而頓踣之。惟縱浪于大化，孰究測之？

長寧縣令劉君墓誌銘

康熙五十三年冬，山陽劉長籍主余家守選，得廣東長寧令，索余文贈所處。余曰：「吾何言？世有不必見其政而知爲循吏者，子是也。俟子政成而書之，所言不更有物乎？」君曰然。長寧去京師水陸數千里，計程當以次年仲夏抵治所；而杪冬見除目，則君死矣。

辛未、壬申間，余初至京師。士友爭傳：太學生教習考滿，有恥干謁而黜于吏部者曰二劉君，一無錫劉言潔，一君之兄紫函也。時未得交紫函，而從言潔悉其爲人。及丙子，始識君於京師，一見如舊。蓋余以夙知紫函故親君，而君兄弟亦得余于言潔也。

君體羸，好讀書。善琴，得雅聲。余每疲疴，輒就君聽琴，一再鼓，心常灑然。其後往來南北，過淮必館君家，淹留信宿。君與紫函率子弟從問文章，酌酒引琴，每夜分猶不能罷。及君就選，余難後志氣益索，老母沈痾，君主余家凡數月，而未得一聽君琴。君顧余促促，每悄然不樂。將行，謂余曰：「粵東物産爲天下饒，而近羸敝。中家以下，舍姦盜無以爲生。由吏者皆以爲沃區，而多求以耗之也。吾幸有舊業，誓絲粟不取之官中。」而君之死忽焉，豈此方之民當困于貪殘，而不獲承良吏之休澤，亦有數存乎其閒邪？

君晚學古文，常出數篇示余，簡而有意。故欲得余文甚切，乃竟不克及君之生而爲之，故誌其墓以慰君于幽，且以紓紫函之哀。君諱永祿，丙子順天副榜。生於康熙某年月日，卒於某年月日。妻某氏。有女三人，以弟之子某嗣。某年月日葬於某鄉某原。銘曰：

大原高陵生良材，尺截寸斲人所哀，況毀不用徒爲災。

誥封内閣中書張君墓誌銘

君諱丙謙，字爾牧，磁州人。自身以上數世皆顯仕，弟及二子舉甲乙科，而君未三十，即絶意仕進。君少與弟腹菴爲名諸生，鄉人屬耳目焉。張氏故華族，自君曾大父司馬公顯功名于河朔；大父庶常公與孫徵君講學漳、滏，爲海内士大夫所宗；父樸園公復官翰林。三世親賓造請醼餽無虚日，而家清白，芻薪常不屬。君曰：「不可以憂我父母。」因自請治家，而使腹菴一意于問學。腹菴之與京兆、成進士也，君如身有之。其守官中外，所至有能名，君如身致之。江南佳山水，樸園公視學，君獨以持門户留。及公偶抱疾，君聞馳省，時河北、山東大水，昏驅宵涉，刻日而至。公大懽，遂脱然愈。太夫人成氏在江南，遘末疾。其後樸園公予告歸，亦末疾，而公念國恩，必欲腹菴宣力于朝。君獨身調護二老人，在視眠食毫髮皆節適。其不脱冠衣，久者至三月餘。及二親皆篤老，腹菴始得歸養，而君自是憊矣。君之卒也，後樸園公百五十四日。其疾也，以哭踊，足弱而顛。時君次子坦官京師，彌留中無一語及之，獨連呼曰：「負吾母！」

君性慈良，無畛域。里嫗疾，術者曰：「必哆囉呢大赤者，灰之以和藥，乃可療。」君聞，裂所服而予之。州尹某，無故相陵侮，適名貴人與君有世講，奉朝命過州，尹使人微伺，君語及之，終無一言毁傷。遂慚服。觀君之器量，使得施用，所就當何如？然迹其隨境而自力者，亦可以無恨矣。

君爲州學生，以坦仕，封内閣中書。卒於康熙甲午八月二十七日，享年五十有七。其先世名籍具有傳誌，故不載。前夫人劉氏，先君卒。以某年月日合葬於某鄉某原。子五人：長塏，辛卯舉人；次坦，壬辰進士；餘皆幼。女二人。銘曰：

寧竭注而無餘，抑深中而不見其所施？知德者鮮，惟君其近之。

李友楷墓誌銘

康熙己亥秋七月，余在塞上。同年友李聖木自安德以書來，爲其從兄友楷乞銘，曰：「先君子與先世父，期之兄弟也，以先君子後小宗，爲大功之兄弟；而從兄少孤，先君子視猶子也。從兄無子，先君子以吾之子褒光嗣焉。以吾與子之交，故褒光願有請也。昔吾世父之殁也，從兄年十有一，事大母及母已能盡其懽，長而於族姻無間言。勤禮而務施，鄉之人無不愛也。每得時珍致遠物，必爭先以餉遺，死之日轉相告，如失其所依。先君子之喪，從兄衣裳皆功布。或詫之。曰：『雖降服，猶大功也。』有姊適張氏病革，以幼子女屬焉，挈以還；女有歸，子授室，成家而後反之，年近五十矣。先從兄蓄德而隱於時，又不幸無年，微吾與子之交，法固宜銘。」嗚呼！果若所云，則友楷者，豈不誠鄉之良士哉！余與聖木違離久，而各衰病，重違其意。又念其平生，知義人也，豈以未有之善誣其兄哉？乃據所述而譜焉。

君諱栻，字友楷，先世商河人，自高祖始遷德州。曾大父諱大華，舉孝廉，爲武强令。大父諱誠明，即聖木本生祖也。父諱深，並州學生。母呂氏。妻趙氏。子即褒光。君生於順治己丑六月十有九日，卒於康熙丙子正月十有七日，以己亥九月晦日葬於城東老莊之新阡。銘曰：

生可樂，衆稱賢；死無憂，繼嗣延。銘以永世，亦何懟乎無年？

楊千木墓誌銘

乾隆二年夏四月，鍾君勵暇自淮南告千木之喪，乃帥子姪爲位，南鄉而哭。浹日，其子健書至，曰：「先君子之終也，遺令毋訃，毋作行狀，毋求誌銘。且命曰：『吾游好皆在遠方，訃則喪紀難通。吾官江、淮、河、濟，皆要綰水陸五會四達之區，其詛其祝，衆載其言久矣。族姻朋游間救患分災，養生送死，事微細不足播揚，且難爲受者地，非所以處厚。知我者，惟望溪先生。以死之時日告可也。』」

嗚呼！惟余知君所以命其子之意，而忍君志事之沈没乎？余少以窘空餬口四方，常思得聖賢之徒而師友焉。既不可得，然後陰求負才能有濟於實用者，中歲始得長沙陳公滄洲及關中白斑玫玉，又其後得君。時玫玉已死，每爲滄洲道君之爲人。及君爲河官，而滄洲巡視南河，以書來告曰：「楊君信天下士也。」洪澤異漲，水冒高堰没髁。君使吏卒更番楗葦茅以護堤，而身督教之，晝夜植立水中，凡四旬有七日。民以安堵，聲績自是顯著。遷運河同知，擢濟寧道。獄訟者争赴焉，廉使所司案牘爲之稀。河濟間至今皆曰：「河官而兼民治，實德在人者，惟閩中余公甸及楊公二人耳。」

君少慕俠客之義，常冒顛危，脱人於急難，而不拘小節，禮法之士多毁之。余以戴名世南山集牽連，始識君於刑部獄中。君名世友也，以計偕抵京，會獄起，即止不去。有司以大逆當名世極刑，聖祖仁皇帝寬法改大辟，而衆猶蕩恐，刻日行刑，親戚奴僕皆避匿。君曰：「孰謂上必使人覘視者？其然，固無傷。」獨賃棧車，與名世同載，捧其首而棺斂焉。用是名動京師，諸公貴人争求識面，謝弗通。以余盡室入旗，老母北上，復留逾歲。癸巳春，特開萬壽科，諸公皆注意於君。君喟然曰：「此之謂依乎仁而蹈利也！吾恥之。」遂趣裝赴南河自效，不復與有司之試。君爲河道時，以父入鄉賢牒上禮部，通書查侍郎嗣庭。嗣庭獲罪，籍其家，得君書，遂坐黜。君既歸，匿迹郊野，平生知故造門不見。朱相國領京畿營田，思得能者自助，余以君對君。聞之，以苦言謝公。今天子嗣位，搜括群材，有宿負者，多見湔滌。朱公暨余將合辭訟言於朝，而君疾已沈痼矣。嗚呼！才足以立事，而不侵爲然諾，尚有如斯人者乎？嗚呼惜哉！

君諱三炯，浙江諸暨縣人。少治時文，疏朗無俗調。中康熙乙酉科鄉試第三名。卒於乾隆元年十二月二十一日，年六十有七。父諱式金，縣學生。母某氏。妻方氏，繼娶余氏。子二人：次傳，先君卒。以某年月日，葬於某鄉某原。銘曰：

交不附勢，仕不墮名。託儒行而僞，孰與爲義俠而誠？蹇離尤以没世，耿無昧於平生。

刑部郎中張君墓誌銘

君姓張氏，諱丙厚，字爾載，號腹庵，河南磁州人也。自曾大父司馬公以下，世爲名貴人。君年二十餘，舉甲、乙科。好射獵、飲酒、歌舞、盛服玩，而倜儻有奇氣。

君父學士樸園公視學江南，余與魏忠節曾孫方甸同客使院。其後方甸夭死，父老子幼。余通書於君。浹月，而其父來告：「公子屬吾鄰郡通判，歲給三十金。去官乃止。」吾友崑繩歿，子兆符貧無依，時君罷官家居，余命抵君。君曰：「吾田可分，宅可割也。」立與百金，俾迎母妻。遠近親故孤嫠聞之，多盡室而往，君皆館焉。冗食者百餘人，家人苦供億。君曰：「吾平生妄費，惟此少近正耳。」樸園公患君耗用，陰命君兄爾牧守藏。及爾牧病篤，始命君稽其數，而語不可辨。其繼室曰：「吾不知。」君遂不復問。樸園公及爾牧相繼歿，爾牧諸子異母或不能平。君戒勉，而命各以意占田宅之近者腴者，而自取遠瘠，括餘財悉推予之。自是母子兄弟無間言。置義田贍族。鄉人緩急叩門，未嘗以有無爲辭。久之，無老稚背面皆稱腹庵公。

始君令交城，輦家財代貧民出賦。爲刑部郎中，凡勢家請屬，長官力不能支，則使君主斷，衆皆避之。年羹堯總督川陝，與君故，固請以往。盧中丞傳語「將委署内地監司」，君曰：「吾田宅園林，聲妓圖畫，足以休老，何所不足者？徒以少負氣，世受國恩，常欲荅兵絶塞，爲是以來。江東方望溪以書責余曰：『子之西行，危若朝露。』今乃以監司屈邪？」時巡撫、總戎旅見羹堯，盡階則膝行以前，而君長揖，屹然衆人中，如是者三。遂自陳願咨部候補，尋卒於京師。

始君與余交，余常落落，而君暱就余。或構曰：「方君謂子紈袴，全無知。」厥後，君心賤其人，且覺其憾余，乃告余以構語。及余以南山集牽連被逮，至之日，冢宰富寧安與司寇雜治，命閉門毋納諸司。君手牒稱急事，叩門而入。問何急，曰：「急方某事耳。」因陳古義以勖富公，聞者莫不變色易容。語具余癸巳結感録中。嗚呼！如君者，乃古所稱跅弛之士也，而不得一試其用，以顯功名。徒以貴遊豪侈，爲衆所譏，其知者亦僅目爲任俠。故君遇非窮，年非促，而實賫志以殁。惟余知之，不可以弗識也。

君卒以雍正二年某月，享年五十有九。母成氏，相國太傅諱克鞏之子，前相國文穆公之孫也。妻崔氏早卒，繼室王氏。子長壬，次坱。女一，適宦族。君之父母及兄，余皆有表誌，故系世不具。以某年月日，葬於某鄉某原。銘曰：

命於衆爲豐，遇於材爲窮；行於俗多詑，志於古多同。吾爲君銘，信而有徵。

大理卿熊君墓誌銘

君諱暉吉，字孚有，號梅亭，江西瑞州府新昌縣人。雍正癸卯舉人，甲辰進士，館選授翰林院編修，沈静無所知名。今上嗣位，詔編、檢以上及六部郎中皆得上書言事，不由通政司。一時傳君封事已付進奏吏，而愛君者，懼其不自量而有過越之言，代君徹還。由是衆始注目於君。其後，上命翰詹科道，按日分班，劄進經史附己意論説。君所進無膚言。乾隆二年，上親試翰詹，君以侍講降原職。及庚申七月，復擢侍讀，轉庶子。十月，遷侍讀學士。蓋至是而君之忠誠，上已灼見之矣。辛酉，充日講官，召對尋改通政司右通政。半歲中，遷太僕，晉大理卿。君久疾，自改官，益沈錮，以大理事殷，固辭且告歸。有旨在京養疾。用此雖列九卿，未嘗一日入官次，而衆信其必有以爲。

余自掌武英殿修書事及三禮館，皆引君自助。數日不見，即缺然如有所失。君疾甚，猶矻矻録余文不自休，見余言動，輒私記之。壬戌孟夏，余得告將行。始以其稿視余，時余已心愍君疾之必不起，而君體國憂民之志未嘗少衰。及余歸未浹日，而見君之遺疏。嗚呼！以天子之知人善任，而不獲良臣之助。以余之衰殘，幸得共學之友，而終無以寄其志事，其隱痛豈有涯哉！君之遺疏，士多手録而篋藏之；而庸者則曰：「是乃公輔舊臣之言，疏遠新進豈宜及此。」嗚呼！此君之死，余所以重爲世惜也。

君生於康熙三十六年九月，卒於乾隆七年八月，年四十有六。曾祖迎龍，縣學生，國初邑被兵，遇賊，以身蔽父受刃，傷額角目睛，鄉人稱孝義。祖之震，學優不仕。父夢求，康熙己卯舉人，彭澤縣教諭。前母寧氏，母蔡氏。妻漆氏，繼室張氏。自祖考妣及妻，皆於君授侍講時，得封如例。子某某。將以某年月日，葬於某鄉某原。來乞銘。銘曰：

言已進而或止之，仕已伸而疾已之。君之所藴，世莫得而擬之。我求其儀，古藎臣其似之。

少京兆余公墓誌銘

君姓余氏，諱甸，字田生，福建福州府福清縣人也。自爲諸生，即以名義爲己任。好面折人，於善類操之尤切。用此，修飭之君子亦不樂與之居，同俗趨勢利者，聞其風豫懷疾心。

康熙丙戌成進士，初試江津令。時西事起，澤望破藏，連青海諸番，謀窺川陝。年羹堯巡撫四川，加正賦，通私茶，猶不足以奉戰士，多額外急征。檄再三至，君不應。乃遣内丁持印文告諭。自朝至日晡，君不出。使者譁。乃開門坐正堂，命反接。衆相視不敢動。君馮怒。乃共推曳，伏之地。投六籤，丞、簿皆曲跽爲請。須臾，士民集堂下者數百千人。耆老數十升堂，以身蔽使者，告哀曰：「公何難棄官，但我民自今無怙恃矣！望哀赤子無依，寬使者法。」久之，乃命釋縛羈候。越日，使者因弁吏索原文。君曰：「還報大人，我無子，閉門待劾，原文已間道付二三執友矣。」遠近驚駭。旬月，聲震京師。羹堯曰：「此民所戴也。斥之，傷衆心；不去，百城玩令。」會行取，遂以君應。

入爲吏部主事。時冢宰張鵬翮久爲督撫，入掌諸部，號爲剛直。少宰湯右曾聰明辨察，吏不能欺。不惟官中無能異同，九卿廷議多取決焉。及君至，屢與齟齬，固植不移。凡會議，直前争辨，盈廷愕然，終不能屈也。主選二年，權要富人子求速化者，多爲所格。長官喜得君以有辭，而亦陰患其戇。間絀其議，君怒，求退甚力。吏胥大喜，私語求進者曰：「毋躁！此君將去，必可得也。」君聞之，條列文書達部及已駁議而未奏者十餘事，曰：「凡此皆作姦巧法，易爲所蒙。必上聞，吾乃去。」長官許諾。乃探懷中出告歸牒。旋丁父艱。既免喪，猶廬墓側不歸。集古金石法書，作隸篆行草，徧考諸史。與知故盤旋，若將終焉。

湘潭陳滄洲每歎「並世無豪傑，並少趨死不顧利害人。」余以君告，曰：「斯人其次矣！其忼直，大類吾子。」及滄洲督河，首薦君爲兖寧道。士民聞君至，訟獄者争赴焉，幾奪廉使之政。久之，廉使及巡撫所已弊亦赴愬於君。君刺得其情，反覆申列，必大當乃止。滄洲殁，齊蘇勒以工事劾君，士民相隨聽勘者數百千人。蘇勒巡工至君所部。父老結綵，手炷香，稽首於舫前，請登岸受萬民瞻拜。擁肩輿至廣原，升高座。聚者萬餘人，四面環拜，投香於地，高如丘陵。齊呼「還我余公！吾民萬世尸祝。」河督大驚，慰以寬言。衆皆涕泣，曰：「吾民愚，非得實據不敢退。」河督許拜疏，出矢言。衆乃散。世宗憲皇帝聞之，立召君入見。退語執政曰：「吾又得一直臣矣！」擢山東按察使。政聲少減於爲監司時，以君自始仕，意主以善感人。又謂近聖人之居，宜崇禮教，輕刑罰；不知頑梗不可遽化，故民未見德也。逾年，入爲少京兆。君歷官，皆盡革陋規。其陳臬，憐囚徒不能自衣食者，酌取商人歲饋三之一以貲給之，兼完囹圄；修學宫、書院，聚教群士；委有司公用注籍。會繆沅勾察山東鹽政，列參君。解官出質，讞成，回籍追補；而閩人或私相訐摘怨家題楹詩句以爲怨望，乃君所書也。唐張籍詩：「有官止作山林老，平地能開洞壑幽。」有司欲假此自爲功，復致君於獄。事未白而卒。

君爲人，辭色雖厲，而虚中樂善，出於至誠。巡撫某嘗疏薦海豐令湯豫誠，擢知兗州府事。謁謝。曰：「此上意也。子見兗寧道自知之。」及見君，叩曰：「子與吾友望溪，何交也？」豫誠曰：「某知世有方子，方子未必知世有豫誠。」君曰：「吾蒙詔入覲，及郊。方以書來曰：『恐不得與子相見，山東廉吏，無如海豐。』子何道與相知？」豫誠曰：「某不知也。」君甚喜，已而相視泫然。君既殁，豫誠每流涕爲人道之，聞者感傷。歷官之地，父老子弟皆群聚哭奠。

丙戌會試榜發，余以母病遄歸，未與殿試，同榜生俱未面。君入爲吏部，始造余，出所刻四書文，則序之者余也。作而曰：「甸之文，子宜知之。然子知吾文，未若吾之自知，故代子言。」遂相與爲友。其再入爲京兆，僦屋近吾廬，要言公事畢必相過。余退直少暮。輒曰：「何爲是栖栖者與！」及出就理，執余袂而唏噓曰：「吾平生臨大難不懼。此行自忖不宜有大咎，而心搖搖。豈吾氣衰，死期將至邪？」余曰：「聖天子在上，子何憂！」君曰：「中外狺狺，吾恐思見君而不再得矣！」又曰：「古之君子，達可行於天下而後行之。吾輕用吾身，以困於群愚，終無以報君父，悔其可追？子慎毋再誤哉！」

君晚而有子，方四歲，君出質，余間日必往擕持。叩之閩人，今長成將冠矣。索君之行狀，久不可得。乃略舉人所共聞知，及與余爲交之始末，譜而銘之，以歸其孤。銘曰：

有虎負嵎，或編其鬚；甘爲攫網，而得亨衢。既結主知，謂宜遠施。張辟四設，殁志長齎。斯民則直，士論惟公。令名無隕，是亦有終。

高素侯先生墓誌銘

康熙三十九年春正月，苞以鄉貢就試禮部，而吾師宛平高公遘疾危篤，逾月遂不起。畢含斂，浹旬而苞放斥，以事南歸。公之弟若子就而屬曰：「銘公者，子爲宜。」苞自惟草鄙樸學，少混迹於樵牧之間，知其異於衆人之爲人者，實自公始。所以教誨扶進周卹之勤，十年如一日。今其心之勤企而思報者，既無道可以自致；即欲復接公之形貌辭氣，而道其憂喜合散之情，終不可得；而公往昔所篤好，惟苞之文章，苞忍不銘？公之仁孝大節與夫文學治行之美，自朝士大夫以及鄉里遠邇，所嘗臨莅之吏士皆耳熟焉，至於隱微所蓄積，則雖故舊未能究知，而公亦不欲自明也。

公少有至性，生十二年，而太公鵬飛先生以吏事被誣，謫瀋陽。公涕泣號呼，欲上書闕下，請以身代。衆皆駭遽譁笑，以爲孺子言，莫與承聽者。久之，志不伸。行訣時，泣曰：「兒不能發憤致身，使父生還，十年後當獨身依戍所，不復言歸矣。」自是日夜刻苦於問學，丙辰遂成進士，入翰林。會以地震推恩寬在法者，公請於朝，天子惻然感至情，詔許贖歸。而方是時，家無絲粟，乃涕泣曲跪，告於同官暨鄉人，傾身以營。逾年，而太公得歸。方是時，公仁孝之聲震天下，而終公之身，或有以此譽者，輒顔怍於外，蹙然若無以容。

公於身所處，確然識其定分，不可以利害奪也。於事物微見其端，即知其後成敗得失。苞嘗謂公才識使盡出之，必卓然如古人之有立，而公常深自晦匿，守法循理，效其職而止，不爲峻激過越之行。苞嘗從容叩所以，公曰：「吾固知子之不能釋然于吾也。吾親篤老矣，困於憂虞者越數十年，而今乃有一日之安。吾所以自奮者，豈遂無日邪？」公侍太公，至壯且老，容色如嬰兒，動静、作止、語默之間，所以承意觀色而處其宜，皆古禮經所未嘗云，而自公體之，乃知衆人之多忽也。公少善草書，詩詞雅健，有古作者風力，可傳於後，逾年亦不復置力。侍太公之暇，常居于内，問之僕御，則太夫人好公覽雜記，陳説其義，以爲歡樂，率以爲常故也。

太公出塞時，公貧無以爲生，晝則從諸昆弟坐列販鬻，夜中且泣且誦書，每達旦不自覺。嚴冬常服短布單衣。寢食迷節，氣滯腰脊間，遇勞苦憂煩輒作，凡二十餘年。己卯冬，太公考終。公方有疾，太夫人命勿備哭踊之禮。公强承命，而痛積於心，數日氣滯處，毒發如大盂。醫者入視，出而曰：「是氣結淤爲流痰，所注久遠，成形于内者，亦數年矣，法不可治也。」疾既篤，一日召苞入視。苞奉公之手，欷歔不自禁。公曰：「子無憂！某雖無禄，亦當終事吾母。」苞爲心開。乃逾旬，公竟卒。卒之晨，太夫人就視，猶强笑語，自述旦日所食飲，恐爲太夫人憂。

由公之殁，溯公之生。公之生也，爲無憾於天，而天之所以報公者，於公不爲無憾，於知公之始終者，不能使無憾也。公嘗分校禮闈，典試秦中，視學大江之南，號爲廉直不枉。由通政司右參議，五轉至大理卿，所司纖細，皆得其理。此當世所共知見，而應列於史氏之籍者，故不具載，而特詳其所獨知於公者。公娶夫人田氏，事舅姑一如公所以事父母。始歸時，太公未入塞。數年中，與公相對輒哽咽，未嘗笑語有寬容。先公兩月卒。公疾大漸，適值禮部試期，命苞入試，未得與公一言以訣。公平生以古義遇苞，而苞乃以世俗淺意失師弟子始終之禮。苞之負公，悔有終極邪！誌公之墓，亦所以志余隱于不忘也。

公諱裔，字素侯，生於順治十年六月二十五日子時，卒於康熙三十九年二月十三日酉時。子二：長兆麟，順天府庠生；次𢈪壽，早殤。女一，字鴻臚卿太原姜公長子某。某年某月某日，葬於某鄉某原。銘曰：

謂公不得于天，胡濟屯以亨，而天屬之復完？謂公能得於天，胡將母之不終，而壽命不得以少延？豈彼蒼之無知，抑將留終古之恨，以暴其仁賢！此蓋即正集内高公墓碣中所謂「視喪畢，爲銘歸公二弟」者也。先生重作碣文時，或此稿已失，故有前銘不復記憶云云。今觀此文，較後作事詳備，而銘辭則同。因仿歐集瀧岡阡表之例，重刻此篇云。鈞衡識。

全椒縣教諭寧君墓誌銘

廣文寧君既歿之七年，其子世藻自潁以書來徵銘於余，曰：「吾父與母葬有日矣。南豐曾氏所謂蓄道德而有文章者，今之世莫如子。」宜余懼且慚而不敢任也。既又自念，與君之子世錫交幾二十年，故知君爲詳，而世錫今死矣。君之潛德隱行，夙昔既耳熟焉，而重以世錫兄弟存歿之誼，雖不文，曷敢以辭。

謹按寧氏本季亹之裔，籍通州，至明中葉始家於潁。自江之北以屬於淮，俗故樸陋，而風土人物推於古今者，潁爲最。自明以來，潁人以家法爲士大夫宗者，寧氏爲最；而以余所聞寧氏之稱耆德而爲典型者，君爲最。君之質行所以守於身施於家而化於人者，不獨君之子云，其鄉人及遠邇之習於君者，莫不云。

昔朱子嘗嘆歷代之人材，惟東漢爲最真。其守官行法不避權倖者，前罹禍災而後者踵接焉；而余觀范史所載獨行之士，艱難危困，懇懇於人紀之中，與夫守卑官，安隱約，而盡其道以化於人者，不可勝數也。蓋自三王以道化天下，使人明於性命之理，故死生禍福不足以亂其心，而人道之當然者，勤以守之而不敢貳也。秦漢以還，士之乘時而見功名者衆矣，而明於性命之理者蓋寡焉。獨東漢之興，五經之教盛行，故上之人雖弗能以道化，而士之潛誦默識以浸灌於身心者，久而深且固焉。雖於性命之理知之未必能盡，而其大綱之所守，抑可謂合矣。君性篤於孝友，執親之喪，哀毀過禮。叔父在難，傾身以赴之，遂以毀其家。其爲諸生也，辭成均之選，而以讓其長老朋齒者至於三。其老不得志而司諭於全椒也，諸生化之。及移於譙，未至旬歲，而卒之日，市野人攜扶而奠祭者填於户焉。世錫嘗爲余述君之質行，余以爲有東漢之風。惜乎！卒困於下，而施不光；而余之不文，又不足以傳君於永久也。雖然，君於性命之理，既自得之矣；則施與不施爲無間，而傳與否又曷足道哉？

君夫人李氏，性明謹，識大體，事親治家及訓子姓，於君皆有助。其卒也，先自知其期。君諱擢，字益賢，生於明天啓癸亥五月十三日，卒於康熙丙子八月二十七日。夫人生於天啓乙丑十二月初四日，卒於康熙庚申九月十二日。子男七人，女一人。夫人以乙亥十二月晦前三日葬於潁南郊之卧龍岡。越九年爲今癸未臘月朔四日。下闕

邵抑齋墓誌銘〔一〕

君姓邵氏，諱惔，字抑齋。其上祖曰宋康節先生，高宗時，子孫南遷，居慈溪；明初自慈遷鄞，九世祖玉始舉乙科，遂世爲士族。

君父力學，不治生産，家貧。君童稚常與兄荷畚挾鋤，取草根以爨，息則倚樹倍誦所受書，既長，並爲名諸生，而君家居教授，以養二親，餘三十年，雖足不出里閈，常苦爲生徒羈，不得朝夕色養。其暫歸，左右無違。每夜分，父母趣就私室至再三，乃退。父母没，逾大祥猶泣血，目病久不瘳。食於人，遇珍異，終身不茹，蓋私痛未之能以養也。通周易、尚書、詩、禮，自漢、唐、

〔一〕本篇以下至張巖舉墓誌銘，輯自望溪集外文補遺卷一。

宋、元諸儒義疏，以及周、秦以來成體之文，莫不研究，而皆用爲帖括，故其精光迥出於衆，一時名輩見者多傾心，而數困於有司。癸巳，始舉於鄉，畢禮部試，遘疾，遂客死京師。浙東西生徒聞之，號哭而赴弔者數十百人。

君既没六年而子基成進士，官翰林。浙士大夫曰：此其父務學敦行所鬱積也。時余領武英殿修書事，請基自助。基操行不苟，乞余文以奠幽宫，懇款而有辭，乃叙而銘之。

君父諱梅，歲貢生。母顧氏，生四子，君其仲也。妻郁氏，有賢行，能操作，躬盥饋，佐孝養，後君數年卒。君之卒也，基在鄞；孺人卒，基官京師，故雖宦遂，而恒以兹自痛。君卒於康熙某年月日，孺人卒於雍正某年月日，以某年月日合葬於某鄉某原。銘曰：

克惇厥行，終蹇其生。惟學之遺，既没而光亨。兹銘無溢，衆言可徵。

李皋侯墓誌銘

君諱清江，字皋侯，安溪人，兵部主事訒菴公之孫，吾友抑亭三子也。

自文貞公治易、詩、書，季弟耜卿先生治三禮，而訒菴公徧覽九流百家之書，由是子弟皆興於學。自文貞伯仲通籍六十年間，親屬舉甲乙科者三十餘人。故余於李氏子弟，不問其文學，而獨考其實行及才之有以爲。

雍正五年，抑亭視學江西。君試禮部，一再見余，體恭而氣和，誠溢於言貌，不異子弟之承父兄，蓋心知其父與余深也。逾歲而得君之凶問。黄生世成，抑亭所貢士也，介抑亭以請業於余。常留使院，見君雞鳴而起，夜分不息，檢攝官中文書、獄訟，以及賓從、隸圉米鹽淩雜，細大不遺。又以餘力論定試藝而刊布之。其卒也，父兄失所倚，院中士友莫不感傷，逾時而不能已。

嗚呼！余兄弟三人，弟性篤孝，兄則隱厚而剛明，惟余劣且愚；及弟早夭，兄中道亡，而余獨存。自有知識，行遊四方，所聞見多如此。明道程子有言：「賦生之類，雜糅者衆，而精一者間或值焉，則其數宜不能長。」謂儲陰陽之精，而將爲成德者也。而以余所見，資才之少出其類者，亦多不及其成。豈凡書傳所紀，功見言立而有聞於後者，天之所畀，固非偶然，用此多不及其成而中毁與？是不可得而推也。

君既殁，黄生輯其遺文，言多成理者。卒年二十有六。妻萬氏聞喪，哀痛成病，浹月而亡。有子曰本端，方五歲。雍正八年九月初二日，合葬本鄉之卑烏尖山。其兄積齋請誌墓。銘曰：

力盡於父兄，愛遺於友朋，身之不禄，而行則有終。兹銘不啟，憎無隱於幽宫。

李世蕡墓誌銘

雍正七年秋閏七月二十一日，余暮歸，聞安溪李世蕡過余。越日往視之，則故疾作不能聲；再往視之，則幠以衾，將襲矣。乃啓其面，執其手而三號焉。

始吾見君於相國文貞公所，李氏子弟在側者多，不知其誰何。其後與君二昆友善，乃少辨君之名字。丁未春，君復至京師，就春官試。時仲兄世邠視學江西，君與伯兄世來居。無何，詔選翰林教諸王子，世來與焉。君獨居曲巷，入其室，圖書秩然。所手録儒先語及周秦以來古文凡數百帙。叩之，應如響。余欲別擇唐宋雜家古文，屬君先焉，所去取同余者十九。見余周官之説，篤信之，時有辨正，必當於余心。其自爲説，去離舊解而於經義有所開通者以十數。余病且衰，平生執友凋喪殆盡，得君恨相知晚，常悔曩者交臂失之，而君用此益傾心於余，旬日中必一再見。君之年長矣，家世貴盛，有子五人，其長者已露頭角，而每接余，貌肅而言恭，如見其所嚴事者。他日，世邠曰：「吾弟性簡傲，於時聞人，相視恒漠如。」然後知君於余，蓋有不知其所以然者。

君以仲春遘末疾，甚劇；及夏，世邠至自江西，始能强步循階除，不出門庭者數月矣。前卒之三月，疾若蘇，駕而詣余；詰旦，氣動語閉，遂不起。其喪之歸也，余欲爲誌銘以付其孤，每執筆，則心惘焉如有所失而止；既逾歲，乃克舉其辭。

君諱鍾旺，康熙戊子舉人，卒年四十有六。所著周官説、詩古文雜録藏於家。曾祖諱先春，不仕，以好施能急人難聞鄉里。祖諱兆慶，歲貢生，遭亂，曾入賊壘，以口辨活千人，並以文貞公贈光禄大夫。考諱鼎徵，康熙丙午舉人，户部主事。妣莊氏。妻陳氏。子濟泰，雍正丙午舉人；道濟，己酉舉人；清翊，始受書；清翎、清栩，幼。以某年月日葬於某鄉某原。銘曰：

進之躓而學乃通，志之宏而業不終。嗟所命之自天，匪於君而獨然。

張巖舉墓誌銘

君諱若霖，字巖舉，相國贈太傅文端公家孫，詹事府少詹事諱廷瓚之子也。

余遊京師，與邑子劉北固并爲文端公所知。公日侍南書房，歸必嚮晦。余與二三君子過公，必信宿。時君未成童，見客，視端而容恪，非問不對。及少長，間就客問起居，意獨親余。

吾鄉之俗，士大夫既貴，必曲下於鄉人。蕞爾邑，族姻皆聚焉，弔唁、慶賀、饋問、造請無虚日，少疏忽，則責讓隨之，惟文端公終世無違言。方公暨少詹在朝，今相國實理家政。相國既達，少宗伯繼之，學士又繼之。君與從弟澂中繼學士分理，并不失家法，用此行比於鄉。君家方盛隆，群季舉甲乙科第，官翰林侍從及監司、郡守者相踵。君工制義，爲諸生，試輒高等，而壯年即不治舉業。敦睦族姻而外，閉户寡交。良時佳日，或招同好，從容觴詠，有異客至，即默無言。余與君交四十餘年，雖朝夕會聚，不見親暱；或違離數年十數年一見，亦不見疏間，以事屬，則千里外應答如影響。余謬爲海内士君子所稱許，親交中行輩同、年齒近及年先於余者，稱謂多過自抑下，惟君終不易稱，用此益心敬焉。君之喪，不遠訃。余聞而惻傷，追憶平生故交，零落幾盡矣。乃自爲誌銘以歸其孤。

君卒於雍正十年五月晦日，享年六十。元配姚氏，江西縣丞諱某女。繼室姚氏，詹事府贊善諱士藟女。子三人。以某年月日葬於某鄉某原。銘曰：

未登而求降，執虚以守盈，吾以概其身之行。

繁昌縣令王君墓誌銘〔一〕

君姓王氏，諱廷城，世居華州，曾大父以下三世皆甲乙科。少隨父之官，有無盡索于書籍。

〔一〕 本篇以下，輯自方望溪遺集碑傳類，第九二至一〇三頁。

鄉舉後，就綏德州學政。既至，曰：「官以教爲名，吾可苟自混於常吏乎？」聚秀民講學校文，月六會，延其素所屈服者二人以爲之師，而與之參伍其議論。丁父憂，服闋，補葭州，其教如綏德。葭州極邊，自明衰，士皆廢業。至是，鄉舉有中選者。

君性好文術，以俗事請謁，拒不納，而日與生徒朋遊講肄，嘗傾囊治供具，無毫髮顧惜。及窘空，即借助于賓從，略不訾省。既成進士，選江南繁昌縣，益自喜，以文學教化爲己任。充乙酉鄉試同考官，所得多名輩。某士文尤當君心而未得舉，館之，課以文，文成，必端坐莊誦之，或公事方殷而君不出，萌隸皆曰：「吾令又誦某生文耶？」然君雖好文，實不廢吏事，其御火災、除雜征及禁緩葬、棄女、嫁妻，邑人至今德之。戊子秋，邑大水，民或系舟於樹以居。君日載熟食分給之，或相隨就食官廨。

君既歿十有二年，其子履始介余執友金壇王澍請銘。澍，君乙酉所得士也。又數日，見綏德劉給事祖任，少從君講授，得君性質行事尤詳，乃録所聞而繫以銘。君卒於康熙壬辰四月晦前三日，壽五十有六。妻馬氏。子三人：長秉義，次履始。女一，適士人。以某年月日葬於某鄉某原。銘曰：

且仕且學，而仕亦優。苟而可者，俗吏之謀。嘻乎王君！施則不遐，而迹既留。

安徽布政使馬公墓誌銘

公諱逸姿，字雋伯，陝西武功縣人。父諱玠，順治甲午副榜貢士，康熙十三年知永嘉縣，閩藩叛，圍温州，總兵某與賊通，脅從逆，憤駡不屈，與温處道陳丹赤同日死，贈布政司參議。公貴，請易名，賜謚「忠勤」。公以蔭起，知直隸霸州，年二十三。霸州旗民雜居，宿豪行權，官不能懾，首鋤其尤，境内肅然。前官編審排年，久而不定，鄉民苦累；公簡稽注籍，分四區，與民期，四日而畢。政成，得上考。擢刑部員外郎，遷兵部郎中，執義守法，長官不能奪。督滸墅關，還，授浙江驛傳道。丁母憂，近十年始赴京，補湖廣岳常道，調江南蘇常督糧道，遷江蘇按察使，尋遷安徽布政使。岳常道治澧州，群吏私家供億絲粟，皆取之民，公嚴禁，以身先，弊遂革。蘇常轉漕最多，而運軍貼贈錢糧裁減，抵逋，缺額，弁卒系拘者相望。適漕督有宿負于公，公不收，請奏復運費，自是糧無逋。康熙四十七年，大嵐山叛案迹發于蘇，主讞者以刻爲明，有司承意，株連不已，公持議平，無辜得解脱。四十八年，鳳陽荒疫，公爲布政使，力言于大府，題請賑恤，區處救療，遺民過時歌思。凡大計，群吏多以歲饋之贏縮爲舉劾，公曰：「然則計其饋乎？」一以治爲斷。時制府實噶禮，盡反公所措注，然人滋以服公之義也。

公性坦易，當官不矯飾以邀取時譽，務建長利，除伏害，慷慨好義，而不以俠自居。山東郭公琇以廉直忤要人，中流言，發江南質審，大府鋭意窮治，公時司關道，賫三千金，未謀面也。余赴詔獄在途，解官守隸委曲調護，事後始知自公。公自江南罷歸，七年復召見，特命督理子牙河，卒於官。時康熙六十一年，享年六十有一。妻郭氏，誥封夫人。子位。以某年月日葬於某鄉某原。銘曰：

行式於古，而不戾於時；事從其實，而聲亦施。於吏爲循，於人爲惇。用紹先烈，垂光後昆。

白兩玉墓誌銘

君姓白氏，諱珏，字兩玉，吾友玫玉仲兄也。玫玉氣蓋關中，而尚賢行。兄弟五人皆賢。伯，吾邑令也。玫玉每見余，即津津道仲及兩弟之爲人。時季可玉既歿，嘗述其行以徵銘，會余難，失之。難後，見其末弟玖玉於京師，果賢。邑令之子太史仲傑亦賢，而玫玉及伯仲先後皆棄世。丙午夏，仲傑以可玉并君之狀至，曰：「吾季父成葬久，子既有諸責，雖遼緩之無妨也。仲父則待志於幽宫，請速之。」

謹按：白氏爲清澗世家，文獻著關中。高曾以下登甲乙科者幾二十人，而君獨爲諸生以老，然鄉人極重之。其家數世不延異姓師，君繼諸父伯兄師其家。白氏四世同爨，兄弟各宦遊，君常居守，内外無間言。鄉人或以横逆加，其後遇禍，力拯之。嗚呼，是可謂修飭之君子矣！

君卒以雍正二年十一月，享年七十有一。妻郝氏，繼娶南氏，皆有婦道。子三人：長發業，早卒；次權，次方，邑諸生。女一，適士人。并南氏出。以某年月日葬於高村之西原。銘曰：

學之通，遇之塞。行之尊，家維則。既考終，憺幽宅。

行人司司副張君墓誌銘

余丙戌禮部試畢，遄歸，未得與同年諸君子相見。癸巳，出刑部獄，始稍識其留官於京師者，而獨未見莪村。又四年，丁酉，莪村爲浙江鄉試副主考，既反命，科場弊發，出會質，衆獨信其無浼，已而果然。滄洲陳公數道其爲人，乃與定交，再三見，私計即置之平生昵好中。莪村云：「吾與子相信亦然。」

莪村之就質也，士不遇者皆郊迎。及還，奉觴薦衣，投詩歌以餞。獄辭成，以失察奪翰林降調。莪村欷歔感發，常欲決然舍去。余與滄洲惜其材之有以爲，而慰勉之。補國子監博士，轉行人司司副。自滄洲出巡南河，攝大府，莪村益漠然寡歡，而昵就余。

壬寅六月，余自蒙養齋移武英殿校勘，與滄洲二子同役。冬十月望前一日晨，入曰：「莪村末疾不興矣。」出視之，口喑而心能辨事，投藥物弗瘳，逾月竟卒。又逾月，而滄洲亦卒於決河。嗚呼！滄洲之未竟其用也，天下知與不知皆爲悲痛。莪村則端緒未見，其材與志足以有爲，獨余與滄洲信之耳。嗚呼惜哉！

莪村姓張氏，諱懋能，江西奉新人。父諱應辰，爲名諸生。前母廖氏，母江氏。少貧窶，力孝養，而持身甚廉，既仕不改。妻朱氏。子星仁、星景。癸卯二月將御柩以歸，請銘。銘曰：

砥而淬之質愈光，踣而復起衆所望。忽隕絶以終古，亦天造之故常。

翰林院檢討王君墓誌銘

君姓王氏，諱思訓，字疇五。先世上元人，明初遷雲南，世居昆明之官渡。君自爲諸生，大府交聘，主昆明書院，師其儕輩。及成進士，入翰林，督學江西，主廣東鄉試，充會試同考者三，鄉試同考者再，取士必得，而聲名尤著於江西。

余遊四方，雅聞君名。及舉於鄉，籍於禮部，皆與君同年，而未得見。康熙五十二年始識君。時君寓城西隅，草樹荒涼，自蒔花灌竹木，意曠如也。返自江西，時宿其寓齋，爲余道鄉國山川之勝及耆民故事，間出詩歌視余，自誦自解説，每至夜分，余倦欲就寢，尚不自休。雍正四年秋，忽得末疾，口不能言，而神氣不亂。每見余至輒大喜，將行則愴然動於顔色。逾年得告，首夏將歸。余與閩中余田生、河南湯孟升載酒爲别，御者以床與坐舁君至堂上共食飲，移時，乃返寢室。余與二君子尚冀君歸或有瘳，若貞疾而壽命可延也。既暑雨，未成行，以七月朔後一日卒于旅寓，年七十有二。以余所聞見，滇士以文學知名於四方，唯君爲首稱，後起者多出其門。卒之後，士大夫知與不知，皆歎爲長者。

君父諱天培，母李氏，并以君通籍得誥贈。妻文氏，封孺人。長子濂，中癸巳、甲午二科副榜，候選教諭。次泗，始生齒。女一，適士人。秋九月，濂御柩南歸，乞銘，曰：將以來年某月某日葬於某鄉某原，道踔遠，敢預以請。銘曰：

身垂老而仕遂，學既顯而聞彰。銘以貺子，歸安其藏。

李茗齋墓誌銘

余同年友李君聖木既歿之八年，其子徵熊以賢良徵，手君狀以至，曰：「卜兆今始從，敢請銘！」

余識君在庚辰之春，一再見，即知君能重名義。時順天鄉試，物議囂騰，聖祖仁皇帝震怒，下主司於獄。君與諸城王君同名，尤爲衆所指目，曰「一富一貴」，富謂君也，而君怡然。及復試太和殿，孝感熊公主勘，見君文，曰：「文能是，則富何傷？」榜發，君名第四，衆乃帖。即墨郭公，齊魯之望也，長御史時，欲論奏錢法，授意于諸客，使爲草，皆不稱。君至，援筆立就，郭公歎服。由是知名。禮部録科，少宗伯韓公慕廬以君爲選首。屢相招，既至，門者難之，君拂衣去，公使追而及之，以此益重君。君久赴公車不第，同舉者皆漸致通顯，多爲君感發，有意相推挽。君聞之，遂不復與計偕，而完葺先人隱居之所，聚鄉後進與子弟講誦其中，親爲指畫。遠方之士聞風而至者，必渥洽，備主賓之禮。景州有申生者，從君遊最久，君既殁，述君所以體貌而砥淬之者，常爲流涕。自余客京師，見貴遊素封子弟求名稱者，必務爲寒士容，而衆終以富人目之。唯君不諱言富，而一時賢士皆樂引爲曹。德州要綰南北，名貴人負時望者不少，而德人及過賓于德而至京師者，士大夫相見，多叩李君家居何事。嗚呼！是可以徵君之所以自立矣。

君先世故多奇節，祖諴明，當明熹宗朝，逆閹魏忠賢以重幣招，遂稱疾，不復赴公車。考源，令山西河津，遭姜瓖之變，請兵殺賊，城賴以完，而部議罷歸，終不自明。及君生而倜儻，才識過人，衆皆曰：「李氏所鬱積，其發於斯乎？」而既不試。君本生祖諱諴明，州學生，生河津公，順治丙戌進士。前妣朱氏、王氏，妣王氏并贈孺人。

君諱樫年，五十有四，卒於康熙五十九年正月朔後二日。妻盧氏。子五人：長褒光，嗣從兄，後本生祖；次徵熊；次穎灼；次亶照；次賓燕。女四人，皆適士族。以雍正六年某月某日與盧氏合葬城東大新莊先兆之西北隅。銘曰：

名不隳，學自張；身不遂，志則强。前緒之循，以儀其後昆。

按察司僉事提督福建學政汪君墓誌銘

君諱薇，字思白，晚歲更號辱齋，徽州歙縣人也。少羸疾，父母憐之。年十二，始就塾師，十四畢五經，父没家貧，學醫。久之，復治舉業，入縣庠，時年三十有二矣。辛酉舉於鄉，乙丑成進士，選庶吉士。時執政操事久，士多豫附，君竟不與通。辛未散館，改户部主事。時同改部屬者鄞人鄭梁、范少陽，皆宿負名稱，發憤爲詩歌。君獨默然治官事，無細大，必竟卷册，稽底案，宿吏巧法者皆驚曰：「是故大府幕中客耶？」

君鄉試文久播海内。丁丑，以户部郎中視學福建。士聞君至，固以興起；及按試，不枉一材，所至生祠而俎豆焉。制府郭公世隆傾心相向；而功令：學使考成專屬巡撫。操之甚蹙。

郭公糾巡撫不職，以此首列彈章罷去，繼代者亦心忌焉，報政考下等。時廷議發久宦及督學政者效力南河，君名與焉。御史廖騰煃越席而前曰：「吾閩人也，斯人不免，何以勸後？」或曰：「其然，撫臣胡不薦聞？」騰煃曰：「惟其然，故得下考耳！」衆皆動容。而君卒不免，以名由廷議，主者實一二人，非衆所能奪也。庚辰正月部檄下，閩士皆嘩。控大府，求奏請。不得，乃斂費爲使者道賫，君力止之，其已輸者以訖道山書院工事。

既至河上，告貸于族姻，所出不及同役者之十二，而困不能支矣。會遂寧張公鵬翮至，乃屬君巡功，而免其徵。工事畢，叙從優，遂告歸。時年五十有七。購崑山徐氏所刻宋元經解，閉户循覽，凡十有七年。每曰：「吾生所恨者三：禄不逮親，仕不獲上，少壯以貧廢學而老不能補。將若之何？」所著經概五卷、堪輿閔俗一卷及詩集藏于家。

君以康熙丁酉十月朔日卒，享年七十有三。父諱一麟，誥封如君官。母程氏，贈宜人。妻胡氏，與君同隱約，輔成孝弟，備苦辛，賢聲載里黨，享年八十有六，卒於雍正壬子四月二十一日。子四人：長詵，附監生；次諴，康熙己丑進士，知滎澤、固始二縣；次起謐，雍正己酉舉人；次家諫，太學生。女二，并適士族。孫八人。以康熙己亥十有二月葬於篁墩之大金山，胡宜人以某年月日祔。銘曰：

慎静以召憎，廉公以取嫉。君自安之，而人皆爲君咄。惟其心亨，耿無味于平生。

吏部員外王君墓誌銘

乾隆四年冬至後一日，夢金壇王若霖盛服過余爲別，冠履皆新，心惡之。尋於鍾君勵暇家書中得其凶問，果卒以至日。君年過四十始與余交。未幾，余在難，急之亞於月三、彝歎。其學于諸經皆涉其流，而以工時文善楷書名于世。余勸治古文，曰：「吾見子晚，兼此，則書亦無成矣。」

君爲人坦夷和易，薰然可即，用此，雖世俗人，多自謂與君昵好。或疑近老氏「和光同塵」之學，而於朋友責善甚嚴。余出刑部獄，愀然曰：「凡人氣苦易餒，而子患不能餒。曩在難無不可；今倖脱，苟弗悛，吾懼禍殃有再。」儀封張公百行總督倉場，刺得漕船羨米十數萬石，欲歸之官，余固止之。既聞君亦正告曰：「都數雖多，分計之，船各十余石耳。每回空，貧者質帆檣于中路。公不悟，後必悔之。」

君以康熙乙酉舉于鄉，壬辰成進士，官翰林，改户科給事中。雍正元年，上命以六科屬臺中，君與同官二人合辭執奏，并調部屬，君得吏部。朱文端公爲冢宰，欲薦之，固辭曰：「某性寡諧，公誠相愛，則毋然！」遂告歸，以錫山好林泉徙家焉。越十有四年而殁。其生時，碑版出，學書者争臨摹。甫殁，購其手迹，動數十百金。

子稻孫請銘，會余有憂，繼以喪，久之未就。六年秋八月望前二日，復夢君趨而來，語移時忽失所在，俄而推户入，向余哭甚哀。余大痛驚寤。勵暇適至吾家，曰：「若霖其欲銘乎！」乃掩涕叙次，以歸其孤。君之祖珏，明季諸生。父式金，不仕。母潘氏。妻潘氏，先卒。稻孫，側室徐氏出。以某年月日葬於某鄉某原。銘曰：

不違俗以招愆，而秉心則介然。惟予知子，銘其質於幽埏。

方望溪文集全編卷二十[一]

墓表

季瑞臣墓表

先生季姓，諱熙，字瑞臣，上元人，明季諸生，教授里巷間，卒年七十有五。有子咸若，與余爲兄弟交。庚午春，余弟椒塗疾革，余體氣忽變常，先君子命避居野寺。咸若有弟早殀，與余相憐也，招至其家，館余于門側小室，而先生授經南堂，家無僕婢。傭農家子未成童，每質明，先生起，視童子掃除室堂庭階，捧盥，設酏粥，賓爲賓焉，主爲主焉，傭者亦自得其爲僕焉。頃間，學子至，受業以次，師爲師焉，弟子爲弟子焉。薄暮，移坐階下，延客語。咸若授徒歸，進果蔬酒漿，漏鼓移乃罷，父爲父焉，子爲子焉。咸若之妻常侍姑至余家，左右扶將，姑爲姑焉，婦爲婦

[一] 本卷原爲望溪先生文集卷十二。

焉。昔程子嘗歎天下君臣、父子、兄弟、夫婦不盡其分者之多，而余觀詩、書所稱以及周官、戴記所陳述，每思古者教化備而禮俗型，無貧富貴賤，男女少長各得其分而性命之情安。當其時甿庶之家法，後世士大夫有不能守者矣。因欲爲文，著所見于先生父子間者以示鄉人，而未就也。越三十年至今庚子，咸若來徵銘，乃揭前事以表于墓。

先生于書無不究覽，尤深于易數，而未嘗與人言，嘗以思子詩視先君子，然後知所得於詩，亦有過人者。楊先生鹿園，金陵奇士也，於時人概不快意，獨與先生爲寂寞交。先生寡語言，終日溫溫，獨時與楊先生扶杖矯首郊野，則劇飲縱談大樂，或樂未畢而繼之以哀。咸若云：先生卒于康熙壬申。妻某氏卒于康熙壬辰。以某年月日合葬安德鄉獨樹山之陽。桐城方某述。

萬季野墓表

季野姓萬氏，諱斯同，浙江四明人也。其本師曰念臺劉公。公既歿，有弟子曰黄宗羲黎洲，浙人聞公之風而興起者，多師事之，而季野與兄充宗最知名。季野少異敏，自束髮未嘗爲時文，故其學博通，而尤熟于有明一代之事。年近六十，諸公以修明史，延致京師。士之遊學京師者，爭相從問古儀法，月再三會，録所聞共講肄。惟余不與，而季野獨降齒德而與余交，每曰：「子於古文，信有得矣。然願子勿溺也！唐宋號爲文家者八人：其於道粗有明者，韓愈氏而止耳。其餘則資學者以愛玩而已，于世非果有益也。」余輟古文之學而求經義自此始。

丙子秋，余將南歸，要余信宿其寓齋，曰：「吾老矣，子東西促促，吾身後之事豫以屬子，是吾之私也。抑猶有大者：史之難爲久矣，非事信而言文，其傳不顯。李翺、曾鞏所譏魏晉以後賢奸事迹並暗昧而不明，由無遷、固之文是也，而在今則事之信尤難。蓋俗之偷久矣，好惡因心，而毁譽隨之，一室之事，言者三人，而其傳各異矣，況數百年之久乎？故言語可曲附而成，事迹可鑿空而構，其傳而播之者，未必皆直道之行也，其聞而書之者，未必有裁别之識也，非論其世、知其人而具見其表裏，則吾以爲信而人受其枉者多矣。吾少館于某氏，其家有列朝實録，吾默識暗誦，未敢有一言一事之遺也。長遊四方，就故家長老求遺書考問往事，旁及郡志、邑乘、雜家誌傳之文，靡不網羅參伍，而要以實録爲指歸，蓋實録者，直載其事與言而無可增飾者也。因其世以考其事，覈其言而平心以察之，則其人之本末可八九得矣。然言之疑或有所由，事之端或有所起，而其流或有所激，則非他書不能具也，凡實録之難詳者，吾以他書證之，他書之誣且濫者，吾以所得于實録者裁之，雖不敢具謂可信，而是非之枉於人者蓋鮮矣。昔人于宋史已病其繁蕪，而吾所述將倍焉，非不知簡之爲貴也，吾恐後之人務博而不知所裁，故先爲之極，使知吾所取者有可損，而所不取者必非其事與言之真而不可益也。子誠欲以古文爲事，則願一意于斯，就吾所述，約以義法，而經緯其文，他日書成，記其後曰：『此四明萬氏所草創也。』則吾死不恨矣。」因指四壁架上書曰：「是吾四十年所收集也，逾歲吾書成，當並歸于子矣。」又曰：「昔遷、固才既傑出，又承父學，故事信而言文。其後專家之書，才雖不逮，猶未至如官修者之雜亂也。譬如入人之室，始而周其堂寢匽湢焉，繼而知其蓄産禮俗焉，久之其男女少長性質剛柔輕重賢愚無不習察，然後可制其家之事也。官修之史，倉卒而成於衆人，不暇擇其材之宜與事之習，是猶招市人而與謀室中之事耳。吾欲子之爲此，非徒自惜其心力，吾恐衆人分操割裂，使一代治亂賢奸之迹暗昧而不明。子若不能，則他日爲吾更擇能者而授之。」季野自志學，即以明史自任。其至京師，蓋以群書有不能自致者，必資有力者以成之，欲竟其事然後歸。及余歸逾年而季野竟客死，無子弟在側，其史藁及群書遂不知所歸。余迍邅轗軻，於所屬史事之大者，既未獲從事，而傳誌之文亦久而未就。戊戌夏六月，卧疾塞上，追思前言，始表而誌之，距其殁蓋二十有一年矣。

季野行清而氣和，與人交，久而益可愛敬。其殁也，家人未嘗訃余，余每欲赴其家弔問而未得也，故於平生行迹莫由叙列，而獨著其所闡明于史法者。季野所撰本紀、列傳凡四百六十卷，惟諸志未就。其書具存華亭王氏。淮陰劉永禎録之過半而未全。後有作者可取正焉。

梅徵君墓表

徵君姓梅氏，諱文鼎，字定九，江南宣城人也。康熙辛未，余再至京師，時諸公方以收召後學爲名，天下士負時譽者皆聚於京師，而君與四明萬季野亦至。季野，浙之隱君子也，君亦不事科舉有年矣，余詑焉。皆曰：「吾懼獨學無友，而蔑以成所業也。」季野承念臺劉公之學，自少以明史自任，而兼辨古禮儀節，士之欲以學古自鳴及爲科舉之學者皆輳焉，旬講月會，從者數十百人，而君所抱曆算之説，好者甚希，惟安溪李文貞及其徒三數人從問焉。君常閉户殫思，與吾友崑繩、北固遊，時偕來就余，而余亦數相過，乃知君博覽群書，於天文、地理莫不究切，得其所以云之意。所爲記、序、書、論，亦有異於人人。北固嘗與同舍館，告余曰：「吾每寐覺，漏鼓四五下，梅君猶篝燈夜誦，昧爽則已興矣。吾乃今知吾之玩日而愒時也。」

其後李文貞以君曆算書進呈。聖祖仁皇帝南巡，召見於德州行在所，命坐賜食，三接皆彌日，御書「積學參徵」以賜。於時公卿、大夫、群士皆延跂願交，而君亟告歸，營祠廟，定宗禁。又數年壬辰，詔開蒙養齋，修樂律曆算書，下江南制府，徵其孫瑴成入侍。律吕正義成，驛致命校勘。辛丑夏，曆算書成，瑴成請假歸省，逾月而君卒，時年八十有九。上聞，特命有地治者紀其喪，爲營窀穸。由是世士皆榮君之遇而歎季野獨任明史而蔑由上聞。

丙子之秋，余與季野别於京師，即豫以誌銘屬余，及余北徙，而季野卒於浙東，過時乃聞其喪，爲文將以歸其子姓。叩之鄉人，莫有知者。而㲉成與余供事蒙養齋爲昵好，自徵君之殁，閲月逾時相見，必以銘幽之文爲言，而衰疲日以底滯，既不逮事，乃略叙以列外碑。

梅氏自北宋家宛陵，徵君之先，與聖俞同祖别支，世有聞人。自徵君爲族長，梅氏無公庭獄訟幾三十年，族屬數千人無敢博戲者。或侮其父兄，辟宗祠，撲擊之甚痛。君殁，赴弔，哭失聲。父士昌，隱居治易、春秋。母胡氏。子以燕，癸酉舉人。君及妻陳氏以㲉成貴，誥贈如其官階。所著曆算叢書八十六種，勿菴文集若干卷，筆記若干卷。惟平三角舉要、弧三角舉要、環中黍尺、塹堵測量、筆算、曆學駢枝、交食蒙求七種，曆學疑問三卷，李文貞鋟版行于世。

田間先生墓表

先生姓錢氏，諱澄之，字飲光，苞大父行也。苞未冠，先君子攜持應試於皖，反過樅陽，宿家僕草舍中。晨光始通，先生扶杖叩門而入，先君子驚問。曰：「聞君二子皆吾輩人，欲一觀所祈嚮，恐交臂而失之耳！」先君子呼余出拜，先生答拜，先君子跪而相支柱，爲不寧者久之。因從先生過陳山人觀頤，信宿其石巖。自是先生遊吴越，必維舟江干，招余兄弟晤語，連夕乃去。

先生生明季世，弱冠時，有御史某，逆閹餘黨也，巡按至皖，盛威儀謁孔子廟，觀者如堵。諸生方出迎，先生忽前扳車而攬其帷，衆莫知所爲，御史大駭，命停車，而溲溺已濺其衣矣。先生徐正衣冠，植立昌言以詆之。騶從數十百人皆相視莫敢動，而御史方自幸脱於逆案，懼其聲之著也，漫以爲病顛而舍之。先生由是名聞四方。當是時，幾社、復社始興，比郡中主壇坫與相望者，宣城則沈眉生、池陽則吴次尾，吾邑則先生與吾宗塗山及密之、職之，而先生與陳卧子、夏彝仲交最善，遂爲雲龍社以聯吴淞，冀接武於東林。

先生形貌偉然，以經濟自負，常思冒危難以立功名。及歸自閩中，遂杜足田間，治諸經，課耕以自給，年八十有二而終。所著田間詩學、田間易學、莊屈合詁及文集行於世。

先君子閒居，每好言諸前輩志節之盛以示苞兄弟，然所及見，惟先生及黄岡二杜公耳。杜公流寓金陵，朝夕至吾家，自爲兒童捧盤盂以侍漱滌，即教以屏俗學，專治經書古文，與先生所勖不約而同。爾時雖心慕焉，而未之能篤信也。及先兄翻然有志於斯，而諸公皆殁，每恨獨學無所取衷，而先兄復中道而棄余，每思父兄長老之言，未嘗不自疚夙心之負也。

二杜公之殁也，苞皆有述焉，而先生之世嗣，遠隔舊鄉，平生潛德隱行，無從而得之；而今不肖之軀，亦老死無日矣，乃姑志其大略，俾兄子道希以告於先生之墓，力能鐫之，必終碣焉。

乾隆二年十有二月望前五日，後學方苞表。杜先生蒼略每言：「自楊、左罹禍，范陽三烈士聲震海内，一時才士争思奮死以立名義。」因道錢先生爲衆所摧挫巡按，其始事也，余以巡按終不作難爲疑，杜先生亦未知其詳。間叩之白麓先生，云：「御史移文咨革，督學難之曰：『必欲甘心焉，則入告具言其所以。』乃止。」因歎：「諸生無禮，而巡按不敢自治，督學畏清議以忤同官，一代風教所積，於斯可見。然鄭人游於鄉校以議執政，而子産以爲師管仲立嘖室之議，則其氣象不可復見矣。」白麓，職之之子也，諱中發，於余爲諸父之無移服者，繼塗山以詩名吾鄉，孝謹寬厚，其言信而有徵，故并記之。

同知紹興府事吴公墓表

公諱勉，字素裘，先世閩之莆田人，明季避倭亂，移家京師，入國朝，以拔貢生知同州，又知光州，遷紹興郡丞，官罷，流滯江南，僑寓棠邑留稼村，往來金陵，與吾宗故老塗山及黄岡二杜公遊。見先君子詩，許以吾母繼室，及先君入贅，公客死逾年矣。苞兄弟三人，馮氏姊、鮑氏妹皆生於外家。

苞幼多疾，吾母中夜爲摩腹及足，時道古記及外祖父母舊事以移其心，苞耳熟焉。公少窶艱，歲祲不食者二日矣，中貴人或以文請，餽十金，不應，故人聞而義之。群繼粟焉，由是知名。保定總兵賀某以禮致幕下，嘗爲賀單騎入山寨諭寇出降代治兵，凡麾下將吏皆聽部勒，爲紹興司馬，遏海寇，攝蕭山令，平天台山賊，功不得御，而以忤勢家罷官。

崇禎末，公父以展墓，懸隔閩中，絶音耗。公在同州，聞閩邦歸順，即具文大府、監司，乞解官求父，數月中固請至再三，會訃至，乃止。其他庸行，不可殫記。外祖母林宜人，苞猶及焉，篤老浣濯縫紉不自休，旬日必燂湯沐苞兄弟。苞疾，摩腹及足，與吾母遞代。宜人卒，苞四歲矣，葬以昧旦，墓距村一里而近，盡室皆往，苞忽驚寤，裸跣而趨葬所，大驚吾父吾母及會葬人，猶昨日事也。

自先君子歸金陵，余奔走四方，惟弔叔舅之喪，一至外家。其後叔舅之子、伯舅之孫並移家金陵，各糊口四方，封樹無主。常思爲買墓田數畝，屬耕者以守之。顧自念大父、叔父、母、兄弟皆既葬而起攢，妻、嫂暴露，近者數年，遠者數十年，何暇及外家之丘隴乎？今衰病日劇，感念往事，不容於心，乃略叙吾母所口道以歸叔舅之子以誠使碣焉。據行狀及德政碑載公質行宦績甚具，而概弗採著，不敢傳疑以溢美於所尊禮也。伯舅聖穆以奔喪卒於光，叔舅敬儀客死於淮，術者皆曰「葬地則然」。嗚呼悕矣！

吏部侍郎姜公墓表

公諱㦠，字崑麓，山西太原府保德州人。祖諱名武，明崇禎末，流賊寇開封，力戰死之，贈右都督。父諱宗吕，順治壬辰進士。公性沈毅，伉慨有大志，少孤貧，致勤于文學，而不欲以文士自名。既成進士久之，授麻城令，年五十餘矣。自縣令六遷而至吏部侍郎。其令麻城也，未三年而入爲行人。逾年擢户科給事，充己卯江南鄉試副主考。未返命，遷鴻臚寺少卿，提督浙江學政。既事赴闕，擢都察院右僉都御史。六日遷左副都御史。逾年，遷工部右侍郎兼攝刑部右侍郎事。尋改吏部右侍郎。時天子嚮公甚殷，天下士皆想望風采，而公遽以疾卒。

公始之官，以車一乘，僕二人。麻城故壯縣，訟獄紛綸，盜賊數起。公至，逾月不出一令，邑人大驚。其老奸宿豪皆曰：「令如虎方病，未可測也。」平時訴縣庭者，日數十百人。公爲期五日一收告：令訟者立堂下，次第傳訊，每就單辭，摘發其隱私，立責而遣之。自是訟期求直者乃數人耳。功令：凡劫盜不時獲，守土者奪官。用此吏皆諱盜而苛責被劫者，誣污拷掠，困辱過于失財。由是被劫者例以竊報，雖捕獲，終無死法。苟置之死，監司以上轉得持短長。由是盜益逞，民益蹙。公始至，盜發，即持卷詣大府曰：「此劇盜也，雖以竊聞，獲必殲焉。」大府許諾。獲九人，即日杖殺其七，餘斃獄中。自是終公任，境内皆宴眠。

公之按試兩浙也，舟行過北新關，關吏難之。公怒，使告曰：「吾行裝具在，果有私財，速揭報！不者，吾奉天子命，按試諸生，而若以賄要，商民困可知矣。吾止此，今拜疏入告。」司關者大窘，躬至舟次謝罪請行。自是所至有司貪縱者，畏公如大府。

公自戊午舉于鄉，即以文名京師，至乙丑始成進士，待選又十餘年，學使者爭迎致。嘗偕山左劉公木齋至江南刮除舊習，南士爭先學古。己卯榜揭，不遇者皆頌公之明。浙東西建督學祠，春秋時祀，至今不廢者，惟公及顔編修光敩耳。公平生雅不欲以文學知名，而所表襮，大抵皆文事。其給事户科，未數月而有江南之命。返自浙，始列于九卿，而疾作矣，所欲自見於世者，概不得設施。此余所以深惜於公而又不獨爲公惜也。

余始見公于督學宛平高公使院，高以國士遇余，公實啓之。及公主試而余適爲選首，例執弟子之禮以見，公三辭曰：「此世俗之淺意也。子不見顧涇陽、孫柏潭已事乎？」余對曰：「吾不敢爲世俗之所驚也。且始見時，公年長以倍矣！」然公每接余，周旋談笑，必雜以朋友之禮與辭。癸未仲夏，見余於廣陵，一夕酒半，自述中歲蹇艱，血氣早衰，而憂後嗣之弱。余愴然心動，蓋自是不獲與公再見矣。余聞公喪，以老母衰疾，未克赴弔，無何而身及於難，忽忽至今，念此生終不獲哭公於墓道，乃述所親得於公者以爲表而歸其孤。其行身處家莅官之詳無所考驗，故信以傳信而不敢有溢美之言。然即余所知之一二，亦足想見公之爲人矣。

公卒於康熙甲申十月，年五十有八，以丙戌十月朔後二日葬于州西理賢陵，前夫人李氏祔。後夫人吕氏。子宏焯。康熙己亥秋九月朔後四日，江東門人方苞表。

工科給事中暢公墓表

故工科給事中素菴暢公與故户部侍郎將樂廖公蓮山同爲縣令江南，所治鄰接，志相得。康熙庚午，爲鄉試同考官，文皆互閲。廖公於公房見苞文，大異之，公亦稱善，交論力薦，雖卒無成，而一時以爲美談。廖公官江南及京師久，苞時得從游，而公終身僅再三接。雍正六年秋，公之孫俊以父中掄命請表墓，距公之殁十有七年矣。

公始令祁門，詰豪蠹，却水碓私餽，禁里下雜共。及補稷山，偪介關塞。會大師征噶爾丹，有司按地徵餉。及凱旋，議給散。少需緩，民大鬨。前令惶急，公出諭：「即以充正賦。」乃安堵。辨死獄既成者二，革積弊十六條。邑故荒殘，蔡村、陽平、東西衛逃亡尤衆，公招徠給牛種而緩其徵，歸者相踵。鄉鎮水道及市集爲鄰邑豪奪者，盡復之。稷人里爲祠，歲時聚拜。

康熙四十二年，行取補禮部主事，尋擢工科給事中，方欲有所設張，忽中風痺，遂告休。公友弟聞於鄉，事繼母誠孝，奔喪慟絶。數日後始知次子新喪。嗚呼！觀公之質行吏治，信可謂修飭之君子矣！然非俊求表而以鄉人崇祀之籍來，雖久故如苞，亦未之前聞也。昔李翺、曾鞏嘗歎魏晉以後，文字曖昧，雖有殊功偉德非常之迹，亦闇鬱而不章。而余考韓、歐諸誌，銘其親知故舊，或以小善見録，而衆載其言。用此知没世之稱，亦有幸有不幸焉。廖公治休寧及居臺中、列九卿皆有聲，惜余從遊時未叩其詳，後各分散，道里逴遠，喪紀莫通，獨居私念，未嘗不以自咎也。以余恨于廖公之無述，則俊之請又惡可得而辭？

公諱泰兆，河南新鄉人。康熙乙卯舉人，己未進士。卒於康熙五十年三月十七日，年七十有五。祖諱四肢，庠生。父諱策，順治丙戌舉人，通經，喪祭一遵朱子家禮。母王氏。繼母王氏。妻某氏。子三人：中振、中擢，附學生，早卒；中掄及俊皆學生。次孫于熊，雍正甲辰進士。以某年月日葬于某鄉某原。孺人某氏祔。

刑部右侍郎王公墓表

雍正六年春，江西布政使涇陽王公以左副都御史徵，秋八月，至京師。進見首言：「巡撫某治尚刻深，數語屬吏：『方今時勢，譬諸醫藥，安調榮衛，古方無所用之，壹以猛毒攻，勿問何證。』儻吏皆遵信，恐爲赤子憂。」天子感焉，立檄某廷訊，而擢公工部右侍郎，尋改刑部。某至，曰：「臣在江西，事從嚴，律從重，欲恩出自上耳。」天子震怒，曰：「朕何自知爾用心若此？且如爾所不奏而施行者何？聞斯言，使我戰慄，汗流浹背。」立落某職，而諭戒内外臣工。當是時，自公卿大夫以至士庶，自畿甸達山陬海隅，莫不抃蹈相慶，誦天子聖明。公亦以此名聞天下，而自入臺府即病痁，寖深寖劇，竟卒於逾歲之冬。

公始爲庶常，貧不能舉火，閉户誦經書，不習課試文字。用此散館復留教習三年，衆以爲哈，而余獨意其有以爲。及雍正元年，改御史巡城，有大豪殺人，巧脱而以他人抵，獄成於九門提督隆科多。諸法司相視莫敢異同，公抗言以争，卒免之。轉吏科都給事，出爲湖北督糧道，遷江西布政使。所莅必詰姦蠹，除弊政。其在江西，大府方以威嚴率下，百城蕩恐。公獨諤諤支柱其間，吏庇而民依焉。

公疾既篤，嘗語余曰：「吾自計莫如死宜。吾晚而通籍，碌碌翰林中又十餘年，及出爲監司，動制於長官，齟齬掣曳。今驟叨恩遇，列九卿，而天抏我，不能旬月供職，舉生平所學，少自達於明天子。欲告歸，則非其時，賴寵懷禄，以負宿心，靦清議，吾身一日而生，則吾心一日而死，不若身死爲安。惟子知我，非貌言也。」

公嘗與王徵君爾緝講學澧川，自少至老，未嘗一日去書。癸卯以前，有日省録。反自江西，詩説成。既遘疾，夜不能寐，輒思尚書疑義，旦伏枕爲草，竟今文二十八篇。平生禄賜，必於官中盡之，以賑凶饑，修城垣、學舍，家無一椽一畝之殖，死無以歸其喪。先卒之三月，自爲挽歌，而以誌銘屬余。余爲文不可以期，恐不逮事，與其子穆議，更請於高安朱相國。既成葬，乃表於其墓之阡。

公諱承烈，字巽功。康熙乙酉鄉試，以五經爲舉首，己丑成進士。年六十有四。其葬地及先世名迹、考妣、妻子、戚屬，誌具矣。

朱字緑墓表

余之交，未有先於字緑者。康熙丙寅，歸試于皖，先君子攜持以行，儕輩間籍籍言宿松朱生。因從先君子訪字緑於逆旅，辭氣果不類世俗人。將返金陵，遂定交。字緑父事先君子，而余兄事字緑。

是歲字緑以選貢入太學，海内知名士皆聚于京師，以風華相標置。獨字緑褐衣布履，行行稠人中。時語古文推宋潛虚，語時文推劉無垢。字緑見所業，遂歸，讀書杜溪。及壬午，再至京師，聲譽一日赫然公卿間，二君若爲小屈焉。遂連舉甲乙科，入翰林，館中先達皆嚴憚之。

歲丙子，余有事故鄉，而字緑適客于皖。丁丑、戊寅，歸休於家，而字緑適授經金陵。癸未、丙戌，再赴公車，而字緑皆在京師。故平生執友相聚之久且密，未有若字緑者。

字緑强記，文章雄健，尤熟於有明遺事，抵掌論述，不遺名地。其客金陵，先君子每不自適，輒曰：「爲我召朱生。」字緑體有臭，夏月尤甚，然每與先君子酣嬉終日，解衣盤薄；余兄弟左右其間，不覺其難近也。

始字緑歸自京師，築室其邑之西山，名曰杜溪，將著書以終老焉。其再出也，以家貧多累，又自恃體素强，齒猶未也，雖遲之數年未爲晚，而竟死於羈。既遘疾，半歲中四以書抵余，未嘗不自恨也。

字緑諱書，以康熙某年月日卒于京師，年五十有一，以某年月日歸葬於某鄉某原。子二：長曉，淳樸能家事；次曙，志承其父學。辛卯八月朔日，方苞表。

汪武曹墓表

君姓汪氏，諱份，字武曹，長洲人也。康熙丁卯、戊辰間，吴中以文學知名者，君與常孰陶元淳子師、同邑何焯屺瞻皆與余遊。當是時，崑山徐司寇、常孰翁司成方收召後進。其所善，名稱立起，舉甲乙科第如持券然。三君皆吴人，素遊其門，而自矜持，不求親昵。子師成進士，名蓋其曹，不與館選。君及屺瞻屢躓于舉場，天下士益以此重之。其後屺瞻交絶於二家，而徐尤甚，至辯訟於大府。子師與翁亦忤，惟君無違言。

君容氣静以和，而性實伉直，遊太學時，嘗與益都趙贊善執信會廣坐中，趙年少志得，負名稱，傲倪一世，自公卿以下，皆畏其口。坐人或爲所陵，不能堪。君忽憤發，面斥數罵，趙雖交訌，而氣實爲之奪。平生遇要人常避遠，而時出正議，以繩公卿負民譽者，用此薦紳士類頗隱憚之。

余初至京師，見時輩言古文，多稱虞山錢受之。嘗私語君：「其文穢惡藏於骨髓，一如其人。有或效之，終不可滌濯。」子師聞而規余，屺瞻争之强，辯之數，惟君亦弗心愜也。既老，乃曰：「吾今而知子非過言。」

君與余相知爲深，而合聚亦最久。疾既困，執余手而言曰：「吾夙與子期：孰後死，爲誌其墓。吾今先子矣！」君喪既歸，其子未以葬告，余衰疾多事，忽忽逾十年。會故人子宋華金請表其父墓甚力，顧義不得先於君。乃述君行身之大略而志前言以授其弟之子連芳而歸其子。

君所訂四書大全及唐宋八家古文、明以來時文行於世。晚歲辨春秋書爵非褒，書人非貶，爲書三卷，義多儒先所未發；又爲河防考十卷。歿時子不在側，以付弟士鋐。而士鋐尋卒，叩其家，無聞焉。他年二書若出，學者宜知爲君作。

君己卯舉于鄉，癸未成進士，館選。以繼母憂，歸築室城東隅，家居近十年。癸巳散館，授編修。甲午主廣東鄉試，辛丑冬奉命提督雲南學政，未之官竟卒，享年六十有七。父諱元絅，陝西鞏昌府同知。母申氏。繼母湯氏。弟侃，壬午舉人；士鋐，丁丑會試第一，皆以君故知名。妻嵇氏。子坤，早卒；培，國學生。以某年月日葬鄧尉山某原。雍正十年三月桐城方苞表。

黄際飛墓表

君姓黄氏，諱越，字際飛，江寧府上元人也。未入庠序，即爲督學使者所知，名稱壓其長老。或相詆娸曰：「吾姻也，是窶人子。父母皆嚴急，小失意，榜笞數十。其授徒客游所獲，一錢不得隨身，妻子凍餒，虚名何益？」余因是心賤詆之者，而甚重際飛。始際飛所與游，或非人。余嘗於二三君子前面詰之曰：「君何所爲而與夫人交？如白沙之在泥矣！」忌者緣此益增飾交構其間，而際飛遇余益敬以和。遂閉特室，潛心宋五子書，而以餘力評選制舉之文，盛行於時。自入國朝，排纂四書義疏，紬繹先儒之緒論爲世所稱者，僅三數家，而際飛其一焉。

余與際飛中歲各奔走四方，會聚日稀。及余遘難，出刑部獄，里中舊好官京師者，惟際飛一人。無幾何，際飛告歸，余惘惘然也。際飛諸弟皆不事詩書，少時或有違言，際飛一待以誠。其歸也，出裝齎并微薄舊産推予弟妹，而獨行郊野，求上祖丘隴，悉得其徵而封樹焉。雅好地理書，嘗過先兄墓下，曰：「陰流已盈壙矣！」探之果然。雍正二年，余得請歸葬。際飛爲余行營風雪中，并日夜而不爲疲。間語余曰：「吾與子皆老矣！念此生幸不爲海内士君子所遐棄，而無恨於吾身，惟子直諒之功，兹所以報也。」

際飛之殁也，已勒誌銘，歷其質行、文學、科名、職事、世繫、戚屬、生卒、葬地詳矣，而子白麟復固以表請。感念平生離合之迹，始終之義，乃著其所獨知於際飛者，而繫其後曰：墓之有誌以納於壙，義主于識其人之實，其道宜一而已。唐柳宗元以哀其姊而貳之，非古也。外碑之表，依表之者以重。緣孝子之心，所以光揚其親者不一而足。則受其請者，各以其意爲之可也。余既爲表以歸白麟，因發斯義，使後之人有則焉。

李世得墓表

君諱鍾倫，字世得，安溪人，相國文貞公之冢子也。公巡撫直隸，余過保定，留院中兼旬。君朝夕就余，言簡而禮恭。河間王振聲曰：「公子性孤特，視世士蔑如，此曲體公心以下子耳！」

君幼異敏，甫十歲，即知孝敬，親視藥物。公宦於朝，太夫人春秋高，留閩。君侍母以養大母，生養死藏，君常在側。公守制京邸，服闋，視學京畿，乃相從於使院。公篤志經學，以官中事劇，自治易、詩、書，而以三禮屬君。君所治皆有端緒，不數年，五官之説成。故君之卒也，文貞公水漿不入於口者幾三日。蓋不惟子之痛，痛其足以承學繼志，而爲人世惜此材也。

君既殁二十有二年，子清藻以文貞公所爲誌銘及祭告之文求表墓，且曰：「某困公車久。將遂歸，卒先人業。」嗚呼！古之學，父子相繼而後成者多矣。君其端有得於後邪？

君以康熙癸酉舉於鄉，丙戌三月卒於保定官署，年四十有四。妻黄氏。繼室何氏。清藻，丁酉舉人。清馥，質厚安雅，余嘗謂其氣度於文貞爲近，承蔭由郎官出守大名，以廉正著聲。清泰，邑庠生。以某年月日葬君於本里成道院前。桐城方苞撰。

宋山言墓表

君諱至，字山言，河南商邱人，吏部尚書諱犖之子也。尚書負詩名，所交皆一時名輩。君五六歲，客至，輒摳衣趨坐側，聽長者言論。成童後，所游從皆父行，遂繼以詩名，而困於舉場餘二十年。自長洲韓公以文學爲海内宗，群士壇坫莫盛于吴中，而尚書開府江蘇，尤體貌文士。方是時，吴中知名士汪份武曹、張大受日容、吴士玉荆山數輩皆家居，生徒各數十百人。天下士以文術自命者，過吴中必進謁尚書，而退從諸君子游。會君覲省，則吴中文士之會，君必與焉，而韓公長子祖語亦家居，凡衆會，二公子所在，鄉之者如環。

康熙己卯，余與武曹、祖語舉於鄉，而祖語之弟祖昭與君舉京兆。余赴禮部試，始見君於韓公所。韓公賓燕，數與君與焉。君接朋齒，皆肅以和，而於余及武曹，尤若所嚴憚者。自尚書内召，吴中諸君子宦學各分散，而韓公尋卒，尚書亦告歸。天下士之過吴中至京師者，皆漠然無所向。及余難後，則曩時游好留京師及家居而尚存者，十不二三矣。

君既殁八年，其子華金持狀及緯蕭堂詩請表碣。按其狀，首載君遺命毋求誌銘；發其詩，余與武曹無見焉，而即境即事，雖碌碌者必目其人；用此見君與人之厚，出言之誠，而與世士之務爲聲華者異矣。君守官事親，動合禮度，狀所載甚具，而皆人事之常也。其詩久行於世，故概弗叙論，而備述數十年中朋游盛衰離合之迹，以志余悲，而君之爲人，即是可想見矣。

君癸未成進士，改庶吉士，入武英殿纂修佩文韻府，散館授編修。辛卯主貴州鄉試，壬辰督學浙江。丁尚書憂，服闋，遂家居，日與親故酣嬉泉石間。卒於雍正三年十月，享年七十。安人劉氏，有賢行，善治家，後君四年卒。君以雍正五年三月葬尚書兆域，劉安人以七年十二月祔。華金，辛丑進士，候選主事。女一，適士人。

潮州知府張君墓表

三晉士大夫語其鄉人立名義而多文者，必曰張潮州拗齋。絳人楊黄在並稱其子亦堪。亦堪嘗至京師，會余疾，遂觀滄海，息足於天津，再逾時以俟余瘳；既相見，僦屋閉門，手録余經説及論定子、史。將行，請以小妹妻余小子，時雍正九年季秋也。

又十有一年，其妹來婦，生二子矣，始進一册，曰：「吾兄客死江介，病中書此，遺命俟順於舅姑而後出之。」發之，則拗齋行略也。道興之親迎也，沃、絳間父老多稱拗齋質行經學，而亦堪所述，惟當官數事。其自庶常改刑部員外郎，有獄連執政族人，諸司莫敢任，君請獨任之。内務府以其人出使爲辭，君鈎提益急，牒問奉使何地，歸何期，至再三，不答。力請於長官：宜入告。事雖格，聞者爲肅然。尋出守廣西平樂府，猺獞雜居，盜不可詰。君至浹月，以信義服苗酋，獲巨盜二人。斃其一，宥其一，責以偵緝。終君之任，盜不敢窺。改知潮州，屬縣賊蜂起，或稱明裔，聚衆千餘人。君聞，即日馳至其地，命吏士速據白葉、祁山，設疑嚴守而揚軍聲，賊不敢逼。會夜半大風起，簡卒二百斫其營，呼曰：「大軍至！」城中鼓譟出兵以助之，賊奔祁山，要擊斬其渠魁三人，衆散降。巡撫將奏功，君曰：「此盜耳，而稱明裔，興大獄，株連多，恐轉生變。」乃以盜案結。潮有大豪，戕親迎者於路而奪其妻，拒捕經年。君微迹而得之，獄成，當大辟。監司銜大府命爲之請，且曰：「稍遼緩之，當以黄金四百鎰潛致君家。」君曰：「吾官可罷，獄辭不可更也。」卒行法。或假親王命以開礦，大府不敢詰，君命縛執。出龍牌，衆色然駭，君命繫獄，以牌申大府。情既得，立杖殺之。丁父憂，遂不出，曰：「吾性拗，幸而歸，畏途可復即乎？」亦堪朝夕近余凡逾年，而不自言求表其父。其所述皆當官實事不可詒託者，蓋知余慎於文而難以情假也。其别余也，曰：「堪少不樂爲時人之學，無明師友，勤而無所，年今五十有四矣，兄弟三人，惟堪也存，而皆無子，將南浮江、湘，就二三同好謀，挈家累以從先生游，以北以南，庶所學粗有所成。俟先生之閒，一訂先人遺書，死不恨矣！」亦堪以仲冬歸，次年四月，適江西至楊黄在所，遂死建昌。而其家失火，累世藏書暨平生集古金石刻、近世名賢手蹟、古器奇石皆燼焉，而君及亦堪所述造遂無一存者。

君諱克嶷，字偉公。先世直隸真定人，元末徙居山西聞喜縣之夏莊。祖諱忻，父諱根樸，並邑諸生。君戊午舉於鄉，己未成進士。妻楊氏。子三人：長亦良，季亦常。女七人，皆適士族。粤東許日熾，君在潮州所得士也，時知絳州，閔師門剥喪，爲亦堪取其親同姓本忠爲嗣。閔君側室范氏少寡守貞，據爲庶母立後之禮，取君族昴弟之子亦安以嗣。君卒於康熙辛丑六月，年七十有六，葬於夏莊先兆之次。江東方苞表。

兵部尚書法公墓表

康熙癸巳，詔修樂、律、曆、算書，特開蒙養齋，命皇子董事。余與徐公蝶園承修樂、律，間叩同官及勳戚中志在君國，而氣足以舉之、學足以濟之者，首推法公淵若，且曰：「上爲諸王擇傅，吾對：『法某雖以侍皇子得過，而臣愚心竊謂舍某無堪此者。』」乙未夏，公復侍皇子。始見余，即曰：「吾與子未面而心傾久矣！然子頗知並世有法某否？」時中貴人有氣餤者，朝夕傳旨，非命事專及於余，不敢交一言，而公則視之蔑如，辭色間無幾微假借，乃與公爲友。逾歲，公巡撫廣東，旋奉命巡察海疆，歷粵、閩、兩浙、江南，以使事歸報，懇請削職赴西邊敵愾。越八年，雍正甲辰，余請假歸葬，而公督學江南，時叩吾廬，出所爲詩以心腑相示。始知公忠孝發於至誠，體國憂民，常恨未得同志合道人相與輔成治教，而深患時人惟知以虛僞比周，自便其身圖。

公自爲庶常，即荷聖祖仁皇帝特達之知，以檢討擢侍講學士。及中廢復起，驟越班行，開府廣東。及聖祖登遐，公自西邊入臨，世宗憲皇帝旋命校士江南，移撫浙江，入爲大司馬。天下士皆想望風采，而公益以國事爲己任。然居津要者多畏公伉直，深心嫉之。世宗憲皇帝亦微見其然，以公爲勳戚故舊，聽公閒居，衆謂實相保全以待異日之大用也。公時寓居古寺，終歲不還私室。余數過從，見公疏布羊裘，從者老僕一人，翛然若有以自得者。

今皇帝嗣位，大司空來公學圃掌教咸安宫官學生，引公與故大司空赫公自助。時余以先帝之喪，入宿武英殿直房，逾再期。公與赫公時冒風雪扶杖過余，講問移時。余陰喜二公雖老，天或留之而尚有以爲，而赫公旋以疾乞休。公卧疾不起，病既深，余往問。俯仰平生，毅然也！已而相視泫然。

公之殁也，命家人毋作狀誌，故出秉節鉞，入爲九卿，訏謨美政，胥無傳焉。惟在廣東特參大吏，更鹽政，粵人至今思之。而蝶園言：「公爲近臣，上時巡齊、魯、秦、晉、吴、越，朝夕扈從。侍皇子講誦十年，直辭正色。聖祖嘉與，謂獨能不欺。」又自西邊歸者，言：「公偃卧土室，枯寂如老僧，而見王公大帥，時以大義相責，皆人所不敢言。」嗚呼！公之誠心義氣，動於君，信於友朋者，豈偶然哉！

公諱海，元舅忠勇公諱國綱之次子也，癸酉舉京兆，甲戌成進士。母他他拉氏，誥封一品夫人。生母徐氏，妻崔氏，封贈如公階。卒年六十有七。無子，以兄子介禄嗣。後九年，兄子介福督學江南、安徽諸郡，以叔父慶上公選刻公詩請表。嗚呼！根於忠孝剛正之氣不可屈撓者，公之學也，詩豈足以傳公之學哉？然讀其詩，足以發人忠孝之心，則亦其學之誠而形者，乃流涕而爲之書。乾隆十年春正月，江東同學方苞表。

吴宥函墓表

吴啓昆字宥函，江寧人。先兄及余始入庠序，與劉古塘、張彝歎數君子以義相然信，而宥函近亞之。自爲諸生，歷科第，選庶常，課試文出，同列争傳誦，而未嘗以此自多，惟閉門勤經訓。其與人交，不可得而親疏。既通籍，常徒步，賃從者一人，守舍炊者一人。兼旬不肉食，而勤營近郊高敞地，葬鄉人客死者。倡建金陵會館於京城西南隅，罄其數十年授徒資聚。始太守長沙陳公鵬年謂君纔可立事。及改官御史，巡視北城，所部肅然。會先世墓界爲土人所侵，告歸訟之，遂卒於家。諸子因吾子弟以請銘，歲時無虚，至今九年，而未克就，以宥函之學行已再見於余文也。

冬十有一月，聞寶應王懋竑予中之喪，其子姓及淮南故舊皆謂銘幽之文余義不容辭。追思自辛亥以前，交疏善微而假以誌、表哀辭者有之矣。其後公事日殷，雖故舊親知多闕焉。感念平生游好，乖隔凋殘，欲總而籍之，略舉行能，兼存名字州里，而自揣年力，恐終無其期。乃表宥函之墓，而附論江介士友與余兄弟齒相後先者繫于篇終。庶幾九原有知，衆鑒余事與心違，而非於友道之厚薄淺深失其倫序云。

宥函癸巳舉於鄉，辛丑成進士，卒于雍正癸丑某月，年七十有四。所著春秋周易臆説行於世。妻某氏。子三人：長鏡源，雍正丙午舉人；次雲垗，雍正甲辰舉人，太倉州學正；次某，太學生。以某年月日葬於某鄉某原。乾隆六年季冬，桐城方苞表。

系曰：余先世家皖桐，曾大父遷金陵百有餘年矣。自成童隨先兄與朋齒遊樂，其風尚坦夷，多修飭之君子。劉、張二子外，交近焉者，曰龔纓孝水、季咸若宏紓；而比於宥函者，曰程士馨若韓、郭長春蔚瞻；十年以長者，曰蔡擘念詒、徐佩子遂、黃瑞輯五；長以倍者，曰杜掞亮生、朱圻次郊；往來江介信余尤篤者，故鄉則吴御柳寬、楊周監二，懷寧則潘介幼石，歙縣則吴瞻泰東巖，祁門則汪鴻瑞獻其，盱眙則李沛霖岱雲。

余爲羈終世，而諸君子各凋喪於舊鄉，雖喪紀亦不能通。每念諸君子質行文學，雖未能並迹古賢，而已行著於鄉國，聲聞於四方。徒以居下處幽，泯焉將與草木同腐。故凡數而次列之，俾海内篤古而達於辭者，略知其名字。或經過州部，叩其行迹於子孫鄉人而論述焉。其登甲科致顯仕，及交疏而知之未審，生而存，殁而已見余文者不在列。蓋兹以志余心之内疚，而非敢謂見於余文，遂足爲諸君子輕重也。

陳西臺墓表

嘗考明史，自流賊横發於秦、隴，毒痡冀北、河南、荆、益、庸、蜀、滇、黔、兩粤之間；凡破州屠邑，必有諸生數輩號召族姻，奮死守戰，以衛鄉里，而甘以身殉。蓋由太祖立國之初，每下一路，必延聘耆儒，講論治體。終明之世，所以愛養庠序學校之士，而厲之以禮教者，實非兩漢、唐、宋所能幾，故逮其亡，而義勇忠誠之氣激發於士類者，尤衆且烈也。

武宣陳世珮生於明末，國初諸生也。康熙甲寅，吴三桂反，據廣西，役充斂重，有田者執契以畀人，而莫之敢承。君以諸生爲里長，竭家財代應徭賦，及平定，悉反其田。有廖姓世以豪暴患邑中，當明之亡，嶺表盜賊蜂起，廖姓奪人土田婦女，邑令莫能制，避逃境外。君之父糾合温、黎二族，三路掩襲，殲其渠魁，反所侵掠，而一無私焉，大府遂委署縣事。及吴逆之變，廖姓亂心復萌，君密聞於當事，以計擒其豪，官杖殺之。再世爲邑人除大憝，衆皆倚焉，而吏之貪冒者，或欲取所求。君弱冠時，遠姻范姓以事逃，吏誣君父隱匿，置之獄。君號泣求代，不可。摽資産以賂，始得脱。叔父某又爲讎家扳連，將以金木訊，君請代受刑。由是仁孝信於邦人。

君有才略，家屢落復起，兄弟、兄弟之子蕩棄先業，數分予之。置祭田，歲入千石，聚教族姻子弟之不能從師者，束脩、食飲、膏火皆取足焉。歲饑，空囷倉減糶，稱貸者庶不能償，即還以券。或得吉地，私以效於君。君曰：「子客於楊氏，爲營兆域，吾安得而奪之？楊不能購，代爲成之可也。」

君既殁三十餘年，其孫仁始以狀求表。仁及吾門十年，自翰林改官臺中，頗知慕古賢節概。余因君父子義勇，歎有明士氣之盛，沿及昭代而其流不衰。又因仁也行身之不苟，而知子孫之性質多類其祖宗，乃不辭而爲之表。

君先世廣東連平州人，遷廣西，至君始三世。父諱明廉。母蘇氏、胡氏。君卒於康熙四十八年，年七十有九。有子九人，並諸生，四爲儒官。女七人。孫三十人，成進士者二，舉於鄉者一。曾孫二十二人。鄉人多以爲積善之慶。君以仁敕贈文林郎、翰林院庶吉士。妻王氏，繼室周氏、張氏，並贈孺人。以乾隆元年某月某日合葬於兹山之陽。仁，君次子先睿出也。乾隆七年孟夏，桐城方苞表。

贈通奉大夫刑部侍郎黄公墓表

贈通奉大夫刑部侍郎黄公，江南徽州歙縣程氏子也。父諱伯起，以妻柳氏女弟歸大興黄中丞。

國初，黄巡撫寧夏，往依焉，署鄜縣令。柳氏殁，黄以妹繼室。罷官，與中丞同歸京師。復有事於陝，歸至潼關，舟人利其齎，夜半戕而沈諸河。時公九歲，黄氏尋卒。中丞之弟殿中宿衛諱爾悟無子，因撫焉，教育不異所生。

公少爲名諸生，不遇，就教職垂三十年，告歸又十餘年，卒於康熙四十四年十月，年六十有一。有子五人，皆舉甲乙科。其告歸也，今吏部侍郎叔琳已登上甲。諸子繩繩露鋒穎，朝夕講誦，雍容如也，而公常蒿目兀坐呻吟，諸子憂疑，私問於母，乃知其故。春秋佳日，每獨身出，家人莫知所之。既而迹之，始知常徘徊城東鐵山寺及魚藻池荒墟蔓草間，欷歔掩涕。蓋相傳母柳氏厝於寺，葬於池旁，而迷其兆域也。

殿中君病革，嘗顧諸孫稱公之孝。公悚息有頃而言曰：「兒一身，孫今五人矣！程宗宜有續者。」殿中君無言。及公將卒，諸子請命，公亦無言。蓋古未有以異姓而相繼者，神不歆非祀，民不祀非族，故傳稱鄫立異姓，春秋書「滅」。禮以義起，當盡歸其宗，而以異姓之禮世祀所繼，以比於因國而無主後者。公之請於殿中君也，以一子續程宗，蓋恐傷垂死者之心，而非禮之經式也。至諸子，則可繼父志而一斷以義矣。此公不言之意與？

公工制義，屢躓於舉場，無蹙容，至老常誦經書爲人講説，而無著述。蓋自顧無足以釋其隱痛也。嗚呼！是遭變而得其時義者，宜有述焉以示後之人。公諱華蕃，字潤采，號芳洲。配吴氏，浙江仁和人，誥封夫人。長子叔琳，辛未進士，吏部右侍郎。次叔琬，己丑進士，太僕寺少卿。叔琪，乙酉舉人，知江南寧國府事。叔瓛，己丑進士，監察御史，巡視臺灣内陞。叔瑄，癸巳舉人，行唐縣教諭。女三人，並適宦族。孫男十有四人。以康熙五十六年十月，葬於郭西新阡。雍正元年十有二月，桐城方苞表。

詹事府少詹事兼翰林院侍講學士查公墓表

余嘗感於夢，以沈生廷芳言，爲海寧查夏重銘幽之文。生因請表其外祖聲山墓曰：「吾母謂：『芳能爲母之從祖言，曷不爲母之父言？』」余謝以無暇。又十年，生巡漕山東，以書來言：「吾母老矣！外祖，先生故舊也。非有言，無以慰吾母之心。」

始余在京師，海寧諸查皆索交。丙子，館於汪氏，與聲山寓同巷，數過從。時聲山始爲翰林，甚貧窶而盤飧潔以旨；叩之，皆其内子所手治也。余再至京師，則聲山入南書房，爲時所崇，居内城，或寓海淀，扈從塞上，屢言欲就余，而終未得一見。及余難後，則其殁久矣。時論皆曰：「南書房，争地也。未有共事此間，而不生猜嫌懷娼嫉者。」當長洲韓公既殁，長南書房爲聖心所注者，無如聲山，而聲山推挽後進，無嫉心，然終爲争者所困。聲山以詩、詞、書法、四六名，然古之人弗重也，故爲揭時論。嗚呼！其可表也已。

聲山諱昇，字仲韋，康熙丁卯舉人，戊辰進士，選庶吉士，除編修。己卯，主江西鄉試，充日講官，由諭德、庶子至少詹事。祖繼序，父嗣琪，俱諸生，贈通奉大夫。大母某氏、母某氏、妻陳氏，並贈夫人。子二：廣，貢生，早卒；昌洵承蔭，知廣東長寧縣。女一，適仁和沈元滄，知廣東文昌縣，即廷芳父也。乾隆十一年正月，桐城方苞撰。

高仲芝墓表

君姓高氏，諱廷芳，諸城韓村人也。自身以上至高祖，五世爲諸生。年十一，遭亂離被掠，去鄉千餘里，獨身脱歸鋒鏑中，父兄族姻鄉人皆奇其智能，而君更務學，敦質行，既長，家人皆恃賴焉。

康熙戊申地震，棟宇將傾，君號呼入，負母出户，室盡頽。母老而喪明，常自悲悶瞀不知身所在，君負而行憩群室，庭階則告焉，如是者十年。君兄弟七人，父授田各三十畝，及卒，幼者一人無分，乃以所受田給之，而躬授經客遊以自活。

君善治生，久之家大饒，喪父母及同産之孤嫠，皆獨任焉，有餘則以潤其鄉人。近村小户有以田售者，受其奇零而使留園廬，曰：「他日易復也。」甲申歲大祲，以子女求鬻者，收養近百口。逾年麥熟，悉召其父母而歸之。退而曰：「曩吾却之，則填溝壑，或陷豪家爲人奴終世矣。」國初重逃人之罰，或匿君族兄村舍，會君入城，吏倉卒指君名對簿，竭貲得解免，竟事無一語及兄，人尤以爲難。

君既没十有餘年，其子璿成進士，官庶常，始就余求表墓，而以膠州張謙宜舊所表爲徵。謙宜，故齊、魯間立名義者。其表君也，徧刺薦紳學士操行之多僞，而歸重於君。余懼其溢美也，詢諸鄉人，知君有詳略，而要之無瑕疵焉。嗚呼！君之能自砥飭，即是可知矣。璿之請也，余與要：必所聞無悖而後敢序列焉；幸鄉人無後言，故删取舊表而易其言之序以歸之。

君卒於康熙某年月日，年八十有五。父諱曉，歲貢生，某學教諭，以長子封奉政大夫。母楊氏，封安人。妻李氏。子璿，側室楊氏出也。

王處士墓表

苞逾壯歲所得之友，以禮義堅然相信者，莫如金壇王澍。嘗叩所由，曰：「自吾大父篤學，當陽明氏氣燄方張，而堅持程、朱之説以擯之，先子承焉。守道固窮，非其義，絲粟不取。性木訥，與人無畛域，而事涉名義，則争之侃侃然。澍自十歲，先子授徒遊學，即攜持以行。及澍長，而先子常家居，未嘗去左右，耳目濡染，幾三十年，雖欲自菲薄，而無以安於心。澍少羸，家無僕婢。先妣出入操作必腹之，而呵禁甚嚴。嘗苦索餅餌，痛予杖，曰：『汝幼而貪食，長更何如？』自先考妣即世，澍之檢身，日怠以疏矣。」又曰：「澍孤貧，考妣葬故未備，子爲我表於阡。」

先是澍以其大父所輯舉案視苞，苞既受而序之，故於所屬墓碣，日延月滯，而未暇以爲。雍正三年冬，苞以先父母墓表屬澍書，澍責諾於苞益切。逾年春，澍告歸，必得余文以行，乃譜以授之。

君諱式金，字度疑，少承父學，誦古書，不治時文。以澍贈奉直大夫，卒於康熙戊子七月，年七十有四。妻潘氏，贈宜人，卒於康熙庚辰二月，年六十有五，生兩子兩女，惟澍存。墓在某岡某原。

余處士墓表

處士諱鉦，字震埏，其先江西臨川人也，元末遷宜黄。明初，再世以軍功顯，爵第二品。佐郡爲縣令丞者以十數，至處士之祖若父爲諸生。

處士十歲能爲詩，既長，益博覽，好山水。父縱使遊學，嘗登羅浮，東抵武夷，求朱子遺蹟。再至匡廬，淹留濂溪、鹿洞，過柴桑，輒低迴久之。所交南昌彭達生、朱用霖，寧都魏和公，臨川傅平叔、黄元胎、李剩水，皆恢奇士也。晚而篤信宋儒之書，每曰：「士不知聲律文章之外有學，是忘其身也。」所著對洲集四十二卷，庸行編三卷，藏於家。其侍母疾，連年不入私室。屢急人難，盎有斗儲衣有代，乞假者應之無緩辭。其鄉人既遠，猶哀悼之。

子瀸，亦務質行。至孫棟，始舉甲科，官翰林，有子曰焈，年十七，俾專誦諸經，而請業於余，曰：「將使繼吾祖之志，學於聲律文章外也。」棟以父命請表其祖墓再歲矣，將歸省，語益迫。乃就所稱而序列之，且使焈也無忘父命。

處士卒於康熙己巳六月，年四十有七。大父諱嘉績。父諱墀，子六人，處士其仲也。妻劉氏。子一人。女二人。孫男三人：長棟，次松，次楷。曾孫男五人。

武商平墓表

先兄百川所與爲朋友凡三數人，而商平武君其一焉。君文學無絶殊者，貌苊而言謇，雖二三君子與久故者，時用爲嘲謔，而先兄獨重之。自先兄歿，余不敢爲四方之行，始與君習。每風雨之夕，愁思無聊，輒相呼共語，或春秋佳日，與徘徊川巖墟莽間。

君與物無町畦，然内行潔修。授徒多人，幾入不過三十金，冬常寒，衣冠敝履穿，而力孝養親無違志。其父老矣，不事詩書，非博塞，終日焦然。每失負，從親交丐貸，君隨而私償之，率以爲常，父大安，以爲於家無累也。君性耿介，非其義，一毫不取，坐困甚。有子將娶而夭，其婦誓死歸夫家。衆皆曰：「毋重自困也！」君獨毅然整衣冠，至女家，叩其父母。知志決，命出拜。越日，以禮迎而歸。

少爲諸生，攻舉業，及交先兄，始發憤，篤專於經、史，近六十，益刻苦，晝夜危坐，鑽礪不自休。余謂：「君非親學時矣！」君曰：「吾乃今知學之意，豈可以老棄哉！」始君以貧不能養，欲客遊四方。余戒以養未必遂，徒爲父母憂。君用此忍凍餒，未嘗一日離其親。

君父年九十餘。君之歿，後其父七閲月。君歿而家散，後妻二嫠婦各就食母家。一子幼，煢無依。自衆人觀之，天之於君，可謂酷矣！而自君言之，則於親無愧心，于身無恨事，抑豈爲不得于天者哉？余難後隔舊鄉，力不克振其孤，乃揮涕爲文以歸之。俾他年碣於丘壟，用表君之行雖不顯於時，而足以取貴於後世。又以志先兄取友之不苟也。

君諱文衡，溧水縣歲貢生，以康熙五十四年十一月某日卒。子某以某月某日葬於某鄉某原。

朱履安墓表

君姓朱氏，諱文鑣，字履安，江寧人也。余始入庠序，數相見廣衆中。及北遊數歲歸，而吾友劉君古塘與履安交甚洽，余因習焉。又數年而海内士流語金陵有聞望者，必及履安。履安慎威儀，語默坐起，皆有法度。性遲鈍而務學，能自刻苦，其行身亦然。家素豐，至其父毁之，而父母皆衰老，于其時，尤自力于子道。

辛卯冬，余被逮，繫江寧縣獄。履安日與古塘諸君子左右其間。時制府飭獄吏，與余往來者，具籍之，而諸君子不爲止。事平，履安嘗語余曰：「爾時吾出入縣門，或值縣令及南北捕呼聲過吾門巷，未嘗不股栗也。」中歲以授經客遊自活，學使者争迎致。及自江西遘溼疾，坐卧痛苦，歷四五年，而講學教子不怠。饔飧乏絶，屢以書抵京師告余，其族姻富家弗使聞也。

余往者歸自遠方，二三昵好必群引相過談讌或傳客，譁樂連晨夕；自赴詔獄，及今蒙恩歸營葬，僅十有四年，而余所兄事，惟古塘獨存。履安之齒未也，乃用厲疾殞其生，是以余與古塘尤痛之。其葬也，古塘既銘諸幽，故表於其墓，而以余之歸告焉。

方望溪文集全編卷二十一

墓表

雷氏先墓表〔一〕

雷生鋐道其上祖兄弟八人，葬同丘，請表墓，口述再四，而繼以書曰：「先生非親懿久故，不爲表誌，蓋懼行迹之虚構而無徵也，而吾上祖之事，則不待有徵而信。雷氏自陝西遷豫章，一世祖甫，自豫章遷寧化。甫生詳，爲唐進士，而卒於昭宗之世。有子八人，生相愛，約葬同丘。家以次平列，墓碑巋然，子孫世承祀，無所容其僞。僻在閩徼，少文獻，世久迹湮，故他行無聞焉，而生當五代干戈之際，無一出而仕者。又兄弟八人之卒，相去或數年，或一二十年，子孫共守遺命而莫之違，則其修於身而型於家者可見矣。」在昔先兄百川有言：「人之生也，受於天而

〔一〕本篇以下至方曰崑妻李氏墓表，原爲望溪先生文集卷十三。

有五性，附於身而有五倫。人於五性或蔽於一，則四者必皆有虧焉。人於五倫能篤於一，則其他必皆不遠於禮。」鋐所云，不獨可徵其上祖之行，而所以推原祖德者，又可與先兄之言相發也。

余兄弟三人，弟椒塗早殀，而兄復中道棄余，臨終命「三人必同丘，不得以婦附」，族姻士友嘖嘖焉，雖子姓不能無疑也。其後聞寧都魏禧兄弟嘗行此，而今復得雷氏上祖事。用此知是乃篤於兄弟者之恒情，雖異於俗，而非有過於義也。

昔唐陽城兄弟，懼友衰於妻子，而終身不娶。此於禮爲非，而先儒皆存而不論。蓋以行必稽其所敝；俗之衰，能爲城兄弟之行者亦罕矣，無慮其或滋之敝也。況自周以前，本無婦必附夫之禮，而曷以兄弟同邱爲怪詫哉！乃約鋐言，而具詳其義類，爲表以歸之。俾雷氏後裔務敦睦以率祖，而亦以解吾子姓之疑焉。八人：長伯泰，次立，次馴，次强，次郡，次御，次邵，次均，皆以名繫伯。其墓在寧化縣之下沙村。雍正十年冬，江東方苞撰。

兵部尚書范公墓表

公諱承勳，字蘇公，瀋陽人，大學士太傅文肅公第三子也。文肅公既爲國宗臣，而公伯兄爲都統，仲兄忠貞公總督浙閩，並以賢能早歲秉節鉞，上益材范氏子弟。公年二十四，以蔭補工部都水司員外郎，凡再轉五遷而至兵部尚書。

吴三桂反，公以吏部郎中督譚宏進征軍，兼轉楚餉。宏死，監鎮安將軍噶爾漢軍。及滇平，常在軍間，還補文選司郎中，擢内閣學士。尋以都察院右副都御史巡撫廣西。逾年遷兵部左侍郎，總督雲南、貴州。三藩播亂，吴三桂勢尤猖獗。王師入討，常與賊相持黔、粤間，首尾八年，公私凋敝，而賊窟穴南中歲久，雖撲滅，脅從反側多竄居山澤，故上於方面之任，尤重且難之。先是忠貞公在閩，既死耿精忠之難，都統開復襄、樊，復以疾卒于軍，而兩江總督于成龍之卒也，上諭九卿：「更有如成龍者，具以聞。」僉舉陸隴其等七人，而公與焉。故公至粤西未朞月，而有滇黔之命，以爲非公莫屬也。

公至，首裁六衛五所，併歸州縣，逃亡漸復。時起發賊標下親軍入旗，衆多偶語。公請就本地安插，拜疏即官其一二著姓，餘編籍補伍。命下，數千人環泣曰：「吾子孫世保故土，皆公賜也。」湖北裁兵，夏逢龍叛，聲連六詔。時滇以鼓鑄壅積錢給兵餉之三，衆不便。會左協移鎮尋甸之兵鼓譟，縱焚剽，省兵欲乘釁而起。公偵知其謀，夜捕百餘人，晨出，奉天子賜節，斬十三人。越日，尋甸縛始禍者以獻，鞫斬八人，事遂定。疏入，天子詔諭褒嘉，公因請罷鼓鑄。魯魁山賊二百年爲環境害，至是就撫。官斥藩莊，核其價，省民間溢費二十餘萬金。在滇九年，所祛蠹弊甚多，而清鹽筴，不得按户抑派，酌道里遠近，定支撥軍餉條例，吏不得巧法扼民，至今賴之。

康熙三十三年，遷都察院左都御史。行至貴陽，改命總督江南、江西。公治滇、黔，興利除弊，若日不暇給，發姦糾暴法，立誅必。及移兩江，則專務清静，以與民休息。其爲政識大體，不爲小廉曲謹以釣聲譽，而設心措意，一以厚下恤民爲本。歷三鎮，奏免民賦者五，豁陷賊州縣所失資儲無算，駁正漕督誤題入額徵者一。歲祲，奏發米穀九十三萬石有奇。賑餉有先發後聞，議有格而復奏至再三。天子鑒公之誠，無不特允所請者。其鎮滇、黔入覲，密陳六事：其二「土苗不宜縱逞」。時黔撫衛既齊以捕黎平苗譎戍。上悟，尋赦還。衛素廉直，士論尤以此韙公。

三十九年秋九月，以母憂回籍。既葬，奉命督修華家口運河。未幾，授兵部尚書。固辭不獲，乃就職。私居持服如常。又七年，以疾乞骸骨。又十年終於家。

公年譜載公行身莅官迹甚詳。然余嘗客遊淮、揚，士大夫多稱鹽城令某貪横，以與要人有連，大府不敢呵。公下車，寡婦某訟之，隨斥罷。然則公之善政，雖其家人有不盡知者矣。兹故不具，而獨著其措施見於章奏，利澤顯播于軍民者。

公卒于康熙五十三年二月朔，年七十有四。始娶穆奇覺羅氏，贈夫人，再娶沈氏，封淑人，皆早亡。再娶趙氏，封夫人。子時繹，承襲本旗佐領。以公卒之次年秋八月二十二日，葬於密雲縣之青甸。桐城方苞撰。

趙處士墓表

處士姓趙氏，諱瑗，字臨若。其先江南山陽人也，明洪武時以軍功顯。高祖清始遷浙江之瀝海所，地介會稽、上虞二縣。家世儒書，處士生萬曆末年，弱冠騰文譽。崇禎之季，山賊海寇疊起，田宅蕩然。鼎革後，聚教蒙童於墟里間。及老，獨身行遊。有子廢學，以醫方流寓泰安州。處士倦游，乃就養焉。

學佛者古翁，淮安通州人也，開圃泰山之麓，名曰石堂，與其儕二人及州之老生四人遊。聞處士至，願相與爲友。暇則聚石堂，課灌溉，蒔瓜蔬，終日危坐，講誦經史。野人樵牧過者望見皆肅恭，四方耆舊多傾嚮焉。而處士居常忽忽念墳墓，懼松楸毀傷。其子方促促治饔飧，終不得返先人居。年七十有八，竟死岱下，葬州西南三十里天平山。妻徐氏，久祔祖塋，不敢還葬，禮也。

處士學識過人，能辨賢姦，知事勢數變以後之利害，久皆徵驗而未嘗爲書。先卒之二年，疾篤，作遺訓以示子孫，皆家人語也。間爲詩歌，不以示人。惟手録春秋內外傳、史記、漢書及唐宋八家文各數百篇，授其孫國麟曰：「北方艱購書，守此，文義可粗明，慎行其身，毋忘瀝海而已。」

其後國麟舉於鄉，及將仕，再歸瀝海展墓，以寧其祖妣。雍正六年，擢福建布政使。至京師，與余造次相遇於鄭御史宅，述祖德，請撰外碑。國麟與余會試同榜，至是始覿面，而其學行治法，在聞見中爲可計數人。遂不辭而爲之表，且系以辭曰：

國麟與余相見，年近五十矣。起縣令至監司，而言語氣象，尚似講學於深山野外者。叩其師友淵源所漸，泫然曰：「吾祖至岱之歲，麟始生。家窘空，保抱攜持，數歲即隨卧起，授章句，未嘗有師也。」苞少從先君子後，見三楚、吴越耆儒，多抱獨以銷其聲。又其次乃好議論，著氣節，爲文章。尚矣哉，其風教之所積乎！

翰林院檢討竇君墓表

自容城孫徵君遷河南，中州士大夫多興於學，及其門者，潛菴湯公、逸菴耿公爲最；而聞二公之風而興起者復四三人，柘城竇遯齋其一也。幼異敏，讀書每過夜中；父懼其確也，禁之；乃以衣蔽户牖，篝燈默誦；少長，徧治諸經。時徵君既殁，耿公講學於嵩陽。往就之，六年五至，非父召不歸。既舉於鄉，見湯公於京師，學益進。湯公悼師道廢日久，勸就教職，得泌陽。及主朱陽書院，從學者皆勸興。故河南北，夏峰、嵩陽而外，惟朱陽之學者爲多。戊辰成進士，館選，丁母憂，服除，授翰林院檢討。尋告歸，父趣之入，逾歲竟歸。蓋痛母之深，不忍久離其父，且與朱陽之學者離逖也。聖祖仁皇帝嘗命諸翰林作楷書，君書「治法堯、舜，學遵孔、孟，其要在主敬謹獨」以進，上深器之。

其家居，大府、監司、守令多重其行。衆所苦病，每賴以更除，枉橈者得直。故其殁也，士友深痛，知與不知，莫不惻傷。邑之頑人，或匍匐赴弔，哭盡哀而去。君素無疾，方侍父食，痰氣上，有頃，端坐而逝，時康熙戊子閏三月二十五日也。孺人王氏執舅之喪，年六十有四矣，終祥禫，不飲酒茹葷。

君諱克勤，字敏修，卒年五十有六。大父諱如珠，縣學生。父諱大任，敕封徵仕郎、翰林院庶吉士。子三人：長容端，增廣生，前卒；次容莊，癸巳舉人；次容邃，乙酉舉人，候選知縣，志承其父學，以狀誌求表。余既熟聞君之學行，且與容邃一見而志相得，乃譜焉，俾録諸外碑。雍正十一年正月，江左方苞撰。

刁贈君墓表

君諱再濂，字静之，直隸祁州人也。余少聞燕南耆舊：一爲博野顔習齋，一爲君之父蒙吉，平生皆尚質行，稽經道古。習齋無子，其論性、論學、論治之説，賴其徒李塨、王源，發揚震動於時，而刁氏之書惟用六集及斯文正統始行於北方。

贈君自入庠序，即弛置舉子業，日從父之友五公山人王某及習齋游，訂父遺書，手録藏於家，又貳之以質四方之學者。年逾六十，復手録付諸子，且告曰：「昔蔚州魏公持節巡京畿，余以故人子獨被渥洽。鄰邑人或籯金而請事，余掩耳而走，菑然若穢污之及吾體也。汝曹他日若登仕籍，以官富家，吾生不受其養，死不享其祭。惟先人遺書未刻者，尚百餘萬言，必約身而次第布之。」其後仲子承祖果宦達，使其弟顯祖持所刻易酌、潛室劄記及君狀誌，乞余文以列外碑，距君之殁二十有二年矣。

夫名，非君子之所務也，而没世之稱，則聖人亦重之。習齋遭人倫之變，其艱苦卓絶之行，實衆人所難能，而李、王二君子，力足以張其師，惜其本指欲外程、朱而自立一宗，故知道者病焉。君之父則隱迹衡巷，推闡先儒之緒言。故當其時名聞四方，轉未若習齋之盛，而卒得良子以傳其書，身名完好無可瑕疵。故余因表贈君之墓而并著之，以示志古而有所祈嚮者，亦君恪守父書之志也夫！

君卒於康熙乙未九月，年七十有二。父諱包，天啓丁卯舉人。母某氏。君及妻杜氏並以承祖貴，誥贈如其官階。子四人：長繼祖，州學生；次承祖，乙未進士，由縣令累官監司，所至著聲績，今爲江西布政使司；次顯祖，己酉舉人，樸直尚名義；次興祖，早世。以某年月日，葬於某鄉某原。乾隆元年十月，江南方苞表。

東昌鄧嶧亭墓表

雍正十三年夏，東昌鄧鍾岳將告歸，以曩所述贈君及田安人行略示余，曰：「吾故知子於誌表之文，雖親故無假，非敢以私請也，將以入宗譜，惟子討論焉！」發而觀之，皆庸行所宜。然有難焉者，贈君十歲喪母，嗣喪繼母至再，父殁，承重喪大父母，衰麻不絶於身者，近二十年，皆能稱情以赴於禮。其爲國子監學録，年未及三十，丁内艱，念大父官閩南，父官代北，代父服勤侍大父，遂不復補官。余嘗過東昌，無老少皆稱鍾岳孝悌修飭，具言其家法。雖未指目君之爲人，而鍾岳所述之無虚溢可知矣。

昔余大父爲學官於蕪湖，君之大父參議公適司蕪關，降爵列而爲友。余於鍾岳，未見而相知，既訂交，果不悖於所聞。其家法之善，又親得之於其鄉人，故特表而出之。使天下知爲人祖父者，宜慎行其身以開其子孫。而子孫能賢，亦以徵信其祖若父之善行。又鍾岳不以誌表屬余，乃所以重其親，信於友，而余之不能已於言，端由於是焉。

田安人與君比意同力，以事親長。歲庚午，君侍大父母於家，聞父疾，赴山右，而參議忽遘疾甚危，邢宜人篤老。安人承凶，臨於別室，易衣奉姑而侍舅疾。比參議之終，邢宜人未知有子之喪也。嗚呼！是可則也已。

君諱基哲，字騫之，號嶧亭。以太學生授鄒縣教諭，遷國子監學録。生於順治乙未年二月，卒於康熙辛巳年十月，享年四十有一。以雍正元年覃恩敕贈承德郎、翰林院修撰。田氏爲同郡名族，安人，歲貢生諱官芳次女，生於順治丙申年三月，卒於雍正癸卯年三月，享年六十有八，敕封安人。子男四人：鍾岳，康熙辛丑進士一甲第一名，授翰林院修撰，歷官禮部侍郎，雍正十一年以奏對失辭，降一級調用。次鍾音，雍正丙午舉人，揀選知縣。鍾叙、鍾一，雍正己酉同榜舉人。女五人，並適士族。孫男六人。雍正乙巳十一月合葬參議公墓右第一穴。桐城方苞表。

内閣中書劉君墓表

襄城劉青蓮狀其先人之行，不介而以書通，曰：「吾父之歿七年矣，而銘幽之文闕焉以至於今，蓋難其人也。吾惡夫爲人子孫者，以所未有之善隆其親，而實誣之也。故所舉無溢言，願子察其情也。」余故聞中州之賢者數人，而劉氏恭叔其一焉。恭叔之兄子青藜，爲余同年友；而青蓮之請銘也有辭，余無以却焉。

謹按君諱宗泗，字讓一，先世多潛德。明季流賊之亂，父漢臣以諸生佐督師汪公喬年城守，署贊畫。君兄弟三人皆好義，伯仲任俠，而君獨爲儒。其學無所不涉，而卒歸於洛、閩。其游皆畸人節士，而共學之久者，則關中李顒中孚。

余觀自明之衰，東林、復社諸君子摧剥無遺，而天下幾不知有學矣。其後燕南、河北、關西之學者，往往振起於一鄉，以收召其徒，而中州爲最盛。就其傑出者，其指意雖不能盡合於古聖賢人，而皆能以力行爲宗。故其處者，常矜名義，飭内行，而出者亦確然不失其官守。蓋學雖粗涉其樊，其爲説不能無弊，而已有輔于世教如此。君之質行，既足以錯於其鄉之賢者，而又能知道術之所宗，雖與中孚李氏共學之久，而自守其徑塗，終其身不易也。嗚呼！君可謂篤於自信者矣。

君中歲學古文辭，晚所著中州道學録、恕齋語録尤著士友間。其行之式於家而化及鄉人者，青蓮述之甚備，而兹獨揭其所學之大指。蓋以自修者言之，必纖悉於庸行，而後爲完人，而立言者舉之，以示於後，則義無取也。青蓮於虛美其親者，既前知其非義矣，則於兹所以云者，何惑焉？

君以康熙庚午舉於鄉，例授内閣中書，未仕，以庚寅六月二十四日卒於家，年七十有四。冬十有二月某日，葬於邑西東岡先兆之次。孺人周氏。子二人：長青蓮，縣學生；次青芝，乙酉舉人。女二，皆適士人。康熙丁酉三月朔後二日，江東方苞撰。

秦仲高墓表

高氏仲女適秦，故曰秦仲高，仿春秋紀伯姬、紀季姜、鄫季姬、蕩伯姬之例也。先刻誤改高貞女，今正之。壬子十月，鈞衡識。

貞女，吾師大理卿宛平高公同産弟章侯次女也。少，余見之，心異其德容，謂福澤必過人。許嫁秦氏子文照。雍正五年，文照死。貞女請代夫承重奉祖姑，父母隘之，不可，遂歸秦氏。大理兄弟三人，惟季有子，而留滯遠方。章侯殁，貞女族姻中一無依，余往視之，時仲冬，短布單衣。乃與諸公醵金爲舉本以給之。

乾隆元年，余居直廬。五月中旬，家人告：「貞女遘疾日篤，秋七月朔後三日死。」問故，曰「積勞成瘵」，卒之日，命「衣衾完者勿以殮，迫冬進之祖姑」。

在昔明季，李自成陷北京。宛陵沈壽民時山居，或告曰：「某駡賊不屈死。」壽民立起自責曰：「夫人而載此大福以終，嗞，咄哉！」既而前聞非真。復問焉，曰：「子何以知之？」曰：「是吾故人也。娶之日，吾客遊適至其家。若俯首，巡步階除不已。叩之，曰：『吾屬有所思，甫冠，登上甲而婚，生人之榮，有逾此者乎？吾何修而得此？』此以知其所受之薄也。」嗟乎！如貞女之閔凶夭札，乃壽民之所謂福也夫！

貞女年三十有二，卒後十日，與文照合葬秦氏先兆之側。其買棺也，匠師語其徒曰：「子良材，價從其柢。」聞者多爲流涕。桐城方苞表。

完顏保及妻官爾佳氏墓表

君姓完顏氏，諱保，字岳申。余供事蒙養齋，君爲皇子暬御，數就余問學。君貌甚文，苦羸，氣不能任其聲。自恨時過而學，雖疾，矻矻不自休。余始開以學，久之，惟戒束書不觀，以息心神，而不能從。疾遂不振。君既歿且逾年，余啓篋，見其病中所擬秋風辭，音旨悽愴。其諸衰氣之先見者與？君疾亟，妻官爾佳氏誓死。及期，母與姑號泣而止之，曰：「汝有子，義不當然！」答曰：「吾非不知此。顧吾年少，儻異日，中有不自得者。不若早自決，於吾心爲安。」其藥物久置粉帨中，命取水至，則一飲而絶。母與姑亦不之禁也。

嗚呼！君之嗜學，與其妻之取義，皆過於中。然以人情之習於偷苟，不可謂非有志者矣，而造物者必使至於斯，其又可詰邪？

君卒於康熙丁酉四月十九日酉時，年三十。官爾佳氏與君同庚生，而月日先於君，卒同時。以某月某日合葬北郭先人之兆。桐城方苞表。

羅烈婦李氏墓表

烈婦姓李氏，浙江龍游人，江都羅經甫妻也。幼通詩書，繼室於羅。前子曰都，六歲；女曰宦姑，年十有二。烈婦生女，始期。揚州圍急，烈婦謂經甫曰：「君上有母，下有稚子都，妾生而存，則慮有所牽，吾自擇死所矣。」乃積薪樓下。未幾城破，市人驚呼曰：「兵入矣！」烈婦上堂，泣且拜曰：「吾不能復事姑。」乃别其姒劉氏及經甫妾梅氏、李氏。時烈婦有身八月矣，抱幼女，持宦姑而語衆曰：「吾多見古書中婦人遭亂而求生者，忍以身試乎？」衆皆哭，從而登樓者凡十人。命一婢下舉火，火發，亦奮身躍入。兵定後，衆骨藉藉，惟婢一足尚存。始經甫計猶豫未有所決，俄而烟塵蔽天，樓中聲如亂鼓。乃搏膺而呼，負母挈子以奔，卒皆免，家復起，子孫盛昌。

都之弟國桓，有子曰愫，行四方，遇文儒，輒流涕述烈婦事而求籍焉。同命者凡十有一人：劉氏、梅氏、李氏外，惟婢得其名曰藾華；其六人者無聞焉。焚宅在新城廣儲門内樊家園。合冢在隋西華門故城址。康熙六十一年冬十一月，望溪方苞表。

劉烈婦唐氏墓表

烈婦唐氏，襄城劉庶常青藜繼室也。先世浙江會稽人，遷河南新鄉。其家單微轉徙，少失父母，有兄窶艱，而婦好書史，陳義甚高。庶常失偶，聞其賢，以禮聘焉，年二十有九矣。既成婚，三旬有八日，而庶常疾作，遂不起。烈婦將死之，叔姒請曰：「聞嫂有身，今死非其所也。」居無何，謂其姒曰：「無望矣！」越翼日，晨起，辭於殯，入寢室，閉户自經死，時康熙戊子十有二月晦前四日也。去庶常之死，蓋四旬有七日。

烈婦少時，嘗刲股療其父。及庶常疾，復釁臂以羹，血淋漓衣袖間，面色似非人，而神氣自如。庶常之歿也，其母年八十有五，卧病經年矣。烈婦秘不以聞，戒寢門内無哭聲。自經之晨，猶親盥饋，然後退。

烈婦家故貧，其兄以醫自活，流轉四方，僦居多窮巷短垣。烈婦時時佩利刃以備非常。郯富人嘗假館，且貲給之甚殷。烈婦曰：「此傳所謂無故之利也。」會富人從其兄飲。覘焉，曰：「是可久與處邪？」立促其兄他徙。

庶常每言烈婦能文，工詩歌，既死，篋笥間無遺蹟。庶常夙以文學知名，二十年間，河南北爲首稱。唐氏賢而愆期，卒歸庶常，聞者皆以爲宜，而月未四終，夫婦各賫志以歿。鄉人莫不嗚咽，道路皆載其言。

越十年戊戌，余始得其實於庶常之從弟青蓮，而表於其墓之阡。桐城方苞撰。

謝孺人葉氏墓表

孺人諱球，姓葉氏，父諱汝棟，閩縣人。庚午鄉試副貢士謝君諱宣之妻，編修道承之母也。謝氏故儒家，而鄉貢以俠重於鄉，信義著於師友，孺人實左右之；孝於親，友於兄弟，惟孺人曲當其心。鄉貢未中壽而歿，兄公壹以家政屬孺人，大事必諏焉。

幼隨母依舅氏，授論語、孝經、毛詩。及長，博觀經史。諸孤就傅夜歸，則爲辨句讀，考音義，兼授樂府古辭及詩；既成立，督教不衰。母也而秉父道焉。孺人生二歲而孤，母家四世生養，死藏，廟祭，皆身任之。女也而承男事焉。及篤老，道承歸養，會修省志，中丞趙公以相屬。百年中大吏所設施，鄉先生長老之質行，孺人能備詳之，道承用以徵信於志、傳、牒、記，而辨其譌。嫠也而有裨於文獻焉。

始余與同年鄭任鑰魚門善，孺人之長女壻也。道承繼因魚門以索交於余，孺人七十，求文以壽。余曰：「非古也，子少安！吾當別志以達子之情。」又十有四年，孺人歿。道承使來告終，以狀請銘。氾詢其鄉人，皆曰信然。乃爲表以歸之，而釋諸責焉。其生卒，子姓宜具於誌銘，故弗著。乾隆元年八月晦前二日，江左方苞表。

劉中翰孺人周氏墓表

康熙五十五年，襄城劉青蓮及弟青芝不介而通書，請表其父中翰君墓。余既夙聞劉氏家法及中翰之賢，又重青蓮有辭，表而歸之。越三年庚子，復以母之狀請銘。余惟古者婦人祔葬，無特銘。又孺人處境順，雖有婦行，而無以過禮之中制，久而未報也。

雍正五年，青芝計偕至京師，請益堅。且曰：「自庚寅先君子歿，吾母老，朝夕不忍違，不赴禮部之試者十有七年矣。今來適與子值而獲見，願終有述焉。」

余因念丙戌計偕：自余出，吾母内爇，語不休，雖隆寒，中夜啓牕牖；或挾老婢立中庭，北向而望，凡百有三日，至余抵家之夕，而後寢成寐。凡欲其子遊學，取名致官，父或有之，而母必無是也。無貴賤貧富賢愚，惟願求之即在側耳。余兄弟喪亡，乃違禮遠遊，以憂吾母。青芝有兄以承養，而不忍一日離。其請不可虛也。孺人處境雖順，無以過禮之中制，然以劉氏之家法，而孺人順焉；恭叔之賢，而孺人儀焉；以宜其家，以式其子姓，而化於族姻，其可風也已！

孺人姓周氏。父諱卜歷，襄城縣學生。母王氏。年十六，歸於劉，卒年八十有六，與中翰合葬縣西先兆之次。雍正五年夏五月，江東方苞表。

贈淑人尤氏墓表

皇帝嗣位之始年，搜揚遺賢，命大臣各舉所知。於時，今吏部侍郎沈近思，以郡丞就其家起吏部文選司郎中。既任官，特命兼太僕寺卿。逾年四月，拜疏歷其曾祖母尤氏守節，撫嗣子，教孤孫，艱而有成，暨其父將終，自傷家世田農，不能爲大母請旌，而有望於後。願以元年覃恩，身及妻應得之封，移贈尤氏。天子既賢近思，感其意，詔以侍郎階資贈其曾祖父母。又二年二月，介吾友王君虛舟乞表墓之文。余考禮經「爲人後者，服如所生」，傳曰：「受重者，必以尊服服之。」蓋恩以義隆，而不敢忘其祖也。然恒婦人之情，視爲後之子，多異於所出，是謂不有其夫也。而爲之後者，自視亦或異于所生，是謂不有其祖也。今尤氏重其夫以及其嗣子，可以教天下之爲人妻者矣。近思念其父，以及其祖所嗣之大母，可以教天下之爲子孫者矣。天子優賢厲節，推恩于功令之外，而褒崇逾所應得，可以教天下之爲臣者矣。禮達義昭，不可以勿籍也。

謹按：沈氏自遷仁和，七世至贈公諱學顔，於近思爲曾祖，卒年二十。淑人時年二十有二。距其殁三十有四年，與贈公合葬西涇口百浪塢先塋之次。嗣子時吉娶俞氏，甚有婦道。遺孤大震，生五子，近思其季也。淑人高行載郡、縣志。沈氏三世生卒爵列，墓各有誌，家有譜，故弗著，著其維繫於風教者。

曾孺人楊氏墓表

孺人姓楊氏，江寧人邑諸生曾榮之妻，余姊夫沂之母也。姊性鈍直，嫁之日，吾父母戒行，常以宫事不逮爲憂，久之薰然成和。及孺人殁，乃時與姊夫不相中，然後知孺人之德，能甄陶子婦，而諭其志也。姊夫少孤，季父遠遊，委以家事，二十年内外帖帖。及孺人殁，姊夫始見惡於季父，違言日彰。然後知孺人之才，能調劑叔姒，而使之無間也。始曾君爲諸生，甚有名，館富室，常屏滋味，甘蔬食，而平生不聞信奉佛法。沂既長，有舉以叩者，歸問母。孺人曰：「爾父歲時伏臘，御食於先姑，未嘗厭甘毳，而居外則然。」竊其意，以母老艱苦食淡，不忍自饜飫耳。」用此又知孺人之賢，能探其夫之微志，而襮之於身後也。

姊夫及姊屬余表孺人墓，已逾再紀。雍正三年春，余假滿北上。姊夫走送於河干，復出其父狀求合表。且曰：「更遲之，吾不及見矣。」又二年，余益病衰，恐終負前諾，乃叙而録之。

曾君早世，行未著，按其狀，皆瑣語，故獨取孺人所稱而附見焉。孺人卒於康熙某年，年六十有七，距曾君之卒，三十有四年。以某年月日，祔葬於某鄉某原。曾氏族故不繁，沂無子，再從無可嗣者。有女適林氏子元。

吴處士妻傅氏墓表

孺人姓傅氏，江西南昌人，余叔舅之妻也。先君子出贅，寄寓外家凡十年，時惟叔舅也存，而叔舅恒客遊，余生六年，先君子歸金陵，計此生與舅凡五會耳。惟辛未、壬申間，同客京師，聚獨久，寒苦相依。

丙子冬，自京師南歸，水宿淮關，夢舅立河壖，瞪目無聲。心詫之，至真江，急捨船陸行，至舅家，則葬已數月矣。問故，果死於此。余噭然而哭，孺人微泣於房。哭止，闔門而語，送不下堂堦。時孺人尚少，動作有儀，語皆中節。余黯然傷，又肅然敬也。

孺人幼喪母，無兄弟，獨身隨父客淮南，吾舅亦客焉，遂約婚，歸十年而吾舅死。舅生常遠遊，相見日稀。有子曰以誠，冠後亦授徒遠方，或歲歸，或間歲，三歲一歸。孺人之卒也遽，誠在山東，奔喪。報葬至京師，每見余，必吞聲掩涕，以求表墓之文，而孺人苦節清行，實宜有傳于後，乃爲之書。

孺人卒於雍正六年七月，年六十有五。舅諱敬儀，字平一，從先兆葬六合劉家營棗樹墩，孺人祔焉。

誠幼時無資就外傅，及次子以訥，小學皆孺人口授。孺人之喪，誠雖客在外，泣血三年，喪食一如禮經。

中憲大夫鄂公夫人撒克達氏墓表

夫人姓撒克達氏，故慎刑司郎中鄂素之妻，今通政司通政使兼詹事府詹事攝翰林院掌院學士留保之母也。

保之言曰：「保三歲而喪吾母，逾年喪吾父，庶母郭氏舍己所出而乳焉。每語人曰：『無若女君之德何！』保不及見吾母之事大父母，而大父母之安吾母，衆載其言。保不能知吾母之相吾父，而吾父榷税時，舅氏或爲保謀，宜少治生産，吾母抑以大義，衆載其言。吾母既殁且十年，諸母、諸姑及族姻老婢及見吾母者，見保莫不垂涕，追思不已。」

嗚呼！信斯言也，古陰禮所謂婦德，幾盡之矣。家之乖恒由婦人。而嫡、妾則有甚焉。故二南之風，皆始於不妒。蓋婦德莫難於斯，此之能然，而餘行可無徧述矣。春秋傳曰：「娣姪者，不孤子之意也。一人有子，三人緩帶。」在禮「妾爲女君、君之長子三年」，所以重其恩義，同其憂喜，而潛消其妒嫉也。然人之恒情，亦惟君及女君之存，不敢不勉耳。夫人既殁，而郭氏舍所出以字其孤，守信砥節，没齒爲期。則夫人之德之在郭氏，必有過越於恒情者矣，而況奉舅姑、成内治、宜家人之疏節與！

夫人父某，某官。年十□，歸郎中，卒年二十有□。女二，皆保姊也。郭氏年今五十有九，所生子早殤。雍正六年冬十有一月，桐城方苞撰。

陳太夫人王氏墓表

夫人姓王氏，陳贈公諱健之繼室，廣東右翼漢軍副都統昂之母，浙江通省提督倫炯之大母也。陳氏世爲閩人，自長樂遷泉州之高浦。明末海寇滋蔓，遷濱海居民徙灌口，贈公時年六十餘矣，生計壹倚長子光。光死，贈公大慟，尋卒。昂年始十有一，含斂皆夫人手之。虛室中惟雞一栅，母子號泣與雞鳴之聲相應，哀動鄰里。凶饑寇亂相乘，米至石八千。夫人拮据，日作糜半釜，漉厚者飼子，次及女，自啜水漿，饑不可忍，則更急束要帶。昂既貴，每念兒時備見太夫人之艱辛，而不獲一日致鼎養，恨不欲生。方流離轉徙，夫人常抱木主以行，雖遇寇迫險不釋。用此數世前生卒葬地，子孫猶得籍記。

閩人相傳：戚繼光禦倭寇，駐軍高浦，與僚屬徧閱山川形勢，指贈公舊居曰：「是家必有興者。」以爲此再世節鉞之兆也。然陳氏之遷高浦，亦近耳，前此廬其所居之地者衆矣，而陳氏熾昌，又在徙灌口之後，則非宅地之所爲，決也。豈其先世故有潛德隱行，及贈公之身而胚胎已兆，故光潤先見於門閭與？嗚呼！此可即太夫人之節行以徵之矣。

倫炯始通籍備宿衛，階甚卑，余一見即決其必拔起爲大將。未數年，果建節，歷七鎮，軍民威懷，粤、閩、江、浙，咸載其言。乾隆八年，以太夫人遺事請表墓，故並著閩人所傳語。使衆知家之興必由其人，而謂宅地能有助者，妄也。

太夫人父諱公榮，母某氏。女適太學生蕭湄。太夫人卒於康熙辛未年，享年七十有八，後贈公之卒凡三十一年。前夫人許氏，父諱浦，母某氏。卒年二十有七，葬於高浦之杏林社。界禁限隔，亂後丘隴不可復辨，昴及倫炯每以爲恨。贈公葬於某鄉某原。太夫人以癸酉年四月二十八日葬於苧溪山之原。江左方苞表。

林母鄭孺人墓表

孺人姓鄭氏，福州侯官人，三山林贈君諱邦楨之妻，編修枝春之母也。生鄭氏熾昌後，其卒也林氏方興，而伶俜艱辛，視甿庶貧女有甚焉。

母黄氏，鄭贈君繼室也，生孺人，逾歲而殂。鄭翁付外家鞠育，及疾革，始命以歸。父黨内外宗尚未識面，時十齡，悲號雀踊，見者莫不心惻。及歸林氏，家甚貧，而贈君羸疾，授經在外。孺人餔糜，日或不繼。

歲戊子，贈君卒，遺一女、二小男。老姑在堂，而盎無儲，桁無完衣。仲兄鄭諭德幾庭計口致米。薪蔬百物皆自孺人及女手指中出。身甘糠秕，而遇時物，必多方購易以進。或母家以餉孺子，必奉姑。姑心知之，而不忍却也。

孺人自居父喪，即依諭德之妻王宜人，佐治家事。因教以閨訓、女史。及贈君卒，孺人命枝春就殯帷，躬教督。誦讀聲洋洋，比鄰及親交到門者，莫不歎息。大母衰疾中，亦用以自慰焉。及姑終，女有歸，二子受室。枝春舉於鄉，爲内閣中書，而孺人嘔血，遂不起。

孺人疾作於雍正辛亥之春，戒勿使枝春得聞。其秋枝春感噩夢，請急，航海而歸，孺人驚喜，疾少間，卒於冬十二月晦前六日，年五十有八。子二：枝春，翰林院侍講，督學河南；夢彩，戊午科舉人。女適庠生葉球。以癸丑十月祔贈君之墓，在郭北五鳳山。

乾隆七年春，枝春以狀求爲傳。余考孺人雖艱辛，而未遭變，故所述皆婦順之常，於文律不宜立傳。既而思孺人處境略與吾母同。吾母之遭遇視孺人尤順，而艱辛苦恨則有甚焉，惟不肖子知之。宜乎枝春之不能自克也。抑又思朱子之母安常履順，其貧約亦未甚也；二程子之母，則顯榮福祥以終世矣，而百世以下無不知二母之賢，則惟其子之故耳。以苞之無似，不足以顯吾母。故因林母發此義以勖枝春，以志吾疚，兼告天下後世爲人子者。乾隆八年十一月，江左方苞表。

方曰崑妻李氏墓表

孺人姓李氏，揚州府興化縣人，吾宗知孝豐縣事諱將之子婦，邑諸生曰崑繼室也。於苞爲共五世祖斷事公之諸母行。

比俗之行謂：刲股肱可療疾，雖子女行之於父母，亦爲過禮，而以吾所聞：廣昌何某妻魏氏刲肱求療其姑。一時名輩，争爲傳記、詩歌以紀之。又二十餘年而有孺人之事。乾隆壬戌，余蒙恩歸里，孺人之柩適至自閩中，長子杭以狀求誌銘，始聞其詳。

孝豐府君病膈噎，長子曰岱割股以進，少間。數日疾反，曰崑欲踵行之。孺人曰：「子疾初愈，甚羸，如重傷，大人病必臻。」夜半，侍婢皆卧，登樓禱於宗祐，引刃自劇，昏仆，久而蘇，强自纏縛。昧爽作羹，府君食之，病又小愈者閲月。及將終，乃知孺人事，呼而至，曰：「死生，命也。然汝必育賢子孫。」

曰崑兄弟十三人，惟伯兄及四弟曰岳爲適出，而曰崑、曰岳生同胎，曰岱宦遊。曰崑欲與曰岳同爨，謂孺人曰：「爾能自必，終世無生異同否？」孺人曰：「子能自必，何問婦人！」孺人處宛若閒，如弟妹之事兄姊。門以内，少壯男女皆相親。

曰岱初任閩之沙縣，改調泰寧。曰岳卒於沙，曰崑從至泰寧。孺人以俗言：「生同者，死期亦近。」時杭館於閩之榕城。孺人挈子女及杭之妻女，間關赴泰寧。未一年，曰崑果卒。孺人親視含斂。

杭述孺人淑德甚詳。然舉是三者，則仁孝明知之見於他行者視此矣。銘以藏幽，孺人之事宜使觀者感興，故爲表於外碑。

孺人享年五十有五。父漳，浙江湖州府衛守備，與孝豐君善，故爲昏姻。祖嗣京，明河南道御史。曾祖春芳，大學士。子三人。女四人。系曰：

兹事之義類，余於廣昌魏氏論之詳矣。孺人求療其舅，其事尤希，而持之則有故。蓋大懼夫或重傷，以駭慟垂盡之親，故不得已而自劇，以塞其意也。往者亡妻蔡氏亦嘗刲肱求療其姊。及來歸，余告以三從不二天之義，乃自知無謂。故備列之，俾慕爲仁孝者，得自鏡而審所處焉。

禮部尚書韓公墓表〔一〕

公姓韓氏，諱菼，字元少，江南蘇州人。少讀書，通五經義疏。性恬曠，好山水朋游，飲酒談

〔一〕本篇以下至内閣學士張公夫人成氏墓表，輯自望溪先生集外文卷七。

諧，終日不倦，而處身特嚴，其所不爲，不可以禍福利害動也。自明亡，科舉之文日就腐爛，公出，始漸復於古，世以比於昌黎，而公未嘗以此自喜。

公以康熙癸丑成進士，登朝不數年至學士。或嚇公使告歸，公怡然曰：「是吾志也。」居吴中十年，以詩歌古文開其鄉之後進，暇則與二三遺民徜徉泉石間。會有欲與公並起以爲名者，復召掌翰林院。未幾，由吏部左侍郎遷禮部尚書，旦暮且入相，同列忌之。適江南歲會，失庫金數十萬，督臣與典司者有連，上言「非侵欺，費由公事」。上震怒，下廷議。左都御史某訟言：「法當誅。」公曰：「是其情即私，而言則公也。且上得聞此，其義足愧中朝士大夫，忍因以爲罪哉？」忌者益增其辭而以聞於上，公由是得罪。或謂公：「上每含怒詰責，諸大臣伏闕下，請罪累日，即解。」公曰：「吾身可危，臣節不可辱也。」

始公未知名，崑山徐司寇乾學獨重公。及徐與要人相搆，罷歸田里，踰年，復起大獄，將盡鈎其黨。居門下者皆陰自貳，甚者訟言攻之以自湔滌。公時告歸，獨旦暮造其門，且爲解辨於在事者。公之再起也，既爲人所擠，某謂公當辭職。公曰：「上怒未怠，書上，且重得罪。」余曰：「雖然，義不可以苟止也。」公再疏告，果蒙譴訶，由此愈䲵䲶。自余往還公卿間，其敢以古義相繩，與用余言而不疑且悔者，自公而外，吾未之見也。

公待士出於至誠，士有道藝而不伸，如疾病之附其體。余獲交，實公禮先焉。每聞余下第，必面責主司。及鄉貢，相見於京師，愀然曰：「是非子之幸也。子終不遇，學與行可成。」癸未正月，公肺病甚劇，飲酒不輟。余勸公少止。公曰：「子知我者，吾少不能自晦，崎嶇仕宦，碌碌無所建豎，負聖主之知。今老矣，常恐未得死，所以至再辱，壽考非吾福也。」是日，引余坐特室，自述生平甚詳。余愴然心動。後數日，公扈從南巡。公入余出，蹤迹相左，遂不得繼見。

公文學官績，宜列於史氏。其孝義質行，鄉人子弟皆有述焉，故不具載。獨著其進退大節，與余之所私得於公者。公三試，自鄉舉外，皆第一。博極群書，而與人居，久之，皆忘其爲名貴人，乍接之，不知其蓄學問也。公夙好余文，得余筆札，必命諸子寶藏之。其葬也，家人未嘗以誌銘屬余，而余自表於墓之阡，從公好也。

公生於某年某月某日，卒於某年某月某日。妻某氏。子□人，其長者三人，已見頭角。以某年某月某日，葬於某鄉某原。其辭曰：

公之生也，衆以爲賢，而自視乃缺然；公之歿也，人爲之悲，而樂之其如歸。更千秋而萬歲，孰能察公之時義，而識其心之精微。

都察院副都御史巡撫貴州劉公墓表

康熙丙戌夏，江寧太守陳公鵬年被劾。士民鳴鉦擊鼓，撞搪呼號，叩制府，問太守得過之由者，日數萬人。衢巷壅塞，居民不得出入。於時江西父老挐舟東下，爲贛南道劉公蔭樞訟冤，亦數千人。遠近爭傳，爲民所依而獲戾上官者，同時而得二公。

其後十餘年，余給事内庭，聞劉公至自喀爾喀，賢士大夫皆拊髀雀躍。公年於是八十有六矣。韓城張大司寇，余鄉試座師也。數言公迫欲見余，而筋力不能自致。余迫公事，晨入暮歸，又城隔内外，逾年竟未得一見。又十餘年，關中朱永濤以所爲秉燭子傳示余，公之昆孫乃均繼以行狀求表墓。嗚呼！余與公生同時，心相鄉，旅同地，而不得一見。外碑之文，尚曷敢以辭？

公韓城人，字喬南。性樸直，無游移。康熙丙辰成進士，知蘭陽縣。所興革，大吏難之，終莫能奪。擢刑科給事中，丁内艱，既終喪，補户科，章數十上，以抗直見知於聖祖仁皇帝。每會議，反覆争執，數梗要人所欲保薦者。轉贛南道，郡守與城守將比，重門税以浚民。公詰之，陽奉而陰違。乃置酒邀守與將，甫就坐，僕二人曰：「奉命市麥、布，門者索税，留質在門。」二人色沮辭塞，乃盡革之。米市額税，溢數十倍。公得其記簿，别委人收之，籍盈餘，官買田以抵牙税。

勒石永禁。署按察司，有重獄，督、撫各持所見，公柴立其中央，遂以失出罷官。

癸未，聖祖仁皇帝西巡，公迎於潼關。上遥望，即曰：「此劉蔭樞也。」傳至行宫，奏對。立起雲南按察使。各屬府、州、縣，例用親信人坐省，與院司家僕、胥吏交結，呼吸相通。公首革之。有造蜚語謀叛者。戮其渠，散其衆。姦豪屏迹，訟獄以稀。就轉布政司，除科場雜派，賑凶飢。所措注皆順民心。遷貴州巡撫。年逾七十，精力益强，凡章奏皆出己手。其地苗狆雜處，民多僑寓。自前明安、播始禍，國初水西大閧，號難治。公至，撫軍民，和吏弁，洞苗以綏。四川遵義民疾其吏，赴訴於公。具以聞，郡守以下，削職者數十人。一時鄰省有司貪横者，多恐懼易行；中人自修飭。監司大府轉相告戒，檢察所屬。道路咸載其言。黔多山少田，每歲鄰省協餉二十餘萬，稍愆期，營伍號呶。公請豫發二十萬貯藩庫，格於部議者三；密奏，特旨撥發。會紅苗猖獗，兵餉夙備，衆乃服公深識。撫黔五年，以老乞休。上温旨慰留。會烏蒙土酋與威寧土舍仇殺，川撫問故，諸酋不出，請以兵臨。欽命廷臣出會蜀、滇、黔督、撫、提、鎮於畢節，質其成。公先至，騶從數人，寓荒寺中。諸公繼至。正告曰：「此小吏可了事耳。」命千總一人往招，威寧聽命，而烏蒙恃險，且聞諸大帥皆集，恫疑，謀阻兵。公使諭之曰：「欲求生，早出質；若拒命，必滅汝。劉公在滇黔久，曾失一言之信於吏民酋長乎？」遂皆出，服罪解仇。私相語曰：「劉公真天人也。」

其明年乙未，澤旺阿剌蒲坦掠哈密。公疏言：「小醜無用大師，但宜慎擇人，核名實，安內地，重國本。」有旨命公：「乘驛赴軍前，周閱詳議。」公即日就道，抵巴爾坤，行視軍營，上書言事宜，凡數千言。上命更視雪山回奏尋改命復原任。公再乞休，不允。至黔，士民攀援，如見父母。數月，有旨休致。未幾，下刑部。部議：阻撓軍務，罪死。再發博爾丹地方耕種，時年八十有二矣。居四年，召還京師。聖祖燕群臣七十以上者，公首坐。諭曰：「劉蔭樞批鱗直諫，但不知兵耳。」世宗憲皇帝御極，召見，愀然曰：「卿，先帝大臣。朕欲大用，然汝年力實不能勝矣。」公遂薦孫勷、王沛憻、陳時夏、王璋四人。乃賜御硯、朝珠、白金還鄉。雍正元年九月，終於家，年八十有七。

公耄期好學不倦。在滇黔各五年，以教養斯民爲己任。重儒官，廣學額，建書院、義學，朔日月半，躬進群士而誘迪之。軒車所税，見農夫孺子，必諄諄勉以爲善去惡，雖苗猓亦然。其在滇，築池口六河閘岸，自是海水雖漲溢，無傷田閭。自贛南罷歸，倡建韓城南郭石橋，修石路數千丈。民不病涉，行旅晨夜無壅。其自黔入京，子弟請從。不許，曰：「死於道路，與家庭何異？」自塞外歸，鬢髮之白者多變而黑。生兒齒一。蓋實能以義理養心，而不奪於外物也。所著春秋蓄疑四卷、易説二卷、宜夏軒雜著二卷藏於家。

始，公與陳公滄洲並以罷官名聞天下。厥後陳公蒙召，入武英殿，起霸昌道，巡視南河，世宗憲皇帝實授河督，而公以衰老，不復任用，海内惜之。然滄洲自守江寧，復起攝江蘇布政，使再起霸昌道，多者浹歲，少則期年，未及有所設張。及總督南河，適當黄流横溢，以死勤事，而不見其成功。轉不若公於壯盛久任監司、大府，義事仁心，得實播於民物也。㓜二公者實爲制、府阿公山。阿公敭歷中外，以廉公著稱。其始至也，使親信人訪察江西官吏。所至争承迎，惟公若弗聞也者。毁譖日積，故因事以斥之。其惡陳公，則以不從其令而公事滯壅。及聞二公爲民所戴，實深悔焉。故余因表公之墓而並揭之，使當路而操威柄者，知凡於已有拒違及左右親信所非毁者，賢人君子多出於其間，則即是爲聽言觀人之準則矣。乾隆十年冬十有二月，桐城方苞表。

武强縣令官君墓表

君諱朝京，字子孟，泉州安溪縣人。家福村，近李文貞所居湖頭。康熙丙辰，耿精忠既就俘，而山海之寇復起。妖人蔡寅聚衆數萬，行過不供資糧者，輒以徇。官氏聚族而居，時君已舉於鄉，爲族黨之望。檄至，子弟家僮環泣，莫知所爲。君峻拒之，而戒衆保險。會沈陰，賊未至，爲李文貞鄉兵所挫，福村無擾，由是義重於鄉。逮其孫曾，故老語及君，猶肅然。

君始爲莆田教諭，郡守知文貞重君，聞君貧食，少食而多糜，俾攝縣令及鄰邑教官。家人私慶，衣食自是可少充，而在莆九年，盡室餔糜無改也。戊辰，遷晉州武强令。會遼陽于公成龍巡撫直隸，喜猛鷙吏，急催科，而君屏鞭扑，下牒詰責，不爲動。方是時，耗羡尚未歸公，有司皆謂己物也，而君獨自刻苦，用代貧民輸不及額者。終君之任，邑賦無虧。

君歿五十年，其曾孫獻瑶成進士，改庶吉士。歸葬其親，以表君之墓請，曰：「墓故有誌，皆泛語無可採者，而瑶所聞於父祖者略如此。」叩以不載誌銘之由，曰：「拒山賊，不敢尸名以蓋鄉里，先曾大父之志也。爲邑宰，則事多忤於大府，時于公貴盛，故銘者以爲難。」且曰：「瑶事先生久，未有妄語於前。武强近畿，士大夫可周諏也。鄉邦則耳目衆著，敢以疑事溢言，爲曾王父滋口實哉！」瑶之請有辭，其事皆有迹可稽，故不辭而爲之表。

君壬子舉人，卒年七十有二，墓在近村世雅山，妻某氏祔。子五人，獻瑶世受重，其父緝熙，大父式玫。系曰：

余方成童，見里塾中争傳孝感熊公陳時事劾輔臣疏。睢州湯公之歿也，堯峰汪氏誌其墓，於姦僉構陷，直言無隱。其後二家文集，於疏中指要，芟薙無遺，誌則目存而空其籍。異哉！告君之言，銘幽之文，當其時無懼也，而事後乃欲泯其迹，不亦悖乎！自是以後，昧者遂奉爲標準。凡士大夫直節昌言，概不敢以著於狀、誌。不知爲狀、誌而蔽晦其先人，不若無之爲愈，而綴文者言之無物，益膚庸不足以自存。故因表君之墓而並著之，使爲人子孫及受其請而筆之者，知所裁焉。

内閣學士張公夫人成氏墓表

吾友腹菴既合葬其考妣，而以書來曰：「先君子行迹應列于史氏，而誌于幽墟者既詳矣。惟吾母之所以劬躬勖後，有足著爲表儀而興起乎女教者，不可以無傳也。願子有表焉！」

謹按：夫人大名成氏，相國太傅諱克鞏之子，前相國謚文穆諱靖之之孫，翰林院庶吉士尚若張公之冢婦，而内閣學士樸園先生之妻也。夫人少事父母以孝聞，既嫁，而舅姑安焉。所以養生侍疾送死者，一蹈乎禮經。樸園先生爲諸生得一意于文學，當官勤職不以家事自累，皆夫人之助也。二子：長丙謙，以篤謹聞於鄉；次丙厚，以廉公著於朝，亦夫人之教也。

張氏自大司馬湛虚公爲名臣，庶常公繼起，與夏峰孫徵君講學河漳，士大夫遊中州者皆歸張氏。夫人自姑卒，以冢婦理家政，凡饋獻賓客以及僕御芻秣，毫髮以上皆得其宜。其後樸園先生官翰林，爲國子祭酒，視學江南，生徒朋游日進。丙厚成進士，官刑部郎中，所交多一時名儁。凡服用所宜，賓祭之式，雖千里外，夫人常爲之節制，而内自宗族姻黨以及厮輿婢妾，無不得其懽心。

歲癸未，樸園先生予告歸。丙厚自交城内召，需次於家，與兄丙謙日捧觴爲樂。時夫人與樸園先生年俱七十，諸孫繩繩，五世一堂。夫人忽悄然不怡。丙厚問故，夫人曰：「吾何所不足者？但物盛而衰，吾祖宗之積雖厚，而受報亦過豐矣。無隳先德，以長吾憂，在若輩耳！」嗚呼！夫人所見，豈不類於知道者歟！

夫人性惠和，好施與，聞二子能緩急人，或濟人于難，則郉然而喜。二子因時勉於善，以爲夫人懽。夫人病革，猶趣丙厚置義田千畝，以周宗族之無依者。夫人卒於康熙丙申九月二日，後樸園先生凡三歲，享年七十有九。

苞舉於鄉，樸園先生實司科試，爲門下生。又嘗館苞於使院，日接中州人士以及張、成二姓之族姻。故得夫人之事爲悉，而知丙厚之無溢言也。於是據所述，而表於墓之阡。

黄耕山墓表〔二〕

君姓黄氏，諱虞，世居江西贛州信豐縣新田鄉。贛介閩廣，國初寇盜數駭。君父一爵屢帥

〔二〕本篇及下篇輯自望溪集外文補遺卷一。

鄉兵，捍禦有功。授以官，不就。君幼與群兒嬉，獨據上座，無少長皆聽指揮。既成童，念家世農田，非自厲於學，無由發聲。篝燈夜誦，鄰父飯牛歸，叩其户，始知晨光已啓。常慕范文正公之爲人，時誦其言，若將以自任者，聞者多不信。及爲諸生，清學宫，明徵教官之罪，無可抵冒。諸生或與縣胥鬥，傷焉。衆訴之，語侵令，令怒，興大獄。君獨身爲衆受難，直於大府，乃信其才與志之有以爲。嘗與吳門張大受遇於南昌，志相得，稱於慕廬韓公。因是入太學，有聲，而以疾未得試京兆。尋歸，教授近邑，從者數十百人。所至，必率門人子弟窮巖壑之勝，或夜深，從者皆色倦，而君長嘯星月中，益浩然自得。嘗遊鴉山，塗遇老父，異之，與語，留旬餘，終不道姓名。後每自稱詩易之學，得於老父爲多。

君之孫世成及余門，數道先世事，請表祖墓。君之行既無所徵信，而詩、易無成書，故屢請而未之諾也。今年春來告曰：「成聞教於先生有年矣！先生視成豈全無知者，敢以無實之言欺吾師，誣吾祖，以召鄉人之訾謷乎？」乃略道其祈嚮及事之衆著於鄉而無所容其僞者，俾碣於阡，以示言之不可苟焉。

君字耕山，康熙二十五年拔貢生，卒於四十八年，年五十有六。所著墨耕堂集，藏於家。母陳氏。妻何氏，繼室俞氏。子四人：文汾、文澍、文沅、文淶。孫十人。世成，汾出也。

張文端公墓表 代李厚菴相國作

康熙五十四年秋，余請假歸葬，行有日。學士張君廷玉持其先人相國文端公行狀請碣。余成進士，入館閣，後公三年，而比肩趨朝凡數十年，雖不文，曷敢以辭？蓋自癸丑、甲辰，逆藩播亂，三方征討，凡出師運餉，制謀決勝，無一不斷自聖心，而上於是時，益孜孜於經史之學，公首入直南書房。自昔經筵有常期，而上日御乾清門聽政後，即適懋勤殿，召公入講，辰而進，終酉而退，率以爲常，因賜第瀛臺之西。詞臣賜居内城，自公始。公小心慎密，久之，上益器重。每幸南苑及巡行四方，未嘗不以公從。公自翰林歷鄉貳，踐政府，雖任他職，未嘗一日去上左右。既爲禮部尚書，仍掌翰林院及詹事府詹事。蓋二職上所甚重，難其人，以爲非公莫屬也。

公莅官，隨地自盡，不務表襮，有所薦舉，終不使其人知，以是所居無赫赫之名。及觀南書房記注，然後知公在講筵，凡生民利病，四方水旱，知無不言。上嘗語執政：「某有古大臣風。」然則公之立身與所以自結於上者，可想見矣。

公爲人忠實無畛域，自同官及後進之士，皆傾心相嚮。其家居，族黨，鄉鄰下逮僕隸，常得其和，雖姦僉小人無所寄怨惡。用此，知與不知，皆號爲長者。然性實介特，義所不可，雖威重不能奪。與物無忤，而黑白較然。此則余之所獨知於公者也。

公立朝數十年，上委心始終無間，恪居官次，無頃刻懈惰，而自壯盛，即有田園之思，見於詩歌，往往流連不已。上亦曲鑒焉。年六十有三即致歸，嘯咏於林泉者凡七年，内外完好，身名泰然，自公而外，蓋未之多見也。

公桐城人，諱英，字夢敦。其殁也，距今八年矣。世系、歷官、學行之詳，具載前諸公誌銘及神道碑，故不復云。某地某人述。

儒林郎梁君墓表[一]

自余有聞見，薦紳能立名義者，三晉之人爲多。余所友興縣孫錫公、蒲州張子容皆奇士也。近因錫公而得涑水楊黄在，叩之，亦子容友。間過余，道絳人梁君統一之質行，越日，以其志狀及從祀鄉賢文牒求表。余謝以平生非相知久故不爲表志，非敢要重，懼所傳之不實也；而於富與貴者尤謹焉，恐近於諛也。曰：「其然，則先生過矣！君子之善善也，務求其實耳，非所識而遺之，則遠者何以勸焉？是吾鄉先生郿冰壑之徒，張潮州拗齋、王御史元亮之友也。嘗溯道統

[一]　本篇以下輯自方望溪遺集碑傳類，第一〇三至一〇六頁。

淵源，而近慕薛文清公之爲人，謹守其緒言，雖不敢曰是比迹於古賢，而實絳之儒者。吾嘗以語錫公，他日可征也。」余感黄在辭意之懇懇，且無以奪其議，乃就志狀及所稱而叙列焉。

君幼時，汾水暴漲，家人皆避居高阜，母陳安人妊及月辰，不能徙，惟君不肯離。君父造舟於汾以濟涉者，君嗣事焉，而歲增修其橋梁。敬祖收族，救鄉里之凶饑，振其疾厄，事不可悉數，而尤篤於士類。嘗與鄉貢馮君創義學，以訓邑子弟。絳改直隸州，學使者節臨，值隆冬，空屋宇以延士無舍館者，而供其薪蒸。考君所爲，古鄉三物之六行庶幾備矣。雖不學，猶足以式鄉人，况能從賢師友探道而厲學乎？故其崇祀於鄉也，子開宗方出在外，而州之士民乃汲汲焉。古者，鄉先生歿而祭于社，今法則别祠祀於學宫，此國典之大，鄉人所宜直道而行也。然以余所聞見，學校之推頌、有司之褒崇，有與衆志不孚而甚則相違悖者矣。余所徵者，黄在之以身質，而與錫公相牽引年〔二〕；又君嘗入太學，試吏部，得六品官，而王侍御之志稱爲隱者，且以柳下季之爲逸民證之。侍御故立名義于薦紳間者，當無諛言。

君諱萬方，字統一，號廣菴。祖溱，鄉飲介賓。父體壯，祀鄉賢，贈儒林郎。君卒於雍正三年五月朔日，享年八十有五。娶段氏，封安人，先君十有六年卒。子聞宗，歲貢生，以某年月日

〔二〕 原編者校：「句中疑有訛字。」

奉君柩與段安人合葬某鄉某原。桐城方苞表。

張旺川墓表

雍正八年秋，無極張業書求表其父墓，而以吾友剛主所爲傳來，謂居母喪五日不食，善事兄姊，數爲人情所難，以德於鄉人。如其言，雖古獨行之士蔑以過也。

余平生非親故不爲表志，唯遠方執友生徒或久相信，而録其祖若父以勸厲之。乃與業書要，必俟後徵，不敢諾，亦不敢辭。時余族弟弢采令無極，以書問焉，復曰：「所聞無悖。」又有吏於其土者，適至京師，叩之，曰：「邑人也，吾知之。少孤貧，力耕致千畝，在邑爲中家。殁久矣，其詳無聞焉，而鄉人語及之，未嘗有瑕疵。」嗚呼！鄉人之情之難饜也，自古而然矣。矧君以貧致富，尤怨之招也，而衆無瑕疵，即其行完善可知矣。業書，剛主之友也，年近六十，除曹縣令，將之官，前夕，不介而造余，願爲弟子，余固辭不獲，因告以遇事必自念爲民父母，則過鮮矣。到官半歲，毁千金家産以紓其民，罷而歸，恬如也。以業書之慕義，必知無實之美非所以揚其親；以剛主之學古道，必知道諛之言不可以播於衆。又詢得其徵者二焉，乃不辭而爲之表，其事迹之詳則傳具矣。

君諱興家，字旺川。父少庭，捍鄉里之患以勇聞。母王氏，妻朱氏，繼劉氏。子二：長業書，康熙壬午副榜，知山東曹縣，朱出也；次景書。以某年月日葬于某鄉某原。雍正九年秋七月江左方某表。

贈朝議大夫李君墓表

贈朝議大夫李府君敬齋，刑部郎中如璐之父也。余與如璐始交而深，一日過余，曰：「璐病疽浹月，衰且老矣，念先君子棄世二十有七年，而墓無外碑，微子無能慊吾志者。前明甲申，先大父僑寓京師，李自成之變，倉皇出郭，寄先君子於鄰人役車，途遇亂軍，舍置道旁，騋馬而去。時八歲，循軌迹至家，鄉鄰聚觀，咸感歎，有泣者。順治己丑年十有四，遭土寇，先大父守閭墓，命先君子奉母避居東牛村，歸省必以夜。嘗值官軍擊寇，積尸載路，鼓三戒，始至家，衣履血漬，止門外，更而入。計先君子平生所以事父母、友兄弟、交朋友、接族姻鄉黨，璐内省十不能一有焉。非敢以虚美張吾親也。」曩者，舒檢討子展爲余言，新安有二賢士并同館選，一如璐，一今張侍御天池也。余與侍御一見如舊好，數年中未見有贅行，有游言，乃以府君之行叩焉，曰：「是吾邑中富而好行其德者也，吾猶及之。性慷慨，善議論，喜交遊，坐客常滿。里中有義事，必竭資聚以佐焉，用此毁其家。老而貧。衆曰：「是遺其子孫者厚矣。」春秋之義，賢者之子孫則録之，況其祖父乎？以如璐之當官守義，所以稱其親者必無浮於實，可知矣，況徵諸侍御乎？乃不辭而爲之譜。

君諱顯名，字德裕。父諱三綱。母侯氏。少更亂離，年十七，始從師受書。數年，補博士弟子，再試京兆，即棄舉子業，奉親課子。卒年六十有九。邑人公舉與八世祖大司農諱敏者定祀於鄉。妻張氏，贈恭人，年六十有四，先卒，與府君合葬北郭。子二：長如瑞，歲貢生，開元縣訓導；次如璐，康熙壬辰進士，以翰林院檢討改按察司副使，分巡神目道，甚有聞，入爲刑部員外郎。雍正九年冬十有二月，桐城方苞表。

方望溪文集全編卷二十二

碑碣

禮部尚書陳公神道碑〔一〕

公諱誅，字叔大，號實齋。系出渤海，爲宋大尉高瓊裔。明永樂初，上祖東園公自臨安出贅海寧陳氏，遂著籍，蒙其氏。高祖諱中漸，隱居好德，有子二人，並登萬曆丁丑會試榜，成進士，累官貴州參政諱與相者，公之曾祖也。參政之子五人，其季曰元成，早世，有子三人：長之問，公本生父也，季之閭，所承嗣也。明季，陳氏衣冠日盛，子弟皆治舉業，務進取，而公之本生父獨承學於念臺劉公。劉公没，黄宗羲梨洲傳師説以教浙東西，而公復從梨洲游。

自入國朝，公伯叔父兄弟、兄弟之子登上甲、宅政府、長六官、出秉節鉞者林立，惟公第舉乙

〔一〕本篇以下至鮑氏女球壙銘，輯自望溪先生文集卷十三。

科。然自補中書，三遷而副長御史、開府貴州、湖南，入爲尚書，皆特擢不由階資。其給事吏科轉刑科都給事，言多施用，而以稽貴州土司承襲，劾罷大吏，請復天妃閘，以奠黄、淮，其語尤著薦紳間。自鴻臚寺卿倅大理，領臺中，屢決疑獄。及巡撫貴州，民艱於食。行視山坂，皆可耕，諮於介衆。僉曰：「收穫不可欺，入税籍，終難脱矣。」遂奏免升科。逾年，斗米錢三十。因教以蠶桑，蒔果樹。即王文成謫戍講學處建書院，聚教群士，延及苗童。黔民久而慕思。移鎮湖南，尋晉司空，轉宗伯，官中事無不釐飭。

當聖祖中年，直省大吏員，缺必咨臺垣九卿。舉者多陰奉要人指意，或自援親故，而公所舉惟三人：高安朱相國始令潛江，以讞疑獄，公記其名，前後凡四薦。沈公近思未遇，資給誘進，既通籍，揚於朝。淮、黄決溢，舉陳公鵬年爲河督。

公性沈静，其治事，勾稽文簿，終日不倦；事畢，即閉閤下簾，手一編，未嘗一日去書。謂四子之書，諸經膏液也，近體諸身，然後知須臾不可離，作四書述。嘗慨酷吏深文擊斷，曰律者，聖人以不忍人之心而著之，爲精義之學者也，作讀律述。謂孔子學易，期於寡過，人事萬變，包於六位，隨時隨事，必有合焉，作玩辭述。手披司馬氏通鑑、朱子綱目，以朱墨雜色識之凡五周，多獨見，作通鑑述一卷。晚年，將次第排纂而業未終。

公既没十有四年，其子世倌自山東以遺書及行狀抵苞，請列外碑。且曰：「倌自始仕，以至於今，戰戰慄栗，惟懼或蹈於非義，以不敢忘先人之志事耳。」苞以衰疲久，而底滯又數年。世倌爲御史大夫，其規模略與念臺劉公相類。乃竊歎公之教型於家，而劉公之風，能使異世聞而興起也夫！比俗之人，以講學爲詬病久矣；故爲譜其世家，並傳再世師友淵源之漸，俾學者無惑於俗言而識所祈嚮，是亦公之志也夫！

公卒於康熙六十一年，享年八十，壬子科舉人。曾祖，累贈光禄大夫、文淵閣大學士。祖考以公贈光禄大夫、禮部尚書。祖妣、妣，並贈一品夫人。本生考妣，貤贈亦如之。夫人查氏，初封淑人，晉封一品夫人。子六人：長世儁，丙戌進士，知江西建昌府；次世儼，辛卯舉人，揀選知縣；次世仁，乙未進士，翰林院檢討；次世倌，癸未進士，工部尚書；次世侃，癸巳進士，翰林院檢討；次潮，幼殤。女七人。孫男二十四人。銘曰：

經有明訓，不學面牆，冥行無嚮，爲惑爲狂。翼翼陳公，學優而仕，寅亮中外，官常有紀。善政善教，奠乂遐荒，氓獠歌思，愈久不忘。入長二官，禮寅事覈，如握尋常，引以繩墨。譜公之行，按公之書，所言多應，終始不渝。遠尊師聞，近守父學，有子能承，風規尤卓。豐碑峩峩，用表功施。不説學者，視此銘辭。

理藩院員外郎贈資政大夫席公神道碑

公諱席爾泰，系出舒穆禄氏，世居盛京東之渾渚。大父郎住，力能出車馬於淖陷。父吴巴泰，十六從軍，破隊徇城，常摧鋒；抑於上官，功不得御，終不自列。非臨陣，未嘗妄殺一人。公初試惜薪司筆帖式，轉倅刑科。麻勒吉總督江南、江西，檄自隨。歸補吏部主事，遷理藩院員外郎。奉檄行塞，墜馬，傷肩臂，遂引疾，卒年六十有八。

公在江南，制府以事詢，必竭情無隱。江西巡撫以法中某郡守。制府叩公，公曰：「吏獲罪，多由不善事上官耳。」即遣公廉其實，守得免，而衆莫知其由。江蘇布政使被劾，命公勾稽簿書。使恐懼道謁，公曰：「歸理案牘，無他求也。」麻公嘗被逮，院中佐吏皆號呶慢易，惟公不失禮。代任者益重公，固留以自佐，而公篤念父母，竟告歸。其在吏部，有武弁爲尚書所厚，軍功不及格而叙。公力争曰：「三藩蕩平，論功者衆，成法一亂，則冒進者人人得引爲辭。」會理藩院增置員外郎，上命部院各舉所屬賢能。首以公應，蓋不欲公在吏曹也。公内行飭修，事繼母誠孝。母素嚴，久而感悟。母没，撫季弟勤於己子，凡衣食必先取足焉。

公階奉直大夫，以子元夢貴，贈資政大夫。娶同系别屬女，仁厚識大義。公所以感繼母，及與麻公始終，夫人之助爲多。夫人以公封宜人，以元夢進封夫人。其卒也，距公之卒二十有二年。始公退休，家甚貧，而元夢以事譴，季子入翰林，尋亦罷，居常鬱鬱。及公卒逾年，而元夢復收用，漸被顧遇，開府兩浙，入爲司空。夫人屢覲皇太后於寧壽宫，天子親書堂額、壁聯以嘉母德。是以元夢每荷恩榮爲太夫人慶，即隱痛公之不及見。然元夢能推太公之德業，慎行其身，而有令聞，俾國人稱願，以爲君子之子，則公亦可以無恨矣。

公及夫人生卒年月日，子姓男女，既詳於幽堂之誌；葬事畢，外碑宜刻文，以屬余，乃叙而銘之。銘曰：

維國之興，材必世生。維家之隆，德必世崇。公先再世，淳德未漓。暨公稍達，仍鬱不施。以昌厥嗣，爲帝股肱。恪居官次，令聞有融。衆人所矜，錫命之顯。君子所感，嗣德無靦。我列茲銘，信而有徵。

贈右副都御史趙公神道碑

贈公諱良，字維林，浙江紹興府瀝海所人，吾友趙國麟之父，處士臨若公之子也。生有明崇禎丁丑，時寇賊交鬨。未成童陷賊，匿舟底三日，勺飲不入。既脱歸，廬舍已空。國初東南未靖，人民流離，多餬口於北方。遂棄儒學醫，至幽、燕，東遊齊、魯，遇族父於泰安州以醫自活，因廬旅焉。時淮陰江翁亦寓岱下，以女妻之，而臨若公倦遊無所合，困而歸。聞其子既立室，家附舟北上，至則國麟之生已數月矣，時康熙癸丑年也。

臨若公入抱孫，出則與石堂諸散人遊，贈公既左右無違，而江夫人力致魚菽瓜蔬以忠養，久而安焉。雖居窮，巷遠方畸人老宿多造門。豫章吴慎菴嘗嘆曰：「臨若之室僅容膝，可旋身，而入其中，則曠如也。」臨若公以康熙二十三年卒於泰安，贈公及江夫人相繼没。國麟貧不能葬。豫章戴君知地理，得吉兆以告，且探囊篋，助營窀穸。

又二十餘年，國麟巡撫安徽。入謁世宗憲皇帝山陵，請假歸里祭告。因葬故有缺，以書抵余，求補碑銘，以列祠堂。觀國麟所述，贈公自定家於岱，父歸就養，一室之中，父父、子子、夫夫、婦婦者，凡二十年。富貴不足道，國麟之得列於君子之林也，豈偶然哉！臨若公二弟卒於南中。老不能奔喪，命贈公歸葬。獨身冒風雪往還。其治疾者，如疾在身，無貧富貴賤，必竭心力。享年五十有八，以乾隆元年覃恩，誥贈如國麟官，江氏爲夫人。夫人之生，後贈公二十年，而卒以康熙辛未，先公一年。次子國經。女四人。以某年月日合葬於州西天平山。銘曰：

族以亂而散，家以旅而成，行以艱而篤，志以没而亨。岱畎有碑，瀝海有田，恩綸孔赫，世祀其繇。有開自天，其兆必先。

杜茶村先生墓碣

先生姓杜氏，諱濬，字于皇，號茶村，湖廣黄岡人。明季爲諸生，避流賊張獻忠之亂，流轉至金陵，遂久客焉。少倜儻，常欲赫然著奇節，既不得有所試，遂一意於詩，以此聞天下，然雅不欲以詩人自名也。於並世人，獨重宣城沈眉生、吴中徐昭發，自愧不如。其在金陵，與先君子善；客維揚，則主蔣前民。金陵爲四方冠蓋往來之衝，諸公貴人求詩名者湊至，先生謝不與通。惟故舊或守土吏迫欲見，徒步到門，亦偶接焉。門内爲竹關，先生午睡或治事，則外鍵之。關外設坐，約：客至視鍵閉，則坐而待，不得叩關，雖大府至亦然。及功令有排門之役，有司注籍優免。先生曰：「是吾所服也。」躬雜厮輿，夜巡綽，衆莫能止。

先生居北山，去先君子居五里而近，以詩相得，旦晚過從，非甚雨疾風無間。先君子構特室，縱横不及尋丈，置牀衽几硯。先生至，則嘯咏其中，苞與兄百川奉壺觴。常提攜開以問學。先生偶致雞豚魚菽，必召先君子率苞兄弟往會食，其接如家人。

丙寅春，先生年七十有七，攜襆被叩門，語先君子曰：「吾老矣！將一視前民，歸而窟室蔣山之陽，死即葬焉。」是日渡江，數月竟死維揚，喪歸，寄長干僧舍。一二故人謀卜兆，子世濟曰：「吾有親而以葬事辱二三君子，是謂我非人也。」無何，世濟亦卒。先生故三子，一子幼迷失，一爲僧遠方，衆莫敢主。

又數年，長沙陳公滄州來守金陵，謂先生其鄉人之能立名義者。哀其志，爲買小丘蔣山北梅花村，召先生從孫揚文及故人會葬。先君子執紼，視窀穸。時苞客燕南歸，而命之曰：「先生吾所尊事，汝兄弟親炙，可無誌乎？」苞重其事，將俟學之有成而措意焉。自先君子殁，患難流離，今衰且老矣。自恨學之無成猶昔，而舊鄉限隔，恐終墮先人之命，乃姑述其大略，使人往碣於墓之阡。

先生詩，世所傳不及十一。平生著述，手定凡四十七册。世濟殁，勢家購得之，弗善，仍歸其從孫某。先生生於明萬曆辛亥年正月十六日，卒於康熙丁卯年六月某日，葬以康熙丙戌年二月十六日。銘曰：

死而不亡，光於世，嗣逢長！

大理卿高公墓碣

吾師宛平高公之殁也，以康熙庚辰仲春。余在京師，衆議以誌銘屬余。視喪畢，東歸，爲銘歸公二弟。丙戌再至，拜公墓，石已磨未勒也，而余以事遄歸。又六年冬十二月，以鄉人戴名世文集牽連被逮。發歲，使僕某祭掃，還。訊之，墓垣盡頹，而磨石尚仆於道。

公仁孝聞天下，然世所稱者，太公以吏事謫遼左，公發憤成進士，伏闕上書求代，已而逢恩例贖歸。余竊謂父兄在難，凡力所逮，中人以下，猶將勉焉，不足爲公異也。

自公視學江南，余從遊近十年，公家事細大畢聞。太公少豪宕，不可羈束，而太夫人謹禮法，不相中。太公之歸也，公以爲難後天屬復完，又二親皆篤老，當更歡洽，而居常漠然，遇事仍嗃嗃。公用此雖富貴，恒蹙蹙如窮人無所歸，終公身。公退食，恒居於内，余怪焉，叩之御者，則常在太夫人側，嬉戲如嬰兒。其侍太公，所以承意觀色，或古禮經所未嘗云，而自公出之，乃知其當然而不可易也。公疾篤，余入視，公曰：「子毋憂！某雖無禄，尚當終事吾母。」乃竟先太夫人卒。嗚呼酷矣！

余所犯尚未決，雖天子明聖，而吏議余罪至重，死生未敢自卜，恐公之仁孝，余獨聞知者，遂就湮滅，而心氣瘀傷，不能營度爲文，前銘又不復記憶，乃質言其大略，俾公故人曾君啓起磨石而碣焉，時康熙壬辰八月也。

公諱裔，字素侯，卒於康熙庚辰二月十有二日，年五十有四。由翰林官至大理卿，仕績應列於史氏。銘曰：

謂公不得於天，胡濟屯以亨，而天屬之復連？謂公能得於天，胡將母之不終，而壽命不得以少延？豈彼蒼之無知，抑將留終古之恨以暴其仁賢！

兵部主事龔君墓碣

君姓龔氏，諱健陽，號惕齋，湖廣天門人也。初因其弟巽陽索交於余。余時衰疾，趨走内廷，終歲僅一再見。君每以不能親近從問經書爲言。

厥後聞君以陳漕弊爲重人所訾，部議降調，乃考其行於所習者。始知君自司工部，即勇任公事。及入臺，奏「砌馳道，核門禁，糶倉粟以平市價」，並愜衆心。而尤爲時所稱者，巡視南城，有主母殺婢，勢家也。君奏請自治，不送刑部。屬託百方，卒持法不移。雍正九年旱，詔諭科道聯名直陳時政。君首議「在任守制，當急停」，同僚相視，不敢署名。君遂具疏獨奏，付通政司，會掛部議，不得上。調行人司，方需次，特旨授兵部主事。以在臺中數言事，其名猶簡在聖心也。君益自奮勵，將有所設張，而未數月，遽以疾卒。始巽陽及吾門，試春官不第，將盡棄所學而專心於三禮，及歸亦遽卒。

龔氏世居福建，至南唐，趙國公之子順爲江西節度，使遂留江西，既而遷於竟陵，近千年無顯者，至君之祖，始舉乙科。及君兄弟五人，而登甲科者二，乙科者一。衆皆謂「龔氏其昌矣」，而仕者、學者皆不遂而無年，理數有不可詰者，獨其志行猶不没於士大夫之口。君於諸經、四書皆有編纂，尤好春秋，作胡傳辨十餘篇。惜乎君生時余未得與面講也。

君之祖仲鄂，順治甲午舉人。父諱松，廩貢生，以長子廷颺敕封文林郎。妻程氏，封孺人。君以子學海遇乾隆三年覃恩，贈奉政大夫。妻譚氏，贈宜人。子三：長光海，嗣世父；次學海；次文海。女二。君以甲寅十二月合葬譚宜人之墓，在本縣利涉鋪先兆，未有銘幽之文。君卒後四年，學海以庶吉士屬余教習，請銘。余多事未暇，及歸里檢篋笥，失君行狀。乾隆九年秋九月，復以狀來，乃叙而銘之，以列外碑。銘曰：

職方張而柄移，志甚盛而身萎，惟天造之難測，幸素履之無虧。

王彦孝妻金氏墓碣

徽郡在群山中，土利不足以贍其人，故好賈而輕去其鄉，自通都大邑以及山陬海聚，凡便賈之地即家焉。其俗男子受室後，尊者即督令行賈，無贏折皆不得速歸，久者數十年，近亦逾紀。用此居必聚族，而嚴閨門之禮，故婦人以節著者，比户多有之，蓋禮俗之所漸然也。

金氏爲休寧王彦孝妻，生子宜民，六月而寡。會國初，天下猶未靖，而休、歙間土賊假以攻剽。

金氏集兄公彦忠、叔彦節謀曰：「吾三門惟孺子存。聞淮、揚已定，先人舊業在焉。伯居守，叔衛我抵江都，一綫可延也。」從之。宜民少長，即教以賈，曰：「汝母慕爲儒。」彦節死，命宜民歸葬；彦忠死，亦然。兩人終以無子，而其鄉鄰居者，多爲賊所殘，皆曰：「微節婦，王氏不祀矣。」

夫擇地權時以定其身家，男子所不易也，而金氏以婦人任之。且决計於干戈擾攘之間，動乎險中而得亨貞，豈獨其志節足爲女子之準的哉！

節婦自始寡，即不茹葷，飯疏羹菜凡五十年，卒年七十有二。以某年月日祔於彦孝之兆某鄉某原。後二十年，其孫宗華儒而治，方客京師，請銘於余，始碣其墓之阡。銘曰：

兒呱呱，莽伏戎，嫠也悕，走煢煢，既定遷，延宗祊，終首丘，辟兆從。

族子根穎壙銘

明善先生之後，能世其學者，惟中丞之子孫。諸父行皆先君子所善，而十五弟弢采尤與先兄相得。先兄既殁且數年，余遇弢采丹陽道中，相持而哭失聲。自是聚則相歡，離居則相念也。

雍正三年季春，余至京師。其秋，弢采亦至，心疾累月不瘳。逾年而其三子根穎至自桐，左右就養，藥物無違。弢采稍自寬，疾漸愈。根穎年雖少，好古書，日輯左傳義疏，弢采暇則爲講畫。余方喜其旅中得良子以忘其憂，而根潁尋抱疾。其冬，岐采館通州。根潁從，逾年春夏益羸。余再使往問，未得報，而岐采至自通，根潁以五月晦前一日死矣。叩所由，則始至時，父疾方劇，憂思喀血，隱而不言，至垂死，乃得其狀。昔先兄及余避事吴中，弟林偕，喀血不言，循至大疾。用此見父兄於子弟仁孝者，察其形神以求其疾痛，尤不可以不悉也。

嗚呼！民之壽殀皆曰命於天，然仁孝者每以戕其生，則何以勸哉！岐采既自爲哀辭，屬余銘其壙，乃垂涕而爲之書。

根潁生於康熙壬午，卒年二十有六，未娶。銘曰：

爾父疾無滋，以爾歸，祔食於爾宗，靈其億而！

鮑氏女球壙銘

康熙庚寅夏五月，余妹適鮑氏者，卧疾甚憊；而余有故鄉之行，往視之，其長女球侍。戒以在視食飲寢興之節，球淚應聲落。逾月，余在皖，家僕至。叩之，則妹疾少蘇，而球遘癘疾死矣。

金陵俗浮惰，而女教尤不修，甘食美服嬉遊而外，爲女爲婦之道胥無聞焉。其富女以此相高，貧者不得，則以懟其父母，賤其夫而外其舅姑。余每侍老母側，見内外宗女，爲陳古女婦儀法。群女往往心病余言，稍稍自引去。獨球承聽，久而益恭。

鮑氏故富饒，至球父甚窶，又多子女，而家無僕婢。球自十歲，即佐其母汲爨，縫紉浣濯，攜持弟妹，凡成人之艱辛，實備嘗焉。而自有生以至於歿，其饔飧未嘗一節適也，被服未嘗一完善也。故余與其父母，用此尤不能爲懷。然世之福祥壽考而缺於人道，以愧負其所受於天者多矣，而球無愧也。然則余與其父母亦可以無恨也。

球以康熙庚寅七月二十三日殤，年十有六，未字。葬於某鄉某原。銘曰：

而已反其初，生人之患，而今其免夫！而母疾其蘇，而安而居！

武陟陳公廟碑文〔一〕

陳公廟者，河内之人不忘故總河陳恪勤公而作也。康熙六十有一年，河決馬營口，請於朝，

〔一〕本篇以下輯自方望溪遺集碑傳類，第九〇、一〇七頁。本篇直本題下注：「孫氏補遺有目無文，聲木從道榮堂文集卷首搜得。」

凡三至河内，循故道，疏下流，常饑不遑餐，倦不遑寢，病不遑藥，以身先役夫而董勸之。自秋徂冬，閲月凡五。南北壩合而復潰者四。三誓於神，願以身殉。衆志咸奮，克成厥功。而公遂彌留矣，所謂以死勤事者也。今天子御宇，上清下寧，百神受職，洪波澄澈，亘數千里。引河自開，不煩疏鑿。堤堰閘壩之功，爲焉而斯成，築焉而斯固。民忘負薪捧土之劬，官有進級紀功之賞。休哉！天之所以應聖德，惠蒼黎，惜乎公既没而不及見也！

于是，河内之人聚而言曰：「前者廣武山下王家溝之引河不開，則馬營口不得而塞，馬營口不塞，則是魚鱉我也。公不愛其死以衛我民，俾得延朝夕，以復睹聖天子平地成天之烈於今日，若之何忘之？」乃告於邑令徐君石麟，相與伐木鳩工，爲廟於郭外嘉應觀右，寢堂門廡畢具。士人張謨、荆鵬展、金永齡、張孝先等實司厥役，父老子弟不令而趨，有弗告勞，若撻諸市。始雍正十二年九月，越十月丙午落成。徐君來請余文，刻系牲之石。先是，上俞撫臣請，祀公河南賢良祠，而懷之人猶拳拳焉專其敬於公者，以公嘗陟降上下于兹土，其神如或臨之也。逸能思初，安能惟始，其懷人之謂乎？乃撮公浚河大略書之，且系以銘，告後之人無怠。

公諱鵬年，字北溟，號滄洲，湖南湘潭人，持身治民，所在皆著聲績，爲時名臣。銘曰：

昔河之溢，滔滔東流，沁水交漲，漫及張秋。公來自淮，底績廣武，道河南行，俾復其所。我𠂤孔亟，公涕如雨，再決再塞，有萬其杵。馬營既陂，兖冀既寧，公没而視，俟我河清。帝曰「勞臣，鞠躬盡瘁，秩祀賢良，俞哉廷議」。惟此懷民，立社以祠，匪私匪媚，明德是思。我田我廬，報以廟食，公功不刊，視此樂石。〔二〕

展斷事公墓小引

五世祖諱法，中建文己卯鄉試榜，授四川都使司斷事。永樂詔至，正告長官曰：「國家以重臣守本司，封疆民社之責，視藩臬更重。縱不能興師匡復，可自陷於逆亂乎？」衆以爲病癲。欲列其名賀表，以死争，乃命羈候。尋以正學先生十族被逮，舟行至望江小孤山下，此據家譜，明初傳記皆云潛江天柱山下。忽被朝服，東北向三拜，稽首者再，躍入江自沈。解官與有地守者，徧求其尸不得，妻子以衣冠招魂而葬。事載欽定明史正學傳。邑有專祠，金陵從祀正學祠。

〔二〕直本文末劉聲木附記：「此文雖見于曹謌庭侍御一士四焉齋文集中，其果爲望溪侍郎所撰與否，識者自能辨之。侍御文集刻于身後十三年，原本或一文而數稿，或一稿而數改，未必無錯誤，似難執以爲憑也。」

展川貞姑墓小引

生于四川，族人稱曰「川老姑」。初欲自沉求父尸，以曾許嫁盛氏子中止。無何，盛氏子病死，遂撤環瑱，侍母，撫二弟。卒年六十有七。邑中烈女祠，母鄭孺人爲首，次貞姑。

方望溪文集全編卷二十三〔一〕

記

別建曾子祠記〔二〕

雍正三年春，苞赴京師，道濟寧。諸暨楊三炯以兖郡丞督漕駐此，云：「始到官，寓署之西偏，蓋曾子故居也。聽事處，即正廟。前吏者遷主於西城樓而宅之，又於隙地治燕私之齋。余將就其址，構數楹，迎主歸，定祀。且延師召諸生講誦於此，俾衆著於先賢之遺蹟，而不敢廢焉。舍故廟而別祠，恐後之人狃於前事而不能保也。」秋九月，以書來請記，曰：「工訖矣。」

余嘗謂道一而已，而聖賢代興。其操行之要，與所示學者入德之方，則必有爲前聖所未發者。詩、書、易、禮深微奥博，非積學者不能徧觀而驟入也。至孔子，則所言皆平近顯易，夫人可

〔二〕本篇以下至良鄉縣岡窪村新建通濟橋碑記，原爲望溪先生文集卷十四。

知，而六經之旨備焉。至曾子傳大學，揭慎獨之義。俾學者隨事觸物而不容自欺，所以直指人心道心之分，而開孟子所謂幾希之端緒，乃前之聖人所未發也。其自稱曰：「吾日三省吾身。」即慎獨之見於操行之實者耳。

夫見廟而思敬，過墓而知哀，苟有人心者，莫不然。況入先賢之宫，而有漠然無所興起者乎？諸生誠切究夫省身慎獨之義，則知功利之溺心，詞章之蠹學，而慨然有志於遠且大者。而後之吏者，自惟燕私之居，則務廣而無窮，而先賢祀享、諸生講誦之地，盡取而不留一區，其必有不得於心者矣！此三炯之志也。江南後學方苞記。

絃歌臺記 代

陳州城外西南隅，相傳孔子絶糧處，舊有祠曰阨臺。明嘉靖中，巡按御史某更名絃歌。祠屢修屢廢，容以告余：因遣人鳩工飭材，營葺俾復其舊。經始於康熙五十一年某月某日，告訖於次年某月某日。

州之人士備述其川原林麓之勝，因董役者以請記於余。余思之經旬，而未得所以爲言之義焉。將陳夫子之德與道與？則乾坤之容，日月之光，不可繪畫；且語之至者，已備於前賢矣。

將謂茲臺爲邑人所瞻仰與？則今天下郡州縣學皆有夫子廟堂，過者不戒而肅恭，亦不係乎茲臺之存毁。至於川原林麓之觀，又不足道也。

是役也，特以至聖遺蹟所留，有以告者，則不得任其終圮。故第書所緣起，以及畢工之月日云。

重建陽明祠堂記

自余有聞見，百數十年間，北方真儒死而不朽者三人：曰定興鹿太常、容城孫徵君、睢州湯文正，其學皆以陽明王氏爲宗。鄙儒膚學，或剿程、朱之緒言，漫詆陽明以釣聲名而逐勢利。故余於平生共學之友，窮在下者，則要以默識躬行；達而有特操者，則勖以睢州之志事，而毋標講學宗指。

金陵西華門外，舊有陽明書院，不知廢自何年。講堂學舍，周垣盡毁。其餘屋圍者居之，繚以廁匽。欲聲其罪，則其人已亡；欲復其舊，則費無所出。乾隆十一年，貴州布政使安州陳公調移安徽，過余北山，偶言及此，遂議興復。逾歲五月告成，屬記之。蓋公乃余素以睢州志事相勖者。其尊人鳴九先生承忠節、徵君之學，爲教於鄉國。故公於茲祠，成之如此其速也。

嗟乎！貿儒耳食，亦知陽明氏揭良知以爲教之本指乎？有明開國以來，淳朴之士風，至天順之初而一變。蓋由三楊忠衰於爵禄，以致天子之操柄，閣部之事權，陰爲王振、汪直輩所奪；而王文、萬安首附中官，竊據政府，忠良斥，廷杖開。士大夫之務進取者，漸失其羞惡是非之本心，而輕自陷於不仁不義。陽明氏目擊而心傷，以爲人苟失其本心，則聰明入於機變，學問助其文深，不若固守其良知，尚不至梏亡而不遠於禽獸。

至天啓中，魏黨肆毒，欲盡善人之類。太常、徵君目擊而心傷，且身急楊、左之難，故於陽明之説直指人心者，重有感發，而欲與學者共明之。然則此邦人士升斯堂者，宜思陽明之節義勳猷、忠節、徵君、文正之志事爲何如，而已之日有孜孜者爲何事，則有内愧而寢食無以自安者矣！又思陽明之門如龍溪、心齋，有過言畸行，而未聞其變詐以趨權勢也。再傳以後，或流於禪寂，而未聞其貪鄙以毁廉隅也。若口誦程、朱，而私取所求，乃孟子所謂失其本心，與穿窬爲類者。陽明氏之徒，且羞與爲伍。是則陳公重建兹祠之本志也夫！

郡志載前輩焦弱侯重修書院記，略云：「創建者，海門周公，時攝京兆。厥後與參黄公嗣事，乃成之。」今兹重建，費大於作始。公惟不詰屋與地私相授受之由，而官贖之，價從其低。鳩工庀材，並出禄賜。邑侯海寧許君助之，屬役於紳士，不由胥吏，故不日而事集。經始於乾隆十一年季冬，訖工於十二年仲夏。方苞記。

鹿忠節公祠堂記

定興鹿忠節公致命於城西北隅，邑人就其地爲祠。曾孫某葺之，列樹增舍，俾子孫暨鄉人志公之學者，得就而講習焉。

余嘗謂：自陽明氏作，程、朱相傳之統緒，幾爲所奪。然竊怪親及其門者，多猖狂無忌，而自明之季以至於今，燕南、河北、關西之學者，能自竪立，而以志節事功振拔於一時，大抵聞陽明氏之風而興起者也。昔孔子以學之不講爲憂，蓋匪是則無以自治其身心，而遷奪於外物。陽明氏所自別於程、朱者，特從入之徑塗耳。至忠孝之大原，與自持其身心而不敢苟者，則豈有二哉？方其志節事功，赫然震動乎宇宙，一時急名譽者多依託焉以自炫，故末流之失，重累所師承。迨其身既殁，世既遠，則依託以爲名者無所取之矣。凡讀其書，慕其志節事功而興起者，乃病俗學之陋，而誠以治其身心者也。故其所成就，皆卓然不類於恒人。

吾聞忠節公之少也，即以聖賢爲必可企，而所從入則自陽明氏。觀其佐孫高陽及急楊、左諸公之難，其於陽明氏之志節事功，信可無愧矣。終則致命遂志，成孝與忠，雖程、朱處此，亦無以易公之義也。用此知學者果以學之講，爲自事其身心，即由陽明氏以入，不害爲聖賢之徒。若夫用程、朱之緒言，以取名致科，而行則背之，其大敗程、朱之學，視相詆訾者而有甚也。

公之生平，耿著於天壤，蓋無俟於余言。故獨著其所以爲學之指意，使學者知所事而用自循省焉。是則公之志也夫！

修復雙峰書院記

容城孫徵君，明季嘗避難於易州之西山，學者就其故宅，爲雙峰書院。其後徵君遷河南，生徒散去，爲土人侵據；其曾孫用楨訟之累年，始克修復，而請余記之。

余觀明至熹宗時，國將亡，而政教之仆也久矣；而士氣之盛昌，則自東漢以來，未之有也。方逆奄魏忠賢之熾也，楊、左諸賢，首罹其鋒，前者糜爛，而後者踵至焉。楊、左之難，先生與其友出萬死以赴之。及先生避亂山谷間，生徒朋遊棄家而相保者，比比也。嗚呼！諸君子之所爲，雖不能無過於中，而當是時，禮義之結於人心者，可不謂深且固與？其上之教，下之學，所以蘊蒸而致此者，豈一朝一夕之故與！

夫晚明之事，猶不足異也。當靖難兵起，國乃新造耳，而一時朝士及閭閻之布衣，舍生取義，與日月争光者，不可勝數也。嘗歎五季縉紳之士，視亡國易君，若鄰之喪其雞犬，漠然無動於中。及觀其上之所以遇下，而後知無怪其然也。彼於將相大臣，所以毁其廉耻者，或甚於臧獲；則賢者不出於其間，而苟妄之徒，回面汙行而不知愧，固其理矣。有不明之興也，高皇帝之馭吏也嚴，而待士也忠。其養之也厚，其禮之也重，其任之也專。用命而自背所學者，雖以峻法加焉，而不害於士氣之伸也。故能以數年之間，肇修人紀，而使之勃興於禮義如此。由是觀之，教化之張弛，其於人國輕重何如也？

余因論先生之遺事，而并及於有明一代之風教，使學者升先生之堂，思其人，論其世，而慨然於士之所當自厲者。至其山川之形勢，堂舍之規，興作之程，則概略而不道云。

將園記

由正街之西有廢墟焉，先君子嘗指以示余曰：「此吾家故園也。汝曾大父自桐還金陵，實始居此。其後定居土街，宅出質，園無主。長廊曲檻，軒亭花石，遂盡於居民之毀竊，而荒穢至此。」

先君子好爲山澤之遊，既老不能數出，居常鬱鬱，乃謀復是宅。宅已六易主，久之議始成，以甲申七月入居。因步園之舊址，繚以百堵，隔居民之漱浣者。然後出池之淤以實下地，而清流匯焉，堰之使方，圃其四周。池東有獨樹，蔭三丈餘，甃其下，可列坐，風謖謖，雖盛夏不留蚊蠅。先君子日召故人，歡飲其間，將俟其成而名之曰將園，取詩人「將父」「將母」之義也。越三歲而先君子歿，始克於池之東北隅構四室，奉老母居其北，而余讀書其南。又數年復於池東南隅爲堂，敞其中，櫺其左右，而翼其西偏以臨於池。廡堂之東，上屬於四室，編籬穿徑，列植竹樹。每飯後，扶老母循廡至南堂，觀僕婢蒔花灌畦。或立池上，視月之始生，清光瑩然，不知其在城市中也。

南堂成於庚寅之春，其西翼尚未畢工。辛卯十有一月，余以南山集牽連被逮。又二年出獄，蒙聖恩召入内廷編纂。老母北上依余，每夏日，輒語内御者曰：「池中荷新出，柳條密蒙，桐陰如蓋矣。」

余出獄之次年，宅仍他屬。又三年，園亦出質。乃記所由始，示兄子道希，使知此大父母精神所憑依，而余之心力嘗竭焉，毋淹久於他姓也！

泉井鄉祭田記

兄百川暨弟椒塗卜葬於泉井之西原，墓側有田十八畝，買爲祭田。壬辰，使馮氏甥榮收其入，兼以契付之，使築室而定居焉，以守薪木，俾吾子姓祭者有所休止，而記之曰：

余同産凡八人，而女兄弟五：姊適鮑氏、曾氏者，前母姚孺人出也；適馮氏者，妹適鮑氏、謝氏者，並余兄弟，吴孺人出也。自余毁齒及成童，先君子尤窮空。冬無緜，日不再食者，旬月中必再三遘。時鮑氏姊已出室，而先兄侍王父於蕪湖，兩妹尚幼，同之者實兩姊及弟椒塗，而先君子課余及弟誦讀甚嚴。馮氏姊獨勤力定省，供子職，烹爨、縫紉、灑掃，執僕婢之役，門以内皆賴焉。余家貧，而馮氏尤甚。姊年二十有六，姊夫綏萬始入贅。其後余遊四方，綏萬助兄治余家事近十年。兄殁，余又共事焉。姊在室時，余兄弟三人更疾不瘳，凡四三年。雞初鳴，余每寤，望見燈光熒然，則姊已起治藥物矣。

余年二十有三，始能備饔飧而弟卒。又九年己卯舉於鄉，歸自京師，逾年而兄卒。又七年丙戌中禮部試，歸逾月而姊卒。姊先卒之數日，余往視。榮及兩女甥皆在旁，姊顧之慘然。余曰：「吾生而存，若輩無飢且寒。」

又五年辛卯冬十有一月，余以南山集牽連被逮，將至京，守隸防夫伺甚嚴。或曰：「入則不可以生矣。」余懼與姊言之終棄也，乃於逆旅夜篝燈作書寄兄子道希，使以兹田歸馮氏。

會逢天子仁聖，不遽用吏議，而不肖之軀延於獄中者又逾年。聞戚友多咎余，曰：「田以祭名，而使異姓主之，可乎？」余亦惑焉。雖然，是舉也，先兄及弟之魂魄必嘉與之。且人事無常，使子孫守之，遂能永保不失乎？今以方氏祭田，而使馮氏子孫食其入，執其契，雖不肖者莫敢相授受，安知非兹田之所以久存也與？若他年道希克昌其世，以他畝易而歸之，義無不可。遂書之，俾刻石於墓左，時康熙壬辰十一月望後六日，在獄思悆齋。

赫氏祭田記

古者治教禮俗莫重於宗法，周官：「以九兩繫邦國之民：五曰宗，以族得民。」其爲天子繫屬斯民，權亞於牧長，義並於師儒。降至春秋，去國者多以族行。并兼者欲誘其遺民，則爲之致邑立宗。故先儒謂宗法之廢興，與國勢爲表裏，此之故也。

三楚、吴、越、閩、廣山谿之間，聚族而居者，常數千百家，而宗法無一能行。蓋古者公卿大夫，禄皆足以仁其族，而四民各有職業。其待大宗之收恤，不過鰥寡孤獨廢疾無大功之親者而已。後世家無恒産，人無常業，盎無儲、枷無衣者，比肩而立，而欲大宗之收族，不亦難乎？飢寒之不恤，而執法以繩不類，孰聽之乎？惟吴郡范氏有義田以養其族人，故宗法常行，無或敢犯。余嘗以風並世士大夫，間有慕效者，不再世而子孫族人瓜分其義田而摽棄之。然後知范氏宗法久行，非以其義田之多，乃文正、忠宣之德行功業足以覆露其子孫，以陰爲之保定，故食其福者七八百年而未有艾也。

康熙癸巳冬，余自南書房移蒙養齋，時與顧用方論喪祭之禮及古宗法，赫君赫若有意於余言。其母李孺人卒，期年内，飲食寢處，不背於禮經。其始仕，禄入甚薄，即大治兆域，建墓側饗堂。每語余曰：「范氏義田，吾有志焉而未逮也。」後二十餘年，乾隆戊辰，余已告歸，而君爲山東布政使。以書來告曰：「先王父入關，隸正黄旗，受寶坻田五百八十畝，以授吾父暨叔父。吾父以公事出典二頃，餘八十畝，歲時具牲醪，常苦不充。及將終，以授某曰：『小子勖哉！奉先合族，無忘吾志。』某兄弟四人，伯兄早世；季弟永泰後叔父，而叔父亦即世。某監寶泉局，始克歸先父出典之田，以大半給三弟永寧，餘入祭田。及永泰得官，喟然曰：『巨嫂衣食於兄，我爲叔父後，而喪葬兄力任之，乃坐享遺田，心不能安，請以歸於公。』時某續置龍虎莊五百五十畝，乃以分給寧、泰，而祖遺五百八十畝盡爲祭田，以其餘周族姓。此永泰之義，某終未益尺土也。今以非材，承乏東藩，將謹身節用，歲有增益，如范氏義田，以繼先人之志。望先生作記，俾時自砥淬。」

嗚呼！人性皆善，用此知謂古禮必不能行於今，皆自暴棄之誣言也。赫君不忘父命，遂足以發其弟之義心，而又能曲成其義。使公卿大夫之設心皆若此，而宗法不能行，仁讓不能興，吾不信也。使三楚、吴、越、閩、廣聚族而居者，其巨室富人皆能踵其事，則居常飢寒足以相恤，遇變鄉邑可以共保，禮俗成而民氣固，其有輔於國家之治教，豈淺小哉？

赫居東，值歲大祲，未數月，以太僕寺卿内召。其增益義田終能滿志，吾不敢知，然就其已事，固足爲爲人子孫與兄弟居之楷法矣。赫嘗言：「自服官以後，凡余所云，無一不拳拳於心。」若果能然，則豈惟義田；文正、忠宣之軌迹具在，庸詎爲吾儕所不可幾及哉！

仁和湯氏義田記

仁和湯少宰西涯置義田如干畝，以贍其族人，式法一取之吴郡范氏。少宰卒於京師，其子學基將御匱以歸，請余記之。

傳曰：「尊祖故敬宗，敬宗故收族。」先儒嘗歎宗法不行，則民俗無由淳，國勢無由固。然其所以不行者，有説焉：古之時，大功同財，而有禄者必仁其族。其平時飢寒相恤，死病相救；故有事則聚族而謀，犯難去國，以其族行，而莫之敢貳也。自秦人子壯出分，後世沿以爲俗，期之兄弟，能不異居與財者，鮮矣。故士大夫家累鉅萬，其親屬或不蒙其潤澤，況族人乎？是以平居相視如途人，甚則號呶詬誶，而莫之能禦。吴、楚、閩、越山澤鄉邑之間，族聚者常千百人，而宗法無一能行，此之故也。

余嘗至吴郡，聞范氏之家法：宗子正位於廟，則祖父行俛首而聽命，過愆辯訟，皆於家廟治之。故范氏之子孫，越數百年，無受罰於公庭者。蓋以文正置義田，貧者皆賴以養，故教法可得而行也。

嗟乎！世之厚自封殖者，徒以私其子孫耳。然易世以後，貨以悖出，而子孫無一壠之植者多矣。文正置義田，以贍其族也，而子孫享之者，垂七百年。天道人事之類應而不忒如此，不可爲愚者之炯鑒哉？

少宰家無贏餘，所遺於子若孫者，尚不及義田之半，可謂能厚其本根者矣。學基請記其事，豈惟揚父之美，亦欲其族人群相勖於范氏之家法也。

遊豐臺記

豐臺去京城十里而近，居民以蒔花爲業。芍藥尤盛，花時，都人士群往遊焉。余六至京師，未得一造觀。戊戌夏四月，將赴塞門，而寓安之上黨，過其寓爲别。曰：「盍爲豐臺之遊？」遂告嘉定張樸村，金壇王篛林，余宗弟文輈、門生劉師向，共載以行。

其地最盛者稱王氏園，扃閉不得入。周覽旁舍，於籬落間見蓓蕾數畦，從者曰：「止此矣！」問之土人：初植時，平原如掌，千畝相連，五色間廁，所以爲異觀也。其後居人漸多，各爲垣牆籬落以限隔之，樹木叢生，花雖繁，隱而不見。遊者特艷其昔之所聞，而紛然來集耳。因就道旁老樹席地坐，久之始得圃者宅後小亭而憩休焉。少長不序，卧起坐立惟所便，人暢所欲言，舉酒相屬，向夕猶不能歸，蓋余數年中未有醼遊若此之適者。

念平生鈍直寡諧，相知深者，二十年來凋零過半，其存者，諸君子居其半矣。諸君子仕隱遊學各異趨，而次第來會於此，多者數年，少亦歷歲移時，豈非事之難期而可幸者乎？然寓安之行也，以旬日爲期矣。其官罷而將歸者，則文輈也；事畢而欲歸者，樸村也；守選而將出者，劉生也。惟篛林當官，而行且告歸。計明年花時滯留於此者，惟余獨耳。豈惟余之衰疾羈孤，此樂難再；即諸君子蹤迹乖分，棲託異向，雖山川景物之勝什百於斯，而耆艾故人，天涯群聚，歡然握手如兹遊者，恐亦未可多遘也。因各述以詩，而余爲之記云。

遊潭柘記

康熙戊戌夏四月望後七日，余將赴塞上，寓安偕劉生師向過余。會公程可寬信宿，乃謀爲潭柘之遊，而從者難之，曰：「道局窄不利行車，窮日未可達也。」少間，雲陰合，厲風起，衆皆以爲疑。寓安曰：「車倍僦，雨淋漓，詰旦必行。」既就途，果回遠，經砠磧，數頓撼。薄暮抵山口，而四望皆荒丘，雖余亦幾悔兹行之勞而無得也。入山一二里，徑陡仄，下車步至寺門，而山之面勢始，出林泉清淑之氣，曠然與人心相得。時日已向暝，乃宿寺西堂。質明起，二子披衣攀躡，窮寺之幽與高，降而左，出寺循山徑東上，求潭柘舊址。泉聲隨逕轉，蘙薈密蒙，如行吴、越溪山中，遇好石，輒列坐，淹留不能進。日將中，從者曰：「更遲之，事不逮矣。」余拂衣起，二子相視悵然，計所歷於山，得三之二，去潭側二里，竟不能至也。昔莊周自述所學，謂與天地精神往來。余困於塵勞，忽睹兹山之與吾神者善也，殆恍然於周所云者。

余生山水之鄉，昔之日，誰爲羈紲者？乃自牽於俗，以桎梏其身心，而負此時物，悔豈可追邪？夫古之達人，巖居川觀，陸沉而不悔者，彼誠有見於功在天壤，名施罔極，終不以易吾性命之情也。況敝精神於蹇淺，而蹙蹙以終世乎？

余老矣，自顧數奇，豈敢復妄意於此？而劉生志方盛，出而當官，得自有其身者，惟寓安耳。然則繼自今，寓安尚可不覺寤哉？

再至浮山記

昔吾友未生、北固在京師數言白雲、浮渡之勝，相期築室課耕於此。康熙己丑，余至浮山，二君子猶未歸，獨與宗六上人遊。每天氣澄清，步山下，巖影倒入方池，及月初出，坐華嚴寺門廡，望最高峰之出木末者，心融神釋，莫可名狀。將行，宗六謂余曰：「兹山之勝，吾身所歷，殆未有也。然有患焉方春時，士女雜至，吾常閉特室，外鍵以避之。夫山而名，尚爲遊者所敗壞若此！」辛卯冬，南山集禍作，余牽連被逮，竊自恨曰：「是宗六所謂也。」

又十有二年雍正甲辰，始荷聖恩，給假歸葬。八月上旬至樅陽，卜日奉大父柩改葬江寧，因展先墓在桐者。時未生已死，其子移居東鄉。將往哭，而取道白雲以返於樅。至浮山，計日已迫，乃爲一昔之期，招未生子秀起會於宗六之居而遂行。

白雲去浮山三十里，道曲韈，遇陰雨輒不達，又無僧舍旅廬可託宿，故余再欲往觀而未能。既與宗六别，忽憶其前者之言爲不必然。蓋路遠處幽，而遊者無所取資，則其迹自希，不係乎山之名不名也。既而思楚、蜀、百粤間，與永、柳之山比勝而人莫知者衆矣。惟子厚所經，則遊者亦浮慕焉。今白雲之遊者，特不若浮渡之雜然耳。既爲衆所指目，徒以路遠處幽，無所取資而幸至者之希，則曷若一無聞焉者，爲能常保其清淑之氣，而無遊者猝至之患哉！然則宗六之言蓋終無以易也。余之再至浮山，非遊也，無可記者，而斯言之義則不可没，故總前後情事而並識之。

蒼溪鎮重修三元觀記

高淳張彝歎嘗持所爲募修三元觀疏示余曰：「俟其成，子必記之。」余諾焉，彝歎曰：「古者射鄉、酺蠟、讀法憲禁、計耦興鋤各有地，春秋祈報各有典祀，而後世並無之。此地爲宣、歙群流入吴之要會，自開永豐、太平諸圩，民懼水敗，嶪而聽於神。凡歲時修築分植屬役，旱潦啓閉水門，皆合衆成言於此，則過而存之，不亦可乎？」又曰：「吾鎮俗近古，無商賈奇羨、遊觀伎巧之誑耀，民安拙業而士者亦通於農，若因農祀之節會，寓以古法，則禮俗可興。惜乎吾衰，而志力有不逮也。」余聞而慕之，因屬彝歎爲購旁舍，將移家而相資以待老。

康熙辛卯，余構禍北徙。又七年戊戌而彝歎赴詔，道卒於山東。又六年雍正甲辰，余蒙恩除旗籍，給假歸葬，而觀適成。蒼溪士人録前後疏記以來，曰：「此彝歎之志也。」

按疏記：「漢末吴將周瑜駐屯於此，瑜殁，權立觀以褒其功。及北宋以永豐田賜蔡京，乃重建加崇侈焉。兹圻正殿，棟陰署『赤烏二年重建』。其始修在明成化三年，越萬曆三十二年，越崇禎十四年，凡再修。」

夫自明中葉至今僅百餘年，修而復圮者三，而自漢至明千餘年無廢興，事理有不當然者。蓋重建於京，修者醜之，故原其蹟之自瑜而署以赤烏也。此雖類不學者爲之，然即是可徵其俗之近古矣。

惜乎彝歎既歿，余復拘綴，無緣一至其地，究觀其學者耕者之禮俗也，乃約略而爲之記。其川流之支湊，及觀名、神號所元，則彝歎之疏具矣。

記尋大龍湫瀑布

八月望前一日，入雁蕩，按圖記以求名蹟，則蕪没者十之七矣。訪於衆僧，咸曰：「其始闢者，皆畸人也。庸者繼之，或摽田宅以便其私，不則苦幽寂去而之他，故蹊徑可尋者希。」過華嚴，鮑甥率衆登探石龍鼻流處，余止山下。或曰：「龍湫尚可至也。」遂宿能仁寺。詰旦，輿者同聲以險遠辭。余曰：「姑往焉，俟不可即而去之，何傷！」沿澗行三里而近，絶無險艱。至龍湫菴，僧他出。樵者指道所由，又前半里許，蔓草被徑。輿者曰：「此中皆毒蛇、貍蟲，遭之重則死，輕則傷。」悵然而返，則老僧在門，問故，笑曰：「安有行二千里，相距咫尺，至崖而反者？吾爲子先路。」持小竿，僕李吉隨之，經蒙茸，則手披足踏。輿者坦步里許，徑少窄，委輿於地，曰：「過此，則山勢陡仄，决不能前矣。」僧曰：「子毋惑！惟余足迹是瞻。」鮑甥牽引越數十步，則蔓草漸稀，道坦平，望見瀑布。又前，列坐巖下，移時乃歸。輿者安坐於草間，並作鄉語，怨詈老僧曰：「彼自耀其明，而徵吾輩之謡，必衆辱之。」

嗟乎！先王之道之榛蕪久矣，衆皆以遠迹爲難，而不知苟有識道者爲之先，實近且易也。孔、孟、程、朱皆困於衆厮輿，而時君不寤，豈不惜哉？夫輿者之謡即暴於過客，不能譴呵而創懲之也，而懷怒蓄怨至此，況小人毒正，側目於君子之道以爲不利於其私者哉？此嚴光、管寧之儔，所以匿迹銷聲而不敢以身試也。

題天姥寺壁

癸亥仲秋，余尋醫浙東，鮑甥孔巡從行，抵嵊縣，登陸問天姥山。肩輿者曰：「小丘耳，無可觀者。但山下有古樹，介寺基與園圃之間，園者將薪之，僧以質於官，不能辨也。雷破而中分，之木身煨燼者十之七，自上科至下根，斬然離絶近三尺。其旁之依皮而存者僅矣，而枝葉蔚然，於今數百年。」至山下，果如所云。即而視其樹，則中焦者可爪而驗也。鮑甥曰：「嘻，咄哉！李白之詩，乃不若輿夫之言之信乎？」

余曰：「詩所云，乃夢中所見，非妄也。然即此，知觀物之要矣。天下事必見之而後知，行之而後難。凡以意度想像而自謂有得者，如趙括之言兵，殷浩之志恢復，近世浮慕陸、王者之談性命，皆夢中語也，而昧者多信爲誠然。若目擊而心通，或實有師承，則人雖微，其言不可忽，如臨清老人之分河流，蜀木工之解『未濟』是也。物之生也，若驟若馳，吉凶倚伏，顛倒大化中，當其時不自覺也，惟達者乃能見微而審所處。假而兹樹非殘於雷火，必終歸於薪爨，是震而焚之，乃天所以善全其生，而使之愈遠而彌存也。」

鮑甥曰：「斯言也，不可棄。」遂書於壁，使覽者觸類而得其所求思焉。

遊雁蕩記

癸亥仲秋望前一日，入雁山，越二日而反，古蹟多榛蕪不可登探，而山容壁色，則前此目見者所未有也。鮑甥孔巡曰：「盍記之？」余曰：「兹山不可記也。」永、柳諸山，乃荒陬中一丘一壑，子厚謫居，幽尋以送日月，故曲盡其形容。若兹山，則浙東西山海所蟠結，幽奇險峭，殊形詭狀者，實大且多。欲雕繪而求其肖似，則山容壁色，乃號爲名山者之所同，無以別其爲兹山之巖壑也。而余之獨得於兹山者則有二焉：

前此所見，如皖桐之浮山，金陵之攝山，臨安之飛來峰，其崖洞非不秀美也，而愚僧多鑿爲仙佛之貌相，俗士自鐫名字及其詩辭，如瘡痏蹶然而入人目，而兹山獨完其太古之容色以至於今。蓋壁立千仞，不可攀援。又所處僻遠，富貴有力者無因而至，即至亦不能久留、搆架鳩工以自標揭，所以終不辱於愚僧俗士之剥鑿也。

又凡山川之明媚者，能使遊者欣然而樂。而兹山巖深壁削，仰而觀俯而視者，嚴恭静正之心不覺其自動。蓋至此則萬感絶，百慮冥，而吾之本心乃與天地之精神一相接焉。察於此二者，則修士守身涉世之學，聖賢成己成物之道，俱可得而見矣。

封氏園觀古松記

封氏園盤松偃卧如蓋，南北隮蔭可半畝，爲京師古蹟，而余獨未嘗見。康熙壬寅秋，寓安將南歸，邀余及若霖同往。時餘暑未退，遊者雜至，壺觴交譁。余三人就陰坐井欄，移時然後去。雍正元年癸卯冬，寓安復至京師，逾年二月將歸，曰：「吾十至京師，蹉跎竟世，曩吾之歸，不謂其復來也。今吾之來，不謂其復歸也，獨幸與古松得再見耳。」時新知又得舒君子展，而若霖改官吏部，無餘閒，期以二月既望，先後集松下。余與寓安、子展前至，林空無人，布席列几案，坐卧及飲酒疏數惟所便拾，誦九歌、樂府古辭，日入星見，而若霖不至。翼日相期再往，則薄暮矣。甫至，厲風起，遽登車，歸飲於子展氏，坐方定，而風止。莊周云：「物之生也，若驟若馳，無動而不變，無時而不移。」以一日之遊，而天時人事不可期必如，此況人之生，遭遇萬變，能各得其意之所祈嚮邪？

余始見兹松，惟南枝色微黄，餘皆鬱然。及再過而瘀傷者幾半，雖生意未盡，非完松矣。兹松之植也五百餘年，其榮枯乃在閒歲中，而余適見之。豈其蹟之將湮而神者俾借吾輩之遊以傳於後邪？見於文，所以志兹松之遭遇，以爲不幸中之幸也。

金陵會館記

京師之有會館，乃鄉先生建立，以便後進之貢成均、試京兆、禮部、守選於吏部者。自明以來，雖小郡邑，選舉者稍衆，必争爲之，而金陵無有。康熙二十二年，羅大理集衆力，建館於正陽門之東，以爲仕者商者歲時聚會之所，門堂外群室不過數區，赴公車者暫止而不可久留。吾友宥函既成進士，欲别建焉而力不逮也。雍正五年春，告余曰：「鄉人某有故宅在城西南，捐以爲館，雖修治不易，然其基立矣。」因勤以爲己任，逾年，宥函自翰林簡臺中，尋以老疾告歸，而館之工役粗畢。又市宅後棄地垣而合諸館，以待繼事者之恢拓焉。夫金陵爲東南大都會，數百年以來，鄉先生之貴盛者不少矣。宥函起寒素，官文學清要，爲日甚近，而能就此。以斯知事之集，惟其志之確，不惟其力之强。又以見任事者果能設誠以爲之倡，自有以感人心之同而成所務也。

宥函以作始之艱，慮其久而隳，乃集衆議：「凡應舉及守選者入居，皆量資完葺；其貴盛者，則無問入居與否，必重有所出，以待修治恢拓之大用。」公定條例以屬館人，而出入則士大夫共稽之。夫凡物之情，方其作始，多畏難惜力，而曰：「非吾一人任也。」及安受其成，則又以謂「吾直寄焉」，而不復爲之計久長，此凡事所以難成而易敗也。凡會於斯者，皆吾儕之將出任國事以爲民依者也。果能以宥函之心爲心，則豈獨兹館之不廢哉！其當官守道，必有以異於比俗之人矣。

築子嬰隄記

自三楚、吴、越之漕，皆由江湖淮以入於河，而兖、豫諸水之下流復會於河、淮。淮南諸州數困於水，而秦郵與寶應最劇。寶應之田，汙下近湖者，爲積水所陷，十有六七。惟漕河之東附隄地稍高，邑仰食焉。而緣隄故有含洞，時蓄洩以便漕。河水暴上，則隄下之民被災尤劇，有將穫刈而沉没無遺者焉。於是邑民於隄外更築隄，束内隄洩流以歸湖，而界首之東，有隄曰子嬰爲大。

歲丙子，淮南諸州大水，邑人已重困。其明年七月，禾將登而甚雨驟至，子嬰隄潰。潰之夕，邑士大夫之醼者罷，商旅之行者止，鄉邑之民往來號呼者聲填於道也。於時張侯以夜半冒風雨至隄上，相度形勢，爲書告治河長官，請閉含洞數日，使民得修隄。而淫雨連月不止，隄數築數潰，而隄下之禾盡没。其冬，邑大饑，下郡粟猶不足以振焉。又明年爲今戊寅，隄下之民以禾没，築費無所，更不敢復言修隄事。張侯召之曰：「方秋時水潦降，含洞開，工費而築不堅。今築以春，勞費不及半，而計其功當倍蓰。」乃官市隄下田數頃，益拓其故址，爲籍屬隄下占田者，徵役千二百，身行築者。經始於二月朔後六日，歷三旬，隄成。邑人熹，如既有年。

余聞鄭、宋之間，連數百里往往爲廢墟。古者用彈丸之地，兵車玉帛，四出而不匱，蓋人私其土，而無遺利也。自郡縣法行，吏視其官如傳舍，川澮田疇不治，災患不謀，則土利多廢而民生蹙。有治民事甚於民之急其私如張侯者，不可没也已！時余客淮南，邑人請書其事，遂記之。

重建潤州鶴林寺記

余少遊名山入古寺，見佛相，肅拜之禮亦不敢施，而羈窮遠遊及難後多與學佛者往還，乃悟退之之親大顛，永叔求天下奇士不得而有取於祕演、惟儼輩，良有以也。亡友劉古塘云：「佛之理吾不信，而竊喜其教絶婚宦，公貨財，布衣疏食，隨地可安；士之蕭散孤介而不欲違其本心者，往往匿迹於其中。故朱子亦嘗謂『彼家有人』。」

歙州程生崟，少從余遊。生生長素封之家，而倜儻少俗情。早歲成進士，歷官兵部郎中，會世宗憲皇帝董正吏治，創立會考府，擢領司事。時生年方壯，兄弟衆多，母夫人壽始及耆，而告歸色養二十餘年不出，以至母夫人之終而生老矣。生家淮陰，侍母不敢旬月違離，時遊金、焦、北固，尋蘇子瞻、米南宫遺蹟，得徹機上人於黄鶴寺故址荒原破屋中。蓋寺焚於康熙五十八年，殿宇蕩然，僅存傾圮小樓三間。徹機自幽、燕南遊，支拄而栖之，志在興復。程生感焉，次第修築，數年，殿宇、門廡、寮房、齋厨略具。

乾隆丁卯，余年八十。首夏，生趣余爲金、焦之遊，留襆被寺中。蓋知余少壯遠遊，不得在二親側。三十年來，恒宿外寢。生辰令節，必避居郊原野寺，不受子孫觴酌也。將歸，生言必得余爲之記，始屬徹機之志。蓋以佛之徒有見於前賢之記序者，其名常不没於學士大夫之耳也。次年五月，余與生送故人於瓜渚。徹機帥其徒涉江就余，窺其意，欲得余文甚迫而口不言。余動於其誠，又回憶平生悲憂危蹙，未有從容山水間，身心中一無繫累如往歲之遊者，不可以不識也。

寺在潤州南門外黃鶴山下，本東晉時竹林寺。相傳宋武帝微時經過，有黃鶴翼蔽之祥，土人遂以名其寺與其山。唐初馬元素禪師發名於此。一燬於唐末薛朗、劉浩之亂，再燬於明永樂中，今兹三燬，而重建工畢於乾隆十有二年季春。其東偏子瞻竹院，生猶將嗣事焉。六月朔日，方苞記。

重修清涼寺記

先兄嘗言：「自明中葉，儒者多潛遁於釋，而釋者又爲和通之説以就之，於是儒釋之道混然。儒而遁於釋者，多倡狂妄行，釋而慕乎儒者，多温雅可近。」余行天下，每以是陰辨儒、釋而擇其可交者。

雍正二年，請假歸葬，卜兆未定，不敢即私室，寓北山僧舍。會黃山老僧中州率其徒來居清涼寺，數與往還。中州之來，逾月而寺火，惟存西北隅小屋三四間，嘗謂余曰：「造物者蓋以新之責老僧也，俟其成，公必記之。」

及乾隆七年，余歸里，更往觀焉，則盡復其故而焕然新。中州博學工詩賦，所至薦紳富商争湊之，故興之如此其易也。其徒燭淵、緯林嗣守之，亦以文學爲學佛者倡，每相見，必舉前語索記。

又五年丙寅夏六月望後五日，余疾作，夜不能寐，偶憶先兄語，晨起而記之，以釋諸責。且以示學儒者慎毋陰遁於釋，獨宜念其能篤信師説，以興作艱重爲己任，而卒以有成，吾儕對之宜有愧色也！其肇工落成之日月，用材之凡數，樂輸者之姓名，二僧自記之，以列碑陰可矣。

良鄉縣岡窪村新建通濟橋碑記

沛上人初至京師，居禁城西華門外道旁小菴，遂興其地爲禪林，敕賜静默寺。一時王公貴人多與之遊，康熙六十一年，余充武英殿修書總裁，託宿寺中，與之語，窺其志趨，乃遊方之外而不忘用世者。遂淹留旬月，自是爲昵好。

上人本師在安肅，又嘗興壽因寺於良鄉。每經岡窪村，閔行旅涉河之艱，偶見車僨馬傷，遂竭資聚建石橋。石工别耗之，功不就。久之，郡丞經過，汜詢而得其情，將詰治，乃獲訖工，時雍正三年三月也。越十年而請余爲碑記。余嘗見上人居母與兄之喪，沉痛幽默，雖吾黨務質行者，無以過也。

營田之興，庸吏建閘障水於安肅之瀑河。每歲伏秋，流漂數十里，村落阻饑。上人見往來寺中者，輒指畫形勢，及土人蕩析離居狀。語聞於河督顧公，奏復其舊。内府有疑獄，大小司寇奉命讞決，衆會於寺以待事。中有以深刻爲能者，上人危言以怵之，聞者莫不變色易容。噫！使夫人而有官守，其急民病，直言抗節當如何？朱子嘗病吾道之衰，而歎佛之徒爲有人。其有以也夫！

兹橋去京師四十里而近，乃冠蓋往來之衝，故志上人成此之艱，并及其志行。俾儒之徒過此而寓目者，有以觀省而自矜奮焉！乾隆二年八月，方苞記。

柏村吴氏重建宗祠記〔一〕

大宗之法，祖廟既毁，宗室猶存，則是别子之廟，百世不廢也。後世宗祠之建，蓋取諸此，而宗法之能行者，百不一見焉。蓋古者國子弟、卿大夫之田禄，既足以仁其族，而四民各有職業。其待大宗之收恤者，不過鰥、寡、孤、獨、廢疾，無大功之親者而已。後世家無恒産，人無常業，衣食不足以自周者，比肩而立，而欲大宗之收族，不亦難乎！飢寒之不恤，而欲執法以繩其不類，

〔一〕本篇輯自望溪先生集外文卷八。

孰能聽乎？惟吴郡范氏，七百餘年宗法常行，而無或敢犯，爲有義田以養其族故也。余嘗以是風並世士大夫，間有慕效者，不再世，而子孫族人并其義田而廢之。然後知范氏子孫能常守宗法，以食義田之福。實賴其祖宗之功德學行，以陰爲之保定而延緜焉。抑又聞朱子之後之蕃育於閩者，歷世繼承，無貴者富者，而皆能崇禮讓，安貧而畏義。閩之人至今誦之。蓋道德之淵源，流風餘思之所感發，更非范氏諸賢之所能幾及也矣。

余平生不肯以文假人，而承修周官，甚賴吴編修紱能輸其力。紱以宗祠之記請，不可却也。謹按吴氏系出宋進士師古，以刊胡銓劾秦檜奏疏，謫死袁州。其上祖曰國夫，劉宋時以高行名於鄉，事見南史。環村十里，至今名高行里。而師古之孫政，寧宗時，都統興元，與金人戰黄牛堡，死焉。又六世至澍，明太祖時以貢士爲後府經歷，見殺。終明之世，子孫不仕。及南都亡，以諸生、庶民殉國者尚數人，豈非其先世義烈所漸者然與！

紱年六十有二，始以文學爲官。文正、忠宣之勳庸，非所敢望也。若朱子之道與德，則尤不可階而升。然則爲紱審所處，惟自强於忠孝，立名義以續其祖，使宗人暨後生聞而興起，庶幾延世以滋昌，而於宗祊爲有耀乎！吴氏雖故家，歷南宋以訖元明，至紱始起家爲别子。故余因宗法而備論古今禮俗之變，以及啓後承先之時義，俾凡有尊祖敬宗收族之志者，皆知自審其所處焉。祠之中廢也，主祏遷别宅。康熙丙戌，重建於故址，至辛丑，門塾始完。其堂廡之規制，與作之程期，領事之族人，紱自舉以列碑陰可也。

重修葛洪庵記〔一〕

余同年友昆明王疇五卧疾經年，有浮屠師髻珠在視藥物食飲甚勤。叩之，則其鄉人未學佛時嘗從游者。時西山諸寺多請爲大師，以疇五羈孤不忍去。

疇五既歿，逾年，髻珠定居城東葛洪庵，來告曰：「是庵創自前明，中廢，群室爲民居，金氏之母張買而葺之。雍正六年，命其子之城曰：『吾見人家静室爲子孫所私鬻者纍纍焉。以爲十方常住，唯有德者居之，則常存而不廢』。金君乃糾族姻鄰里合要而相敦迫，某不能却也。今將刻石以示來者，非公文不足以重之，敢請！」

夫人之情莫不私其子孫，金母乃深慮子孫之私爲利而預絶之，之城以母之心爲心，無少猶豫，其所見蓋與衆人異矣。吾聞髻珠游江右浙西，以勝地名刹相扳者多不應，來京師，延者踵接，而竟留于兹庵，豈非金氏母子之義有以相感與？而余亦感于髻珠所以事疇五之義，爲是不

〔一〕本篇及下篇輯自方望溪遺集雜記類，第一一四至一一六頁。

能已于言。是爲記。

重建弘毅公祠堂記 代

昔我太祖高皇帝誕膺天命，肇造區夏。我曾祖弘毅公際風雲之會，首識真主，早蒙知遇。運籌帷幄，則決機制勝，允協聖心，授鉞臨戎，則奮勇推鋒，屢摧勍敵。爵冠五等，姻連帝室，一心一德，爲佐命忠臣。自列聖相承，篤念舊勳，既已配享廟廷，世綿封爵。至於過墓致奠，頒賜御書，勒石褒功，遣官薦告，隆禮異數，不可勝紀。

初建家廟在北城第宅左方，湫隘規模弗稱。數世以來，子孫繁衍至數百人，每當時享，室堂階廡幾不足以容。僉曰：「宜更諸爽塏，以恢前度。」乃卜兆于安定門外里八臺，與我祖昭僖公祠基址連接，辨方定位，庀材鳩工。會我皇上叙録總理事務王大臣等，公之曾孫訥親蒙賜雲騎尉世職，上書陳奏：「臣無涓埃之效，徒以先臣之故，叨冒聖恩，榮其後嗣，臣曷忍自私！願讓還雲騎尉世職，惟先臣祠堂乞賜褒崇，列於典祀！」有旨：「額宜都乃開國名臣，勞績懋著，著賜予祭典，永恤成勞，其賜訥親雲騎尉之職不必懇辭。」恭承寵命，子姓支屬莫不感勵。協心僝功，廟貌有嚴。以乾隆某年月日遷主入祠。春秋良吉，太常致祭，有司薦徹，親賓觀禮，俎豆有光，閭里焜燿。公有子十有七人，世嗣相承者十有一支，十七公神位并設兩廡。每官祭之次日，肅將牲醴，家薦歲事，享侑獻酬，依古禮經。

伏惟丕記宗功，從享大烝，詩書所稱，已爲盛典，而家祠永列典祀，比于前哲令德之爲民質者，則皇上之特恩，史册所傳，未有倫比。凡公之子孫，仰瞻榱桷，顧視几筵，必勤思前人奮迹致忠之艱，列聖崇德報功之厚。惟長惟少，或仕或處，各隨其分，而勉爲忠孝，以仰承祖德，無負國恩，則可以入兹祠而不怍矣。

公之勳績紀於旂常，載在史册，無庸備述，故惟紀更祠之始末，敬勒貞珉，以相砥勖焉。

方望溪文集全編卷二十四

頌

聖主親征漠北頌 康熙三十五年[一]

皇帝撫臨天下，三十有五年，悉治方内，冠帶之民，興教慕德，百嘉鬯遂，萬物皡皡。四海外國蠻夷族部之君長，槎浮索引，候風潮，逾嶺隘，稽顙疊迹而來獻見者，馳驛相望。

惟乙亥之秋，西北虜酋噶爾丹，恃所處僻遠，倔强稱兵，齮蹂北徼諸部臣屬内附者，經冬涉春，駐兵田牧。諸部震恐，蕩析離居，奔訴闕下。皇帝哀矜，不忍棄之覆幬之外。又慮黠寇猘狂，毁我藩衛，邊郵日駭，漸爲百姓勞費，將總六師親征之。於時内外文武小大之臣，鮮不惶疑震恐，謂：「虜居絶塞，道路所次，山谷曠莽阻深，宜且命將出師，不宜勤乘輿。又其俗遷徙無常

[一] 本篇以下至喜雨説輯自望溪先生文集卷十五。

居，恐大軍深入，逐捕無所得。」萬口一聲，交章懇請。

皇帝内斷於心，丙子春二月，以費揚古爲撫遠大將軍，率師由西道，刻日進勦。詔陝西將軍孫思克出師據土剌河，斷虜歸路。三月初吉，皇帝總六師，由中道出次古北口，詔曰：「朕念士大夫卒校勞苦，自今以始，朕日御一餐，與六師共之。」初群臣慮塞外道逴遠，少水泉，輩輓阻艱。及車駕出塞，雨雪間作，而芻糧次第達師中。所至疏磵鑿井，甘泉湧溢，士馬饒給如内地。始知上神略廣運，諸事經畫豫備纖悉無遺也。

五月丙辰，師次拖林。越數日，進逼黑盧倫河。虜聞王師天降，震慄喪氣，日夜引遁。癸亥，皇帝親部署諸軍，倍道追逐。丙寅，車駕過河朔，至拖諾山，虜棄氊裘、甲兵、老弱宵遁。訊之俘人，云：「當過巴顔而西矣。」上曰：「虜遁而西，適與西師遇，朕親經畫，兩路兵食毋乏，虜可草薙而禽獮矣。」戊辰，皇帝班師，命將軍馬思哈率精兵逐北。是日，虜至昭水，將軍揚古、將軍思克兵俱會，敦陣奮擊，虜軍大敗。自未達酉，斬截無算，俘獲子女畜物以億計，餘黨潰散。庚午，西師奏捷行在。諸王大臣表請降明詔，祭告天地，宗廟、百神，宣佈中外。制曰：「可。」

臣伏見聖謨深遠，爲海内元元計萬世之安，屏斥群議，創非常之原。躬莅行間，率先士卒，抗威萬里沙場之外，殲刈累歲驕悍狡黠之虜。自出車餽糧，整屯按部，以暨設策制謀，厲兵熸寇，事無小大，悉出神策廟算，論效收功，如指諸掌。遂使普天之下，窮荒不毛之域，尺地寸土皆歸版輿。上及飛鳥，下及淵魚，惴耎肖翹之物，莫不若其性。自漢、唐以來，未有躋登茲盛者也。臣苞方遊太學，未獲瞻塞上旗旐之光，聽軍前凱歌之聲，伏讀明詔，懽忭蹈舞，謹拜手稽首而作頌曰：

巍巍我皇，至仁天覆，陰陽蒸陶，萬物在宥。綱紀昭明，德施磅礴。海隅蒼生，飲食宴樂。四海外國，莫不懷柔。齎籯奉贄，以後爲羞。蠢茲醜虜，自懟其生。背義作慝，以干大刑。擅興戈鋋，陵我北徼。自秋徂春，猖狂襲盜。謂居窮荒，天威不及，故集蝱蠆，逞其毒螫。

皇帝曰：「咨！虜爲不道。凡茲屬國，惟予怙冒。蛇豕不除，善良曷育？朕親行師，是絶是忽。」惟時在廷，小大惶悸。交章請留，至於再四。聖志不疑，神明默運。三方布師，以制虜命。乃命揚古：「汝行自西。批其肘腋，使賊不支。」乃詔思克：「斷其歸道。拊背扼吭，使虜噎媢。」乃撰吉日，乃詰兵戎。六師張皇，我皇在中。分部授律，緜緜翼翼。發如川流，屯如山立。陰山沍寒，土結不毛。我皇戾止，豐草如茵。龍沙曠莽，潢污潦濁。我皇戾止，靈泉噴躍。芻糧雲屯，車徒接武。馬騰若驕，士勇可賈。遂次拖林，遂逼盧倫。如鼓洪爐，以爍鈎金。虜衆愕眙：「道無水泉。士馬百萬，豈來自天？」始梟而張，卒鼠而竄。倉皇西奔，雜蹂紛亂。皇麾六軍，倍道逐角。雷動風行，直窮拖諾。虜遁益西，遇我西師。禽驚挂絡，獸駭觸機。三師同心，祗遵天策。短甲步戰，踔厲淩越。飛荁霧散，火戟星馳。從橫擊刺，所向皆靡。群醜敗績，禽獮草薙。自未達酉，俘獲千億。凡兹方略，我皇自設。功成萬里，若合符節。

萬衆凱歌，一人有慶。日月照爛，山川霽潤。黄耇頒白，兒童稚齒。式瞻皇容，載笑載語。升中吉土，薦馨清廟。飲至論功，垂恩涣號。乾端坤倪，寸毛尺土。皆歸版圖，我皇之武。銷鋒灌燧，育我黎蒸。蕃祉壽善，我皇之仁。

萬年寶曆頌 康熙六十年

臣聞尚書之言君道也，曰：「作之君，作之師。」自二帝、三王以後，雖有賢君，能兼盡作師之道者鮮矣。惟我皇上徇齊敦敏，既夙具於聖性，體道務學，又時切於聖心。故自御極以來，至今六十年。凡四海内外，無一民一物，不安其性命而共樂乎聖德之高深，朝廷草野，無一官一士，不仰荷甄陶而終不能窺聖學之萬一。兼盡乎作君作師之道而建其有極，未有如我皇上者也。

臣又竊觀聖德聖學，既與往聖同符，而因時立事，功德之隆，更有特出於千古者。自古人君開創者多武功，守成者多文德。惟我皇上以守成而兼開創，武功則威震於八荒，文德則光被於四表，蓋前世所未有也。自古人君寬仁者或過於優柔，聽察者或近於刻核。惟我皇上以大知而行至仁，如天地之無不容，如日月之無不照，又前世所未有也。用此疆宇之廣博，民物之阜安，政教之洽浹，河海之清晏，無若今日者。臣草鄙賤士，昧學少文，蒙覆載之宏恩，趨走内廷，歷有年歲，近光服教，最爲深切。竊惟我皇上盛德崇功，嘉言善政，雖積簡充棟，未能殫盡。謹綜其大要，拜手稽首而獻頌曰：

在宥天下，惟我聖皇。應時首出，萬物皆昌。如天之運，健行有常。如地之載，容保無疆。一章

皇殷於民，以勤以殖。惟六十年，心如一日。大綱既舉，細目咸飭。運之方寸，周於八極。二章

我皇之武，知勇天錫。首芟三孽，察罕繼剔。遂郡臺灣，海氛永息。戎臣受成，所向無敵。三章

親犁大漠，六師如貫。巨寇立殲，獨由聖斷。西戎襲盜，帝命遏亂。決勝萬里，如持左券。四章

我皇之文，聰明天亶。溯源洙泗，羲文是纘。經史百家，無幽不闡。象數聲律，無微不顯。五章

大哉王言，如綍如綸。詩諧雅頌，文繼典墳。奕奕天章，出類離倫。雲輝日耀，鳳舞鸞騫。

六章

我皇之仁，徧覆蒸黎。登之衽席，育以繁滋。議蠲議賑，小祲不遺。豐年賜復，屢徧天涯。

七章

矜疑緩獄，德命時行。猶頻肆赦，體天好生。河流衝激，淮甸靡寧。三巡相度，昏墊以平。

八章

我皇之智，包羅宇宙。一日萬幾，雲行川溜。求民之莫，幽隱必究。察吏之疵，每如發覆。

九章

遴選必親，其難其慎。守令監司，每勤清問。發科興賢，嚴抑倖進。激濁揚清，莫不竦震。

十章

郊壇親饗，前世所難。我皇昭事，歷久彌虔。冬至大報，春始祈年。先期宿戒，終日乾乾。

十一章

肅雍在廟，孝享惟誠。元聲既得，用薦德馨。備物盡志，慈闈是承。年躋艾耆，孺慕猶形。

十二章

至誠不息，無逸作所。宵旰勤政，罔間寒暑。帳殿旃門，奏對日舉。亦有清暇，考文稽古。

十三章

躬行儉樸，萬方之儀。衣無纂組，椽不雕幾。素食一御，爲民禱祈。常留有餘，以惠嘉師。

十四章

光天之下，至於海壖。四民熙熙，以養以恬。兒童稚齒，壽耇蒼顔。齊心同祝，天子萬年。

十五章

曰仁者壽，聖德日滋。惟恭則壽，聖敬日躋。于萬斯年，我皇之禧。我皇之禧，萬民其憙。

十六章

聖主躬耕耤田頌 雍正元年

惟皇帝御極之元年，聖德廣運，庶政聿修，敷天之下，萬官億醜，咸就法度。乃以仲春元辰，躬臨耤田，展事先農，秉耒三推，登臺以觀終畝。於時風日布和，隰原增潤，群工師師，甸徒濟濟，近光者仰德，逖德者嚮風。臣竊惟我皇上應天以誠，故志氣之動，足以格穹蒼，勤民有本，故典禮之行，足以通衆志。伏見聖德懋勤，凡郊廟典祀，必躬必親，至治馨香，感於神明。兹復躬耕帝耤，以供粢盛。乃書所謂「明德惟馨」，非徒薦以黍稷也。

我皇上夙寤晨興，憂勞萬民：江南積逋，賜免者數百萬，江西額徵，豁除者百餘萬；河北五路間有水旱，發帑振廩，冠蓋相望，惟恐事有中阻，澤不下究。凡此愛民重穀，肫懇無已之聖心，久淪浹於臣民之膈臆。故兹耕耤禮成，自朝有著位以及城市郊野兒童耇老，莫不式歌且舞，思見德化之成。粤稽自古好禮之君，莫不稽古典文，以爲民紀，然未有如我皇上實心實政，足以和通天人之際，而與古典禮相應者。

臣幸際千載難遘之昌期，又夙荷天地生成之大德，銜恩撫躬，欲報靡由。顧惟謭陋，不足以罄盛德之形容，而踴躍懽忭之實情，則有不能自秘者。謹稽首頓首而獻頌曰：

天佑衆萬，篤生聖皇。基命宥密，以勤萬邦。百神其享，惟德之常。下民其依，惟政之臧。

風行雷動，奠此垓埏。邦經既正，百度無愆。乃舉舊典，命我田官。農祥正中，陳修耤壇。

畇畇吉土，兆彼南郊。潔粢豐盛，明禋用昭。升中燔燎，薦以蕭茅。神所憑依，是先是勞。

土穀之修，六府所亟。萬事本原，蒸民粒食。康功田功，皇躬是飭。兆民之倡，四方維則。

春陽載舒，土膏脉發。保介既諮，協風應律。皇耕一墢，班三以訖。凡百有位，敬共無斁。

音官相告，樂動惟宫。太史有占，雲物其豐。蒸蒸甸徒，襏襫就功。載笑載言，皇儀有顒。

惟天監德，應感無私。皇情所注，神動天隨。谷風習習，興雨祁祁。近自畿甸，周於海隅。

自南自北，自東自西。三時不害，我稼如茨。我稼如茨，兆民其熙。兆民其熙，我皇之禧。

聖主親詣太學頌 雍正元年

臣聞二帝、三王所以陰隲下民而使各得其恒性者，以能兼立乎君師之極也。有虞教胄，直温寬栗，帝親命之。在周文、武之興，辟雍鐘鼓，並見於雅歌。詩人推原，以爲東西南北，無思不服，實由於此。古者天子視學，大昕鼓徵，興秩節以事先師，而春秋簡不帥教者，亦親莅焉。蓋以至尊而盡禮於先師，所以見尊德樂道之誠。以一士之不帥教，而天子乃親聽之，所以使震動恪恭而不苟以自棄也。我皇上莅政之初，即詔崇至聖先師祖考，五世並加王爵。以三月朔日，躬臨太學，特諭：「大小諸司，凡公牒祝辭，並稱『詣』學，不得言『幸』。」釋菜禮成，乃御經筵，宣恩旨。越日，復頒聖訓，誨誘諄諄。庶官庶士，靡不感勵。

臣竊惟天有四時，春秋冬夏，風雨霜露，無非教也。我皇上至敬至誠，凡郊廟典祀，必躬親薦饗，終日乾乾，皆所以教群士，使知持身守道之則也。秉決庶政，日昃不遑，宵旰餘閒，猶披文史，皆所以教群士，使知治業赴功之準也。激濁揚清，閉邪褒正，使有司絶苞苴之徑，諸生杜干謁之私，又所以教群士，使出入於太學者，必思無愧於孔子之門牆也。蓋皇上常以身教而董之以實政，誠兼盡乎作君作師之道，而揆之虞廷之教胄，周室之作人，有若合符契者。豈特躬親釋奠，合樂稽經，爲臨雍盛典與？臣昧學少文，不足以敷揚閎休，然葵藿之微，不能不向太陽而傾心者，物性之自然也。敬撰頌言，用附於巷舞衢歌之末云爾。其辭曰：

惟天牖民，建極有常。作君與師，人紀是張。煌煌璧雍，四方之綱。天子照臨，人文其昌。

五帝建德，成均是崇。三王之化，於論鼓鐘。我皇敬學，表正自躬。先聖後聖，其揆則同。

九有乂安，萬官承則。政教既行，典文可式。率民以耕，南郊之耤。範士以禮，澤宫是即。

優崇先聖，王及高曾。視學日詣，義以正名。乃親釋奠，典禮攸行。乃布經筵，大義是宏。

明新共貫，治平馴致。聖有微言，皇成至治。精一執中，心傳無二。皇實操此，以制萬事。

禮樂政刑，罔非至教。況睹天顔，近光有耀。褒嘉儒先，是崇是報。廣開賢路，是來是勞。

宫縣具奏，雅聲洋洋。我皇在中，顒顒卬卬。三階肅肅，圜橋蹌蹌。被此休烈，群思奮揚。

干羽之舞，苗頑效誠。在泮獻馘，淮夷是懲。文德誕敷，武威益行。開我明堂，四荒畢庭。

聖主躬耕耤田頌 乾隆三年

粤稽成周之禮，天子耤於南郊，冕而朱紘，躬秉耒。陽官司事，甸人終畝，以共天地宗廟百神之祀，以先衆庶兆民，使皆震動恪恭於農。方是時，典禮明肅，有不耤者，史必書之。秦、漢以後，即事用希，有其舉之，亦著於史册。

然臣聞：惟仁人爲能饗帝，惟孝子爲能饗親。蓋殫心而奉之以禮，然後可以交於神明也。又聞：應天以實，感人以誠。使無仁孝慤敬之實，則潔粢秉鬯不足以薦馨香。無恤民重穡之誠，則修禮設儀不足以通衆志。我皇上躬履至道，三年縞素，仁孝愜乎黎蒸。每遇郊廟社稷之事，儼恪嚴恭，有孚顒若。自御極以後，豁海内逋賦、有司虧帑，凡數百千萬。濱江沿海，沙壅水徙，及下地久荒，壅於上聞者，旁諏廣詢，悉除其額征。每遇歲祲，振廩截漕，發帑移粟，蠲除租賦，多者至二百餘萬。是以山陬海聚，父老、子弟、幽闥之女婦，咸知聖天子恤己之誠也。允矣休哉！即此爲承祖敬天之實事矣。三年仲春，擇吉躬耤。時久不雨，及期，雲陰合，時雨降。京都士庶，靡不欣躍。臣備員禮官，叨直禁近；雖以頹齡弱足，未能扈從齋宫，瞻穆穆之容；中心勤企，謹拜手稽首而爲頌曰：

惟天迪保，右序我皇。統承列聖，道繼三王。克仁克孝，學與性成。比終三節，一如禮經。對越郊壇，有孚殷薦。春露秋霜，愜聞僾見。雨暘風雪，時廑皇情。祈年望歲，迫於耕甿。農祥正中，除壇於耤。乃擇元辰，命我司穡。土膏脉發，陽氣其蒸。法宫淳濯，玉輅斯行。一墢親耕，班三以徧。百禮具成，德輝顯見。音官省土，律應惟宫。太史占物，雲光兆豐。協氣潛滋，隰原霽潤。庶官庶士，舉手相慶。父老扶杖，衢歌巷舞。兒童婦女，争相告語。我皇敬天，天自不違。我皇勤民，民長有依。厚德載物，奠兹九宇。解澤旁流，化爲甘雨。至仁普覆，如天斯穹。以鼓以盪，達爲和風。天視天聽，自我黎蒸。民志丕應，天休可徵。川嶽降神，陰膏應候。神倉充溢，陳因相覆。玉齍鬱鬯，明禋以升。上帝其饗，列祖時馨。近自郊圻，遠彌薄海。百穀順成，歓醧樂愷。自今伊始，耕九餘三。食時用禮，婦子其耽。百室皆盈，户真可外。賜復賜酺，無勞賑貸。含哺鼓腹，樂我太平。無咨無呻，皇心載寧。

聖主臨雍禮成頌 乾隆三年

蓋聞孔子爲萬世帝王師，以能開萬世之屯蒙，而道濟天下也。自秦以後，一姓代興，規模草創，必先尊禮至聖，以繫天下之人心。繼世賢君，莫不臨雍講學，憲老乞言。蓋天下之民，知孔子之道伸，則萬事皆得其理，而太平之澤將目見而身被之也。

臣竊惟遵禮至聖之實，在信其言而行其道。孔子所以告君者，具在中庸問政之篇。我皇上御極以來，修德體道，於九經之宏綱要指，無一不實踐焉。故能以浹歲之間，使四海蒸黎慕義懷仁之心勃然而興起。蓋由聖資敦敏，好古典學幾二十年，於孔子之道，求之切而信之深。故本於皇躬達於政教者，如是其誠且篤也。用此質諸先師，實在天之靈所深嘉而厚望者，豈特大昕鼓徵，爲圜橋所觀聽哉！

乾隆三年季春朔後一日，皇帝躬詣太學釋奠，禮成，親講中庸之首章，堯典之首節。蓋自遂古以來，盡性命之理，建中和之極，行於當時而位天地育萬物者，功莫盛於堯，垂於萬世而明大道彰至教者，德莫盛於孔子。是乃我皇上夙心所祈嚮。自志學之初以及御天之日，戒慎奉持，惟恐有須臾之離，用以上格天心而下通民志者，故嘉與天下臣民會歸於有極也。茲與孔子所傳：體達德，致達道，以行九經而一本於誠者，實相表裏。臣伏念臨雍之禮，舊史所書，典文具備，辭人所述，體製各殊，炳炳乎無以尚矣。臣學蕪年耄，語不能文，謹據所見，敷陳質言，特著其信而有徵者。頌曰：

昔在孔子，賢於堯舜。匪德能優，惟功之盛。堯仁如天，一世之幸。尼山木鐸，千秋金鏡。一章

天祐下民，我皇篤生。夫子之道，逮我皇而大亨。至仁肫肫，學與性成。秉持六經，踐以躬行。二章

智以成仁，善繼善述。大孝之光，治殊道一。仁以生勇，心純事實。以道成身，久而不失。三章

敬禮師傅，收恤耆儒。一言片善，采納無虛。若逢顏孟，次或程朱。尊德樂道，當更何如。四章

五章　敦叙懿親，德心普被。盪滌宿愆，坦然無忌。群公三事，凡百有位。推誠備禮，豈惟禄賜。

六章　惠保蒸黎，予寒予饑。憂民如疾，愛之如私。德以撫順，信以招攜。窮荒僻徼，覆幬無遺。

七章　九經三德，先師所傳。我皇得之，時乘御天。先師有志，皇實成焉。以考以質，宜無間然。

八章　月吉辰良，皇親釋奠。惟秉德馨，肅將嘉薦。先聖之揆，後聖時憲。精意所通，羹牆如見。

九章　聖言深閎，教思孔誠。四表上下，格以欽明。中和之致，位育之徵。原於性命，戒懼所成。

十章　庶官庶士，敬而聽之。惟皇之極，即自得師。是訓是行，先師鑒茲。勉爲貞臣，毋負昌期。

喜雨説

雍正八年春三月，時雨不降。僉曰：「天胡不雨？我皇上施大德，諭有司：『凡官吏負贓，虧公帑，事在三年以前，發於八年二月恩諭未頒之日者，具以聞。有説者，與豁免。』繼自今，官吏脱囹圄，反鄉里，與父母妻子相保聚者，無慮數千人。免徵比，恬然安其生業者萬千家。承追之吏不至愁居慴處，爲他人受罰。又詔：『近畿五百里内旗丁，私質所受官田於鄉民，而不能歸其故價者，官爲之償。』懼罪者免於法，無田者復其業，歸田者懷其資，連鄉比户婦子懽呼，若沈疴之去其體。天胡不雨？」夏四月，皇帝親即齋宫祈請，未明而起，日一膳。士大夫相見，必色憂。余曰：「無憂也。吾君憂民若此，天必順焉。」既而小雨時霑塗，望後十日，陰雲隆施，入夜密雨，連朝及暮，四野具足。旬未終，復大雨，浹旬又雨。衆相慶。余告之曰：「一方之旱，憂之小者耳。一時之雨，喜之暫者耳。吾君閔雨，至日不再食。既雨，會令節，吾儕小人，莫不招朋儔，爲一日之樂，而吾君不自暇逸，罷水嬉，日警庶官，釐百度，所以基命宥密，而爲四海臣民之慶者，視時雨之降，恩澤之施，尤大且遠矣。」聞者皆心愜。則又告之曰：「不雨而憂，雨而樂者，細民之情也，非士大夫之志事也。念吾君之閔雨，至於日不再食，則承事而牧民者，所以致其忠利，當何如？念吾君治政勤民，不肯一日自暇逸，則人臣之夙夜匪懈，忘身忘家，而無懷安，無賴寵也，當何如？此之謂事君之禮，志學之誠也。吾病且衰，無力之可輸，爲悚爲愧而已耳。惟衆君子交勉之！」既以語於人，因退而書之以自警焉。

北征頌〔一〕

先生正集内有聖主親征漠北頌。此乃恩露所輯，蓋亦先生當日代人作者。頌前有序文，以與正集頌前序文大恉相同，故删之；而特刊其頌辭。後一首，則本無序也。鈞衡識。

上天垂祉，陰隲下民，巍巍我皇，萬邦之君。光天之下，至於海隅，仁風翔洽，庶物熙熙。邇融遐暢，外薄窮荒，黄支、百棘，烏弋鳥章。慕思喁喁，延頸内向，駕海梯山，舟車相望。蠢爾虜酋，昏迷天紀，集彼兇頑，爲蛇爲豕。提兵跳踉，近我北徼，陵我屬國，肆其愚暴。謂鞭雖長，不及馬腹，經冬涉春，以田以牧。

皇帝曰咨：虜爲不順，背德梗化，自顛厥命。一夫横行，時予之責，覆天之下，曷敢有越。咨爾在廷，各敬爾司，朕張六軍，親往殲之。群公上言：虜居絶地，川原莽互，風雪淩厲。遷徙鳥舉，不知東西，草蕪泉濁，敢勤乘輿？

皇衷淵塞，斷以乾剛，天策内運，以遏猘狂。乃命揚古：汝攉其西，以角以掎，與我踣之。乃詔師克，屯師土剌，絶其歸塗，使虜狼跋。乃繕鎧胄，乃總矛弧，乃峙糗粻，乃簡車徒。季春初吉，既類既禡，乘石既洗，琱輿乃駕。百官按部，六軍受律，萬旐央央，重英奕奕。義聲先路，士

〔一〕本篇及下篇輯自望溪先生集外文卷九。

氣載揚，如川斯注，如機始張。陰山早過，瀚海飛渡，壁壘星羅，行宫雲護。泉甘草豐，士馬飽騰，天眷有德，百祇效靈。遂次拖林，虜勢大讋，進逼盧倫，播逃隱越。皇揮天戈，躬帥虎螭，逐北河朔，雷擊風馳。虜棄老弱，氈裘車甲，晝伏夜奔，更蹂互踏。西過昭水，就我西師，如鼠入橐，如螳柱車。三師協心，左右互角，長戟交横，短兵相薄。我士桓桓，大呼衝擊，虜衆不支，刃傷騐殪。流血潤野，布骸滿皋，虔劉斬刈，盡厥根苗。

三師奏功，皇帝曰咨，蠢兹群醜，實黠而愚。稂莠不鋤，嘉穀曷殖？故將天刑，與民休息。飲至於廟，策勳於朝，鬯用九醞，鼎陳百牢。灌燧於邊，戢兵於府，萬官億姓，式歌且舞。

在事之初，群言糾紛，惟皇明斷，制以一心。永清大漠，收功萬里，刻日而還，如掌可指。九垓八紘，以莫不同，於鑠懿茂，我皇之功。

北征頌

天祐庶物，付畀聖皇，百嘉暢遂，受命溥將。以蓋如天，以容如地，仁涵九區，風馳四裔。在昔三叛，阻兵縱慝，威弧所指，煙沈燼滅。南收島逋，景員逾海，回首面内，群獠樂愷。北際窮荒，悉臣悉主，弈布星羅，如藩如堵。

含生載氣，以莫不庭，蠢兹醜虜，爲螣爲螟。提兵叫囂，陵我藩服，襲盜貪惏，經時駐牧。我皇赫怒，乃詰戎兵，躬行天罰，以遏亂萌。衆言糾紛，皇心自定，斷制不疑，以發大命。咨爾在廷，予非究武，蘖芽不除，將尋斤斧。昔寇烏瀾，勢已成禽，縱之林藪，猖狂到今。

乃類皇穹，乃宜冢土，乃告師期，於宗於祖。三方命將，如羅載張，我皇發縱，控彼中央。七萃雲屯，五營星列，張皇若神，戒嚴有赫。黄鉞親把，元戎自莅，三辰耀光，百靈備御。乃出天關，乃臨大漠，鳶載前旌，鼙歡應角。爾徒爾車，惟皇第之，以屯以牧，惟皇示之。大庖不豐，飫及下卒，皇有恩言，朔風其燠。彼漠之外，黄沙赤磧，皇之至矣，水甘泉冽。彼漠之外，宿莽夏蕪，皇之至矣，春葭茁途。士有餘勇，馬有餘力，鋪敦瀚海，如行衽席。

既逼厥疆，如探囊橐，猶布德威，通彼狂惑。虜昏不思，謂復可逃，禽奔獸竄，棄委倪旄。豈知聖皇，明見萬里，豫設三覆，是角是掎。西師受律，短兵迎擊，我武斯張，群醜盡屈。折馘執俘，彌山竟壑，掩捕三時，一空其幙。

皇振厥旅，邊民安堵，黄髮垂髫，式歌且舞。自始出師，暨功之定，事無小大，皇心畢運。虔劉猾賊，永清絶域，時未十旬，既往而復。窮天所覆，悉地所載，昆蟲喙息，惟皇是戴。言灌我燧，言韜我弓，陽春煦溥，震旦攸同。萬物暤暤，垂祉自天，我皇樂胥，於萬斯年！

聖治光昭河清獻瑞頌[一]

臣聞：聖人與天地合其德，故能先天而天不違。記稱：天不愛道，地不愛寶。而推所原，則惟修禮以達義、體信以達順之故。是以羲皇仰觀俯察，以開道統，則圖出于河；大禹平地成天，以濟蒸民，則書出于洛；成周之世，太和翔洽，海不揚波。蓋聖人以實德實政感通乎天地，故天地豫順，而示之以昌符，乃理之自然而不容爽者。

惟雍正四年十有二月朔後八日，黄河清。自陝州至邳宿，經二旬有五日不變。河臣相繼以聞。於時大小臣工以暨雍庠之群士，術市之耆黎，莫不欣喜相告。僉曰：河千年一清，爲聖人之大瑞。然稽之往籍，不過連村比邑間，時或有之，從未有跨三州，綿地二千里，逾兼旬，而澄泓無間者。往歲乙巳二月庚午，日月如合璧，五星如聯珠，今復睹此，是皆數百年未有之嘉瑞，此聖主上格天心之符，即我民長享太平之象也。

臣伏念：自我皇上嗣承丕基，誠以事天，孝能繼志，闡崇聖道，軫念民依。凡所以訓迪庶官，振興百度者，實與五帝三王同揆，而非漢唐以下所能幾及。故天降嘉瑞，亦爲數千年所未

〔一〕本篇輯自方望溪遺集詩賦類，第一一八至一二〇頁。

有。又自比歲以來，聖心尤注於水土之政，滌川陂澤，不惜帑金巨萬，爲斯民建萬世之利，而黄河應時而清，豈非天人相感，深切著明之效與？而我皇上盛德謙讓，不受群臣之賀，推本于聖祖仁皇帝。薦告景陵，兼議河神祀典，加恩内外臣工，賜爵各一級，且頒聖諭，諄切戒勉，俾益加兢惕。此大聖人之用心，自御極以來，實德實政皆由此出，所以昭格穹蒼，而致數千百年未有之符貺也。

臣一介寒微，叨冒恩遇，趨走内廷，躬睹太平之瑞，近觀聖主之光，其歡豫之忱有不能自秘者，乃拜手稽首而獻頌，曰：

天命聖皇，澄清海宇，大治濯俗，躋登隆古。惟皇建極，以贊清寧，天既垂象，地復呈形。渾渾黄流，發源昆阜，百谷所宗，四瀆之首。流漸湍惕，萬里奔騰。安瀾非易，矧曰波澄。時維杪冬，辛酉日午，河流湛湛，觀者如堵。上自關陝，下竟長淮，萬口傳呼，歡動如雷。兼旬涉月，榮光照浦；河臣上言，舉朝忭舞。三雍九陌，謳頌相聞，兒童婦女，笑語盈門。皇成至治，上天厚之；皇致嘉祥，下民受之。我皇嗣服，百政皆清，明鑒萬里，光被環瀛。官方是飭，黜黠弗留；士習是毖，垢圬自修。疏決吏弊，滯壅無余。灑濯民風，漸染必除。澤鹵漸陂，川源盡滌，地脉開通，土風宣辟。惟河之清，實象聖治，精誠昭格，感動天地。始自豫域，是爲土中，下達徐揚，衆流朝宗。月在嘉平，歲功之成，日方亭午，陽德之亨。皇帝曰：「咨！予敢自功？實維聖祖，謨烈崇閎。六甲垂裳，德洋恩溥，敬告景陵，以昭天祐。」大哉聖諭，淵乎皇衷，嚴恭乾惕，百福所從。曠世之祥，申錫自天。我皇集禧，於萬斯年。

銘

多福硯銘〔一〕

我皇嗣服，治如砥平。皇有敷言，衆心載寧。訓迪有位，惟吁惟咨。勤思民隱，其寒其飢。一日二日萬幾，心營手敕，惟爾必在側。皇斂多福，用敷錫於億兆群生，而錫爾嘉名。天章奕奕，於萬斯年，爾終以無泐。

象尺銘〔二〕

體方直，經緯均相得，度己用此應無忒。

〔一〕本篇輯自望溪先生文集卷十五。
〔二〕本篇以下輯自望溪先生集外文卷九。

硯銘

磨而不磷，静以守黑。

硯銘

廉而不劌，中心坦然。

澄泥硯銘

甄之陶之久益堅，琢之磨之好且完，善而藏之德乃全。

贊

胡蘅洲像贊

而容盎然，而腹充然。豈野服以混俗，而遂能自隱其賢。

浮屠髻珠小像贊

俗之遊而衆之嘻，其心則畸；佛之徒而儒之師，其行不疑。吾不見其髡而緇。

方望溪文集全編卷二十五

哀辭

徐詒孫哀辭〔一〕

康熙辛未，余始至京師，即與詒孫善。嘗怪其才足以立事，而於仕進泊如也；學足以立言，而於論述頹如也。間與同舍，夢中數悲嘯，或摽辟而呼。余驚起問故，則垂涕而不言。叩其鄉人，乃知其父惑於所嬖，母得心疾。每欲以義理廣之，語相近，輒以他説格余。癸酉冬，自京師歸其家。余始寓書，告以君子之遭變也，在審其身之所處。鯀之殛也，禹未嘗身殉於羽淵；而匡章之行，不見絶於孟子，況未至此極者乎？使徒若焦若熬，以喪其精爽，而於身之所處，或未盡焉，非君子之所尚也。

〔一〕本篇以下至婢音哀辭，原爲望溪先生文集卷十六。

戊寅冬十有一月，余客澄江，舍側有方池。夜夢詒孫赫然起自池中，面泥淖，瞪目無言。覺而心惡之。次年秋七月，歸金陵，得詒孫凶問，果以余見夢時死。詒孫之歸也，母癲益甚。父閉之，加束縛焉。詒孫日夜號泣而從，數歲亦得心疾，昏昏不辨人事。一夕，自投門外小溪中。

始詒孫去京師，余送之歧路間。既與儕輩登車，復返下車，執余手而號慟曰：「惟子知我，何當歸？吾與子得更相見足矣。」其後詒孫一至金陵，余適在外，竟不得再見。余一子新殤，意殊不自得。及聞詒孫死，出門西鄉，號而哭之，不復覺子死之痛矣。

詒孫姓徐氏，諱念祖，池州青陽人，年四十有四。内行潔修，文章冠郡邑。聞其死者，知與不知，皆爲流涕。其辭曰：

生常自懟兮，吾知子艱。死非其所兮，人終汝憐。仁孝之鬱兮，爲惑爲癲。孰使至此兮，彼蒼者天。

駙馬孫公哀辭

駙馬孫公諱承運，遼東人也。其先將軍思克爲國扞城，顯功名於秦、隴。康熙三十有五年，上親征厄魯特噶爾丹，三路並發。將軍以西師絶漠扼之，殲其魁，其部由是遂亡。駙馬爲童子時，召見，即許以尚主。

駙馬生貴甚，而性樸厚出於自然。瀋陽范恒庵、白山祁學圃每道其爲人曰：「以不學爲恨，聞過而能改，未有如斯人者也。」

己亥孟夏，吾友左未生自江東來省余，會余將祗役塞上。恒庵言於駙馬，使延未生偕行以便余。駙馬先就見，擇日以騎迎，使者曲跪將命。及門，主人先俟於門外。歷門階必揖，三讓升堂，使子某出拜。曰：「孺子非能師先生也。吾少失學，欲先生講以所聞耳。」駙馬以扈從，先至上營。五月朔，未生繼至，越八日，忽襜車裝載過余曰：「駙馬遘厲疾，一夕死矣。」因太息曰：「吾固知斯人之不長也，卧一室，寧謐如儒生。每薄暮下直，雖甚憊，必手一卷，問難移時。室無聲色狗馬珍異之觀，門無獻技請事之客，世胄中幾見此乎？」

駙馬年始三十有一，形貌偉然。其折節務學，蓋不甘以勳戚終，而將益振前人之功緒。故其卒也，未生、恒庵、學圃哀慟皆逾常，雖余亦不能自克也。其辭曰：

嗟蔓草之叢生兮，朝繩芟而夕滋。何芝蘭之旖旎兮，日數溉而猶萎？彼受氣之有厭兮，此剥喪其焉懟？軫予懷而不釋兮，予不自知其所爲。

劉北固哀辭

康熙四十七年秋七月，吾友北固歸自廣東。余與其弟古塘溯江候於桐，過期不至，而得凶問。嗚呼！昔吾先人與劉氏世好，以行輩，北固尊於余，而與余爲兄弟交。北固生於桐，余生六合，繼而遷江寧未相面也，而所學之趣同。稍長，朋試於有司，名必相次也。及遊四方，與士大夫往還。善於北固者，多余昵好；而嫉余者，間波及於北固。與北固居，或此唱而彼和，或辨論相持，雜以誚讓，而胸中所懷，無毫髮間隔，未嘗覺其爲兩人。

北固終世爲羈於京師，而余往來流滯者亦十年。每愁思無聊，或中有所得，輒思見北固。計旬日中，必再三宿其寓齋。余疲痾困憊，恒先就寢，而使北固誦詩、歌、古文，卧而聽之。静夜聲朗然，率以爲常。他時客異地，歸休於家，獨居私處，未嘗不念此樂也。

北固體素强，邇年頓衰。余既東歸，再書責之，恐其負夙志而羈死於遠方，北固感焉！其遊廣東，蓋將次第爲歸計，而謀所以終老者，乃不幸竟道卒。其喪之還，子選、適與古塘往迎。余以故未得偕，欲哭於其殯之次，亦未得也。因爲文以攄余悲，俾其子薦告以妥靈焉。其辭曰：

謂子之歸兮，終吾生以後先。痛一言之未接兮，遂閉影於重泉。宜與學其交悔兮，命奄忽而不延。吾語子非不早兮，胡因循而致然？

宣左人哀辭

左人與余生同郡，長而客遊同方，往還離合逾二十年，而爲泛交。己丑、庚寅間，余頻至淮上，左人授徒邗江。道邗，數與語，始異之。其家在龍山，吾邑山水奇勝處也。每語余居此之樂，而自恨近六十，猶栖栖於四方。余久寓金陵，亦倦遊思還故里。遂以辛卯正月至其家，左山右湖，皋壤如沐，留連信宿，相期匝歲定居於此，而是冬十月，以南山集牽連被逮。時左人適在金陵，急余難，與二三骨月兄弟之友相後先。在諸君子不爲異，而余固未敢以望於左人也。壬辰夏，余繫刑部，左人忽入視。問何以來，則他無所爲。將歸，謂余曰：「吾附人舟車不自由。以天之道，子無恙，尋當歸。吾終待子龍山之陽矣。」及余邀寬法出獄，隸漢軍，欲附書報左人，而鄉人來言：「左人死矣！」時康熙五十二年也。

龍山地偏而俗淳，居者多壽耇，左人父及伯叔父皆八九十。左人貌魁然，其神凝然，人皆曰：「當得大年。」雖左人亦自謂，然而竟止於此。余與左人相識幾三十年，而不相知。相知逾年而余及於難，又逾年而左人死，雖欲與之異地相望，而久困窮，亦不可得。此恨有終極邪？

辭曰：

嗟子精爽之炯然兮！今已陰爲野土。閉兩心之所期兮，永相望於終古。川原信美而可樂兮，生如避而死歸。解人世之糾纏兮，得甘寢其何悲？

武季子哀辭

康熙丙申夏，聞武君商平之喪，哭而爲墓表，將以歸其孤。冬十月，孤洙至京師，曰：「家散矣！父母、大父母、諸兄七喪，蔵以葬，爲是以來。」叩所學，則經書能背誦矣，授徒某家。冬春間數至，假唐、宋諸家古文，自繕寫。首夏，余出塞，返役而洙死已浹日矣。

始商平有子三人，余皆見其孩提以及成人。長子洛爲邑諸生，卒年二十有四。次子某，年二十有一，將受室而卒。洙其季也。憶洙五六歲時，余過商平，常偕群兒喧聒左右。少長，抱書從其父往來余家。及至京師，則幹軀偉然。余方欲迪之學行，以嗣其宗，而遽以羈死，有子始二歲。

商平生故家，而窶艱迫阨，視細民有甚焉。又父母皆篤老煩急，家事淩雜，米鹽無幾微，輒生瑕釁。然卒能約身隱情，以盡其恩，而不愆於義。余每歎其行之難也！而既羸其躬，復札其後嗣。嗚呼！世將絶而後乃繁昌者，於古有之矣，其果能然也邪？余哀。其辭曰：

洙卒於丁酉十月十日，年二十有一，藁葬京師郭東江寧義冢。余志歸其喪，事有待，先以鳴

嗟爾生兮震愆，罹百憂兮連延。蹇孤遊兮局窄，命支離兮爲鬼客。天屬盡兮煢煢，羌地下兮相從。江之干兮淮之汭，繄先靈兮日延企。魂朝發兮暮可投，異生還兮路阻修。孺子號兮在室，永護呵兮無失！

阮以南哀辭

始余兄弟應童子試，即聞阮君以南名於閭巷間。及入庠序，與君後先，時相見稠人中，而未狎也。其後余遊燕、齊，倦而歸，則先君子故交零落幾盡，而新知中惟阮先生汝咸經過最密。叩之，則君之父也。

君所居近市，曲巷小橋，逶迤而入，四面環陂塘，老屋數間，蔽翳於叢篁高柳中。入其門，如在山林之隩。方盛暑，風謖謖穿户牖。坐有頃，必加衣。自仲夏入秋，日未旦，先君子即披衣就阮先生，夜定，然後歸，率以爲常。君率妻子力作，殺雞屠狗，具肴蔬，未嘗乏絶。阮先生既歿，

君於門側市藥，而授生徒於堂上。先君子旬月猶三數過君，余兄弟隨行。每至，君必散生徒，輟其所事，置酒酣嬉，終日而罷。由前之爲，君以樂其親也。由後之爲，則以便余兄弟之情而不肯逆也。嗚呼！君可謂順於親而篤於友者矣！

君既免喪，時謂余：「子知交在四方，朋儕多資子以餬其口，而獨遺余何也？」時余私計：先君子栖遲寡懽，惟君居近而意愜。故獨難之，以滯君之行。及先君子殁，而余及於難。又逾年而君死。追念平生遊好傾心向余，而余無纖毫之報者，莫如君。乃哭而爲文以志余哀。

君諱夢鰲，江寧人，卒於康熙某年，年五十有一。余聞其喪，次年之某月日也。其辭曰：

忠養不匱，心之競也。蹇以無年，亦其命也。重施而蔑以稱，獨余之病也。

李伯子哀辭

李習仁字長人，吾友恕谷長子也。戊戌春，余命子道章就學於恕谷。歸言習仁耕且學，孝友信於其家。今年春，恕谷歸自江南，率習仁過余，俾受業。其承親，事師，交友，跬步皆在於禮，而行之甚安。白門翁止園見而嘆曰：「子弟中未見如斯人者也。」

恕谷少游浙東西，樂江介士風。南中士人，亦聞其風而慕之。故率習仁往相宅。其乘車，習仁御，騎則執鞭以從，恕谷與諸公論學，左右其間，南士皆傾心焉。恕谷以母老，未能定遷。會其友内人南行，使習仁與妻附舟先之。至天津，疾作，將暫反。比登車，曰：「吾父志此久矣！疾當愈，何反爲？」還舟。又數日，疾革。其妻出視。命之曰：「勿泣！此外艙，汝不可久留。」夜將半，氣絶，惟小童在側，時康熙辛丑八月望前一日也。

昔明道程子誌其子邵公，謂「賦生之類，雜糅者多，而精一者間或值焉，則其數或不能長」，夫自古聖賢之生，鮮不爲帝王、公侯、卿相，澤流世嗣者，而程子之言若是。豈如衆人之激於所遇邪？蓋深觀造化之消息而有以窮其變也。余杪秋自塞上歸，聞吾友劉古塘長子將冠而殤。南中子弟，無與比並者。慘慟未平，而習仁之訃繼至。嗚呼！以恕谷、古塘之躬行，日暮途窮，而天奪其良子。以二子之資材閒值，而不能延其一日之生。此余所以易哀爲憂，而終之以懼也。

習仁自成童有巨人之志，既冠，立課程自檢，晝所爲，夕必籍之。卒年二十有四。妻宋氏，始有身。其辭曰：

嗟爾幼志，離群匹兮，善承親心，嗣道術兮。晝耕夜誦，六藝畢兮。性栗而温，儀有壹兮。煢煢南行，志決壯兮，知命不惑，死無悢兮。任道有徵，識祈嚮兮。斯人則亡，予復何望兮？

張彝歎哀辭

吾友張彝歎名自超，高淳縣人。康熙五十七年，天子命公卿舉積學篤行之士，司空徐公以自超對。詔下江南守土吏，齎送赴闕。余私獨喜，計日以待其至。南中故人争趣之曰：「子抑心自强，此行也，尚其慰方子之思！」俄而傳遽至，則道卒矣。

始自超以母老，高祖以下惟一身，而久無子，不敢仕進。癸未成進士，長洲韓公將以館職薦，踵門辭。需次當得縣令，不就。嘗遊金陵，關中白玫玉適至，介余請見，而彝歎難之，即日駕而行，曰：「吾鄉人也，而世有相慕用者，吾無死所矣。」

及余遘難，徐公出撫浙，而彝歎往爲義學師。余心詫焉，而未暇詰其所以然，其被徵也，天下士皆以多徐公，及道卒，又以咎公，而意其言之出於余。金陵翁止園聞而歎曰：「嗞，咄哉！使彝歎爲浙行者，我也。」

彝歎逾六十無子，而前卒之三月，妾楊氏有身。衆皆曰：「是必生男。」彝歎之生也，余既譜其行，與崑繩、言潔、古塘爲四君子傳。兹故不具，而獨最其死生離合之迹，以志余哀。其辭曰：

名之不可耀兮，惟子杜其幾。義之各有時兮，惟子識其宜。惟大專之槃物兮，數少全而多奇。守邱園以竟世兮，而卒死於爲羈。曰：德人其必祀兮！亦豈余之所敢知？

王瑶峰哀辭

君諱宗華，字瑶峰，歙縣人。學儒，試輒擯。通醫方，恥以自名。年四十餘，以親老無養，授徒京師。

康熙癸巳，余出刑部獄，供事内廷。吾母衰疾，而京師無良醫。當塗吴穎長曰：「吾友王君通醫，匿而不試。吾今與子過之。」既相見，再拜致辭。許諾。君館内城，去余居十里。余繼遷海淀，愈遼遠。君市馬，與主人要曰：「吾友母老疾，旬日中必再三往視。若難之，當辭去。」主人重君，曲聽焉。每過余，或驟雨及之，淋漓徧體。其隆冬晨至，冰霜結鬚眉，面色異常。余對之慘動，心忡忡。君言笑晏然，恐余不自克也。每歲孟夏，余役塞上，迫冬始歸，倚君如兄弟。吾母疾作，聞君至，即自寬。及將終，衆醫皆曰：「可療。」君獨曰：「疾不可爲也。」

去年冬，君持所爲文及詩十數篇示余，曰：「視世士何如？」余讀竟太息，謂曰：「如君之方，苟試之，必大行。有餘資，歸而市田宅，事親從兄，以竟所學，當與古之人絜高下。子何恥於爲醫？」君感焉，將散生徒，僦屋市藥，事未就而死。

先卒之旬日，余夜歸。家人曰：「王先生來，自言胸中如有物，遲子不出，暮而歸。」余家僅一僕，方卧病，將俟其間使問君，而黄君際飛以書來，言君死矣。叩之，君疾作，即歸自余家之夕也。嗚呼！君視吾母之疾猶母，而君疾余不視，君死余不知，聞君之喪，竟不得一昔之期撫君之棺而哭也。余之恨於君者，有終極邪！

君鄉人袁某與際飛紀其喪，權厝某丘，而報君之兄弟使來迎。際飛亦因潁長而得交於君者。君卒於丁酉三月望後二日，年五十有二。無子。妻某氏，早卒。親老，而余不能爲之謀。雖恨於君，莫可如何。其辭曰：

子之旅兮，吾與子依。子之歸兮，吾爲子期。養則不遂兮，死而爲覊。絶天隔地兮，此志長賫。懷文服義兮，蔽遏而不施。混俗自閉兮，行與心違。靈魂營營兮，何去而之？意氣焄蒿兮，結我涕洟。乾坤莽蕩兮，惟余汝思。千秋萬歲兮，人當汝知。

和風翔哀辭

乾隆元年六月，天子命修三禮，以閣部之長董其成，而余亦濫廁焉。各舉所知，余言十有二人於鄂、張二相國，翰林四人而外，固請而得之者惟和生。生，單門也，家世農田。生六七歲，父母求之不在側，迹之，常凝立村塾外，曰：「吾甚慕諸童子誦書者。」以爲誑，試於塾師，則論、孟已耳熟矣。少長，或聚徒古寺中，因請爲諸生灑掃，裒食飲之以受書。

法公淵若，余故人也。雍正二年，余得假歸葬。公督學，按部至江寧。叩吾廬，謀分校者，遂就見吾友古塘而請焉。試事畢，古塘謂余：「吾得和風翔，此役不虛矣。」越日來見。因勸生棄時文，篤志於諸經，而屬雲臺山人翁止園以淬礪之。會山西梁君裕厚欲重訂朱子儀禮經傳通解，挾其書至江南，與止園討論，借力於生者蓋半焉。

生幼學書，不能躬耕，而志在通經，業科舉者，無所取之。親老，家窘空，居常戚戚。及部檄至，聞之色喜。卷書裝歸，告其親曰：「兒茲行，館餐於方氏。歲秩百金，半給家用，半市近宅之田。三年歸，可不耕而食，終吾生於聖籍矣。」越日而疾作，逮余聞之，已逾月矣。急致參苓，道希將命至其家。生披衣而起，曰：「吾固知公之不能忘吾疾也。吾學當成，二親免寒饑，疾當愈。」止園繼以醫至，和齊煮之，未熟而生死。余與生惟南歸時一相見，未嘗從余遊也。余年已逝，病日滋，諸經未竟之緒，將以屬焉，而今已矣。

生諱風翔，字宇清，上元縣人，世居蔣山之陽，卒年三十有四。妻某氏，無子。辭曰：

嗟爾童年，趨獨異兮。勞辱苦辛，惟學之嗜兮。業將就而聞彰，儵賷志兮。裒萬叢生，惟天所寘兮。窮泉有知，毋悔毋憒兮！假而隸農，二親亦中棄兮。

僕王興哀辭

康熙丙申六月十八日，余在熱河，夢僕王興至自京師，視其貌，聽其聲，皆不類。詰之，則自謂「我某人也」，再三云，覺而心動。又數日，家書至，興以是日死。

興爲嫂張氏家僮，歲丁卯，從至余家。性愚蒙，少慮。余嘗以事督責，退而大聲向其曹訟言余過。將抶之，既而舍之。因語家人：「是與處困約，履顛沛，當無他腸。」從余館某家，天久雨，以私錢市製屨，甚自惜，俄而失之。數月，主人家僮某著以出。余識之，命索取。復曰：「彼不告而持去，若索之，彼何所施面目，寧已也。」自余遘禍，奴僕皆散去，黠者盜財物。其尤無能者，雖勉相依，多桀驁，惟興執事如平時。

今年春二月，余晨起，怪其面目異常，疑有疾。曰：「無有也。」越三日，其女音暴死。又兼旬，遂遇疾。

興邇歲益昏憒，咫尺間不辨人言語，作事多傎。余時忿詈。河間王振聲見而止余曰：「子毋然！彼受詈，意色循循，純實人也。」余少戒，而未能盡止。自其女之死，始決意不詈，而疾遽作。念興在余家三十年，衣食未嘗適口體，患難相依，其得免余詈者，僅四月餘耳。因爲哀辭，以志吾悔。其辭曰：

衆知時以集菀，汝劬躬而守枯。果違天以離愍，孰謂此其非愚？

婢音哀辭

婢音，僕王興所生也。九歲，入侍吾母，灑掃浣濯如成人。稍長，於女事無不能。奉事八年，未嘗以微失致呵詰。其群居，未嘗笑嬉妄出一語。

余蒙難，家人御吾母北上。音隨吾妹，日夕相扶持。或以事暫離，吾母輒問：「音兒安在？」吾母卧疾逾年，危篤且兩月，親者不敢去左右。爲糜粥，供水漿，治藥物，皆音任之，不失晷刻。

余家貧，冬無炭薪。音獨身居西偏空室中，夜四鼓卧，雞鳴而起，率以爲常。性剛明，容止儼恪，雖故家女子中寡有，余每心詫焉。乃竟以厲疾夭，年十有七。先數日，音晨入，短衣不蔽骭。爲市布以更之，未及試而歿。舉室惻傷，人如有所失焉。乃爲文以哀之，其辭曰：

惟茅葦之漫漫兮，芝孤生而易殘兮。石礦堅以磊磊兮，玉精融而多毀兮。非造物之無章兮，乃汝性之不祥兮！

舒子展哀辭[一]

舒大成字子展，先世江西人，遷京師。自身以上，皆守閭閻。祖某，犯法出亡。父某，自投官司承罪，謫戍，逾年死。母劉氏，窶艱黽勉，使就鄰塾。年十三，補博士弟子。富室女焉，自居室奴婢資用皆饒給。既冠，成進士，入翰林。族黨榮之，而君常蹙蹙，每語所知曰：「吾豈若生田間，身耕，妻汲爨，以樂吾母也。」

某士文學實優，而爲鄉人所排，乙未會試，出君門，爲臺中所糾。用是十餘年，雖知君者不敢舉。君不得意，因肆力於詩，風格近唐人。及與余交，乃棄舊學，治毛詩、周官、戴記，矻矻恐後時。君年少而意緒頹然，間脱冠，形神似老僧。嘗曰：「吾夙世必髡緇，每聞鐘聲鈴聲響，則惘惘然。造物者俾余一識宦婚之況耳。」

君卒以雍正四年季冬十有八日。是月之始，余得疑疾。君日夕冒風雪相視，一日不見而疾作，旬有五日遂不起。故在余尤難爲懷，乃爲文以哀之。其辭曰：

連蹇以當官兮，恂愁以居室。務學誦以自鎮兮，詎短期之已畢。有母煢煢兮，稚子嘻嘻。

〔一〕本篇及下篇，輯自望溪先生集外文卷九。

信人生之至酷兮，儻死者之無知。

余石民哀辭

自余有知識，所見人士多矣，而有志於聖賢之學者無有也。蓋道之喪久矣，人紀所恃以結連者惟功利，而性命所賴以安定者惟嗜欲。一家之中未有無亂人、無逆氣者。一人之身未有無悖行、無隱慝者。吾不識周孔復生，其尚有以轉之否與？

康熙壬辰，余與余君石民並以戴名世南山集牽連被逮。君童稚受學於戴，戴集中有與君論史事書，君未之答也，不相見者二十餘年矣。一旦禍發，君破家遘疾死獄中，而事戴禮甚恭。先卒之數日，猶日購宋儒之書，危坐尋覽。觀君之顛危而不懟其師，是能重人紀而不以功利爲離合也。觀君之垂死而務學不怠，是能絶偷苟而不以嗜欲爲安宅也。始吾語君：「所以處患難之道信得矣。雖然，子有老母，毋以嗜學忘憂。」君默無言，而卒以膈噎。蓋其内自苦者，人不得而識也。君提解，傾邑父老子弟出送郭門外，皆曰：「余君乃至此！」今君破家亡身，而不得終事其母。吾恐無識者聞之，愈以守道爲禍而安於邪惡也。於其喪之歸也，書以鳴吾哀。

君諱湛，字石民，生於順治某年月日，卒於康熙壬辰四月十六日。其辭曰：

履道坦兮危機伏，人禍延兮鬼伯促。母遥思兮望子歸，子瘐死兮母不知。身雖泯兮痛無涯。天生夫人也而使至於斯！

喬又泓哀詞[一]

吾友崑繩少時流轉江淮，寓揚州之寶應近二十年。每言其地故家曰喬氏，而雲衛最賢。余倦遊，欲休足於近地，而喬君介夫招予，以丁丑五月至其家。崑繩適至，諸喬飲之酒，余與焉。坐有皤然白鬚眉者，余以爲雲衛，叩之則又泓也。介夫曰：「是吾家善人也。雲衛老，惟此子行不背於所聞。」

逾年春，予將歸，介夫曰：「子客此逾年矣，而未嘗一過又泓，又泓望焉。以吾爲能得此於子，願子之往也。」因偕往，飲酒歡。余偶叙述楊左諸公逸事，又泓獨注視矍然。余忽心動，叩之曰：「君年未五十，鬚髮如此，血氣衰退也，抑中有不自得者邪？」君曰：「吾容雖不逮，中未衰也。」又曰：「吾見公晚，不日鄉試歸，尚欲就公聞所聞以自廣。」越日，介夫而來告曰：「又泓死

〔一〕本篇輯自望溪集外文補遺卷一。

矣。」余因之有感焉。余近宗子弟數百人，質可任道者，獨吾弟林，而竟早殀。及行四方，歷齊、魯、燕、趙，所見聞士君子及閭閻之細民，其夭昏者，皆美良也。還江南，喪吾友言潔，益爲爲善者懼，而復見君之死。豈「賦生之類，雜糅者衆，而精一者間值焉，故不能久長」，程子所云，理固然歟？抑自生自泯於天地之間，造物者固一視之，而人於善者則不禁痛惜而見爲多歟？余聞君賢蓋逾年，與君交未旬日而君死，可哀也已！

君諱瑩，生於順治某年月日，卒於康熙某年月日。其辭曰：

胡君之作德心逸，而貌不侔年？胡君之四體不遺，而絶若翦弦？在蘺揭而早殀兮，懼椒蘭之蕪穢。亦微君之故兮，創余心其如痗！

祭文

祭顧書宣先生文〔一〕

嗚呼！大雅蕪塞，不絶如線。公復云亡，來者何見？古惟哲人，以道相持，降而文學，猶其

〔一〕本篇以下至祭張母吳夫人文，原爲望溪先生文集卷十六。

流支。陸相登韓，道光於唐。程、張、蘇、曾，顯以歐陽。假無二公，二代曷述？群賢繼武，兹塗無閼。

余試禮部，實出公門。公嘉余文，或有違言。公謂「斯文，惟某能然」。所舉不遂，甘棄一官」。既發其覆，果匪異人。滿堂動容，僕隸同喧。與公朋齒，宿號知音。得以至公，兩無愧心。老親趣余，歸裝在途。公使來追，斬鞅道隅。余不反顧，懼公見督。公以書來，詞温意渥。公尋使楚，命余速西。余時腹悲，冬以爲期。忽承凶問，帶絰長號。紼輴帷荒，尋駐江皋。余入太學，公實朋試。公既日顯，余每自避。辱公交余，惟恐不親。鈍直可貴，公知獨真。十年三接，違離日遠。誼重心勤，結懽則淺。公之詩篇，已足自壽。在公無悲，獨爲世疚。

古稱善人，天地之紀。余所師友，蓋可屈指。大理質行，宛平高公裔。秩宗經術。長洲韓公菼。侃侃少宰，太原姜公檘。守官不屈。窮在下者，劉、徐二生。言潔、詒孫。經明行修，吾道之楨。後先一紀，壯胞老終。匪余恩私，懼世瞽聾。楚山岪嵹，邗水嗚咽。涕泣陳詞，肝腸斷絶！

祭張文端公文

嗚呼我公！爲國宗臣。終始一節，帝用忱恂。公如元氣，運物無迹。審機正軸，功無與匹。

其志其事，異世可知。寸心耿耿，獨承恩私。

余幼泥古，孤行自尚。病俗流從，誤矯以亢。伊余先世，與公有連。衆附恐後，余避不前。北試京兆，牒過禮部。公比群士，謂宜獨步。凡在列者，湊公稱師。余獨自外，接以常儀。謂公余棄，公心以傾。始脱文貌，喻以平生。

歲在協洽，蒼龍南御。公來長干，獲侍旅寓。謂「國得賢，如室有木。子果能駕，吾推子轂」。余謂「公已！小人有母」。衰疾相依，獨身無輔」。公鑒其誠，悄然不怡。謂「子固爾，我心則違」。感公拳拳，中如有物。余豈能賢，公知恐辱。

余籍春官，由顧與陳。陳成進士，實出公門。余既南還，謁公里第。北面升堂，始正大義。公在林泉，亹亹翼翼。至忠體國，心懷宸極。私爲世喜，公志未衰。孰期逾歲，遂乘東維。公自禁密，經體贊元。明農待老，人無間言。「於人無愧，在天曲全。」先儒所稱，公實應焉。在公何悲？邦國之痗。況於知故，能無心劌。嗚呼哀哉！

祭王崑繩文

嗚呼！子生於天，余謂非偶。嗟同衆萬，視猶芻狗。子之心胸，函山振海。子之議論，風驚雷駭。豈惟在今，志亦無古。英光浩氣，今歸何所？

世士虛憍，外張中餒。古所云狂，子差可擬。少隨父兄，陸沈自喜。匿迹淮壝，行歌燕市。志以貧移，傾身菽水。外取所求，中以自鄙。顧視儕輩，如塵如稃。可者數士，謬及於余。未見而親，久益不疑。行身務學，以謀以咨。天與屯蹇，異徑同歸。夙心並負，次且路歧。

丙戌之春，揖我長辭。「二親丘首，惟吾所之。窮山絶壑，形駐影隨。雖子知我，迹亦難窺。」解手三歲，別語依依。念子孤直，諒不余欺。乾坤浪莽，會面何時？忽叩吾廬，驚喜相顧。曰「余迴車，將農將圃。聞子之鄉，巖深川互，我行我遊，子先我路，我耕我耘，子偕我作，我文我史，子訂我誤」。高酣連句，忘晨與暮。越歲爲期，並從所務。

始春過余，杪秋復至。申固前期，志氣益厲。孰期分背，遂歸虛無。委衾旅舍，妻子莫扶。款款友生，視衿與襦。傲然乘化，其色于于。子少自則，管、葛與衡。晚希顏、孟，其志亦誠。行與心違，蹉跎竟老。遺書在篋，其半惟草。臨風灑泣，氣盡心孤。子止於此，況於吾徒？嗚呼哀哉！尚饗！

祭滄洲陳公文

嘻乎陳公！履道方夷。命忽隕墜，斯人之悲。公材天植，遭遇亦奇。屢困而亨，終鬱不施。始令西安，繼調山陽。端緒已兆，所部稱良。及再作守，皆由特舉。義聲先路，户歌衢舞。旬時風動，期月政成。嘉師怙恃，姦豪易行。公治一方，譽流千里。游談奮袂，心矜色喜。再忤大府，必擠之死。先皇鑒照，獄詞無浼。公之在理，士民洶洶。輟耕廢業，號泣而從。或奉壺飧，或持腶脯。謂「公良食，公無我苦」！罷歸内殿，稽編文史。四海望公，如痿思起。觀察霸昌，聖心復倚。天語親承，古賢是擬。河決武陟，害延近畿。千村流漂，漕轉不時。皇帝曰「咨！汝予肱股。往巡往宣」，遂攝大府。公入大府，百政皆清。蠹祛工實，賦役有憑。三舉監司，罔非民譽。父老泣言：「自今保聚。」惟嗣天子，大孝親賢。乃實授節，以肅政權。歲漕既畢，躬臨決河。相基命植，程工别科。告功有期，民勞其愒！孰謂公身，先與世棄。

公之屢試，久者逾年。晚而大任，俾公獨肩。謂宜永年，以宏開濟。而功未成，殁猶賫志。邦國之瘁，黎蒸之窮。其在于公，高朗令終。衆心難饜，直節易虧。惟公炯炯，終始無疵。完公令名，闕世實用。彼蒼有知，能無悔慟？有心有耳，莫不惻傷。況於知舊，憯裂中腸。嗚呼哀哉！尚饗！

祭左未生文

余於故里，兄事者三：宋劉賁志，今君亦熸。始聞君行，矯亢異俗。及余得交，但見可欲。臭味之同，如流斯匯。憂思苦病，見君即解。余出余歸，行蹤每合。惟宋與劉，未若君習。余之在難，君未及唁。誓言拳拳，生必再見。果踐前期，崎嶇自致。黄髮素髭，其容則睟。余出塞門，君亦繼至。磧色灘聲，朝昏相慰。始秋南轅，邅迴燕市。經涉冬春，余行復啓。謂君趣駕，秋以爲期。孰知背面，遂至於斯。

君訃之至，君喪已歸。號痛窮天，膈臆敗摧。計數吾儕，動屯行蹇。惟君怡愉，履道坦坦。學同志同，命豈能懸？老而羈死，理亦宜然。死者之恨，生者之憂。泯矣終古，欲訴何由？嗚呼哀哉！尚饗！

祭白侯文

余聞君訃，往歲之秋。時在塞垣，心填百憂。盡室北徙，邅迴在途。沈疴叠嬰，顧影心孤。燕秦懸隔，莫通喪紀。欲寄一言，寸心難理。公私薄遽，以夕以晨。昏昏莫辨，經涉冬春。傳車祇役，夜宿蘧廬。君來見夢，執手踟躕。告余將歸，余不能止。相持驚寤，心怛不已。與君爲友，歲逾星紀。以古爲要，善終如始。君令於桐，余爲部人。義相然信，若弟與昆。吏疵民瘼，有言不違。行危語盡，君亦余規。余之在難，君未得面。傳君逾年，寢食惓惓。孰云交契，遂止於斯。絶天隔地，永無見期。聞君喪歸，已閉埏門。魂既安宅，來存故人。君有悌弟，子姓皆良。成然首丘，順彼大常。我心之悲，惟君則喻。幽明殊路，終古誰訴？昧旦聯辭，晨告於野。明水瓣香，有淚如瀉。

與黄玉圃同祭尹少宰文

嗚呼！高山大原，聚日星河嶽之氣，以生良才。根株已中乎繩墨，棟梁可任，而雷火爲之災。是乃陰陽之錯行，實爲天地之大絯。

嗚呼元孚！慨余暮年，所得士友。信道篤而務仔肩名教者，子最淳誠，而交期則未久。子自中州入副臺長，始得相見，而逾年即分手。余既南還，子歸養母。歲時通書，惟禮經是叩。往歲仲秋，子持使節，盡屏儀從，徒步以相從。問何以然？則賢母遺命：必躬親杖屨，若睢州之於夏峰。余愧非其人，辭未得致，已稽首而扶笻。再過吾廬，上下千載，始知古人之志事，已蟠結於子之心胸。

兹孟秋望後，吾友玉圃將以監司入覲，約汎舟於北湖。前期二日，薄暮來告，兹遊宜罷，博野遽殂。行者爲之心惻，而況於吾徒？降中庭而東面，三踴號而淚枯。亟相過以問故，則遘瘧寒之疾，以望前四日按臨松泖，越翼日而含珠。

玉圃再起，治在祥符，子爲大府。班隨旅見，栗階以趨。子獨加禮，釋辭自下，若後進之接師儒。二司心詫，動色睢盱。玉圃南移，子適視學三吴。會其以疾在告，就視卧榻，握手踟躕。感念往事，蒿目相對，竟夕而長吁。

嗚呼元乎！子之當官，實心實政，所至而愛遺。子之在戚，居處飲食，一應於喪期。子之造士，閑邪養正，引洛、閩之綱維。而常自慚碌碌，無一事能踐高賢烈士之迹，使尚論者，千載而有餘思。余謂世有斯人，天或將降以大任，但恐歲不吾與，不獲親見其功施。孰知乃先得子之凶問，臨風而涕洟。

余困衰疾，玉圃事羈，弔唁弗躬，嗚咽馳辭！豈惟吾儕之私義，實爲斯民斯道重此憂悲。子宜知之！嗚呼哀哉！尚饗！

祭張母吴夫人文

嗚呼！夫人之年七十有一，又得良子以養生送死，抑又何悲？而余聞夫人之凶問，不覺紊欷而嗚咽者，蓋爲其子自超痛也。

今年春，自超成進士。或欲薦以館職，自超曰：「某之舉於鄉也，吾母愀然曰：『汝無所用此！吾第欲汝得妾以子，而常在吾側耳。』」自超歸而從命焉，而妾入室之夕，夫人以卒。嗚呼！世俗之人願其子舉甲乙、歷科第，而死不恨者衆矣，而天漫以畀自超。有子以繼世，匹夫匹婦之常也，而於自超難之。自超終當有子，而獨不得早歲月，以傷其垂死之母之心。

嗚呼！禹之仁孝也，而痛之以羽淵，周公之弟也，而阨之以管、蔡，以至君臣、夫婦、朋友之間，其賢者不必相遇，而不賢者巧作之合以生惡。故先兄有言：「乾坤之闢，始於屯而終於未濟。蓋天地之氣有盈竭，數有純奇，物生所值，雖造物者亦不可如何也。」

嗚呼！爲父母而得見其子之成立者寡矣！見其成立，而子於兄弟、夫婦、子姓之間苟有恨焉，則無物足以解其憂，而致孝與敬，適足爲親心之累。故余不獨爲自超痛，又以爲凡爲父母與爲子者痛也。因書之，以馳奠焉。

祭徐幼安文[一]

嗚呼！物生誘然，惟氣所委，瘁榮淹速，孰知其紀？木爲犧尊，敢憚其災？中道折泄，是良可哀。嗚呼幼安！誕兹清門，靈根夙植，質厚材良，如珪如璧。克祗厥父，克恭厥兄，服勤盡瘁，以羸其躬。自嗟無恃，泣踴過禮，風哀雨思，即遠猶毀。澡雪肺腑，肝膽披露，信于友朋，靡新靡故。沈痾疊嬰，經時歷歲，種學績文，未嘗暫廢。鬱爲菁華，厥聞滋盛，美見于人，中以自病。

在歲三月，士將朋試，君開特室，朝攻夕礪。作爲文章，劌心鉥目。形神瘀傷，患氣積伏。秋風動容，謂宜少蘇，孰謂淹忽，就彼泉途。君有愛子，聰明秀異，先君而殤，旬未十易。親號于堂，婦啼在室，靈魂營營，繐帷淅淅。作善致殃，行者心惻，況于同盟，能無悱息！大專槃物，生者喑噫，百年委形，一蜕以逝。壽夭相去，介若毫芒，苟有令問，死而不亡。君之文章，久籍藝林。君之氣誼，刻著人心。士友作誄，銘藏于幽，存順没寧，亦又何尤？嗟理則然，情胡能已！掩涕陳辭，以薦牲醴。

[一] 本篇以下，輯自望溪先生集外文卷九。

祭某公文

嗚呼我公！巖廊所資，應時而生，爲國羽儀。公胎前光，少有嘉譽，稽經諏史，日充以飫。弱冠登朝，趨承殿陛，惟慎惟勤，天子所異。爰自贊御，改官禁林，材與職稱，厥聲有壬。年未三十，遂壓班聯，藹藹吉士，惟治惟甄。既領學士，復長御史，内秉絲綸，外持風紀。公在翰林，日宣聖訓，以育群材，如物得潤。公司臺府，廉静以鎮，祇躬率屬，莫不敬順。

歲更二紀，夙夜在公，乘輿所莅，惟公必從。天子倚公，股肱心膂，繼居鼎鉉，衆望所與。孰期大造，獨靳以年，中道脆促，命不少延。公中退然，如不勝衣，威儀自力，終日無攲。吾儕聯事，遊從久熟，精爽音容，悽其在目。公之訃聞，天子震悼，官治喪紀，諸王臨弔。恩數惟優，勞臣是報，萬口咨嗟，聚觀周道。

良材之生，高山大原，文爲犧樽，天廟是陳。才用既伸，壽夭非遠，生浮死休，亦復何恨！嗚呼哀哉，尚饗！

祭彭夫人文

嗚呼！洪鈞坱圠，生物以屯，億變同則，誰非蠹蟳？隱窮憔悴，阨也如何？孰謂榮盛，而悲孔多！

嗚呼夫人！始歸彭氏，翁宦於黔，夫人居守，盡室南轅。逾歲迎取，徼路深蕪，往歌來哭，喪車在途。荒野墳圮，陰飈慄嘶，承凶萬里，泣涕漣如！蠻瀧浮漂，楚山崱屴，霧宿風飧，斲冰積雪。山哀浦咽，狖嘯鬼呼，日夜號惕，以從其姑。未共安樂，已同憂毀，崎嶇苦辛，佐營喪紀。

天祐彭君，身亨道光，游從禁密，委蛇巖廊。魚軒載茀，朅來京師，黃麻攸錫，象服是宜。室家熙熙，日月緜緜，謂宜禔福，以安大年。鬼伯好禍，虐戾不仁，愛子雙札，空帷無人。天屬綴心，膈臆敗摧，歸寧母氏，以遣煩悲。行謂彭君：我尚速來。豈知永訣，命止於斯。夫人之生，榮禄悉備，而長轗軻，没猶賫志。彭君有文，述彼哀懇，惻然感人，聞者心軫。況於朋游，能無惻傷，馳辭致遠，以侑奠觴。

方望溪文集全編卷二十六

家訓

己亥四月示道希兄弟[一]

禮有「百世不遷之宗」，以收族也；「有五世則遷之宗」，「親者屬也」。遭家震愆，今在金陵者，獨先君逸巢公後耳。詩人之述古公者，曰：「緜緜瓜瓞，民之初生。」言將絶而復屬也。故繼逸巢公者，於桐爲小宗，而在金陵則世爲大宗。宗子非有大過不廢，廢則以子承；無子，支子以序承。雖有貴者，別爲小宗，不得主祭。自逸巢公以上，祖之宜世祀者五：始遷於桐者曰德益公；建文朝死節，配享正學先生祠者曰斷事公；德重於鄉者曰東谷公；起家爲大夫者曰太僕公；始遷金陵者曰副使公。餘親盡則祧。

[一] 本篇以下至壬子七月示道希，原爲望溪先生文集卷十七。

古者，大功同財異宫。不異宫，不能各致養於其親；不同財，則戚屬而飢寒之不恤矣。桐俗，子壯則出分，先君始命余兄弟循禮經。憶亡妻與嫂有違言，先兄命之曰：「汝輩日十反脣，披髮搏膺無害，但欲吾兄弟分居異財，終不可得耳。」兄子道希幼羸，每疾，亡弟椒塗中夜抱持，圈豚行。弟早夭，兄常曰：「吾更生子，當以道希嗣。是弟所嘗抱持也。」今道希爲宗子，以其弟道永嗣。余兄弟三人。兄子二人，一嗣椒塗。余一子道章，亦相與爲三人。道章之生也，後先兄之卒凡五月，先兄猶及知其孕也。每曰：「異日汝子與吾子，相視如同生。」道章生年十一，以余罪繫旗籍，與道希、道永不能生相養。其服之相爲，宜從期。退之不云乎「受命於元史」，此可以義起也。

大功以上，同財同居則共祀祖禰，異居皆祭於繼祖適子之家。適子雖貧，宅左右必别爲三室，中室爲龕四級，奠高、曾、祖、禰木主，歲二祫，即從俗用清明孟秋之望。先期散齋二日，致齋一日。主祭者齋於西翼室，兄弟子姓各齋於外寢。生辰忌日，奉主特祀於東翼室。考妣之忌，齋期如二祫，生辰，散齋、致齋各一日。祖考妣之忌如之，生辰齋一日。高曾祖妣、伯叔兄弟之忌如之。妻、兄弟子婦各祭於其寢。妻、長子忌日齋。冬日至，祭於宗室，上及不祧之祖。宗子散齋三日，致齋二日，群子姓如二祫。共大宗者，歲一合食；共高祖者，再；共曾祖者，三。凡合食，必於宗祠。副使公始至金陵，居由正街，後遷土街。舊宅轉六姓，逾五十年。康熙乙酉，余始復先人居，而治其西偏舊圃爲將園，先君時燕息焉。辛卯遘難，宅仍他屬，園亦出質。道希兄弟異日必復之爲宗祠。今於土街宅後，暫治三室如前法。

小功異財勢不能同也。家之乖，恒起於婦人。米鹽淩雜，子女僕婢，往來譏訴，易至勃谿。雖期之兄弟不可保，況小功以下乎？聖人制法以民，非賢者所宜自處也。往時，清澗白玫玉過余，其兄子仲傑侍，近五十，成進士矣，斂約如成童。叩之高、曾以下，同居者五世。子婦無異衣食，雖蓄私財，無所用之。玫玉之兄，吾邑宰也，而治家司財幣者則玫玉之妻，其妾與子婦弗之詑也。蓋禮教之能移人若此。此非並世之人乎？小子識之。

古之祭者，前期必齋，喪必異居食。祭不齋，無以交於神明；喪不異居食，則衰麻哭泣皆作僞於其親。先王制喪食，於老者疾者，既葬而後猶有寬假焉，而復寢之期則斷不可易。蓋人之情，食粱肉而悽然念所親者，有之矣；御内而不忘哀，未之有也。在禮，期終喪不御於内者，祖、父母之外惟妻，而餘皆止於三月。非厚於妻，而薄伯叔兄弟也。先王立中制節，故法必計其所窮。妻一而已，假而本支繁衍，死喪相繼，皆終期不御於内，則人道爲之曠絶矣。故稍寬之，使中人可守。非謂寡兄弟者，必不可節欲以伸其恩也。記曰：「齊衰期者，大功布衰九月者，皆三月不御於内。」用此推之，則正服大功以浹月爲期，小功緦麻終月可也。其始婚，則小功以卒哭之後爲期，禮文具矣。余過時不娶，妻之父母趣之。時弟椒塗卒始七閱月，余入室而異寢者旬宜，餘。族姻大駭，物議紛然，遂廢禮而成婚，至今恨之。茲爲家則：食飲、衰服或因事而權其宜，惟御内之期，自緦麻以上，必以所推爲斷。夫舅與甥，恩之最輕者也。然女兄弟方痛不欲生，苟有人心者，能即安于燕寢乎？大功以上，則視骨肉之衆寡而加隆焉。記曰：「小功皆在他邦，加一等。不及知父母與兄弟居，加一等。」此先王稱物之情，而使之自厚於人道者也。齋期已前具。民無恒産，財匱而事劇，不能壹稟古制也。

凡恩之賊，多由婦人志不相得。禮之敗，多由與私親男子時相見。聞之長老：桐俗淳厚時，家僕終世給事，未嘗見主母。近則稍有連者，皆以相見爲渥洽。金陵亦然。

吾母疾篤，天子加恩賜醫。醫者曰：「定法必視面按脉，乃復命。」余白之母。曰：「我雖老，婦人也。可使醫者面乎？」余曰：「君命也。」母閉目，命搴帷，顔變者久之。既而曰：「雖聖恩高厚，然繼自今，勿更使吾疾上聞矣。」今無子姓約，凡來婦者，父母殁，不得歸寧。非遠道，還母家，毋過信宿。其親伯叔父、同父兄弟、兄弟之子至吾家，相見於堂，食飲於外。從兄弟、母之兄弟，相見於外。嫂叔禮見，惟吉凶大節，同室相糾察，有失則者，男婦不得與於祭。

兄弟宗族之相疾，近起於各私其妻子，遠則貧富貴賤之相耀也。吾幼時聞之父祖：上祖有官御史者，巡按江西，道桐，歸祭於宗祠。自監司以下皆來賓。主祭者侍御之從兄也，爲庶人，不得服輿馬。侍御以騶從，僕隸擇駿者乘。侍御軼而先，急下，拱立道左。及祭畢，從兄西向立，命取杖。衆皆進曰：「吉禮成，執事者有不共，願以異日治之。」曰：「過由執事者，則舍之矣。」侍御遂自弛冠服，伏地受杖。杖已，曰：「吾不予杖，是使汝負詬於鄉鄰也。且汝惟心懈，故至此。汝持使節，一路數千里待命焉，而心常外馳，能無誤人身家事乎？」侍御怡色受教，冠服禮賓。兄弟各盡懽。嗚呼！此吾宗所以勃興也。近世骨肉恩薄，其賢者乃以文貌相屬，而汎汎然如途人。盛衰之本，爲子孫者，可以鑒矣！

楊樹灣高莊東谷公遺田，太僕公所受分也。五傳至余兄弟，以遠家金陵，艱輸運，棄其十之六，惟主莊尚存。余丁亥歸故鄉，見其基勢爽塏，繞宅喬木尚七十餘株。老僕曰：「此東谷、太僕所嘗棲止也。」因復其半。今並以爲祭田，未復者當次第復之。以歲入十之二供祀事，餘給子孫之不能嫁娶、葬埋及孤、嫠、老、疾者。其法一取之吴郡范氏。不謂之義田者，徒爲吾兄弟之子孫計耳，非能如古人之收族也。每見士大夫家累巨萬，不聞置義田，即祭田亦僅有而少豐焉。俄而其子孫已無一壠之植矣。范文正公父子置義田三千畝，以贍族人也，而子孫享其利者六七百年，以至於今。昔太僕公分田之籍，手記曰：「吾增置田三百五十畝，槖中白金千有七百。此非吾官中物也，乃朋友餽遺、汝母勤儉而致之。」太僕公仕宦四十年，當明神宗朝，巡按者三，掌河南道時，兼攝七道御史事，所積僅如此。嗚呼！父有田宅以遺其子，乃汲汲然自明，惟恐子之意其得於官而心鄙之也。上之教，下之俗，所以相摩而致此者，豈一朝一夕之故哉！兹田之在吾家，亦近二百年矣。然則欲子孫長保其田宅，亦非德與禮莫能持也。

副使公葬繁昌縣西門外楓樹嶺，去桐與金陵各三百里而近。余鄉欲與其地士大夫聯婚媾以便祭掃而不得也。墓旁有祭田，未籍分産，四叔父楓麓收其入。播遷之後，諸弟貧乏，必將斥賣。道希兄弟當勉力以原價歸諸從父，而勒石永爲祭田。先君受分，多取瘠産。庶祖母王孺人膳田，本議身後均分，後獨以歸四叔父。楓嶺祭田，不問其歲入。汝輩當體祖父之志，勿謂此公産，不肯以價取，而致屬他姓也。

陳莊、胡莊及高淳租，每歲終通計而三分之，以其一給道章於北。非敢棄先兄之命也，分隔異地，慮子孫或有不肖而大爲之防也。昔聖人之制男女之禮也，皆以禽獸爲防；而兄弟同財異財，亦以中人爲準。蓋計其所窮，使不肖者可守耳。弟椒塗之殁也，未娶。兄泣曰：「吾弟兄三人當共一丘，不得以妻祔。」兄疾革，嫂與道希環而泣之，兄屢斥去。正命之夕，惟余在側，未嘗以道希、道永屬。吾兄弟篤愛如此，子孫其式之。

甲辰示道希兄弟

己亥歲，議以道永嗣弟林，林嗣伯父履開公。先兄之爲宗子也，先祖命之矣。道希之爲宗子也，先君知之矣。若以林嗣履開公，則林及道永當相承爲宗子，先祖之所未命，先君之所不知，非後之人所敢議也。今第以道永嗣林，履開公則置墓田，三支子孫世祀勿替，而祔食於祖。

吴郡范氏義田計口授糧，俾愚者怠於作業，非義也。五材百物，民皆用之，必各有職業，交能易作，然後其享之也安。無故而坐收其利者，天所禍也，且勢不能周。吾家祭田，營宅兆，供歲祀；有餘，量給不能喪葬者；有餘，以振鰥、寡、孤、獨、廢、疾不能自存者；有餘，以助貧不能受學者；有餘，春糶而秋糴之，累其貲以廣祭田。其怠於作業而貧窶者，不得告貸。己亥四月，諭以高莊爲祭田，因司諭公久葬故鄉，雖以陰流入墓起攢，仍當卜兆於桐耳。今奉柩至金陵，則高、曾、祖、考無一葬故鄉者矣。高淳二百畝，乃我二十年傭筆墨，執友張彝歎爲購置者。惟用爲祭田，於義爲安。一水可通，子孫歲收穫，可近就繁昌，展副使公墓。將爲記，勒石台拱岡，兼注縣册。俾世守之，不得私摽棄。

自副使公以下，道希爲宗子，凡出自副使公者，宜宗之。而從祖父查林府君、從父楓麓府君返故鄉，吉凶赴告，不得以時通。今定居金陵者惟先君之子姓耳。道希之世嗣，當爲百世不遷之宗，雖有異爵者，祇事焉。自先兄與余無私財，道希、道永、道章亦式焉。率是道也，雖五世十世可也。然先兄早世，吾質行不若古人，安能必子孫常守家則乎？先兄命道希、道永與道章兄弟，相視如同生。今道希、道永有子皆早殤，惟道章一子始孩。異時與群從相視如大功之兄弟，不得析居異財。後此則仍禮經，聽其大功同財，而以親者相屬。

金陵上田十畝，一夫率家衆力耕，豐年穫稻不過三十餘石，主人得半。乾暴減十二，米之得六石餘，以給下隸之食與衣，不贍也。程子曰：「吾輩暨妻子僮僕，皆不耕而食，不織而衣，更不治經謀道，則爲世大蠹。可不畏哉？」計中人之家，主人一身調度，必殫上農夫五家之力；妻子一人所費，役三家；僕婢半之。吾家親屬及僕婢近四十人，常役上農夫百家，終歲勤動，以相奉給，果何德以堪之？今與汝輩約：僕婢惟老而無歸者勿遣，傭者散之，少壯各任以事，能則留，不則縱舍，俾自食其力。

古無奴婢，事父兄者子弟也，事舅姑者子婦也，事長官者屬吏也。惟盜賊之子女乃爲罪隸，而役於官。九職：臣妾，聚斂疏財。質人，掌人民之質劑。蓋士大夫之家始有之，如後世官賜奴婢，亦以罪没耳。戰國、秦、漢以後，平民始得相買爲奴。然寒素儒生，必父母篤老，子婦多事，然後傭僕賃嫗，以助奉養。金陵之俗，中家以上，婦不主中饋、事舅姑，而飲食必饕，燕遊惟便。縫紝補綴皆取辦於工，仍坐役僕婦及婢女數人，少者亦一二人。婦安焉，子順焉，蓋以母之道奉其妻而有過矣。余每見農家婦，耕耘樵蘇，佐男子力作。時雨降，脱履就功，形骸若鳥獸。然遭亂離焚剽，則常泰然無虞。蓋其色不足貪也，家無積貨可羨也。雖盜賊姦宄，不能不留農夫野婦，耕織以供戰士，而劫辱繫虜，斬刈無遺者，則皆通都大邑縉紳富室之子女也。人事之感召，天道之乘除，蓋有確然而不可易者矣。吾家寒素，敝衣粗食，頗能外内共之，而婦人必求婢女，猶染金陵積習，吾甚懼焉。道希兄弟其與二三婦共勉之！恐余不幸而言之中也。

憶昔姻家有婦惰姑嚴而不相中者，其子頗是其婦。母患之，語余曰：「吾兒所憚者，子也。子爲我訓之！」異日，余至其家，子婦敬聽。告之曰：「凡爲人子，暱其妻而不責以事父母，是以娼女待其妻也。世有與娼女交、而望其孝於吾父母者乎？凡爲人婦，暱其夫而不順於舅姑，是以估客待其夫也。世有娼女而致孝於估客之父母者乎？」歸至家，姑姊妹皆責余曰：「不畏其深怨乎？」余曰：「彼深怨，則心已爲之動矣。」編於家訓，子將娶，則審以喻之。

古者自王后以及列士之妻，皆躬織紝，而庶人以下則衣其夫。王后之禮職，女史糾之，而監以王之師傅。民家之女功，鄰長稽之，而達於鄉、遂之長。一日廢其職，怠其事，則過愆集之。如是，則貴者安得恣睢以適己，賤者尚敢勃谿於舅姑之側乎？今之士，古之庶人也。繼自今，凡來婦者，縱不能衣其夫，衣裳必自製，以屬工人者值勿給。

先兄之命曰：「弟林既冠，未娶而夭。吾與汝生常違離，異日三人必共一丘。」康熙辛巳，葬兄於泉井，以弟從。自余遘禍北徙，道希危疾，連年累歲。術者曰：此陰流入墓之效也。余始不信，忽夢兄臨大淵，躍入自沈。通書南中，命道希啓墓，鑿土三尺見水，乃起柩權厝，以待卜兆。古者邦墓有定所，民以族葬有定位。自形家之説興，而其術頗有奇中者，何也？管子地員篇：凡泉之淺深，可按視所見之土以測之。豈中原土厚水深，司空之法未亡，相民宅者，皆能脉土以定兆域，而未可以例山澤沮洳之地與？吾友李君岱雲、黄君退谷、劉君梧岡，儒者也，而篤信形家之術，謂穴有暈，下三棺則暈破而水入。余迫於公程，行有日矣。道希兄弟若懲前事而畏形家言，則兄與弟共冢，而余他日别葬，於義亦可。但毋與婦人合，以墮先兄之命。

古者命士以上，禄皆足以仁其族。故晏子相齊，三黨及國之賢士皆取給焉。後世禄薄，仕者無義取之財。吾先人雖宦族，而故鄉遺田，皆上祖力耕而致之。金陵之俗，婦人多外夫家、内父母家。耗貲産於私親，而子孫無一椽之庇者，踵相接也。子欲順於母，而不恤母族，非義所安。然必身所自致，然後得專。以上祖之所遺，兄弟子姓之所賴，而偏厚焉。家之睽，必自此始。其有喪葬不舉，急難無告者。竭妻子之私財以佐之，無有，則與兄弟審度而助之。妻之族亦如之。

婦人之性，鮮知大義。兄弟同財，則怠於家事，委積蓋藏，坐視耗蠹。甚者，争爲侈靡。吾子孫之以大功同財者，苟不能同爨，則均其歲入，而各私爲奉養。豐年存十之二，儉歲十一，公貯之以備喪葬婚嫁，猶愈於離居析産，不肖者甘蕩棄，而兄弟不得問也。吁，薄矣！清澗白氏四世同爨，婦人服用有經，雖母家送嫁服物亦貯公所。繁昌徐季子同産五人，兄弟有子二十餘，季子年二十二喪妻及子，遂鰥居治家事。兄弟之子耕者、賈者、授徒客遊者，絲粟不入私室，男女少長近百人無違言。余杪秋遇其兄之子於魯港，具言如此。然則子弟有不可教者，父兄其省諸；婦人有不可化者，男子其省諸！

己酉四月又示道希

示道希：旬月以來，我胸氣結塞如有物，食飲日衰，左股蹙縮，蓋痛受命於兄，垂老而棄之也。痛道永不能以義懸衡，汝惑焉，我爲大親而不能正也。

三叔父之没也，汝父泣曰：「吾三人生常違離，弟中道夭，吾與若送死皆有恨。弟未娶，無子女以寄吾愛。異日吾兄弟當同丘不得以妻祔。」遂以告於大父、大母及汝母、叔母蔡氏，以爲成命。是約也，豈惟億叔父之靈，亦陰以釋大父、大母之隱痛也。汝父及叔父合葬二十餘年矣，非以陰流入墓而起厝，汝兄弟能發掘而以母祔乎？大父大母之終，第知叔父與汝父之魂魄相依，而不知其終判也。

「百歲之後，歸于其室。」尤婦人所切心，而卜兆泉井時，汝母無幾微見於顏面，是心知汝父之義，而欲成其美也。汝母之終也，汝父起厝復數年矣，亦嘗教汝兄弟偝父之命而以己祔乎？今而違焉，豈惟戕父之心，抑亦毁母之義矣。昔朱子斷「濮議」，以爲「試坐仁宗及濮王於此，則決知其不可。緣衆人以死後爲無知，故惑亂耳」。試立汝父於此，見汝兄弟違命而遂非，痛疾將何如？孔子曰：「汝安則爲之。」我衰疾隔遠，生世幾何？不復贅語矣。道希得札，依古族葬，而少變以從宜。卜兆蔣甸，司諭公居中，先兄、亡弟同穴居右，先嫂、亡妻同穴居左。故存此札，以志其不違父命，由篤信予言，且以解戚友之惑也。自記。

壬子七月示道希

來札稱鮑甥孔學及汝女壻吴生元定、光生大椿學誦益專以慤，乞言以進之。夫學非專且慤之難，貴先定所祈嚮耳。

己卯之冬，余信宿河間令孫屺山署中。值迎春，部民效伎於庭，植雙竿，繫索而横之。有女子年可十四五，緣竿而升，徐步索上，舞且歌，不側不墜。俄設重案，卧而仰其足，衆舁五鈞之甕，以足承轉而運之如丸。良久，然後衆擎而下。觀者皆色然駭而雜以譁笑。余獨閔且懼焉：夫索横於空，猿狚之所不能履也，五鈞之甕，壯夫所難負戴，而弱女以足盤之。蓋利重糈而竭其心與力以馴致焉耳，不重可閔乎？

君子之學，所以復其性也。三才萬物之理，生而備之，而古聖賢人所以致知力行以盡其性者，具在遺經。循而達之，其知與力，可以無所不極。然其事不越人倫日用之常，非若橫索而履之，與以足運甕於高空之危且艱也，而有志於斯者則鮮焉。蓋謂是非有利於己之私，而無可歆羨焉耳。故學誦之專且慤：有以爲名與利之階者矣，有思以文采表見於後世者矣。又其上則欲粗有所立，資以稍檢其身，而備世之用焉，又其上則務復其性者，是也。三生者，吾何以進之哉？達吾言，而使自審處焉，可矣。

教忠祠規〔一〕

古者五廟七廟共都宫，而各爲垣墉堂室。漢唐以後，雖國禮未聞備此，況群下乎？北宋文潞公知長安，得唐杜佑舊廟于曲江，一堂四室。郭先夾室論：「堂三楹者，中爲室，左右爲房。祭于東房，西虚不用，皆言高、曾、祖、禰之寢廟耳。」今自太學及海内郡、州、縣學祀孔子，皆位于堂之正中，闕里亦然。蓋天下之公祀，非孔氏所得專也。自是以後，漢關公、唐張睢陽、宋岳少保，凡忠烈先賢，皆正位于堂。教忠祠禮亦宜然。太僕公起家爲大夫，建小宗祠于桐。以對始

〔一〕本篇以下輯自望溪先生集外文卷八。

祖故稱小宗，而於子孫則爲百世不遷之别子，故亦正位于堂。而緣二祖之心，春秋享祀，不忍祖考之無薦也，故室教忠祠左方，龕奉始祖至四世祖神版。室小宗祠左方，奉六世祖至十一世祖神版。時祭二祖，以屏障左方爲以薦，翼日仍敞以爲堂。

古者，祧廟主祏藏于夾室。故時祭獨迎四廟之主，袷于太廟。今二祠皆合堂比龕，而獨祀二祖，以子孫之不安，知二祖之弗順也。禮有祭，有薦，有奠，有告。薦奠儀甚簡，告則惟用幣帛、皮、圭。程子祭遠祖，總設二位，以權制也。今師其意，春秋祭二祖，左室各設薦而不獻，廟東向。冬至祭始祖、遠祖，則左室不障，德益公東面，斷事公從昭穆之列，席下繼，六世分房之祖東面，太僕公從昭穆之列，席下繼。緈而右，各三獻，與時祭同。

古者，天子之卿、大夫、爵命視侯、伯。楚語：「諸侯之大夫特牛。」然今功令以太牢祀孔子，諸賢不得用，敢逾越哉！主祭者由正途官翰林、科道、郎中、知府以上者，乃用少牢，餘用特豕。無登仕籍者，則廩、增、附生以次主祭。入國學而不由庠序者，不得先。

古者，大宗百世不遷，然在禮必有禄而後可祭。安溪李氏有禄者奠獻，而宗子之位參焉。祝曰：主祭孫某，宗孫某。以宗子或無禄，或降爲農工，禮儀不能展也。太僕公子孫在金陵者兩支：副使公行三，宫詹公行五。副使公曾孫苞爲長，宗子惟敬尚未冠。苞宜主祭，惟敬再獻，長兄弟三獻。苞身後，子孫爵列相近，則三房主之。三房無爵，則五房有爵者主之。宗子有爵，支子雖異爵不敢干，支子爵列同，以行輩則少長，行卑齒少，雖有異爵不敢干，尊祖敬宗之義也。其爵列以甲科、乙科、薦舉、承廕、副、拔、歲恩貢生爲差。武途降文途二等。官至提鎮者，降一等。捐資入仕與武途同。

司馬温公、程子、朱子家禮，四時皆祭。但漢人述王制：「天子犆礿，祫禘，祫嘗，祫烝。諸侯礿則不禘，禘則不嘗，嘗則不烝，烝則不礿。」楚語曰：「國于是乎烝嘗，家于是乎嘗祀。」周以前書，未見大夫、士冬夏祭禮。今遵程子所定，春秋之祭，舉于仲月。冬至祭始祖遠祖，季春薦鮪，特著于禮經。故四月薦鮹，以當夏祭。其餘新物薦于家，凡俗節亦如之，奠而不獻。二祠惟朔望焚香，設茗飲。

古者，時祭日必卜，慮主人或感時疾，宜俟其間，或期大功之服，旬日未畢；或祖考先妣忌，不得干也。今以時憲書所宜當卜。冬至則或前或後，比時而擇之。古者祭必筮賓，立佐食，分上利下利，禮重事殷，非有贊者，主人不能致其恍忽，以與神明交。前期十日，公議子弟年二十以上，謹慎安重者四人爲上贊，四人爲亞贊。前期五日，徧告與祭者，皆出宿外寢。前二日，祭主、宗子宿祠左特室致齋。前一日，上贊佐祭主、宗子濯器視牲，宿祠左廂，詰旦共朝事。祭之前日啓户，子弟年十二以上者，灑掃堂室及庭，祭主、宗子卷簾拂塵，拭神版及匱，上贊助濯器，視牢肉。及期，夙興啓户，上贊焚香燃燭，陳茗飲，設茅苴，爇柏葉；祭主、宗子三拜稽首，以酒灌茅苴，出闔户。日中，殽羞具，啓户，焚香燃燭，設長案，饌祭物。初獻進食，羞羊肉湆、豕肉湆。再獻進魚，雞鶩從。三獻進餈餌，陳茗飲。凡獻，上贊執爵以授獻者，亞贊陳祭物，奠而不授，獻者要節而拜。每獻畢，俱三拜稽首。吾鄉舊俗：嘉平二十四日及除夕，祭再舉。將獻，薦爇柏葉，焫蕭遺意也。以瓦盆實土，樹叢茅酹酒，灌鬯遺意也。朱子家禮「設茅沙」，議者紛然。不知廟地必甓，以鬯灌甓，不能達于土。故依古茅苴之意，植茅于沙，取其潔白，謂沙亦土類耳。

古者，臣之於君，稽首至再而止。晉大夫三拜稽首以要言，楚申包胥九頓首于秦庭，重爲之禮以申固其請耳。朱子家禮：獻止再拜，降神辭神則四拜。蓋據儀禮：升成拜堂上，下拜，各二也。無升降而四拜，義無所取。古者，射、鄉、喪、祭，皆三拜。衆賓朝事降神，祭主、宗子三拜稽首。初獻爵，祭主再拜稽首。進食，再拜稽首。羞羊豕，再拜稽首。再獻，宗子再拜稽首。羞魚、雞、鶩，再拜稽首。三獻，長兄弟再拜稽首。進餈餌、茗飲，再拜稽首。將闔户，祭主、宗子三拜稽首。有頃，啓户徹，與宗人共食。春秋時祭，左室薦而不獻，祭主、宗子、群子姓皆三拜稽首。冬至祫祭，偏獻遠祖禮儀與時祭同。

古之祭者，必夫婦親之，以饋食獻薦，必待之以展事也。女子未嫁三月，教于公宫，非獨四德宜嫻，亦使講明乎尊祖敬宗之義，熟習夫禮相助奠之儀也。今祠距家四里，而所祀皆子姓高曾以上之遠祖。子婦分主祀事，事勢未便，忱亦不屬。嗣後來婦者，于春秋時祭後三日内，舅姑率以拜廟，焚香燃燭，設茗飲，爲講明大義。女將適人，先期或時祭後，或朔望辭于廟，儀與來婦同。妾之有子者，子將授室，亦如來婦儀，拜于廟，以承先啓後，亦與有責焉耳。惟再醮之婦，不得入祠。

二支子姓中，擇正直不苟者一人，以輔宗子；族姻朋友中，擇老成練事者三人以助之。惟敬嗣伯父爲宗子。道永兼掌兩房家事。道章亦兼掌道興家事，惟道興端居學誦。其生也，後二兄二十年，故命專掌祠禁以察違禮，糾邪惡，謹出納，久于其任，則家則可定也。

教忠祠祭田條目

四時祭薦，春秋墓祭，費不過六十金。蓮池既棄，子孫生計日蹙。余藥物及隨身用度，不得不取之祭田。余身後，除祠規所列經用，計每歲當餘二三十金，子孫錙銖不得私用。積至百金，即付相信典鋪取薄息。至六七百金，則以買上等沖田，不可置雜業。十年後，可加良田一倍。凡田契官印後，房長即集宗子、衆子姓，會同族姻、友朋助理祠事者，敬書余遺命于契末，各署名字。隨録板，標「教忠祠續置祭田」。詳載畝數，錢糧，買價，并原契續本。置祭田後，每至十年，必總田契，呈太守。照今漳浦蔡公例，契縫加印，批縣注册存案。

范文正公義田，子孫守之七八百年，不失家法，可謂善矣。但計口給糧，則不肖者或以長惰。古惟四民，使之交能易作，終歲所入，無以相過。蓋盡人之力，則財用不匱；順天之道，故安享樂利而無禍殃。戰國、秦、漢以來，并兼游食之民多。耕夫終歲勤動，穀始登場，廩無餘粟。織婦宵旦苦辛，身無完衣。浮淫之人，則安坐而享之。實與不祥之氣相感召，故每至大亂，遭殺戮蒙垢污者，皆通邑大都雄鎮之貴家富人；荒村小聚，蠶牖繩樞之細民，免于難者，十常八九，天之道也。

吾家蓮池，雖有祖命以畀首續科名者，而歸贖在余未舉于鄉之前，吾兄之心力瘁焉。桐城、廬江、高淳之田，余銖積寸累以置之。余賣桐、廬田，以建宗祠。以蓮池賣價置江寧沙洲圩田、木廠，併高淳永豐圩田爲教忠祠祭田。四時祭薦而外，以周子孫窶艱，嫁娶喪葬不能自舉者，以遵吾兄臨終「異居同財之」遺命。道希、道永、道章、道興之子女婚嫁，子五十金。再娶者減三之一，娶再醮者不給。妻及子婦成人之喪亦如之。諸孫行則子三十金，力能自舉者不給。道章備歷艱難，子女衆多，故先期陸續給銀，使早營運，後此不得爲例。必待納徵有吉日，始付之以防安耗。

十年後，祭田加倍。同祖叔父楓麓府君之子孫嫁娶及喪，致十金。曾祖副使公之子孫半之。高祖太僕公子孫在金陵者，慶弔各一金。寡婦孤子，近親不能相養者，春秋各一金，製衣服。兄及余子孫疾淹久，給醫藥。延師于敦崇堂，以聚教貧者，飲食、膏火公給。其住居遠，子幼不能赴堂者，歲給附學之資四金，至年十五以上。不願來堂就學者亦聽，惟止其資給。寡婦孤子無生産，及近親不能相養者，公給衣食，俟其子成立而止。其讀書無成，能貿易力田者，各給三十金爲資本。怠荒其業而没其本者，勿再給。

二十年之後，祭田又倍。楓麓府君子孫嫁娶及喪，致十五金。副使公子孫十金。太僕公子孫在金陵者，慶弔二金，孤寡衣服亦如之，在桐者各一金。兄及余子孫安分守業，口多而食寡者，量給口糧。女子寡而無依無子者，生養死葬公任之；有子而無依者，必教養之使克有成，非甚不肖，勿輕棄。

三十年之後，祭田又倍。則太僕公子孫在金陵者，慶弔三金，孤寡亦如之。在桐者一金。副使公子孫六十壽一金，七十壽二金，八十壽三金。斷事公以下七支，鄉試于金陵，致卷價一金，會試春官者十之。兄及余子孫歸試于皖者，給五金，鄉試倍之，會試春官者十之，不問其家之豐歉也。惟登仕籍者，必量力增置祭田，以仰答祖宗優異屬望之意。見今兄子道希嗣子惟敬爲宗子，其本生父道永爲房長。余長子道章、長孫超爲宗子，次子道興維持家法可三十年。三十年後，更得良子孫守之百年，則祭田增加可數倍于吴郡范氏。潤澤可徧斷事公之後七支。吾子孫尚憂衣食哉！豈惟受命于先人，事必宜終，即爲子孫計，訏謨遠猷，亦無善于此者矣。

助理祠事三人，歲終各贈十二金，輪赴高淳收租。祠田歲收稻穀，除賣以供國課、祠祀、墓祭外，必留百石，以備凶荒之歲周子孫之困乏者。太僕公子孫在金陵之貧窶者，量貸之而免其息。貸而不歸者，再值歉歲，勿更給。

隨墓宜置祭田數畝，子孫秋收，可環視塋域。又宜計道路支湊，築室墓旁，逢雨雪可信宿。邵村、石嘴、二房莊三墓，相去皆十里而遥。石嘴墓左地勢寬敞。周村、石潭、沙場三墓，相去皆十里而近。沙場居中，必相楊姓村内，營爽塏地築周垣，構瓦屋七架者三間，兩廂五架草房四間。瓦屋中隔之，中爲堂，左室可居停，右室爲板倉。豐年，買稻百石。近墓農家貸種，每石歲取乾稻二斗爲息。歲歉弛其息之半。近村人來糴，每石照時價減四分。歲大祲，存百石爲舉本，餘盡散之近墓貧民。人性皆善，墓木庶無毁傷。

教忠祠禁

周官以鄉三物教萬民，以鄉八刑糾之。閭胥掌觵撻、罰之事。惟學校射飲，罰用觵。撻則施于庶民爲多。古者大宗、小宗皆有收族之責，白虎通義：大宗小宗通其有無，以理族人者。而仕者禄皆足以仁其族，故教可行。荆楚、吴、越聚族而居，皆有宗祠，而自吴郡范氏而外，宗法無一行者。

饑寒之不恤，而責以過愆，故其心不服，而勢亦不能行。凡兹祠田，皆余孤行遠遊，疾病屯邅，敝精神于蹇淺之文術以致之者，盡以歸祠。以歲入十之三供祠墓，遵先君遺命也。憶先兄疾革，命「二支子姓下逮曾玄，始得異居同財」，及吾之身，而不能禁其分析，每默以自傷。故用祭田經費所餘以合之，凡婚嫁喪疾不能自給者，使得取分焉，而立祠禁，違者撻之，以不資其乏困爲罰。且禁不得入祠，以斷事公不樂有此後人，亦非先兄與余之族類也。戒之，慎之！

孔子論刑罰之原，起于不孝，不孝生于不仁，不仁生于喪祭之禮不行。祭者，喪之哀慕不能忘，而申之以追養者也。喪禮而不行，則人道息矣。周官之法：不睦不姻，不任不恤，皆有刑焉。今吾于子孫，不敢求以人道之備也，惟喪禮必大爲之防而已；亦不敢責以喪禮之全也，惟入宿于内則閑不得逾而已。古者，三年之喪，非殯、奠、葬、祭，夫婦不相見。貧家米鹽瑣細，勢必相關。惟宿必于中門之外，相語必以晝，不得入房室。犯者，不許入祠，撻四十，婚嫁喪疾費皆不給。古者，期、大功，並三月不御于内。禮廢既久，人性日漓。今酌定：期三月，大功浹月。犯者，不許入祠，撻三十，喪疾費不給。

父母忌辰前五日，率子孫與奠者齋宿外寢。祖父母、伯叔父、兄弟三日。高、曾二日。薦新俗節亦如之。以不潔之身而對鬼神，罪莫大焉。撻、罰與期、大功犯禮者同。

吴郡范氏宗法，行之七百餘年。鄉人有以事争辨者，不之公庭而之文正祠堂。宗子雖褓祼，正位于上，掌祠事者四人奉之。苟不直，雖諸父、諸祖父行，解衣伏地受朴，以謝鄉人。故子孫奕世無受官刑者。此雖其家法之明，抑亦文正、忠宣德行動庸，有以大服衆志，而儀式于後昆也。余碌碌竟世，閒居亦不自知其非，但每拜斷事公于正學祠，則身心怵然，自愧其鄙薄。故粗立祠禁，子孫有犯者，宗子及房長縛至祠右郭崇堂，撻如數，隨注籍。罰必行，不許入祠。有桀驁不服罪者，即抱祠禁質于公庭，以不孝治罪。

古者既葬，君、大夫、父之友食之，粱肉不辟。今酌定：三年之喪期，不飲酒食肉；期之喪，浹月；大功，終月。違者撻二十。罰不行。

先王制禮：小功、緦麻，食肉、飲酒不禁。御内無明文，以期、大功準之，亦宜終月。姑姊妹之子女，恩非甚親也。然姑姊妹方痛不欲生，而晏然于閨房，于吾心無缺乎？妻之父母，義非甚重也。然妻之痛如斬如剡，而即安于媵御，尚可責以致孝盡慤于吾父母乎？以此知緦、小功之喪禮，實亦不可廢也。然人道之薄甚矣！故撻罰不及。

生監與聞外人户、婚田土事，出入公庭，庶人不勤力治生，酗酒賭博，不許入祠，撻三十，喪疾費不給。充書役、皁隸及爲輿臺，亦如之。實心改悔，十年無過行。合族公議，許拜小宗祠。

宿娼或下漁色，其染惡疾，構釁亡身，不足惜也。而失先人之種姓于娼家，或父子兄弟聚麀而不可辨，惡莫大焉，雖改行，永禁不許入祠，撻四十，婚嫁喪疾費皆不給。

居官以陰很致富，雖幸免國法，不許入祠，宗族共屏棄之。非其罪而罹凶害者，雖罷斥，祭仍從其爵。

先兄卒時，道章方在娠。遺命：異日汝子與道希、道永相視如同生，服以期。乾隆六年，道希卒于京師。道興從余宿外寢六閱月，于古禮有加，以道希爲宗子，又寡兄弟也。甲子八月晦，道興之婦殁。道章長子超從余命，隨道興宿外寢三月。世世子孫當以爲式，爲父兄者必以身帥之。

方望溪文集全編卷二十七

家傳　誌表　哀辭

大父馬溪府君墓誌銘〔一〕

苞先世家桐城，明季，曾大父副使公以避寇亂之秣陵，遂定居焉。吾父出贅，留滯棠邑凡十年。苞生六年，大父司訓於蕪湖，吾父始歸秣陵舊居。計此生，惟大父承公事至秣陵，苞應試皖桐，道蕪湖，得暫相依，其時可稽日可數也。

江南土薄，葬非其地，水蟻必宅焉。故高祖太僕公家桐城，越十餘年而葬秣陵。曾大父家秣陵，越數十年而葬繁昌。大父之終也，吾父及叔父御柩歸桐城，以大母權厝秣陵，數十年而未得葬也。及遘宗禍，近支皆北徙。諸弟倉卒葬大父及叔父母於所居之梁莊已十年，而術者曰：

〔一〕　本篇以下至七思，原爲望溪先生文集卷十七的第二部分。

「陰流入壙矣，禍猶未已。」啓之信然，復出而攢焉。

今天子嗣位，布大德，赦吾宗還鄉里。苞蒙恩給假，歸葬父母。復奉大父柩，自桐城來秣陵。痛少時以家貧，迫生計，未得時依大父。及冠後，從錢飲光、杜于皇、蒼略諸先輩遊，始知大父文學爲同時江介詣公所重。大父官蕪湖，兄舟實從，凡七年。每語余曰：「大父之仁也，曾王父未葬，一飯不忘。春秋時享及令節良辰，未嘗不嘘唏終日。」嗚呼！大父之葬，未卜何期？而苞自忖，則生世無幾時矣！乃略叙改葬之由，以付兄子道希而待事焉。大父處境順，無由爲卓絶之行，而官甚微，士皆務科舉之學，教之所及亦淺，故不敢漫述，惟自痛咎愆之積而已。

大父諱幟，字漢樹，號馬溪。年十一，入安慶府學。以歲貢生，爲蕪湖縣學訓導，遷興化縣學教諭。告歸，卒於蕪湖，時康熙丁卯七月也，年七十有三。大母吴孺人早世，葬江寧縣南周村，穴甚狹，不容合葬。子三人：長伯父，諱綏遠；次吾父，諱仲舒；次叔父，諱珠鱗，庶祖母王氏出也。女七人，皆適士族。以某年某月某日，葬於某鄉某原。銘曰：

營之艱，宅之寧，以庇我後生。

台拱岡墓碣

先考妣既卜葬於台拱岡之七年，不肖子苞始得請假歸視窀穸。雍正二年五月望前二日，至自京師。郊宿，越翼日丙辰，展墓。卜日，得六月丁酉，穿穴視燥溼，始反土而定封焉。嗚呼！昔我先妣姚孺人早亡，吾父更出贅，時外祖官罷客死，家貧。內御者一人，老不任事。吾母縫紝浣濯，灑掃烹爨，日不暇給。吾兄弟疾病啼號，則吾父保抱攜持焉；五歲課章句，稍長治經書、古文，吾父口授指畫焉。其後，自棠邑遷金陵，益窶艱。己巳、庚午間，日食始能再，而弟林死。苞與兄舟客燕、齊，歷歲移時，不得一歸省，歸則計日以行。至庚辰，誓不更違二親遠遊，而逾年兄又死。每當弟與兄忌日、生辰，及春秋伏臘令節，吾母先期意色慘沮，背人掩涕，過旬猶不能平；吾父則召親賓劇飲，號呶以自混，或遊郊野，沈瞑然後歸。自苞省人事未嘗見吾父母有一日之安也。

吾父之殁也，宅兆未營，而不肖子以南山集牽連赴詔獄。會宗禍，有司奏宜族誅。聖祖仁皇帝哀矜，並免罪，隸旗伍，而命苞給事內廷。戚友御吾母以北，衰病纏連。不肖子服公事，晨入夜歸。又自首夏至杪秋，必祗役塞上，不得在視起居寒燠。吾母之殁也，會返役，得視含斂，而喪南還附漕船，不獲躬扶柩至潞河。以人事之常計，此生不得復見先人之塋墓矣。故據戴記境外不俟之禮，使兄子道希、道永奉大父母柩，以戊戌二月壬寅葬於南鄙石嘴之台拱岡。如天之福，今皇帝嗣位，推廣先帝遺德，恩詔特原牽連入旗者，赦歸鄉里。吾祖宗塋墓有主，而不肖子得視窀穸，負土以終事。且承聖制，謂以苞故而宥及全宗。吾父母而有知也，其戴聖主無涯之德，而爲不肖子悲喜當何如？故敬告以妥靈，且碣於原，俾世世子孫，知謹身寡過，爲匹夫而常守塋墓之難也。吾父生平，宋潛虛既論次爲家傳。吾母之喪，故江寧太守長沙陳公鵬年適在京師，豫爲銘幽之文，其言視不肖子苞爲可徵信於後世，故弗更著焉。

先考字南董，號逸巢。生於明崇禎十一年十一月十六日寅時，卒於大清康熙四十六年十月初四日亥時。先妣姓吴氏，知同、光二州同知紹興府事諱勉長女。生於崇禎十五年正月十五日子時，卒於康熙五十四年十二月初九日午時。子三人。女五人。伯氏、仲氏，姚孺人出。姚孺人從葬祖姑趙恭人墓側，距今七十有五年矣，不敢遷祔新阡，懼魄體之動也。七月朔後五日，男苞述。

先母行略

吾母姓吴氏，先世莆田人，後遷京師。外祖諱勉，爲名諸生，貢成均，知同、光二州，同知紹興府事。以直節忤其地權貴人，罷官，流轉江、淮間。於吾宗老塗山所，見先君子詩，因女焉。

吾母生而静正，誠意盎然，終身無疾言遽色。五六歲時，外祖每曰：「吾宗衰，此女乃不爲男兒。」遇經史中女事，必爲講説。及歸先君子，不及事姑，或語及先王母，輒哽咽欲淚。前母姚孺人遺女二，次姊少桀傲，母呴濡久而悔悟，勉爲孝敬。先君子中歲尤窮空，母生苞兄弟及女兄弟凡六人，一婢老不任事，縫紝、浣濯、灑掃、炊汲，皆身執之。方冬時，僅敝絮一衾，有覆而無薦。旬月中，不再食者屢焉，而先君子喜交游，江介耆舊過從無虚日，必具肴蔬，淹留竟日。母嘗疽發於背，猶勉强供事。十餘年，無晷刻休暇，而先君子性嚴毅，絲粟不治，客退，必詰責不少寬假。母益篤謹，無幾微見於顔面。及先君子將終，惻然曰：「與若共事五十年，若於我，毫髮無愧也。」

母性孝慈，而外祖父母及舅氏皆客死，繼而吾弟早夭，兄及姊適馮氏者復中道夭，默默銜悲憂，遂成心疾。六十後，患此幾二十年。每作，晝夜語不休，然皆幼所聞古嘉言懿行及侍父母時事，無涉鄙倍者。卧疾逾年，轉側痛苦，見者心惻，而母恬然，時微呻，未嘗呼天及父母。既彌留，苞及小妹在側，無戚容悲言，恐傷不肖子之心也。生平未嘗一語詈僕婢，而能使愛畏，不敢設欺誑。卒之後，内御者老幼悲啼，過於子姓，不可曲止焉。男苞泣血述。

沈氏姑生壙銘

姑次居六，繼室於沈氏，嫁愆期，年二十有六矣。夫故失愛於父，常孤行遠遊。姑年三十有一而夫死，無何舅亦死，群叔離異，獨挈幼女及前娣之子以居。子將冠又死，而女贅陶氏子良，遂依焉。

先君子於諸姑貧者月有餼，而姑未嘗言貧，被服必潔以完。苞客遊，家居日稀，曾不知姑之艱也。姑老矣，偶袒内襦，補綴無間咫撝者，因泫然曰：「此未足言也。吾始寡，沈氏以爲贅疣，居荒園，日夕擷野蔬、聚落葉而炊之。每陰雨，則持二孤以泣。時汝祖老，汝父貧多累，故不敢告，以重父兄憂。至於今，於吾爲寬矣。」苞自倦遊歸，喪葬婚嫁無虚歲。又女兄弟五人，皆貧不能自存。雖知姑之艱，未暇爲謀。常私自忖，以爲生養死藏，吾終當任之，而今無望矣。

苞難後，姑見家人必號痛。今年春以書來，曰：「吾居世幾何？將竄於夫之兆。姪銘之，及吾之見也。」先君子女兄弟凡十人，今其存者，惟姑與小姑耳。姑年七十餘，苞淹恤無期，而今乃誌姑之生壙，尚何以舉其辭邪！

姑之夫諱某，武舉人，其卒也，距今康熙己亥四十有一年。墓在江寧縣某鄉某原，銘曰：

嫠終世，婦事畢，百歲之後歸其室。

兄百川墓誌銘

兄諱舟，字百川，性倜儻，好讀書而不樂爲章句文字之業。八九歲誦左氏、太史公書，遇兵事，輒集録，置袷衣中。避人呼苞，語以所由勝敗。時吾父寓居棠邑留稼村。兄暇，則之大澤中召群兒，布勒左右爲陣。年十四，侍王父于蕪湖。逾歲歸，曰：「吾鄉所學，無所施用。家貧，二大人冬無絮衣，當求爲邑諸生，課蒙童，以贍朝夕耳。」逾歲，入邑庠，遂以制舉之文名天下。慕廬韓公見之，嘆曰：「二百年無此也。」自以時文設科，用此名家者僅十數人，皆舉甲乙科者。以諸生之文而横被六合，自兄始。一時名輩皆願從兄遊，而兄遇之落落然。

江西梁質人、宿松朱字緑以經世之學，自負其議論，證覊經史，横從穿貫，聞者莫不屈服，而兄常默默，退而發其覆，鮮不窒礙者。苞謂兄：「盍譬曉之？」曰：「諸君子口談最賢，非以憂天下也。」兄長余二歲。兒時，家無僕婢，五六歲即依兄卧起。兄赴蕪湖之歲，將行，伏余背而流涕。其後少長，即各奔走四方。余歸，兄常在外；兄歸，余常在外。計日月得與兄相依，較之友朋之昵好者，有不及焉。兄常曰：「吾與汝得常家居，俾二大人無離憂。春秋佳日，與二三同好步北山，徘徊墟莽間，候暝色而歸，吾願足矣。」及庚辰四月，余歸自京師。七月，兄歸自皖江而疾遂篤，未得一試斯言也。弟林先兄十歲卒，兄欲於近郊平疇買小丘自爲生壙，而葬弟於其側。

辛巳四月，余爲弟卜地於泉井，夢土人云：「伯夷今葬是。」余不忍廢兄之命，遂以次年三月十六日，遷弟柩與兄并葬其村之北原。兄歿於康熙辛巳年十月二十一日，年三十有七。娶張氏，子道希、道永。銘曰：

不若于道者，天絶之。胡體其所受而至于斯？矧材與志，古固有不遂而又何悕！

弟椒塗墓誌銘

吾弟既歿且十年，吾與兄奔走四方，尚不能爲得一丘之土，而兄亦以憂勞致疾，卒於辛巳之冬。逾年春，始卜葬於泉井之西原，而以弟祔焉。

自乙卯以前，吾父寓居棠村，弟始孩，依母及群姊，而余依兄。戊午後，兄侍王父于蕪湖，而弟復依余。自遷金陵弟與兄并女兄弟數人皆瘡痏，數歲不瘳，而貧無衣。有壞木委西階下，每冬月，候曦光過檐下，輒大喜，相呼列坐木上，漸移就暄，至東牆下。日西夕，牽連入室，意常慘然。兄赴蕪湖之後，家益困，旬月中屢不再食，或得果餌，弟託言不嗜，必使余啖之。時家無僮僕，特室在竹圃西偏，遠於内。余與弟讀書其中，每薄暮，風聲肅然，則顧影自恐。按時弟必來視余，或弟坐此，余治他事，間忘之矣。

弟性警敏，雞鳴入市購米薪，日中治家事。客至，佐吾母供酒漿。日入誦書，夜參半不寐。體素羸，吾與兄數戒之不得，竊恨焉。果用此致疾。方弟之存，家雖貧，父母起居寢食，毫髮以上，弟皆在視，得其節。弟歿，吾與兄勤志之，輒復遺忘。吾父喜交遊，與諸公夜飲，或漏盡乃歸，旬月中，間者僅三數日耳。弟恒令家人就寢，而已獨候門。及余繼之，則困不支矣。

弟疾起於丁卯之冬，時余與兄避難吴中，弟偕行，喀血，隱而不言，血氣遂大耗。其卒也，以齒牙之疾，蓋體羸不能服藥也。先卒之數日，余心氣悸動，父命避居野寺。弟彌留及夢中呼余不已。嗚呼！昔之人常致死以勤禮，余未有大疾而廢焉，悔與痛有終極邪！弟初名棠君，後更名林，字椒塗。卒於康熙庚午三月初四日，年二十有一。銘曰：

天之於吾弟吾兄酷矣！使弟與兄死而余獨生，於余更酷矣！死而無知則已；其有知，弟與兄痛余之無依，毋視余之自痛而更酷邪！

鮑氏姊哀辭

鮑氏姊幼名且，前母姚孺人出也。吾母繼室，姊七歲。苞之生，姊年十有二矣。時吾父寓棠村，家無僕婢，獨以苞屬姊。絶乳，食必啼，姊抱持，且行且食之，食竟乃止，遂以爲常。

姊夫鮑氏，庶長也，君母嚴，姊敬事焉，因以庇所生之姑。有姒恣睢，負嫡勢相陵，兩家僕婢嘖嘖。姊於弟妹，未嘗一語及之。父母有問，則稱嫡姑均愛。姊歸三歲喪夫。逾年，一子殤。撫姒所生女，久之又撫其子，皆深愛如己出。既老，相視泛泛，姊嘿然也。一日，蹷而不能興。苞赴詔獄，姊適送女越境，無由語訣。又十有四年，蒙聖恩許假歸葬，而姊臥疾已經年矣。每見苞，則嗚咽不可止。用此，過旬乃敢一往視。比北上登程，五旬有五日而姊卒，時雍正三年三月二十九日也。

苞性劣而遇屯，於父母兄弟尠不遺恨者，而未若姊之深。苦不能悉，生不能依，疾不能養，又無子女以寄其愛。嗚呼！苞其若此心何哉？姊夫卒以瘵，既葬，仲復羸疾。其家用俗忌，發而焚焉，未知兆安在？聞姊喪，命兄子道希相視諏度，然後以姊祔。歲將除，問未至，無以攄吾哀，乃涕泣而爲楚言。其辭曰：

幼而苦辛，乃義之服些！天命早寡，亦未云酷些！崎嶇隱憫，遭是則獨些！既息以死，猶淹衾褥些！胡爲大年，俾饜此毒些！

鮑氏妹哀辭

雍正六年秋八月朔後三日，始聞鮑氏妹之喪，距其卒百二十有七日矣。兄子道希懼余盛夏病不勝哀，故緩告。

妹爲先君第四女，渾厚静默，於先母爲近。幼共饑寒，諸姊嫁後佐母治家事。歸鮑氏子季昭，其伯兄孟虎即伯姊夫也，早夭無後，家以漸落。仲尚能少蓄藏，及季受室，則掃地無遺。與仲分日供二親及巨嫂食。姑夙愛仲婦，及晚歲，每語人曰：「季婦良苦，值主饋，吾食飲常得節。」適伯姊之終，困牀席累歲，妹侍尤勤。

嗚呼！自吾弟吾兄早世，女兄弟五人各窶艱。惟馮氏姊及妹有子，而馮氏姊中道亡，伯姊次之，今妹又次之。其存者：謝氏妹羸疾經年，弗瘳；仲姊歸曾氏者，蹶而弱足。顧念死者生者，尚安用久留此衰疾羈孤之身於人世邪？余竟世爲羈，屬有天幸，父母兄弟及馮氏姊之喪皆會余歸期，得親含斂。惟伯姊及妹，過時然後聞。抑自伯姊以前，每有凶咎，無在側與否，必先見其魄兆，而妹獨無。豈余混混塵事中，不復能自存其清明之氣邪？抑心之精爽至是而消亡邪？乃爲文以攄余哀，俾道希薦告於殯宫。其辭曰：

嗟予同氣，性和壹兮！命則坎屯，鮮安吉兮！汝雖貧約，家室寧兮！惟是戚屬，涕淚盈兮！二昆瘥札，兩姊熸兮！存者三人，疢阨兼兮！鄉予在難，慘未别兮！老母北轅，痛永訣兮！昔歲生還，相慰撫兮！送我階庭，遂終古兮！生叢百憂，如縢紲兮！死果無知，解此縣結兮！

謝季方傳

此先生妹適謝氏者，標題與秦仲高一例。先刻誤改謝氏妹，今正之。壬子十月，鈞衡識。

先君子五女，妹生最後，適謝氏子師錫。其祖國初督學山西，饒於財，子姓習侈縱偷苟。妹始嫁，家中落而未盡，妹夫尚多紈袴之好。妹性簡默貞静，不相中，時被陵暴，戒女從者勿聞於二親。余問訊之，含淚終不言。數年中，舊業盡摽，薪米半吾家皆給。妹夫嘗遘厲疾，危在旦夕，余往視。妹私謂余曰：「死生命也，恨無子。本生始在堂，而兄公小叔皆貧不能自存，將若之何？」蓋懼身無依，歸母家，而不能顧其姑也。

余難後，供奉蒙養齋。妹送母至都門。每孟夏，余出塞，迫冬始還。老母起居，惟妹是依。間語苞曰：「汝妹名寧壽，今果送吾老。古云：『初生所命，多爲終身徵兆。』理果有是哉！」母終，遺衣物付妹。妹南歸，盡棄以買妾，生一子。自是以後，每隆冬常質蘛衣複襦，忍寒凍，而不忍妾與孺子饑。余命道希兄弟，計口計日致米蔬薪膏，供億其家，而奉妹於吾家。妹忽忽不適。問故，曰：「吾不與家人共寒饑，心不能安。」一歲中，必數歸視，未旬日，衣裳鮮在笥者矣。先人家，則肉食有常期。妹每言不喜茹腥，而取其錢市果餌以食孺子。

嗚呼！女子處饒樂而家室和平，易爲賢耳。昔先君子不治生産，而好交游，家無僕婢，吾母逾五十猶日夜從竈上掃除，執苦身之役。然先君子所交，皆楚、越遺老，鄉邦俊人，古義尚可以自慰也。若妹之艱貞，則幾於易所謂「明不可息」者矣。其事雖族婣，妹不欲使聞知，而余乃筆之書。蓋天下後世欲明婦順者，不可不更備此規軸也。

嫂張氏墓誌銘

嫂姓張氏，江寧人。年二十，歸吾兄。先君喜交游，四方耆舊及里中執友相過日數輩。自嫂歸，兄督就中饋，老母始少得休息。余受室，妻蔡氏從嫂供事，多不逮，用此志不相得。及蔡氏亡，二女依嫂以居，少者瘂。先母語余：「女證危，氣息觸人不可耐，世母保抱攜持，意色不厭，亦人情所難也。」自先君殁，冢婦持家。余以老母盥饋及家事數責讓，嫂常含怒。及余遘難，盡室北遷，幼女復依嫂以居。撫之，不異於所生。吁！此雖嫂之明，抑吾母淳德及吾兄身教之所漸漬也。余兄弟三人，弟林未娶而夭。余與兄奔走衣食，生常違離。兄將終，遺命：三人必同丘，婦皆別葬。康熙壬午，兄及弟卜宅泉井之西原，近二十年。以陰流積壙，起厝復數年而地不可得。

雍正六年正月，余在京師。兄子道希訃母喪，且請誌。以文律按之，婦從夫，宜附誌，而兄有成命，嫂當別葬，則特誌無妨也。兄既有前誌，而嫂葬無期。余衰羸，恐不逮事，乃豫爲誌，以尉道希兄弟之思。嫂年六十，卒以雍正五年十二月十二日。子二：長道希，次道永。女一，適喬氏子。嫂素無疾，邇歲諸孫盡殤，又爲姻家所累，家益落，隱憂自懟，馴至大疾。嗚呼！是重可哀也。銘曰：

從夫教，義克明。有子而良，終延世以蕃昌。

亡妻蔡氏哀辭

妻蔡氏名琬，字德孚，江寧隆都鎮人，以康熙丙戌秋七月朔後二日卒。在余室，凡十有六年。

自己卯以前，余客京師、河北、淮南，歸休於家，久者乃三數月耳。自庚辰至今，赴公車者三。侍先兄疾逾年，持喪逾年，而吾父自春徂秋，必出居特室，余嘗從焉。又間爲近地之遊。其入居私寢，久者乃旬月耳。余家貧多事，吾父時拂鬱，旦晝嗟吁。吾母疲痀間作。吾與妻必異衾裯，竟夕無言。妻常從容語余曰：「自吾歸於君，吾兩人生辰及伏臘令節、春秋佳日，君常在外。其相聚，必以事故不得入室。或蒿目相對，無歡然握手一笑而爲樂者。豈吾與君之結歡至淺邪？」

余先世家皖桐，世宦達。自遷江寧，業盡落。賓祭而外，累月逾時，家人無肉食者，蔬食或不充。至今年，余會試，注籍春官。歸逾月而妻卒。妻性木强，然稍知大義。先兄之疾也，雞初鳴，余起治藥物；妻欲代，余不可，必相佐，又止之，則輾轉達曙，數月如一日也。壬午夏，吾母肝疾驟劇，正晝煩瞶不可過，命妻誦稗官小説以遣之。時妻方娠，往往氣促不能任其詞。余戒以少休，妻曰：「苟可移大人之意，吾敢惜力邪？」余性鈍直而妻亦戇，生之日未嘗以爲賢也。既其殁，觸事感物，然後知其艱。余少讀中庸，見聖人反求者四，而妻不與焉，謂其義無貴於過暱也。乃余竟以執義之過而致悔焉，甚矣！治性與情之難也。

蔡氏在江寧爲儒家。妻生男二人，皆早殤；女二人。其卒也，產未彌月，蓋自懟以致疾也。年三十有七。于是流涕爲辭，以哀之曰：

惟在生而常捐，乃既死而彌憐。羌靈魂其有知，併悲喜於余言！

兄子道希墓誌銘

道希，吾兄百川長子也。性淳一。兒時，果珍在前，不予不求索。多病，苦藥物。予視之，則斂容而飲。大父母愛之，每以忘其憂。年十七入縣學，課試必高等。以家禍，遂棄舉業，力持門户。

余初被逮，偕縣令蘇君以特召白吾母。及邀寬法，老母北上，終不知余之在難，以道希能巧變以安大母也。時弟妹皆幼，内憂外患，獨身當之，遂得危疾，連年累歲。吾母卒後，入省余者再，疾皆動。每切戒毋更至。及終母喪，迫欲依余。余發家書，必申前諭。乾隆元年詔舉孝廉方正。四年冬，旅見，上有褒語，命仍應制科。會弟道永通判京兆，僕隸設詐得財，事發，朋謀誣污主人以自脱。道希氣噎，及聞其弟受刑，自日未中以至於昏，大慟，遂沉篤。厥後大小司寇親訊，半得昭雪，而道希疾不可振矣。自先兄與余依古禮經定齋期喪次，余雖在外，遇期、功，道希必率諸弟出次，始成童，喪余妻啼號如失怙恃。大母及余設辭多方，不能曲解也。余子女五人，愛道希或過於同生。其卒也，年五十有四，在余側不異爲孺子時。余視之亦如孺子，平生無一言一動，使余心隱然不適者。兹來盡室以行，蓋將送余之終，而余乃視其棺斂。其妻子又以道永之禍，窘急遄歸。余惡能無恨哉？然於道希繾綣依余之心，則可以無恨矣。道希卒於乾隆六年正月十八日。妻岳氏，工部主事岳康女，有賢行。生子仁，聰明和順，十歲而殤。女二人。繼室以其妹，無子，以道永之長子惟敬嗣。某年某月某日葬於某鄉某原。銘曰：

雖離憋以終世，實無忝於所生。我憑當心，兩弟在旁。安歸泉塗，汝毋惻傷！

兄子道希婦岳氏墓誌銘

雍正九年九月望後二日，日既夕，余歸自海淀，渴且饑。會兄子道希婦岳氏訃至，家人進糜粥，甫入口，氣上逆而止，夜不能寐。蓋悲余在難，顛危困迫，惟道希首當之，而婦實共之。又念道希貞疾垂老，既喪其良子，而又亡其妻，益無以安其身也。

岳氏來婦，先兄之殁久矣，事余極恭順，而事姑之禮或未詳，余時督教。及余難後，越十有三年得假歸葬，則姑姊妹翕然稱冢婦之良。岳氏有子曰仁，生十年而殤。其生及殤，余皆未之見也，而聞其聰明淳篤，秀出於衆。其夭也，家人咸爲感傷，而忍心者，或用以相詬誶，冢婦常示之以默。衆尤以爲難。

余自有知識，見族姻里閭以及四方所傳聞，凡婦人之邪惡而作慝於夫家者，動數十年無止息。甚者名辱家毁，而其身乃康强而考終。其賢者，非貧病無子，則不得於夫，其當於夫必早寡，或中道而隕其生。嗚呼，咄哉！余生世幾何？自先祖暨先兄、亡弟皆以陰流入壙，出而攢，已逾十年。若亡妻，若兄孫仁，若嫂氏，先後權厝近郊者，纍纍焉。岳氏之葬，未卜其何年也，憫其賢而無子，又不得與夫偕老，故豫爲誌銘以畀道希，且以紓其哀。岳氏，四川涪州人，工部主事康之女，卒於八月望前一日，年四十有六。女二人。銘曰：

生無逆於倫，死有思於人，亦何恨乎無身。

兄孫仁壙銘

兄子道希有子曰仁，余北徙後始生於金陵。昏昏塵事中，未暇詰其性質何等也。雍正元年，吾宗邀恩赦，除旗籍。秋八月，將遣妻子南歸，祭告於考妣。既餕餘，南書至，則仁死矣！余感而疾，逾月弗瘳。

蓋先兄之子二，而在孫惟仁，曾祖副使公以後之宗子也。其父之書曰：「兒弱植，自四五歲得氣疾，旬月必作，痛苦不可忍。少間，則不待督課而盡志於書。生十年，通四書、毛詩。每叩疑義，輒困其師。夕返内舍，數舉經説，以開姑姊妹。」死之日，自恨曰：「仁不孝之子也。自今吾父母、大母弗得寧矣！」嗚呼！仁之生，適當吾宗禍氣之興。其父母震動播越，則受氣之不完，固其理也。然造物者既不欲假以生，而特賦以清明醇懿之性質，何爲其然哉？

仁生於康熙五十三年三月，以雍正元年八月殤，葬於江寧南門外。銘曰：

家禍寧，爾命傾。繄神者之不弔，而畀以毒余之中情。

七思

兄百川先生

憶生小兮棠之鄙，兄束髮兮余毁齒。招群兒兮布行陣，據岡陵兮畫營壘。比受書兮心開，莘野、傅巖兮神往來。聞四鄉兮捐瘠，憂旱蝗兮忘寢食。既移家兮白門，兄侍祖兮蕪江墳。念二親兮背膺胖，語含悽兮夜達旦。既浹歲兮來歸，歎愚迷兮不自知。親長艱兮子職失，顧外此兮安所恤？勤俗學兮召生徒，盎無儲兮桁無襦。各掉臂兮分馳，心摇摇兮天一涯。洛祁寒兮暑雨，温凊常違兮後難補。誓飲水兮啜菽，依庭帷兮勿再出。兄返棹兮秋清，喜相持兮心暗驚。將上高堂兮强笑語，疾已纏身兮瘀心腑。困藥石兮經年，志氣清明兮命不延。謂正終兮毋黷，將紝纊兮猶齊遬。誘二老兮安眠，喻妻兒兮勿前。瞑移時兮忽張目，申余戒兮情尤蹙。

嗟童稚兮相隨，動止因依兮不暫離。視燠寒兮戒走趨，恩勤如母兮義兼師。長飢驅兮僕僕，痛乖分兮苦相勖。存夜氣兮懼梏亡，警畏途兮虞莽伏。恨余頑兮弗醒，終擿埴兮冥行。疏周防兮罹罪罟，憂病母兮離鄉土。負親恩兮悖兄訓，撫寸心兮難自問。永思騫兮百感集，腸繚轉兮嗟何及！

弟椒塗

兄始赴兮鳩兹，余心孤兮類狂癡。母挈弟兮畀余，寢食相依兮漸坦夷；弟垂髫兮能内事，左右無方兮達親意。吾翁夜遊兮星斗闌，弟唫誦兮待更殘。迓親賓兮拂几席，竈下煎和兮助母力。嗟余繼兄兮數行遊，弟居守兮憺無憂。歲己巳兮秋雲黮，宵濟澄江兮幽夢感。荆榛四塞兮塗冥冥，連山赤黑兮延火烝。余呼弟兮毋前行，弟赴火兮如絃驚。叫天觸地兮悲填膺，忽寤覺兮心怦怦。揭來歸兮歲將畢，弟果遘兮齒牙疾。厲熏心兮苦自匿，懼骨月兮憂思逼。涉季春兮月生魄，命遐終兮阨鬼伯。

哀吾生兮負人紀，恨於弟兮無倫比。饑缺食兮寒思緜，縈苦辛兮夜不眠。惜寸晷兮繹經書，每發問兮心開余。余卞急兮多馮怒，弟愉婉兮徐相喻。謂行修兮德可成，嗟中道兮隔幽明。當沈疴兮正瞑眩，余懷憂兮體忽變。重愛身兮輕失義，既彌留兮忍相避。弟卒前六日，余外腎忽蹙縮入腹内，爲醫者所嚇，避居野寺。痛入天兮悔莫釋，死自罰兮終何益？余庚戌立秋前二日，疾病作，遺令斂時袒右臂。

伯姊

余鬌角兮未生齒，持負噓呵兮屬伯姊。姊年先兮一紀，動息無違兮宫事理。幼學步兮奔騰，重强負兮危能升。姊俄瞬兮心經，食爲吐兮櫛爲停。逮纚褵兮辭姆，承兩姑兮心獨苦。介侍嫡兮競横，冢婦撝謙兮不敢並。時歸寧兮母有問，稱姑慈兮似無愠。年過二十兮即爲嫠，侍食重闈兮逮事祖姑苦抑悲。姑旋亡兮子并夭，昏夢悲啼兮寤辟摽。中歲長齋兮祝嫡姑，宵旦依依兮卧起扶。

幸有妹兮四妹亦歸鮑季子。爲宛若，謂餘生兮將有託。夫之弟子兮弟之女，嗣爲婚媾兮力機杼。門内團欒兮聚親屬，菽水能供兮得安處。大命至兮天時懟，晝立清庭兮忽顛躓。枕席吟嘠兮累年歲，初言譫兮既魂悸。嗟余告歸兮姊在牀，語不辨兮淚盈眶。每一見兮增悲瘁，不經旬兮不敢視。迫公程兮作死别，及半途兮姊萎絶。痛在世兮常生離，永負心兮更何説。

仲姊

姊墮地兮前母亡，母鞠育兮懷閔傷。恩雖勤兮教未執，女事煩勞兮多不習。既有家兮不相中，賴姑慈兮尚無鬩。中歲姑亡兮家益落，竟世飢寒兮常嗃嗃。姊夫既耄兮病沈堙，五易春秋兮伏枕茵。竭蹶宵晨兮併百憂，年過七十兮影無儔。天難呼兮惟自愍，力敝心灰兮命亦盡。嗟姊疲瘁兮復逾年，地闊天長兮心目懸。念先妣兮殁賫志，惟姊存兮愛可寄。伯姊殂兮姊繼之，痛骨脉兮更無遺。有女新嫠兮生事窒，吾身後兮宜勤恤。

三姊

昔吾父兮不憂貧，拚掃炊烹兮母實親。兩姊出嫁兮家無人，姊孩稚兮備艱辛。弟妹啼號兮強飭力，夜倒衣兮晝忘食。剥啄聲喧兮庭有客，趣殽蔬兮理盤槅。嗟余兄弟兮常危疾，姊在視兮時銜恤。勤藥物兮籲神靈，每竟夕兮燈熒熒。年逾二紀兮復愆期，入贅替周兮始授綏。姊夫歲出兮守閨窬，養公姥兮尤勤劬。米薪強半兮母家索，潔饋食兮甘糠覈。苦遭長叔兮性儖儳，養不顧兮偏工讒。稚子寒衣兮不蔽膝，謂兄嫂兮餘私積。朝進食兮暮加衣，姑含怒兮滋乖違。膈噎經年兮隱自悲，命在須臾兮畏母知。弟早㲀兮兄繼萎，余天涯兮身係羈。念姊仁恩兮常惻惻，心欲報兮無終極。余盛夏兮始來歸，姊初秋兮與世辭。志長賫兮更誰訴，情冤見兮惟泉路。

妻蔡氏

之子歸予兮歲將暮，獻歲燕南兮就知故。吾父吾兄兮書問傳，定省溫恭兮介婦賢。暑雨襦兮寒栗膚，隨冢婦兮饋中厨。日月相疏兮歸路遠，十載崎嶇兮轡三返。誓言息足兮守故丘，兄攖危疾兮母沈憂。予茫洋兮若無歸，妻左右兮事無違。晝娛姑兮誦古記，夜助我兮歛荆燧。時方娠兮苦無力氣，弱心孤兮強自飭。哀吾生兮長卒卒，逐公車兮復再出。丙戌首夏兮經邗溝，生徒請業兮爲淹留。願假園林兮奉老親，四序皆宜兮景物新。歸告高堂兮欣有託，入室中言兮理行橐。秋期近兮一葦杭，自今與女兮同安樂。讆將言兮容忽靦，「吾與君兮結懽淺。別常淹久兮見常稀，會當行兮事或舛」。嗟斯言兮竟成讖，閱月身亡兮若弦翦。二親含慼兮顔不開，稚女求哺兮淚常泫。

逾歲旻天兮降鞠凶，吾父康强兮命亦終。衰麻釋兮刑禍延，關木索兮復連年。寬刑書兮編禁伍，母依子兮來江滸。望關河兮阻深，衰疾煢煢兮遡風雨。念吾妻兮若未死，寢食扶將兮尚可倚。妻早逝兮免憂煎，獨予身兮積疢瘜。

兄子道希

春陽兮載歊，白日兮昭昭；而杳杳兮即長夜，患吾心兮若焦。而出腹兮呱呱，吾二親兮色愉；比齒生兮含敉，盡室歡忻兮相告語。時風咳兮寒痟，嗟余弟兮重煩勞。安汝眠兮畏汝驚，保抱終宵兮圈豚行。歎門祚兮衰殘，失所怙兮常欒欒。及受室兮歲三遷，祖重承兮泣血漣。既脱衰兮余遘難，宗禍延兮天屬散。内機辟兮外罿罦，狐晝鳴兮鬼夜闞。顧四海兮一身多，母妻呻吟兮弟妹哦。望何門兮投止，竄窮山兮伏戎起。陰霾靖兮皇穹開，精已銷亡兮憂未弭。愛子溘兮朝露，痛春暉兮不再駐。恃孝婦兮同心，思子隨姑兮即長暮。挈家累兮依所親，冀桑榆兮志少伸。駭驚風兮折雁翮，氣噎塞兮横胸臆。兄心摧兮弟叢棘，弟未死兮兄幽隔。而父而母兮兆南岡，妻對埏兮子在旁。魂營營兮識路，望江天兮隱雲樹。先君子同産八人。乾隆三年，姑適曾氏者殁，惟叔父、小姑尚存。叔母早世，叔父感傷，欲仿楚辭作七思，含意聯辭，輒氣結而中止。今年正月，兄卒於京邸。叔父哭之慟，兼旬夜不能寐，始爲兄成一章。浹月中次第屬草，命永編録。問序次之義，曰：「男女異長，諸姑出室，不可以齒序也。」「叔母亞諸姑，何也？」曰不以服之重輕，先天屬也。」「置季姑適鮑氏者何也？」曰：「有子年近六十，處境順，哀辭已前具矣。」「大父大母無述焉，何也？」曰：「自古無子别父母之詩。陟岵作於中途，但言父母思己，而不言己思父母。唐人作觀别者，不自言離其親，不忍言也。親亡而自痛自責，則義盡於蓼莪矣。」「騷之義隱深，其辭惝恍而彬蔚，兹則易之以直樸，何也？」曰：「至親不文，修辭之體要則然。」乾隆六年四月望前二日，道永識。

弟屋源墓誌銘〔一〕

弟式濟字屋源，與余共高祖，以叔父都水公出嗣，無屬服，而余世母，則所嗣僉事公吴宜人之兄女也。故弟總角，余即數見之。厥後叔母與吾母志相得，兩門子姓睦洽如同宫。都水自守選，即挈家以北，而余往來京師，亦十餘年。時弟受學於吾友劉君北固。余與崐繩數息北固寓

〔一〕本篇輯自望溪先生集外文卷七。

齋，辨論經史，衡量並世人材，弟嘗輟業傾聽。余間候都水，入北堂。弟適歸，備舉旬月中吾輩所言，參互以相質。移時，忽仆而瘖，目瞑齒閉，大驚宅内人。叔母搏膺而呼，久之始寤。翼日，余往視。叔母曰：「汝毋懼而自嫌，兒樂聞汝言，過於其師也。」

戊子舉京兆，己丑成進士，制義爲時所推，又以其間攻詩辭，名稱益著，而以南山集牽連，宗禍作，都水下獄。叔母在江南，弟經畫注措，皆中機會。獄辭上，邀寬法外流，自知不免，則多方以脱族人。始部檄至三司會鞫，天屬中有齮齕都水以求自脱者，並螫亡弟之嫠。余目擊駭痛，堂下隸卒皆心非而竊詈之。及抵戍所，軍吏議分戍黑龍江墨爾根各路。其人老無籍，恇懼不知所爲。弟曰：「無相猶也。」罄裝齎，稱貸於賈人以移其議，戍得無分。

都水盡室皆死於遼海，而弟亡於父母及妻之前。故聞其喪，親暱朋好若疾疢在身，疏逖者亦愴然而不適。然弟身後，長子觀永、次子觀承以孤童勤營於内地，而匍匐萬里以紀大父母、母、弟之衣食，此出彼入，歲相代以爲常，卒邀恩例，身奉四喪挈幼弟而歸，以定窀穸。弟之身即存，所望亦至是而極矣。其在戍，篤志經學，所著易説未定稿六卷藏於家。

祖諱兆及，山東按察司僉事，分巡濟寧道。父諱登嶧，工部都水司主事，有依園集、葆素齋集行於世。母任氏，歲貢生堡女弟，卒於康熙丁酉年二月，年四十有二。妻巫氏，平和縣令元東長女，卒於雍正己酉年正月，年五十有四。幼子觀本，在戍所生也。女一人。以某年月日葬某鄉某原。銘曰：

履顛危，義不疚，處怨惡，仁能厚。家雖湮，色養伸，死歸骨，隨二親。惟天命之無欺，知作善之不迷。

方望溪文集全編卷二十八

雜文

兩朝聖恩恭紀[一]

康熙癸巳年二月，臣苞出刑部，隸漢軍。三月二十三日，聖祖仁皇帝硃書：「戴名世案內方苞，學問天下莫不聞。」下武英殿總管和素。翼日，偕臣苞至暢春園。召入南書房，命撰湖南洞苗歸化碑文，稱旨。越日，命著黃鐘爲萬事根本論。越日，命作時和年豐慶祝賦。上告諸翰林：「此賦即翰林中老輩兼旬就之，不能過也。」嗣是，每以御製詩文、御書宣示南書房諸臣。將命者入復，輒叩曰：「苞見否？」問與大臣侍從論本朝文學，及內閣九卿所薦士，必曰：「視苞何如？」是歲八月，移蒙養齋，校對御製樂、律、曆、算書。書奏，數問曰：「苞承校否？」壬寅夏，臣

[一] 本篇以下至移山東州縣徵群士課藝文，原爲望溪先生文集卷十八。

苞隨蹕熱河。六月中旬，命回京充武英殿總裁。浹日，發御製分類字錦序，命校勘。衆皆曰：「上文字皆命諸臣公閲。獨閲者，惟故大學士孝感熊公賜履、桐城張公英耳。」

冬十有一月十三日聖祖登遐，我皇上嗣位。廷議恩詔，皇帝手書數條下内閣。其一：「以族人罪犯牽連入旗者，赦歸原籍。」時八旗合詔條者，惟戴名世案而獄辭例不得援赦。刑官特請下九卿更議，卒蒙恩赦。雍正元年三月二十五日，臣苞拜劄謝恩。莊親王傳上命語苞：「朕以苞故，具知此事。其合族及案内肆赦，皆由此。其功德不細。」臣苞驚怖感動，不知涕泗之何從也。

始戴名世本案牽連人，罪有末減，而方族附尤從重。獄辭具於辛卯之冬，五上，五折本。逾二年，癸巳春，章始下，蒙恩悉免罪，隸漢軍。苞伏念獄辭奏當甚嚴，而聖祖矜疑，免誅殛，又免放流。臣身叨恩待，趨走内廷近十年，教誨獎掖，雖無過親臣，蔑以加也。此聖祖之仁，所以如天，而皇上肆赦臣族，揆之聖祖遲疑矜恤之心，實相繼承。顧臣何人，任此大德？自惟愚陋衰疾，欲效涓埃之報，其道靡由。謹詳紀顛末，俾天下萬世知兩朝聖人之用心，蓋不欲一夫或枉其性云。

聖訓恭紀

雍正元年，臣苞蒙特恩，赦許歸籍。二年，請假歸葬，蒙恩給假一年。既事，以三年三月望後九日抵京師，詰旦具劄，恭謝聖恩。莊親王、果郡王入奏，上憐臣苞弱足，特命内侍二人扶翼至養心殿。入户，再進，跪御坐旁。垂問臣苞疾所由及近狀。臣苞喘喙，氣不能任其聲。上曰：「汝心飫朕德，復何言。聽朕告汝：汝昔得罪，中有隱情，朕得汝之情，故寬貸汝。然朕所原者，情也；先帝所持者，法也。先帝未悉汝情，而免汝大刑，置諸内廷，而善視汝，是汝受恩於先帝，視朕有加焉。如汝感朕德，而微覺先帝未察汝情，不惟虧汝忠，亦妨朕之孝。汝思朕德，即倍思先帝遺德，則汝之忠誠見，而朕之孝道亦成。」於時臣苞心折神竦，追思前事，感念聖恩，有懷哽咽，不能置一辭。中間聖訓洋洋，不能悉記，未敢叙述。最後聞天語甚明：「朕惟以大公之心，循道而行，無非繼述先帝志事，汝老學當知此義。故明告汝，俾汝知朕心，俾天下咸知朕心。」於時臣苞氣少定，始克仰而言曰：「欽承訓辭，雖古聖人之言，無以過也。」上顧内侍，命取供御茶芽二器賜臣。臣苞三拜稽首。聖容若矜閔曰：「朕觀汝行步良難，雖供事，亦稱汝力，毋自强，時復自將息。」臣苞愴動，伏地不能聲。上徐命内侍翼以出。

臣伏念自我皇上御極以來，凡所以敬天勤民，莅官修政，以推廣先帝遺意，而播諸制詔，發於訓誨者，皆實與典誥同揆。即茲所以訓臣苞，使天下萬世爲臣子者聞之，皆將凜然於君父之大義，而興於忠孝。所以矜恤臣苞者，使天下萬世孤微阨窮之士聞之，莫不愾然於聖主之德意，而發其中誠，豈非中庸所稱「言而世爲天下則」者乎！

越數日，有旨：「凡特召見及督、撫、提、鎮入朝親聆訓諭者，必敘述繕寫進呈，恐有舛誤。」臣苞以白衣領事，未敢自比諸臣。大學士張廷玉曰：「聖恩深渥，不得以無位自嫌。」乃宿齋敬識，以俟彙進而附諸臣之末云。

通蔽

譽乎己則以爲喜，毀乎己則以爲怒者，心術之公患也；同乎己則以爲是，異乎己則以爲非者，學術之公患也。君子則不然，譽乎己則懼焉，懼無其實而掠美也；毀乎己則幸焉，幸吾得知而改之也。同乎己則疑焉，疑有所蔽而因是以自堅也；異乎己則思焉，去其所私以觀異術，然後與道大適也。蓋稱吾之善者，或諛佞之虛言也。非然，則彼未嘗知吾之深也。吾行之所由，吾心之所安，吾自知之而已。若攻吾之惡，則不當者鮮矣。雖與吾有憎怨，吾無其十，或實有四三焉。與吾言如響，必中無定識者也。非然，則所見之偶同也。若辨吾之惑，則不當者鮮矣。

理之至者，必合於人心之不言而同然。好獨而不厭乎人心，則其爲偏惑也審矣。

吾友劉君古塘，行直而清。其爲學，常自信而不疑，心所不可，雖古人之説不苟爲同也，而好人之同乎己。夫古人之説不能强吾以苟同，而欲人之同乎己，非心術之蔽乎？知君者，猶以爲自信之過也；不知者，將以爲有争氣也。君與吾離群而索居久矣，會有所聞，書以質之。

表微

顧侍御用方窮時喪耦，十有一年弗娶。既得仕，納徵於李氏。會先帝之喪，逾歲弗親迎。或詑焉。其官適罷，曰：「吾貧未能也。」既而起家爲户部郎中，擢御史，掌長蘆鹽政，歲賜數千金。詑者滋多。曰：「吾迫公事，未暇也。」其娶以雍正三年冬十有一月望後一日。推其心，蓋謂三年中不宜有空月也。問焉而不自襮，不以人之所不能者愧人，又其厚也。

先帝始崩，守官者各次其守。余次於佛舍。將歸，語二三君子曰：「在禮，公等居倚廬，宜再期。今旬未三終，歸至家，止於外，不入室焉，其可也。」聞者皆變色易容。蓋俗之偷，以禮爲徒觀衆人之耳目也久矣。古之人，事君猶事父也，謂制以義而不敢違，是薄於德，於禮虚者也。若用方者，其明於禮意乎！傳其事與言，俾事君者有省焉。

釋言

余在江南，即聞北方之賢者曰李君剛主。及與久故，益信其爲人，而其鄉人雜然議之。嘗叩其親故，所病於剛主有徵乎？曰：「是家貧，以適四方造請，干州郡而取饒焉。妻無子，乃別居。倉廩充溢，而食必粢糲，子婦執苦身之役。親之喪，赴弔者渴飢，皆之逆旅而求宿焉。賢者固若是乎？」余告之曰：「吾聞剛主躬耕，善稼穡，雖儉歲，必有收，未聞以干請也。士友所共聞知者，明、索二勢家延教其子，不就。直撫安溪李公稱其學行於天子，不往見。諸王交聘，每避而之他，乃以干請釣錙銖之利乎？至於食必粢糲，妻妾操作，而子婦從之，則李氏之家法也。親賓能遠赴其喪，何惜旅宿？剛主居湫隘，家無僮婢，創鉅痛甚，而責以供具，不亦難乎？其與妻別居，則余嘗叩之矣。曰：『是多言不順，吾常隱焉。有女早寡，而主張更嫁，吾不忍見，故使別居，既乃合併，而陰絶焉。』絶之者何？生異寢，死異穴也。合併者何？生同宮而衣食之，死則葬埋之也。此古應出而不行之禮，未可以病剛主。」聞者語塞而色猶疑焉。

他日以語剛主，剛主曰：「人心不可謂，子安以辨爲哉？韓子云：『動而得謗，名亦隨之。』謗而無名者，衆人也；名而無謗者，鄉願也。雖然，美疢不如惡石，謗言彰，吾滋懼矣。名則諸君子之過爾！」因并識前語，作釋言。

明史無任丘李少師傳

康熙辛未，余始至京師。華亭王司農承修明史。四明萬季野館焉，每質余以所疑。初定列傳目録，余詫焉，曰：「史者，宇宙公器也。子於吴會間，三江五湖之所環，凡行身循謹、名實無甚異人者多列傳，而他省遠方灼灼在人耳目者反闕焉，毋乃資後世以口實乎？」季野瞿然曰：「吾非敢然也。吴會之人，尚文藻，重聲氣，士大夫之終，鮮不具狀誌家傳。自開史館，牽引傳致，旬月無虚，重人多爲之言。他省遠方百不一二致，惟見列朝實録，人不過一二事，事不過一二語。郡、州、縣志皆略舉大凡，首尾不具。雖知其名，其行誼事迹不可鑿空而構，欲特立一傳，無由摭拾成章。故凡事之相連相類者，以附諸大傳之後；無可附，則惟據實録所載，散見於諸志。此所謂不可如何者也。」

乾隆六年，余將告歸，任丘李法孟以其高祖少師公神道碑、墓表乞爲傳，余已諾而未暇爲。及歸，檢篋笥，惟法孟手書尚存。中言少師邊功著明史韃靼傳，生平大節，則同邑孫文正公贈公子恒麓序可徵。余考明世邊患，與國始終，而韃靼部最劇；韃靼之患，正、嘉間最劇。惟萬曆初，俺答歸順，苟安者二十年。及奢力克有貳心，而套部、海部、松部並起，雜番數十種皆乘間猖狂，出没塞下。西寧以東，甘、涼、洮、岷歲無寧居，關中人心摇摇。自二十三年少師總制三邊，諸部入寇者必挫傷，大失所欲。再出師，分道襲擊，復松山故地，山、陜恃以無恐者近十年。其規爲方略，必有可爲後法者。文正稱公「功成身退，以出處係天下安危」，則立身之本末，進退之時義，必可與古賢爲伍。又曰「奉身如奉玉」，則又謹於小物，而百行具完。今見於鞬鞬傳者，不過命某將禦某寇，出某道擊某部。其克敵制勝之謀猷，無一見焉。是乃季野當日所僅得於實録，雖欲摭拾，莫由成章，而歎爲不可如何者也。觀文正序公子恒麓視事北司，鋤豪蠹，扶忠直，若置身度外，與少師同符。是恒麓事亦宜附公得書，而公乃無傳。嗚呼，惜哉！余感公事，追思季野所云，故並著之。以見爲人子孫者，於先祖之德善功烈，鮮不欲發揚張大，以爲光耀。或居下處幽，而無以自通，國家宜著爲功令：凡讜言聞於國，實德施於民，以及庶士、庶民仁孝節義過越於尋常者，子孫、鄉人得實陳行迹於郡守。郡守考核，書二册，一下學官，一升翰林典籍。俾作史者得兼陳詳較而中懸衡焉，庶幾輕重不失其倫。公名旼，號次溪。他日若得其碑銘及表，終當爲傳以詳之。

記夢

康熙甲午立秋日，余在熱河，夢偕先兄隨先君過尚默陳先生故居。同集者，攝山汪丈、清傳楊君。將飲酒，他客朋至，忽覺已歸土街草堂。先君指畫，將營西偏，爲燕息之齋。俄而寤。先君性豪曠，不可一日無友朋，常以寅及巳讀書，午及申爲山澤之遊，歸而飲酒。憶自六合還金陵，同好者，前輩則杜濬于皇、杜岕蒼略，執友則王裕成公及陳先生。招呼遊談，雖風雨之夕無間。時余九齡，先兄年十一，常奉盤匜侍酒。自兄年十四，侍王父於蕪湖。其後與余皆餬口四方，涉歲移時，乃得歸省。兄歸，余常在外；余歸，兄常在外。又計日爲行期，故每侍先君與諸先生讌集歡樂之餘，私心愴動。雖先君亦然，而不忍言也。

自先兄夭枉，余始不敢遠遊，而二杜及王皆前歿，獨陳先生尚存，而先君少所知汪丈自南郊遷北里。楊君託末契，遊從最密。時余以窮空，復數爲近地之遊，又計偕者三。其家居，凌雜米鹽不可解脱。追念平生侍先君與諸公讌集時甚少，而與先兄偕，則尤加少焉。計惟童子時爲然，爾時已知其樂，而不知其後思此之悲也。自先君下世，汪丈亦歿，楊君老而窮，走四方，而余禍發於不虞，以辛卯冬十月赴詔獄。將行，陳先生竭蹶嘔血縣門外。今寒暑復四易，先生近八十，計此生不得再相見矣。余既編籍旗下，上哀矜，使以白衣廁館閣校勘。自痛丘墓無主，故雖病且衰，而黽勉從事。蓋以天子仁聖，猶萬一冀幸焉。記曰：「霜露既降，君子履之，必有悽愴之心，非其寒之謂也。」今兹以秋之始，感於夢寐，而得依父兄之側，從先人之居，豈其幾之先見者與？抑積思所結，而未必其有應也，因書以徵於後焉。陳先生名書，汪丈名泳思，楊君名修，與王先生皆金陵人。杜公兄弟爲黄岡人。康熙五十三年六月二十九日記。

記百川先生遺言

先兄百川先生曰：「處士則有虚聲，鄉鄰親戚則有私毁譽。若民之於上，利害切身，不謀而同，故吏自一命以上，名不虚作。人不可以好名相疑。己不可怙過，而謂民言不當。」有合葬其父母及前母者，以位次問先生，曰：「神道尚右，而程、朱所言皆尚左。朱子葬其妻，存東畔一位，則尚左明矣。若三柩同葬，依古禮，則父當中，前母右，繼母左。如尊左，則父當中，而左右易位。若父與前母既葬，父左，則新祔者次於右；父右，則新祔者次於左。」又曰：「周禮大司樂有享先妣之樂，在享先祖之前。故鄭康成謂周以后稷爲祖，而姜嫄無所配，是以特立廟祭之，謂之閟宫。斯干之詩曰『似續妣祖』，箋曰：『妣、先妣，姜嫄也。』商頌亦溯源於有娀，皆諸侯不敢祖天子之義。以是推之，庶子於生母，當别葬。韓魏公葬生母胡氏柩，退嫡母尺許。趙炳族葬圖説引以爲據，非古也。」

答問

兄子道永重修南郊漢前將軍關公廟。問曰：「自書傳以來，至忠大勇，英略蓋世，且卓見聖人之道，而死於非命者，莫過於公與岳忠武。故浩然之氣，長震動乎萬世之人心。然公之廟，無地無之，而忠武之祠，則連州比郡或無一二。又公之神，常若充滿徧布於宇宙，而時見其精爽。其大者，示威於戰陣；其小者，凡有禱問，其應如響，而忠武無是也。是有説與？」余應之曰：「自周衰，戰國諸君糜爛其民，至暴秦，而生民之類幾盡矣。漢高祖出之於水火之中，治尚寬大，有天下者垂四百年。自武帝而外，桓、靈以前，雖有庸君，患不及民。民之思漢也深，則激於公之忠義者切。又東漢之末，士大夫多明於義理而重名節，故諸葛武侯遺書，搜録而表章之者，乃晉氏也。其書所謂『賊』，即時君之祖宗。以是觀之，則公遇難時，魏、吴之士民，群聚而祠之，其君臣必見爲當然。故震動宇宙而結聚於人心者，深固而光昭。忠武爲秦檜所戕，身死而檜之餘恨猶未解。吏民畏檜之威，直至檜死乃敢訟言忠武之冤。孝宗朝始得立祠於鄂，而屢世相臣，姦庸相繼，多主和議，偷安以保妻子，大率與檜同心。故忠武之義氣，雖不没於人心，而祠祀則寥寥焉。此事勢之自然，於二公無加損也。夫神者依人而行，舉億兆人之精神皆專嚮於公，則公之神自隨地而監照之。忠武即間有祠祀，未有就而禱禳祈報者，則其神何由與之相應而有所徵驗哉！昔孔子夢見周公，不聞堯、舜、文、武並見於夢，則神明之感通，由於生人精神之結聚明矣。故凡禱祈於公，行汙而所問之事非正者，簽辭多不應，以其精神不足以相感召也。」既以告道永，因思此義亦宜存天壤間，乃筆之。

爲秦門高貞女糾舉本引

高貞女，吾師大理卿宛平公同産弟頤侯次女也。許嫁秦氏子文照，舅姑前殁。雍正五年春正月，文照死。貞女請衰絰歸秦氏，代夫承重事祖姑。其父大駭，招余陳禮經以喻之，志不移。遂以二月朔歸秦氏，時年二十有二。其舅之側室李氏感焉，誓守節，與貞女同卧起，於今六年矣。

大理兄弟三人，惟季有子。大理卒，家散。季又卒，其子流滯新樂。及頤侯卒，繼室暨幼女貧不能自存。貞女父黨，無一人可倚，而其夫之叔父子正持手而食，養母，畜妻子，旁及兄之側室、子婦，力不能支。余歲時過秦氏見貞女敝衣菜色，或冬無棉，而意色常和以安。嗚呼！天屬之情，秉彝之性，惟遘閔凶、備危苦而後庶一見之。如貞女之守志，李氏之慕義，子正之窶艱而不棄其親，皆人紀所賴以維繫也。恨余力不足以振之，乃告於友朋及大理之知舊姻親，各出其力爲舉本，付里中士大夫重然諾者，主子貸，爲貞女衣裳綫纊之費，終則棺斂焉。傳曰：「人之于天也，以道受命。」若貞女，其殆庶幾無負於所受者歟？敬而恤之，豈惟大理之親舊生徒義不可以苟止哉！

檄濟寧諸生會課 代

蓋聞風教之興，士能宿道，而民胥效焉。文章者，道藝之餘也，而即末以窺其本，十可四三。某自陳力河壖，學殖荒落，而少所講肄，未能盡忘。茲承乏鄒、魯之鄉，竊欲觀於國風。魯多君子，況近聖人之居，而漸其流澤者乎？今以某月某日與諸生期於州學，合堂陳藝，各盡所長，俾得寓目焉。

移山東州縣徵群士課藝文 代

蓋聞齊、魯之間之於文學，自古以來，其天性也。文者，學之枝葉；制舉之文，又其近者爾。然以效聖人賢人之言，則心之精微達於辭氣者，固可以得其崖略焉。某備官漕河，不與民治，而發徵期會，政令所及，州邑凡三十，東夏文獻之區，計過半矣。竊欲觀於國風，以窺尋群士之所藏。謹擇四書題二，五經疑義各一條，願切磋究之，毋以某懵學寡聞而有遐心也。

自訟[一]

舒君子展告余曰：「聞之喬氏子，子之妻黨某云：『人之倫五，方君獨二而又半焉。既與於進士，而不廷對，是無君臣也；自始婚，日夕嗃嗃，終世羈旅，而家居多就外寢，是無夫婦也；一子形甚羸，而扑擊之甚痛，蓋父子之倫亦缺其半焉。』」余聞而惕然曰：「其然。是不知余之恨於父母兄弟朋友也久矣，夫余之有欺德也。吾父剛直寡諧，常面詰人過。大吏有索交而不能拒者，與之言，時多傲慢。余每切諫。先君子甚鄙余，而竟爲曲止，然不怡者久之。先君子素無疾，及將終，遘疾若膈噎。是不肖子悻直自遂，而不能順親之驗也。余北徙，歲從駕塞上。繼室之父母無狀，吾母憂憤成疾。小妹及家人常覆匿。至彌留，始自言之。是余之處心，無以信於妹與家人，而戕吾母也。弟林疾將革。余以小疾，避居野寺不與斂，是愛其身而偝垂死之弟也。

[一] 本篇以下至禮闈示貢士，輯自望溪先生集外文卷八。

計數師友，則厚於余而恨焉者多矣。若某所疵，則有説焉。始之不俟廷對也，以母疾。再以父喪，既而及於難矣。責妻以禮，教子以義，不忍棄於惡也。相提而論，於亡妻小有過焉。後婦有罪，牽於親朋之俗議，不能決絶。平生隱慝，顧影自慚，心摧而志絶，無逾此者。」書以自訟，俾吾子孫知教不行於妻子，則父母陰受其戕賊而不自知。且於父母兄弟，日自勉而常愆於禮；於妻子，日自省而常瀆於恩也。

擬除泰安州香税制

古者，山川能出雲雨，則天子秩而祀之，而五嶽之禮尤崇，非朝命不得致祠。然王立大社，而州、黨亦各有社。則春秋禱，賽庶民各就其所敬信而竭誠焉，亦禮俗之可以情假者也。泰山舊有碧霞靈應宮，遠近瞻禮者，軌迹相望。例輸税於州，乃許登山，歲約萬金，自前明相沿未革。朕思萬物出乎震，天地盛德之氣之所發也。故傳稱「觸石而起，膚寸而合，不崇朝而徧雨乎天下者」，惟泰山。則春祈秋報，黎庶輻輳，亦其情之不可遏者。若使力艱於輸税而不得登山，非所以從民之欲也。其永除香税。富民樂施，守祠者貯之，以待修葺舍宇，平治道塗，有司不得干預。敕到，鐫石樹祠，用垂永久。

禮闈示貢士代

世宗憲皇帝特頒聖訓，誘迪士子制藝以清真古雅爲宗。我皇上引而伸之，諄諭文以載道，與政治相通，務質實而言必有物。其於文術之根源，闡括盡矣。然清非淺薄之謂，五經之文，精深博奧，津潤輝光，而清莫過焉。真非直率之謂，左、馬之文，怪奇雄肆，醲郁斑斕，而真莫過焉。歐、蘇、曾、王之文，無艱詞，無奥句，而不害其爲古。管夷吾、荀卿、國語、國策之文，道瑣事，述鄙情，而不害其爲雅。至於質實而言有物，則必智識之高明，見聞之廣博，胸期之闊大，實有見於義理，而後能庶幾焉。是又清真古雅之根源也。

時文之爲術雖淺，而其從入之徑塗，用功之層級，亦莫不然。必於理洞徹無翳，而後能清；非然，則理無發明，爲淺爲薄而已矣。必於題切中，而後能真；非然，則循題敷衍，爲直爲率而已矣。必高挹群言，鍊氣取神，而後能古雅；非然，則琢雕字句，爲澀爲贅，爲剽爲駁而已矣。必貫穿經史，包羅古今，周察事情，明體達用，然後能質實而言有物；非然，則剿説雷同，膚庸鄙俗，而不可近矣。自科舉之法興，王、錢諸先正始具胚胎，謹守理法。至於唐、歸，然後以古文爲時文，理精法備，而氣益昌。其後金、陳、章、羅輩出，借經義以道世事，發揮胸中之奇。以及國朝諸名家，則取法於諸公，而稍變其壁壘。其於清真古雅，質實有物，雖不能盡究其根源，未有不少有所得，而能發明於一時，垂聲于久遠者也。

夫文章之道，所以與政治相通者，蓋因此可見士人之心術。故柳宗元曰：「即末以操其本，可八九得。」今與群士約，以四書文爲本，其開講已盡通篇之義，更端再起，及填寫排偶膚泛之辭於題不切者，經藝襲舊論，仍對股，表判直鈔坊刻，策不條對，而鋪叙古事以游辭結束者：概不録。諸生祈嚮夙定，則勉盡其所長，師承或異，則繼自今，亦望灑心而各易其故轍焉。

聞見録

先生此録，蓋别自爲書，單氏祇得其不全稿也。今附文後。鈞衡識。〔一〕

尹太夫人李氏，博野文學公弼之妻，副都御史會一之母也。公弼卒年二十有四，太夫人同庚。會一生始浹歲，家無舊業，勤身營衣食。會一九齡，出就外傅，四子之書及毛詩，太夫人已口授成誦矣。

自爲諸生登甲乙科，鄉人莫不稱太夫人之賢。及以吏部郎中出守襄陽，太夫人日夜勖勵，苟利於民，知無不爲。每遇旱暵，太夫人必躬禱，自暴於庭中，移時不起；久雨亦然，常應時而

〔一〕本篇三則，輯自望溪集外文補遺卷一。

得所求。士民聞之，亦群聚爲太夫人祠祝。由是會一治行日著，而太夫人賢聲亦遠聞。會一雖洗手奉職，所歷皆膴仕，正禄及經賜甚豐。太夫人節儉，家用僅十二三。歲置義田收族。城中郊外並立義學，以教鄉之子弟。又以其餘潤姻黨，雖窮時族姻相視蔑如及有夙怨者，亦善待之。而子婦無私財，雖銖金匹帛，非請命不可得也。會一政績尤著於河南。乾隆五年，開、歸諸郡五十九州縣同時大水，懇請發賑。流民所至，有司隨地而籍之，廩給以俟發春，資送反閭里。用此，民雖蕩析離居，未有逾鄰境而流亡於他省者。方是時，河南北音耗日至京師，皆曰：「非獨大府賢也，太夫人惶惶惕憂，寢食靡寧，撫軍安得不竭心與力乎？」四年冬，呂學士克昌、陳司農雲倬并告予：「太夫人見予禁烟酒第三疏，喟然曰：『吾閱邸報十餘年，未見如此奏章。如其言，十年後天下無寒與飢者矣。』」因北鄉再拜稽首。時予方輯聞見録，寄語黄副使玉圃，録太夫人德教。復書曰：「是中丞所心冀也，而太夫人難之，曰：『婦人無求名之義，吾前者乃感發於卒然，可因是以爲名乎？吾不願其聞於外也。』」吁，異哉！太夫人之言然，則母教婦德，又微乎其末迹矣。傳其言，使吾儕爲義而近名者，時因之以自省焉。

汪起謐字書農，徽歙汪僉事思白第三子也。思白以文學名江介。仲子誠與余往還，雍正初令榮澤。巡撫田文鏡惡之，以朋黨劾，被逮。時起謐年近五十矣，無子，新亡其妻。聞報，即倍道從兄赴獄，辭戍，罪在大辟，幽繫凡七年。起謐每歲初夏入都，至十月秋審畢，歸視其母。誠家人以吉語相慰，俾無省眠餐。母年八十餘，至屬纊不知仲子之屢瀕於死也。

起謐在都，非以事故拘綴，入獄侍兄日無間。每至勾決，旬日中意色似非人，見者莫不爲緐歔焉。數與余相見，非家事切身者不言。余重其行，而不知其優於學也。雍正己酉，誠命就試京兆得舉，其闈墨有先正風格。癸丑春，誠瘐死。御柩歸，遂絶意進取，尋卒。以兄子某嗣。士友公誄之，易其名曰「孝恭先生」。

王裕號大江，江寧人。少不羈，忌者囑教官以劣行報。試之前夕始聞之，酣寢達旦。入試，冠其曹，遂獲免。柏鄉魏相國聞而異之，招至京師。初甚相歡，姍侮搢紳。久之，相國亦苦其亢傲。南還，士苴載籍，日夜沈飲。將老，著孟莊軼事以視先君子，曰：「此王氏之書也，故不襲孟莊一語，而二子若相見，舍此無可言者。」先君子嘗戒苞兄弟曰：「毋視王先生爲放達人！吾與交久，爲諸生時過其門，時爲母滌褻器，見客無怍容也。」

聞見録 令妻〔二〕

吴孺人，江浦劉大山妻也。大山自爲諸生，學使者按試後，即招延別擇旁郡諸生文。康熙丙寅貢太學，遂留京師。癸未成進士，官翰林。劉氏世寒苦，孺人貧家女也，盡鬻嫁時衣，買婢教以婦功婦容，致京邸。聞有身，喜而不寐。時家漸饒，族姻咸謂孺人宜入京從夫，孺人以繼姑老，願留養。

辛卯，大山以南山集牽連，吏議當長流，聖祖仁皇帝赦免，係旗籍。孺人奉部檄而至，家人皆哭，時髮盡白，與大山不相見者幾二十年。孺人北徙，與嫠姑偕，曰：「吾不能生育，當與小姑同室。」大山以爲疑。曰：「得與君長相依足矣，若共寢處，吾老，内自慚。」自是至大山之殁，未嘗同藏。有妾二人，皆羅綺，被狐裘，孺人却而不御，常布衣，浣濯縫紝，愉愉如也。大山既殁，二妾求去，孺人泣而遣之。遺二女，一尋殤，既絶氣，猶抱持撫摩，不忍棺殮。大山未仕時，家無奴婢，孺人昧爽掃除竈下，燂湯供盥，饋洎鑊水，諸娣姒皆取足也。金陵常阻饑，余奉老母渡江，

〔二〕本篇以下輯自方望溪遺集碑傳類，第一〇八至一一一頁。本篇直本於「令妻」下注：「此文從江浦劉大山太史巖匪莪堂文集中録出。光緒二年閏五月，裔孫藿塲明經□□家刊本。桐城戴存莊孝廉鈞衡編望溪集外文補遺亦録有三則，雖屬紀事，實即碑傳類。當時別自爲書。嘉言懿行所録必多，惜未能得見其全也。」

館於劉氏，吾母數太息稱賢，每舉其事以教諸女諸婦。雍正元年，孺人及幼女赦歸原籍，依季弟仲山以居。

大山始名枝桂，更名巖，别號無垢，老而好詩，日夕苦吟，有詩數百篇藏於家。仲山孝弟，有學問，鄉人重之。

聞見録 節婦

節婦房氏，高郵州進士蘭若之女，寶應劉給事第三子寬之妻也。年十九歸於劉。時伯仲宦游，節婦廟見後即秉家政，佐寬營弟妹婚嫁，内外井井。不數年寬卒，節婦以無子自懟其生，卧病不出帷、不下榻者經年。寬之弟越清曰：「吾生子，當先以嗣兄。」越二年生子，命曰子方，彌月，即以歸節婦。節婦恩勤二十餘年，授室生二子，而子方又殁。

憶康熙丁丑、戊寅，余館給事家，寬始成童，每日入至星見，與諸兄步階除，背誦左傳、韓文，以無凝滯相矜，語言真樸，如子弟之對父兄，余甚愛之。及辛卯，余遘難而寬舉於鄉，癸丑出獄，逾年而寬死，於時即聞其婦之賢明。又三十年，余得歸田里，甲子仲冬，有事於寶應，會子方殯在堂，入吊，撫幼孤，節婦泣於房。

感念前事，乃叩其詳於家人而籍之。節婦幼異敏，針工伏儕輩。少長，通史記、漢書。其課子方也，每文成，必先取視，摘髮其瑕疵，與師友之説略同。善繪畫，寬殁後，摹遺象如生。自此遂棄筆墨。余觀婦人賢明者多不得其偶，唯節婦以得其偶而終身涕泪中。然寬也早世，其志行乃因節婦而略見於余文，則節婦之於夫，蓋可謂無憾。而自今以往，亦可視孤孫之成長，而無懟於餘生矣。

聞見録 兄弟之子

張以潤，南皮縣人，居滄州，業儒不成，乃學醫。世父某爲易州訓導，老且衰，以潤勸之歸。其二子曰：「舍此，生且無以養。」以潤曰：「我任之。」世父聞之，喜，遂告歸。以潤躬養，爲治特室，朝夕在視寢食；出視疾，日數歸，左右無違。異縣有相迎者，與世父期；及期不至，漏鼓三下，家人勸就寢，世父曰：「更遲之。」言未畢而至。以潤少孤，母某氏守節數十年，舉邑上其事得旌。子棠舉乙科，以潤猶及見之。

噫！人惟知有父母，而後能篤於伯叔父母，未有篤於伯叔父母而不本於父母者也。故以潤之事其母者不復列，而奠其録於「兄弟之子」，使薄者有所愧恥而感興焉。

方望溪文集全編卷二十九

賦

七夕賦[一]

歲云秋矣，夜如何其？天澄澄其若拭，漏隱隱以方移。試一望兮長河之韜映，若有人兮永夜而因依。彼其𨞺分兩度，天各一方；會稀別遠，意滿情長。欲渡河兮羌無梁，空鳴機兮不成章。叩角餘哀，停梭積恨。四序逴以平分，寸心撫而不定。悲冬夜之幽沈，迷春朝之霽潤，覩夏日之方長，盼秋期而難近。

爾乃商聲淅瀝，素景澄鮮。重輪碾而尋地，破鏡飛而上天。漢影瀰瀿，宵光轉麗。翼聯烏鵲之群，橋現長虹之勢。逝將渡兮水中央，若已需兮雲之際。於是躧纖步以輕揚，搴羽裳而潛

[一] 本篇輯自望溪先生集外文卷九。

泳。玉珮露融，羅紈冰凈。摛華星以爲璫，對明蟾而若鏡。笙竽則天籟紆徐，帷幔則綵雲掩映。素娥彷彿以行媒，青女飄颻而來媵。古歡更結，離緒重陳。望迢迢而愈遠，情脈脈而難親。幸宿離之不忒，際光景之常新。允惟兹夕，樂過千春。況復嚴更警逝，流光迅驅，别當久遠，來不須臾。念雲端之重阻，眷天路之無期。莫不願秋夜之如歲，悵秋情之如絲。

乃有繡閣名姝，璇宫麗女，徙倚階除，駢羅椒糈。閒耽時物之新，巧乞天工之與。愛秋華之臨空，快冷風之送暑。婉轉芳夜之歌，密昵長生之語。惜光景之常流，恐歡娱之無處。況乃家辭南漢，戍繫幽都。望沙場之淒寂，憶庭草之深蕪。方擣衣而身倦，乍緘書而意孤。望星河之乍轉，驚日月之相疏。值天上之佳期，觸人間之别怨。立清庭以無聊，痛河梁之永限。腸膠轕以爲轤，意氛氲而若霰。激長歌以心摧，展清商而調變。

歌曰：樂莫樂兮相於，悲莫悲兮新别離。今夕兮不再，晨光兮已晞。重曰：秋夜良兮秋河皎，度秋風兮長不老。葢一歲兮一相過，勝人生兮百歲多。

嘉禾賦〔一〕

惟洪鈞之坱圠兮，鬱陶蒸乎萬類。合動植之紛紜兮，聽乾坤之息吹。苟範質之有方兮，亦流形之不易。陰陽奮其協氣兮，爰儲靈而表異。原聖人之幽贊兮，神明相以生蓍。放勳協和以於變兮，階蓂茁以知時。治觀成而有象兮，吉先事以呈几。皇天不愛其珍符兮，覽德輝而應之。惟后皇之穆穆兮，躬亶仁以濊義。誕膺命以建家兮，協元符與靈契。授四時以常調兮，治五行而不沴。雖草木而咸若兮，宜天□之滋至。惟蓐收之清節兮，月既吉而辰良。念作所於無逸兮，爰觀民而省方。命禮官以整儀兮，肅蹕衛以東行。八龍驤騰以蜿蜿兮，雲旗沛以煌煌。百神繽紛而備御兮，山靈扈以翱翔。睇河山之盤鬱兮，閡塞矗以蒼蒼。秋草萋萋而絡野兮，山滌净以明岡。鳳鳥翏翏於徑陌兮，載鳴鳶以陂塘。原隰蒙以豐茂兮，睦鱗萃以相望。忻士女之有穀兮，嘆禾黍之日長。聽豳歌之祁祁兮，皇情愷以樂康。

惟嘉禾之叢生兮，孕土膏之滋液。藹軌芴於平疇兮，貤紛溶於長陌。抗一莖以孤起兮，攢多歧而交戟。暢生意以駢枝兮，奮至和之鬱積。蔭幡纚以曾加兮，光陸離其相射。既彼張而此

〔一〕本篇及下篇輯自方望溪遺集詩賦類，第一二〇至一二一頁。

翕兮，亦左扶而右翼。象并蒂之因依兮，類連理之枝格。念豐年之有象兮，實帝眷之所綏。命從官以掇拾兮，望神都而載馳。示普天之同樂兮，開明堂而布之。展柔條之旖旎兮，振嘉穗之離離。宫草霏霏而生色兮，爐煙駐以如絲。鸞聲鏘以噦噦兮，賡歌協以熙熙。頌曰：

一人之有慶兮，嘆萬物之得時。揚英聲於策府兮，昭受命之咸宜。感微物之無知兮，迹遭時而得揚。拔污萊與草莽兮，依日月之末光。聲一日而喧赫兮，實千秋以永彰。苟託身之非所兮，或奮迹之無期。凝日星之精耀兮，噏雨露之華滋。藴奇馨而不吐兮，偶稂莠以同澌。受野人之剥辱兮，終委棄於塵泥。苟非常之抽擢兮，實儔類之所稀。雖材實之出衆兮，亦遭逢之甚奇。願委身於籩豆兮，薦馨香於后帝。命天子以萬年兮，酬隆恩於勿替。

悵春華

幼讀國風，嘆其格調，雖漢、魏、盛唐作者莫之能并。意必當時學士有心世教者，聞其事而代爲之詞，以備法戒，與後代樂府同，非盡其人自作也。友人新婚逾月，將遠遊，述其閨人别辭，甚愴。余悲其意，爲長言以嗟歎之，亦無備於興觀之義與？

獻歲發兮春風返，昊天高兮碧雲遠。燕差池兮來歸，草彌生兮在阪。空階兮晝暄，悵春華兮自縈。蓀將去兮何方？妾心驚兮不敢言。顧鄙姿兮無取，侍君子兮非偶。頡頏兮翱翔，相因依兮共爲友。瑶瑟兮載陳，綺衾兮籍茵。蓀一夕兮相樂，過九秋兮三春。君遠適兮桑乾，逐征鴻兮行路難。撫壯心兮慷慨，斷柔情兮春水寒。思夏日兮爛爛，念秋風兮驚羅紈。況冬夜兮方長，掩空閨兮百慮攢。胡鼓枻兮揚州，妾相送兮吴江頭。願長淮兮無波，使大河兮安流。折杜若兮置君懷，爲芳馨兮暫留。登高樓兮四望，見遠樹兮含愁。惜蕙草兮已晚，按心思兮不自聊。怨關山兮無極，欲相從兮長太息。感柔颸兮多情，吹妾夢兮至君側。君總轡兮丘墳，妾牽裾兮結羅裙。君停棹兮中洲，妾搴蘿兮共尋遊。忽寐覺兮無見，心怦怦兮繚轉。解佩纕兮結言，自引領兮三歎。聞北方兮多佳人，曳華桂兮善笑頻。君見縑兮思素，莫去舊兮就新。月昭昭兮在帷，鳥啾啾兮争枝。機絞聲兮相摧，助朝悲兮暮思。望夫君兮不歸，妾抱影兮空自知。

惜抱軒文後集劉海峰傳云：「方侍郎少時，嘗作詩以視海寧查慎行。查曰：『君詩不能佳，徒奪爲文力，不如專爲文。』侍郎從之，終身未曾作詩。」又先生作喬紫淵詩序，自言：「兒時學爲詩，家君戒之。年二十客京師，偶爲律詩二章。涇陽劉陂千見之，曰：『子行清文茂，内外完好，何故以詩自瑕？吾爲子毁之矣！』自是絶意不爲詩。」蓋詩非先生所長，生平不多作，海内學者罕傳之。予刻先生遺文，其裔孫恩露録家藏詩稿十五首見寄，義正辭雅。附刊之，俾學者見所未見，亦快事也。鈞衡識。

詩

擬子卿寄李都尉〔一〕

汎泭委驚湍，隈隈任所觸。大冶自鎔金，焉能順其欲。羈鴻隱朔漠，飛翔翼常縮。獨鶴棲瑶林，長鳴念谿谷。不聞鸞鳳音，時恐鷹鸇伏。百年會有盡，沈憂日夜續。寸心遥相望，萬里見幽獨。

〔一〕本篇以下至别葉爾翔，輯自望溪先生集外文卷九。

裴晉公

不去爲無恥，不言爲不忠。正告中興主，漠然如瞽聾。以兹至晚節，心迹有異同。出入任群小，將相如萍蹤。宫庭匿兲氛，邊疆多伏戎。宗臣在東洛，夕命朝可通。緑野餘清興，精神已折衝。安敢謀一身，高舉思明農。

明妃

漢帝惜艷色，明妃出後宫。曲中留哀怨，横塞詩人胸。蔦蘿隨蔓引，性本異貞松。衆口不瑕疵，多憐所遇窮。若使太孫見，安知非女戎？昭陽爲禍水，豈讓傾城容？

嚴子陵

君臣本朋友，隨世分污隆。先生三季後，獨慕巢由蹤。真主出儒素，千秋難再逢。故人同卧榻，匪直風雲從。孤高一身遠，大猷千古空。豈伊交尚淺，將毋道未充。卧龍如際此，焉敢伏隆中。

將之燕别弟攢室

詰旦將戒徒，獨步登山岡。淚枯不能落，四顧魂飛揚。往時重暫别，而今輕遠行。豈忘岵屺詩，言此裂中腸。死者不可留，何況客異鄉。家貧無儲蓄，老母甘糟糠。翁性嗜醇醪，客至羞壺觴。所恨爾長逝，出門增恫惶。爾能奉晨昏，細大無遺亡。長兄雖篤謹，不若爾精詳。日夕下山去，身世兩茫茫。

赴熱河晚憩谿梁

群山作秋容，蕭然如静士。月出烟光融，山空疑遠徙。解鞍步河梁，高天浄無滓。儻值身心閒，景物覩尤美。因羡耦耕人，銷聲向雲水。

薄暮自樅陽渡江赴九華

名山如勝友，未見意難忘。即事得餘隙，扁舟下夕陽。閒情戀雲水，浪迹暫家鄉。身世何終極？空嗟去日長。

送楊黄在北歸

吾衰駒隙短，君去塞雲高。嘉會生難再，離心别後勞。風霜隨客路，藥餌仗兒曹。何日還三徑，音書附羽毛。

展斷事公墓二首

不拜稱元詔，甘爰十族書。壯心同嶽柱，寒骨委江魚。天壤精英在，衣冠想像餘。拜瞻常怵惕，忠孝檢身疏。

高皇肅人紀，義氣懍環瀛。作廟褒余闕，開關送子英。微臣知國恥，大節重科名。嗚咽窮泉路，應隨正學行。

川姑墓

欲踐曹娥迹，孤嫠誰保持？門纓中有變，節孝兩無虧。七十不環填，千秋作表儀。忠魂應少慰，有女是男兒。

輓李餘三方伯三首

盛夏軒車至，精强倍往時。誰知交手别，永與故人辭？六郡遲膏雨，三吴滿涕洟。衰殘失素友，愁病更難支。

金門同載筆，玉壘數遺詩。萬里面如覿，千秋事所期。官移臨震澤，天與豁離思。再會無私語，劬躬答主知。

公既爲邦伯，翻稱門下生。自慚無道術，焉敢正師名？抱病仍求益，憂民實至誠。斯人若弦翦，終古志難平。

别葉爾翔

四海故人盡，爲君一繫舟。衰殘良會少，謦咳宿心酬。八十苦無食，千秋豈暇謀？自慚籌莫助，別後重離憂。

孔明躬耕咏懷[一]

堯禹坐茅茨，憂民痗心腑。由光偷樂人，安能茹茲苦？萬物正熙熙，春陽冒九土。天與解其弢，深耕待禾黍。

十月三十日敬步聖制韵三首

逾紀誠和康濟心，萬邦黎獻涕沾襟。昭哉嗣服能無逸，允矣操行罔不欽。致慤致哀經禮

〔一〕本篇以下，輯自方望溪遺集詩賦類，第一二三至一二八頁。孫葆田於望溪文集補遺附記云：「此集業已刊行，續於宋氏鈔本舊雨集内録得望溪詩一首，今補刊於後。」

協，善承善繼孝思深。紹庭上下精誠格，陟降遥知必鑒臨。

縞素殷憂日萬幾，仔肩懲艾益銜悲。絲綸每布先皇德，億兆彌深没世思。夢覺音容追莫逮，晨昏物候感無時。盹盹大孝尊親志，惟有于昭在上知。

絶望烏號近七旬，每逢殷奠拊心頻。方虞聖主懷憂過，況值常年拜慶辰。恤宅哀誠能動物，敷天感動若思親。吞聲飲泣無終極，負罪銜恩一具臣。

旅夜

似此月明好，吾翁應夜游。柴門猶未掩，懶僕必深愁。書罷伯兄困，尊空老母謀。相看問游子：歲宴倘無憂？

市裘歌呈高素侯先生

西山黄雲鬱壘壘，堀堁冬聲動地起。江東布衣初入燕，虚館空囊氣銷委。故裘禿落不蔽骭，短袖納風中肌理。吾師賜裘裘乃重，意内已若無三冬。涉月層冰叠飛雪，依然項背冷如鐵。

吾師分賜金，入市問賈客。一裘頗豐温，又不失寬窄。更衣緩步過朋遊，歸來四體皆和柔。無褐無衣紛布路，男呻女唧誰爲謀？故裘吾翁十年着，與我遠游壯行橐。近聞㓹雪棹寒江，多恐無裘意蕭索。附書江東言我煖，吾翁無裘意亦滿。

大橋道中

仲冬日傍午，原野潛春和。浮光映遠林，渺如隔長波。登城疾適已，耳目清羅羅。動息暫自得，身心非有他。乃知二十年，負此時物多。逝將解羨絏，農力南山阿。

池陽道中

追程夜半經池陽，月華正泛天中央。秋空四野群動息，此時造物流英光。雲山蒼茫如夢裏，心魂到處曾栖止。中天事業等浮雲，昔者常迷今悟此。

柬某人

之子早通貴，蕭然湖海心。詩情塵外得，禪悅世中深。塞草連天白，寒蛩繞砌吟。知君尚幽獨，不畏旅懷浸。

探雉卵（輿州兒工探雉卵）

巢林猶被毀，況爾迫田中。飲啄神方旺，歸栖卵已空。伏雛情自苦，聞雊蹟偏工。何日行春令，斑斑出短蓬。

九日徐蝶園招同郭青岩劉大山錢亮工顧用方游藥地庵分韵二首

佳節登臨約已頻，漫空無奈雪紛綸。天開晚霽聯游騎，菊飲寒姿悄向人。福地幽偏洵可樂，素交披豁不嫌真。他年此會應難得，賢達天涯盡比鄰。

千秋楓桕擁城闉，一度看來一度新。不借丹黄成繪畫，更教冰雪澡精神。將行暝色頻催句，欲老秋光轉泥人。從此公餘常系馬，霜華可耐兩三巡。

咏古二首

陶潛經世人，心不關沮溺。觀其愍春蠶，自待儔禹稷。日夕藝東皋，憂勤猶運甓。春風沂水情，孔顔宜命席。

退之豪雋人，省身殊草草。哆口蹈丘軻，爵位苦不早。其志則剛强，於經實洞曉。端坐孔庭間，千秋作儀表。自知有時明，文書可傳道。

賃居孫氏水亭〔一〕

畏途歷盡得安居，白首歸來萬卷書。買取龍潭一溪水，愛他明月映窗虚。

〔一〕直本題下注：「見上元朱緒曾編國朝金陵詩徵卷四十三。」

雲莊西湖漁唱題詞四首

蔚兹雲莊，面湖負岡。與莊上下，雲影天光。一解

君子居之，白傅是師。如雪之潔，悠悠我思。二解

漁唱三百，溯洄古昔。願言式從，以永朝夕。三解

高懷清言，企彼稚川。著書以老，汲井似仙。四解

登泰山絶頂〔一〕

泰岱千盤上，春霄有路通。垂天雲似翼，浴日海如虹。孔子登臨處，吴門匹練中。曾傳七十代，於此告成功。〔二〕

〔一〕直本題下注：「録朱豫東田國朝詩萃卷三，原注」；又有劉聲木按：「此詩從同邑陳鶴柴布衣詩編皖雅初集録出，己巳二月排印袖珍本。」

〔二〕直本詩尾有「朱東田曰『渾雅』，原注」。

斷句〔一〕

急務莫如存夜氣，衰年尤在惜分陰。

和趙夢白讀史斷句〔二〕

蕭曹志事仍秦吏，管葛君臣變古交。

〔一〕直本題下注：「此詩從吴江王罕曾明經元文北漢詩集自注中録出，原係榜於侍郎讀書堂者。」

〔二〕直本題下注：「見長樂謝章鋌枚如稗販雜録。」

方望溪文集全編卷三十〔一〕

讀書筆記

先生説經史雜記數十則，得自高密單氏，并非全書。原本凌亂無序，蓋當日隨筆記録者，故未編次。予略爲類其先後，正其脱誤，去其不必存者，名之曰讀書筆記。昔人謂前輩讀書，一字不肯放過，觀此可見先生讀書之苦心矣。因附刊之。鈞衡識。

易

五有不可以君位言者，旅與明夷之類是也。坤，純陰，五不可以君位言明矣。然或遭時之變，君方沖幼，天下事皆聽於攝主，雖居人臣之位，實執人君之權，故周公特取象於「黄裳」。黄，

〔一〕本卷原爲望溪集外文補遺卷二。

色之貴也。裳，衣之下也。象以黄者，執人君之權，而又有君人之大德，義取於位之尊，德之中也。象以裳者，守人臣之分，而常存事君之小心，義取於性之柔，地之道也。孔子復以「黄中通理，正位居體」釋之，而義益顯矣。黄中義取於德之中，正位義取於位之尊，通理義取於德之順，居體義取於地之卑也。「美在其中」以下，又合「黄裳」之義而極贊之。盡此義者，其惟伊周乎？霍光則剛而不中，亢而不下，禍災無所避矣，失「黄裳」之義故也。此條，單本標題讀易偶筆。先生是書已佚，蓋説易之僅存者耳。鈞衡識。

書

「底至齊信，用昭明於天下。」王巽功曰：「謂至於成王能與文武齊，而爲天下所信也。」此説甚善。蓋群臣可言「新陟王」，而康王不得爲是稱也。曰先王，則即遠之辭，故以「底至」虚涵其義，而「齊信」則承上「丕富不務咎」而言，謂與文武齊而信有此實德美功，用能昭明於天下也。

詩

蘇子瞻謂三良殉君，猶齊客之從田横。蓋據應劭之説，其實非也。果爾，詩不宜曰「臨其穴，惴惴其慄」矣。

周官

周官「太宰」：「五曰刑典，以刑百官。」注家釋以刑罰，非也。荀子彊國篇：「刑范正。」又曰：「剖刑而莫邪已。」

禮記

古者，君薨而世子生，三日，少師奉子以衰見於殯宫。子拜稽顙，哭踴，少師實代之。則小子王受諸侯之朝，必攝主奉之可知矣。公羊成十五年傳曰：「文公死，子幼，公子遂謂叔仲惠伯曰：『君幼，如之何？』叔仲惠伯曰：『吾子相之，老夫抱之，何幼君之有？』」則自周公以後，世守爲憲典矣。先儒皆知周公負扆朝諸侯之妄，而未有以抱成王正之者。今證以家語、尚書、荀子，宜出明堂位於禮記，而凡言周公踐阼者，皆薙芟焉可也。

漢武帝畫周公負成王以朝諸侯之圖賜霍光，則自西漢以前，絶無周公踐阼之誣可知矣。負王於背，非所以爲儀，乃自後擁之，使王背負己，即家語所謂抱，荀子所謂屏成王，負扆而坐也。成王立，公跪而擁其後，故負扆耳。禮曰：「子始生，卜士負之。」始生之子豈可負於背？亦謂襁抱，使子面向前而背倚抱者，故謂之負耳。

朱子曰：「祖在父亡，祖母死，亦承重。」按禮記：「祖殁，而後爲祖母後者三年。」即父殁，而後爲母三年之義也。後世父在，爲母三年，則祖在，亦可爲祖母承重矣。

問居喪，尊長强以酒。朱子曰：「勉徇其意亦無害，食已復初可也。」按記曰：「既葬，君大夫、父之友食之，不避粱肉，有酒醴則辭。」

問：祭殤幾代而止？朱子曰：「禮經無所見。」按祭法：王下祭殤五，諸侯三，大夫二，士庶人祭子而上。

或問：主祭者不可以祭及叔伯之類，朱子答之云云，尚恐未安。按禮：支子爲大夫，當立曾祖廟、祖廟於世嫡之家，而己獨得立父廟。庶子則父廟亦立於嫡子之家。士亦然。支子祖禰之廟，本不立於承曾祖嫡孫之家。朱子所謂「子不得祭其父母」，與「次日，令次位子孫自祭其祖父」，似皆祭於曾祖之廟。又以祖禰之廟皆立於承曾祖嫡孫之家，誤矣。

春秋

周官司服：「爲天王斬衰。」吴越語稱「天王」。説春秋者，謂孔子創制立名，繫王於天，誤。

春秋經：魯有二單伯，猶王使至魯者，有二榮叔，乃其子孫行次同，而因以爲號者。

莊元年：文姜去氏，以淫於同氣。又會濼，已明著姜氏，則孫齊雖去氏，而衆知其爲姜也。哀姜孫邾，若獨稱夫人，則不知其爲姜氏，而疑於邾女之爲魯夫人者矣。

莊十二年：「紀叔姬歸於酅。」胡文定謂「紀宗廟在酅，叔姬歸奉其祀」，非也。記曰：「舅没則姑老，冢婦所祭祀賓客，每請於姑。」姑不主祭而屬之冢婦，以祭必夫婦親之故也。季奉紀祀，叔姬何與焉？案杜注：「紀侯去國而死，叔姬歸魯。紀季自定於齊而後歸之，全守節義，以終婦道。故繫之紀而以初嫁爲文，賢之也。」鈞衡識。

定八年：「從祀先公。」不言大事、有事，示陽虎所爲，而不出於公也。

左傳

僖五年：「泰伯不從，是以不嗣。」先儒或以泰伯不從，證太王有翦商之志，非也。仁山金氏、胡雙湖已詳辨之。

僖十五年：「晉侯使郤乞告瑕吕飴甥。」注：「瑕吕，姓。」非也。瑕，河上邑，蓋飴甥采地，而吕則其姓，故下稱吕甥。既舉瑕，復舉陰者，並食二邑，猶季子稱延州來也。

文六年：「引之表儀。」表謂會朝表著之位，儀謂動則威儀之節。

宣十二年：「軍行，右轅，左追蓐。」周官齊右：「王乘則持馬。」道右：「王出入則持馬。」鞌之戰，鄭丘緩爲右，曰：「苟有險，余必下推車。」則右轅者，謂過險及登阪下阪，右必下持轅以防傾側也。「廣有一卒」，謂二廣中每乘有百人也。「卒偏之兩」，謂偏旁相輔，每卒又補以二十五人也。

成二年：「先王疆理天下，物土之宜，而布其利。」物，物色之也。周官載師：「掌任土之法，以物地事。」

襄十七年：「晏嬰苴絰帶杖。」謂首絰要帶及杖皆苴也。注誤。案荀子注：「苴杖，謂以苴惡色竹爲之杖也。」鈞衡識。

襄二十三年：「美疢不如惡石。」當從蘇子瞻所引用作「炙」。國語：「厚味實腊毒。」故曰：「炙之美，其毒滋多。」

襄二十五年：楚「蔿掩書土田，度山林，鳩藪澤。」古者，山林藪澤，不賦於民，而官守之。故度其廣狹，鳩其民人，而爲之守禁。於山林言度，於藪澤言鳩，互相備也。注誤。

襄二十九年：「詩曰：『洽比其鄰，昏姻孔云。』晉不鄰矣，其誰云之？」據此，云當以稱説爲義。蓋小人私厚所親，其瑣瑣之姻婭，必甚稱其德美也。

昭元年：「茲心不爽，而昏亂百度。」「茲」當爲「滋」。

昭五年：「叔孫昭子曰：『豎牛禍叔孫氏，使亂大從，殺適立庶。』」注：「使從於亂。」非也。從，順也。立適，順也。殺適立庶，是亂大順也。

昭六年：「亂獄滋豐。」本周官訝士「四方有亂獄，則往而成之」。

昭九年傳：「豈如弁髦，而因以敝之。」弁即緇布冠。始冠之冠與始作之髦，皆置而不用；久則敝壞，故曰因以敝之。

昭二十六年：「齊有彗星，齊侯使禳之。晏子曰：『無益也，天道不謟，不貳其命。』」言天道不以諂媚，而改其所命之禍殃也。注誤。

定四年：「武城黑謂子常曰：吴用，木也；我用，革也，不可久也。」用木謂乘舟，用革謂乘革車。楚濟漢而陳，史皇以其乘廣死，以是知用革爲革車也。舟載資糧百物，故可久。車則芻秣脱駕，勞衆費材，故利速。吴舍舟於淮汭，資車糧於唐蔡也。

哀公三年傳：「桓、僖災。」「命周人出御書。」蓋先王所賜之書，傳所謂典册是也。故司典者，命之曰周人。「自大廟始，外内以悛。」「悛」當作「竣」。齊語「有司已於事而竣」，注：「竣，退伏也。」蓋退伏其所，以待上命。注誤。

公羊穀梁

公羊莊四年傳：「然則齊、紀無説焉。」承上文諸侯相見，「號辭必稱先君以相接」，而齊、紀則無可稱説，以有不共戴天之讎也。

公羊宣六年傳〔一〕：「趙盾就而見之，則赫然死人也。」赫然，可畏怖貌。注誤。

穀梁昭四年傳：「慶封曰：『子一息，我亦且一言。』謂子姑一息而不言，我亦且有言也。」

〔一〕「宣」，原作「文」，據公羊傳改。

國語國策

晉語士景伯如楚章：「夫以回鬻國之中。」中謂成獄之辭。周官小司寇「登中於天府」、「士師受中，協日刑殺」是也。

楚語左史倚相見子亹章：「倚几有誦訓之諫。」即周官誦訓也。注誤。

趙策或謂建信君章：「葺之軸，令折矣。」「令」當作「今」。

魏策秦召魏相章：「舍於秦。」「舍」當作「合」。

韓策秦圍宜陽章：「是自爲貴也。」「貴」當作「責」。

史記

汲鄭傳言刀筆吏「以勝爲功」，謂以求勝於民而自爲功也。又言御史大夫張湯「内懷詐以御主心」。御，迎也。詩：「百兩御之。」曲禮：「大夫、士必自御之。」

韓安國傳備載王恢之逗橈受誅，以安國盡護諸軍，追兵至塞，度不及而罷；及恢自度不敵而罷兵，安國皆與有責也。正與後文「及護軍後稍斥疏，下遷」相應，非枝贅也。

貨殖傳「夫天下物所鮮所多」至「大體如此矣」，應移置「燕、代田畜而事蠶」下，此錯簡也。

漢書

景武昭宣元功臣表稱「春秋列潞子之爵」，應劭以爲列諸會盟。雖經文未嘗檢校，唐以前經學之疏如此。

綱目

周安王十一年：「齊田和遷其君貸於海上。」和遷其君及命爲諸侯，皆不書大夫，與三晉之封異文，何也？和遷其君而求爲諸侯，不待書而知其爲齊臣。若命三晉，爲綱目立文之始。其逼君竊國之迹未前見，不書晉大夫，則不知其爲何人，而與建國以崇德報功者，無異矣。

赧王十年：「魏冉弑其君之嫡母，出其故君之妃歸於魏。」不書姓氏與謚者，姓氏無所考；謚則惠文后、悼武后，非名也。即春秋不書吴君葬之義。

郝三十一年：「齊君地出走，其相淖齒殺之。」劉氏書法謂失地不書弑，非也。君父失地，臣子遂得相戕乎？蓋傳寫之誤耳。淖齒，楚所使相齊也；陳莊，秦所使相蜀也。而皆正其君臣之名，所以立人紀，絶詐諼也。

郝三十四年：「楚謀入寇。」於楚書入寇，於韓書伐東周，破其例矣。

諸子

莊子人間世：「外合而内不訾。」言貌相承，而心漫不訾省也。

屈子離騷：「騰衆車使徑持。」舊説持當作待，非也。周官「旅賁氏」：「車止則持輪。」案：今本作待，蓋後人所改。朱子注：「待，叶徒期反。」由未知此義也。鈞衡識。

淮南子道應：「此所謂筦子梟飛而維繩者。」管子宙合篇云：「不用其區區，飛鳥準繩。」此蓋引其言而字訛也。

淮南子稱婦人産子爲就草。北人卧炕，以草藉席，將産，則去席就草也。

淮南子曰：「禹勞天下而死爲社。」蓋周末雜家因商以後以棄易柱，而爲是説，與内外傳異，於他書無考，無稽之談也。

淮南子曰：「金目可以望遠。」古書多以音近而字譌，金當作晶，即今眼鏡，以水晶爲之也。或曰金石本一類，即以金爲晶也。

荀子勸學篇：「爲其人以處之。」謂尚論古人，必設身以處其地也。注誤。

荀子修身篇：「庸衆駑散，則刦之以師友。」按周官巾車職：「凡良車散車不在等者，其用無常。」校人職：「駑馬三良馬之數。」此以車之散，馬之駑，比人之庸衆也。

荀子解蔽篇：「故口可劫而使墨云。」墨通作默，謂劫之使默使言也。

雜記

傳曰：謂吾姪者，吾謂之姑。退之以稱兄弟之子。似因史記竇田列傳「列跪如子姪」，但漢書承用史記作子姓，則本非姪可知矣。

儀禮小功傳注：「長婦謂穉婦爲娣婦，娣婦謂長婦爲姒婦。」據左傳叔肸之妻不聘，「穆姜曰：吾不以妾爲姒。」伯華之妻稱叔向之妻「長叔姒」，是娣姒皆據婦之年以爲大小也。而記曰「坐以夫之齒」何也？夫若再娶，則有列長而齒最少者矣。故坐以夫之齒，所以正夫家之位而彰公義；稱以婦之齒，所以明女德之順而洽私情：兩行而後各得其分也。

楚語：「士庶人不過其祖。」則庶人祭寢得兼祖，明矣。

周官：入於罪隸者，盜賊之子也。圜土所收教者，罷民也。歐公唐書刑法志引用合而爲一，誤矣。

柳子厚晉問以韓厥之言繫魏絳。

歐陽公瀧岡阡表：「劍汝而立於旁。」「劍」當作「紉」。今石本模糊，亦作「劍」，蓋字形相近，文集既誤「劍」，故其子孫洗碑，亦承誤而鐫之也。案：曲禮「負劍辟咡詔之」，鄭注：「負謂置之於背，劍謂挾之於旁。」歐公蓋用此。容齋隨筆已言之，先生蓋未見也。今歐文則或易爲抱矣。鈞衡識。

史記、漢書所謂「起家」，乃罷官復就其家起之也。後人多誤用。

史記「株送徒」及入財爲郎，二事也。綱目合爲一事，誤。

朱子謂「鄉、遂之兵擁衛王室，不使征行」。與周官不合。又謂「都五百二十家，出七十五人，爲常調之兵。悉調者不用，用者不悉調」。皆不合。又謂「遠郊二十而三等皆并雜税」。不知周無雜税也。

司馬相如長門賦：「妾人竊自悲兮。」二字本管子戒篇。蓋古有是稱。

曹孟德對酒歌：「雨澤如此。」「此」當作「比」。

安世房中歌：「象來致福。」象謂周官象胥，掌傳蕃服之辭言於王者。

嵇康幽憤詩：「恃愛肆姐。」「姐」當作「徂」。謂恃母兄之愛而肆其所往也。

崔實政論：「馬駘其銜。」「駘」當作「紿」。即莊子「詭銜竊轡」之義。晏子曰：「吾見句星在房、心之間，地其動乎？」叩之天文家，未聞此語。

方望溪文集全編卷三十一[一]

史記評語

盧召弓嘗言：「望溪先生評史記真本，藏北平黄氏。」甲辰、乙巳之間，馬平王定甫買得史記評本，不著評者名氏，細察之，與望溪集中讀史記諸文，語意相應，知是望溪評而他人傳録者，亟録存之。望溪别有史記注補正，而兹評所開發尤多，學者由是可悟作史爲文之義法。宜編附文集，而記其所從得如此。仁和邵懿辰識。

五帝紀後具列三代世繫，陳杞世家後具列十一臣之後及三代間封小不足齒列者，乃通部之關鍵。陳、杞以後，不復總束，以衛、晉、鄭出於周，宋出於商，楚出於顓頊，越出於夏，趙、魏、韓瓜分於晉，田氏襲奪於齊，孔子出於宋，無庸更著也。五帝本紀。

[一] 本卷原爲望溪集外文補遺卷二。

左傳所載過氏滅相事，見吴世家，而夏本紀則無之。豈少康復位史遂弗籍而散見他説者，姑别出以傳疑邪？夏本紀。

敬王以後，赧王以前，二百年無一事；以史記獨藏周室，遭秦火而滅，所據獨左傳、國語、國策耳，此遷所以深惜之也。晚周事少，故詳録國策，而義鄙辭佻，不似本紀中語，且與篇首嚴重深廣之體不稱，不若略取事實，芟其蔓辭，爲得體要。周本紀。

秦紀多夸語，其世繫事蹟獨詳於列國，而於他書無徵，蓋秦史之舊也。不載國策一語，體製遂覺峻潔。蓋由國史具存，有事蹟可記故也。秦本紀。

後世碑銘有序，本此。此載群臣之語故繫後，後世序列時君事蹟故以冠於前，而私家之碑銘亦式焉，皆法以義起，而不可易者。泰山石刻無後語，封祠祀天，不敢列群臣名爵也。下諸銘無後語，舉一以例其餘也，備載則贅矣。秦始皇本紀：「維秦王兼有天下。」

與李斯傳異；蓋傳聞不一，無所據以徵其信，故並存而不廢也。秦始皇本紀：「遣樂將吏卒千餘人至望夷宫殿門。」

楚與秦合兵由趙，而怨結於齊。羽之東歸，又二國首難，而其國事亦多端，故因與齊將田榮救東阿，入諸田角立之釁。於救趙，入張耳、陳餘，共持趙柄，以爲後事張本，然後脉絡分明。韓魏及燕，於秦、楚、劉、項興亡，無關輕重，則於羽分王諸將見之。先後詳略，各有義法，所以能盡而不蕪也。項羽本紀：「項梁已破東阿下軍。」

高祖紀獨舉趙歇，而不及張、陳，則羽紀之詳以標前後脉絡明矣。項羽本紀：「當是之時，趙歇爲王。」

因寧昌使秦未還，而側入章邯之降，因邯之降，而追叙羽之救趙破秦。然後以趙高來約，遥承秦使未來，以襲攻武關，遥承攻胡陽，降析、酈。參差斷續，横從如意，章法頗似左傳邲與鄢陵之戰。高祖本紀：「遣魏人寧昌使秦，使者未來。」

項羽本紀：高祖、留侯、項伯相語凡數百言，而此以三語括之。蓋其事與言不可没，而於帝紀則不可詳也。高祖與項伯語，必載羽紀以見事情，則與留侯語，宜以類相從，故於留侯世家亦略焉。且留侯世家，實傳體也。既載「立六國後」問答，復載此，則辭氣近複，而體製亦病於重膇。羽紀則間架闊遠，不病於重膇矣。晉語：齊姜語重耳凡數百言，而左傳以八字括之。蓋紀事之文，去取詳略，措置各有宜也。高祖本紀：「會項伯欲活張良。」

劉、吕之禍，成於分王諸吕，故具列舊封，則後此地勢事情，了然在目，與秦紀將叙孝公修政廓土，先列六國疆界及擯秦而不與盟同。長沙獨標非劉氏以功而王，正與吕氏無功相對。吕后本紀：「是時高祖八子。」

諸詔皆帝戰戰恐懼，克己循道，以懷安天下之大政。他書則各入本傳。觀此，可識本紀、列傳記事與言之義法。孝文本紀。

以下所叙列，視前諸大政爲小，故總束於後。韓歐墓誌，多用此法。孝文本紀：「從代來，即位二十三年。」

春秋之制義法，自太史公發之，而後之深於文者亦具焉。義即易之所謂言有物也，法即易之所謂言有序也。義以爲經，而法緯之，然後爲成體之文。十二諸侯年表：「約其辭文，去其煩重，以制義法。」

六國并於秦，史記爲秦所焚。所表六國事迹，獨據秦記，故通篇以秦爲經緯。六國表序。自漢以後，所用皆秦法。史公蓋心傷之，而不敢正言，故微詞以見之，非果以秦爲可法也。六國表：「傳曰：法後王。」

通篇以世數、年紀爲章法。桓叔受封紀年。武公得國紀年，卒又紀年。武公即位，追叙其父、大父；悼公即位，亦追叙其父、大父。故文公之立，覆舉獻公之子，因以爲章法。文公少而得士紀年，其出也紀年，入而得位紀年，因以爲章法。標齊威王元年，見亂臣不謀而同惡，乃天道人事之極變也。晉世家。

句踐先世無所考，子孫事亦甚略，實傳體也。范蠡謀吴霸越，具見句踐語中。其浮海以後事，不足別立傳，而史公惜其奇，故用合傳體附載於後，非常法也。句踐世家。

秦燒天下詩書，諸侯史記尤甚，爲其有所刺譏。故五國事迹，春秋傳、國語、國策外，見者甚稀，而趙先世事迹獨詳。豈與秦同祖，故簡襄以前之史記無所刺譏者，特存而不廢歟？趙世家。

首舉天下大勢，傷天下不能用孔子也。次舉魯國禍變，傷魯不能用孔子也。孔子世家。

首舉收秦律令圖書，進韓信，鎮撫關中，而功在萬世可知矣。末記與曹參素不相能，而舉以自代，則公忠體國具見矣。中間但著其虚己受言，以免猜忌。雖定律受遺，概不著於篇。觀此，可識立言之體要。蕭相國世家。

條次戰功，不及方略，所以能簡。治齊相漢，止虚言其清浄，不填實一事。曹相國世家。

留侯「所與上從容言天下事甚衆，非天下所以存亡，故不著」。此三語，著爲留侯立傳之大指。紀事之文，義法盡於此矣。留侯世家。

六出奇計，陰謀也。其後避讒，僞聽吕后，亦陰謀也。故用此總結通篇。陳丞相世家。

絳侯安劉氏之功，具吕后、孝文本紀，故首叙戰功，承以「可屬大事其亡」。後獨載懼禍遭誣二事。條侯亦首叙將略，後獨載争栗太子之廢，抑王信、徐盧等之侯。其父子久任將相，豈他無可言者乎？蓋所記之事，必與其人之規模相稱，乃得體要。子厚以潔稱太史，非獨辭無蕪累也，明於義法，而所載之事不雜，故其氣體爲最潔也。此意惟退之得之，歐王以下，不能與於斯矣。

絳侯，則高祖預識其可任大事；條侯，則文帝決其可將兵。絳侯氣質之偏，則東鄉責諸生；條侯則顧命尚席取櫡。微小處亦間出相映，其法蓋取諸左氏。絳侯周勃世家。

「同母者爲宗親。」明其異於古之宗法。五宗世家。

著首傳伯夷之義，言卞隨、務光雖見於他説，而六經、孔子所不道，無從考信。言孔子謂夷、齊無怨，而觀軼詩之意，似亦不能無怨也。因伯夷餓死，而歎爲善者有時得禍，爲惡者有時得福。天道無知，此人情所以不能無惑也。言聖賢所重在行成名立，不以一時之豐瘁榮辱，而亂其德也。言人事無常，天道難知，即没世之名，亦有不可强者；或有所附而彰顯，或無所附而湮滅。其窮於當時，而又無稱於没世者，尤足悲也。本紀、世家、列傳後皆有論，惟伯夷、孟、荀合傳與論而爲一，故無後論。伯夷列傳。

管仲之功，焜耀史籍，於本傳敘列則贅矣。其微時事，則以稱鮑叔者見之，此虚實詳略之準也。其書不可多載，故揭其指要；其事人所共知，故著其權略。晏子之事，亦人所共見，故本傳不復叙列，與管仲同；而總論其爲人，即於叙次其顯名於諸侯見之，與管仲異：此章法之變化也。於管仲傳，舉鮑叔能知其賢；於晏子傳，舉其能知越石父及御者。「三歸反坫」正與「食不重肉，妾不衣帛」反對。觀此，可知文之義法無微而不具也。管晏事迹，見於其書及他載籍者，不可勝紀，故獨論其軼事。管晏列傳。

孫武、吴起論兵，具有書。闔閭破楚入郢，北威齊、晉，武與有力。楚悼王南平百越，北并陳蔡，却三晉西伐秦，以相起，則武與起之戰功，不必言矣。故以虚語總括，而所載皆别事。孫臏在齊，田忌之客耳。其再破魏，主兵者皆田忌，故詳著其兵謀，此虚實之義法也。武與起之書，世多有，於論見之。臏之書則無傳焉，故於傳曰：「世傳其兵法。」楚之戰功，吴起實專之。吴則申胥、華登之謀居多，故曰「武與有力焉」，蓋古人之不苟於言如此。孫子吴起列傳。

荆蠻、吴、越更强，齊、晉伯統並絶，惜魯用孔子而不終也。伍子胥列傳「孔子相魯」。

管子治齊，蕭何定律，皆略而不具，而詳記商君之法，著王道所由滅熄也。商君列傳。

馮驩事見國策，而語則異。蓋秦漢間論戰國權變者非一家，史公所録，與今傳國策異耳。孟嘗君列傳。

平原君所喜，策士也，而終以著書談道之士，因與虞卿著書相映。平原君列傳。

毛遂定從，雖不見國策，而辭頗近。信陵君傳，則全然太史公意趣。豈游大梁得諸故老所傳，而自爲敘次者與？信陵君列傳。

「是歲也，秦始皇帝立九年矣。」與晉世家終書「是歲，齊威王元年也」同義。春申君列傳。

樂氏多賢，故詳其前後世繫，因以爲章法。結趙破齊，具毅報惠王書，故敘次不得過詳。樂毅列傳。

李牧顯功趙邊久矣，至此始書，以相如病篤，趙奢死，廉頗奔，所恃惟牧也。書趙奢破秦後，即具奢始末。書李牧攻燕，後乃詳頗居魏楚事者，牧誅而趙滅矣，更綴頗事於其後，則文氣懈惰。故頗事既終，而後著牧之始迹焉。頗奔牧將，事已前見，而覆舉之以爲前後之關鍵，兼著頗既亡，而牧又不能自安，趙之所以速亡無救也。趙奢、李牧將略，及趙括之敗，具詳始末。假而牧再破秦，頗破齊、燕，復一一敘列，則語蕪而氣漫矣。變化無方，各有義法，此史之所以能潔也。廉頗藺相如列傳。

惜諸人不能直諫，而繫以楚之削與滅，通篇脉絡皆相灌輸。屈原賈生列傳。

夏太后、華陽太后薨葬，不應載不韋傳。以夏太后有「後百年旁當有萬家邑」語，史公好奇欲傳之，而以入秦本紀，則無關體要，故因莊襄王之葬牽連書之，而莊襄王之葬所以見不韋傳。又以後與莊襄王合葬芷陽者，乃不韋姬也。但此等止爲文章波瀾而設，據史法則不宜書。呂不韋列傳。

觀史公所增易，乃知國策之疏。刺客列傳：「乃於邑曰：其是吾弟與？」

此篇乃太史公所自作，編國策者取焉，而芟其首尾。蓋以軻居閭巷間，事不可入國策，高漸離扑秦皇，在秦并六國後故也。後論自言得之公孫季功、董生所口道，則非戰國之舊聞明矣。且先秦人叙事皆廉峭，紆餘曲暢自史公作乃有此。好學深思者，當能辨之。田光之死，不載太子往哭，恐與樊於期事複也。刺客列傳荆軻事。

趙高謀亂入李斯傳，以高之惡，斯成之，秦之亡，斯主之也。其始迹入蒙恬傳，以蒙毅曾治高，當其罪死，而高因此有賊心也。李斯列傳。

漢初文臣，御史大夫與丞相並重。張蒼、申屠嘉兼兩職，故合傳。其餘爲御史大夫者五人，具有聲績，故列叙之。爲丞相者六人，皆無所發明，故總記其名，以爲娖娖備員者戒焉。漢興，爲御史大夫者五人，皆在張蒼之前。張蒼既相，而申屠嘉代之。故於蒼相淮南，預書「十四年遷爲御史大夫」，然後五人之爲御史大夫，脉絡相貫，而主客之分判然。蒼以前爲丞相者，名迹顯著，故不復言。嘉以後爲丞相者六人，别無所表見，故最其名氏，而以娖娖備員蔽之。别有見者，不列，皆義法之不得不然者。張丞相列傳。

賈與尉他語入南越傳，則傷國體，且紀其五君九十餘年事而漫及此，枝且贅矣。再使南越，語不復詳，恐複也。酈生陸賈列傳。

禮書痛漢用秦儀，三代聖制由是沈湮，而成之者實通。然時主之所用也，不敢斥言其非，故於後論隱約其辭，若褒若諷，而希世之污，則假魯兩生以發之。篇首載秦二世之善其對，以爲面諛之徵也。末載原廟之立，果獻之興，著其憑臆無稽，以示所言漢儀法，皆此類也。劉敬叔孫通列傳。

盎忌刻，錯刻深，而鄧公持議平，故得善終，因以爲章法。其子修黄老言，亦與錯學申商相映。袁盎鼂錯列傳。

此篇側入逆叙處，酷似左傳。蓋以吴及六國之敗亡必牽連以書，設篇終更舉周丘之師及漢制詔，則爲附贅懸疣。故因叙吴兵之起，而及周丘之别出；因周丘之勝，而側入吴王之敗走；因吴王之敗走，而及天子之制詔。然後追叙吴、楚之攻梁及，亞夫之守戰，吴王之走死，六國之滅亡，而弓高侯出詔書以示膠西王，亦自然而合節矣。凡此皆義法所當然，非有意側入逆叙以爲奇也。吴王濞列傳。

魏其、灌夫生平事迹，並正叙於前，故武安事迹皆與魏其夾叙。其初起也，著魏其方盛，而卑事之。其益貴用事而下賓客，進名士也，以欲傾魏其諸將相。其讓魏其爲丞相也，以天下士素歸之而用以釣讓賢之名。其好儒術興禮度也，與魏其俱。其益横益驕也，以言事多效，天下吏士皆去魏其而歸之。吏士去魏其歸武安，則魏其與灌夫相歡相倚之由也。武安益横益驕，則怒魏其激灌夫之由也。中間魏其夫婦治具，旦及日中，與武安「往來侍酒，跪起如子姪」相對。灌夫尤敬諸士貧賤者，與武安折詘諸侯王，坐其兄南鄉相對。好陵貴戚有勢在己之右者，爲後争酒駡坐張本，而魏其初致名譽及後鋭身救灌夫，則以「沾沾自喜多易」蔽之。章法蔽遏，俾覽者心怡目眩，而不知其所以然，所謂工倕旋而蓋規矩也。魏其武安侯列傳。

三語括盡安國平生。管子、韓非文有置樞紐於中間，以要綰前後者，後來惟太史公、韓退之能爲此。韓長孺列傳：「安國爲人多大略。」

以「恢奇多詐」，蔽弘之爲人。惟恢奇，故多詐，而天子以爲敦厚也。惟天子以爲敦厚，故不惟汲黯之詰不能動，即左右佞幸之毁亦不能入也。其稱「人主病不廣大」，及陽屈於買臣之議，陰禍主父，徙董相，詐也；而使匈奴，還報不合上意，數諫通西南夷，築朔方，置滄海郡，汲黯廷詰，反稱其忠：使天子察其行而以爲敦厚，所謂恢奇也。黯詰以背約不忠，則曰：「知臣者以臣爲忠，不知臣者以臣爲不忠。」黯詰其儉以飾詐，則曰管仲侈擬於君，而桓公以霸；晏嬰下比於民，而齊國亦治。所謂「辨論有餘」也。淮南、衡山之反，泛引傳、記，使覽者莫識其意向，而究其隱私，則自引咎，以釋人主之慚。所謂習文法，而又緣飾以儒術也。凡此類，皆以恢奇行其詐也。天子報書：一則曰君宜知之，再則曰君宜知之，而其曲學逢君，飾詐不忠之實，不可掩矣。平津侯主父列傳。

史記所載賦、頌、書、疏甚略，恐氣體爲所滯壅也。長卿事迹無可稱，故獨編其文以爲傳，而各標著文之由，兼發明其指意以爲脉絡。匪是，則散漫而無統紀矣。司馬相如列傳。

備著淮南二王逆節，見漢法非過也。厲王反迹，皆於獄辭具之。故安之事既畢叙，乃曰「伍被自詣吏，告與淮南王謀反蹤迹如此」，而獄辭則甚略。觀此傳，益信淮陰之枉。始則詐而禽之，而告反者無聞也。既則詐而斬之宫中，而上變者無徵也。使果有蹤迹，何難具獄而明徵其辭哉？著以傳著，疑以傳疑，俾百世以下，可尋迹推理而得其情，此之謂實録也。淮南衡山列傳。

循吏獨舉五人，傷漢事也。孫叔順民所欲，不教而從化，以視猾賊任威，使吏民重足一迹，而益輕犯法者何如？子産既死，而有遺愛，以視張湯死而民不思，王温舒同時五族，而衆以爲宜者何如？公儀子使食禄者不得與民争利，以視置平準、籠鹽鐵、縱告緡以巧奪於民者何如？石奢、李離以死守法，以視用愛憎橈法、視上意爲輕重者何如？史公蓋欲傳酷吏，而先列古循吏以爲標準。故序曰：「奉職循理，亦足以爲治，何必威嚴哉？」然酷吏恣睢，實由武帝侈心不能自克，而倚以集事。故曰：「身修者，官未曾亂也。」子産事具左傳，故略舉其成功。循吏列傳。

黯治東海，爲九卿，徙内史，居淮陽，不填實一事，止虚言其性情氣象，略舉其語言及君臣上下之嚴憚，遂使千載下可聞風而興起。必如此，乃與黯之爲人相稱。「黯學黄老之言」，「好清静」，正與武帝及諸臣好興事病民相反。「治務在無爲而已」，語近複，然前郡守之治，後九卿之治也，其體各異，故分言之，且與張湯「文深小苛」、武帝「分别文法」反對。「面折犯顔」云云，亦與公孫弘「懷詐飾智」、「阿諛取容反對。此傳傷武帝有社稷臣，克知灼見，而終不能用也。篇首稱黯「以數直諫，不得久留内」，則進言多矣。爲右内史，守東海、淮陽，列九卿，事迹衆矣，而見於傳者止此。蓋非關社稷之計，則不著也。其直攻武帝之多欲，社稷臣所以格君也。矯節發粟以振貧民，奉使東越不至而返，諫征匈奴，迎渾邪，罪民匿馬及賈人與市者，社稷臣所以安民也。面詰弘湯，責李息，社稷臣所以體國也。始仕爲太子洗馬，即以莊見憚。及列九卿，與丞相、大將軍亢禮。致天子敬禮，不冠不敢見。社稷臣所以持身也。史公於蕭相國，非萬世之功不著；於黯，非關社稷之計不著：所謂辭尚體要也。黯之爲社稷臣，不獨莊助知之，淮南謀逆者憚之，武帝實自發之，而終不能用，則内多欲之故也。黯之爲人，不獨衛人憚之，大將軍賢之，即武安侯亦不聞含怒，而弘、湯獨深心嫉之，欲擠之死，則弘、湯爲人，又出武安侯下矣。「人果不可以無學」，篇首稱黯好學，正與此語反對。以黯爲無學，故以儒術任弘也。汲鄭列傳。

寧成、周陽由之前，不過吏之治酷而已。趙禹、張湯而後，則朝廷之用法益刻，由上以爲能，而丞相弘數稱其美也。因湯與禹共定律令，而及其交驩，因交驩而及其爲人，以其後湯敗，天子使禹責之，因以爲章法也。故不與禹事連書，而入湯傳。「湯爲御史大夫七歲敗。」湯所以敗，事緒多端，非用此爲關鍵，則散漫無紀。「三長史皆害湯欲陷之」，句法與先揭「湯爲御史大夫七歲敗」同。禹與湯同起，而死在湯後，故牽連以書。縱守南陽，寧成奔亡，而其迹終焉，故敘列於此。「後一歲，張湯亦死。」湯誅在縱後，以天下事皆決於湯，故連書其敗露誅死之由，不暇書其年，至是始補記年歲也。尹齊與温舒相代爲中尉，而死又相次，故牽連以書。減宣出前早而繫於篇終，其死後也。禹湯尚能貧，而周則家訾累巨萬矣。郅都尚能死節官下，不顧妻子，而周且爲子孫營窟，故以是終篇。酷吏列傳。

「大宛之迹，見自張騫。」漢伐大宛，在張騫死後，而此篇前幅，乃通西北諸國事。非此二語，首尾不能相應。諸國地勢道里，皆以大宛四面言之，列序諸國皆牽連大宛，以爲征宛立傳也。「騫因分遣副使」云云，大宛之迹，見自騫使月氏，其兵端起於使西北國者稱宛多善焉，故用此爲關鍵。此篇前半記通使西北國，後半記以通使起兵端而終於伐宛。故因烏孫獻馬，預入後得宛馬，以爲中間之關鍵，而通烏孫乃騫本謀，故特書「自博望侯死後」與篇首相應，然後首尾脉絡，併相貫注。「烏孫多馬，其富人至有四五千匹馬。」二語非多駢，見烏孫富人有馬至數千匹，則其王以馬千匹聘漢女，未爲重幣，而漢君臣廷議，要以必先納聘始遣女，大辱國也。「使端無窮」，每遣齎金幣直數千萬，而所得僅此。與後「天下騷動，傳相奉伐宛」，而僅得「善馬數十匹，中馬以下三千餘匹」相應。大宛列傳。

此篇文氣類班孟堅，非褚少孫所能作。「余至江南」以下，義支辭弱，或少孫增入耳。龜策列傳。

嗜欲既開，勢不能閉民欲利之心，而反於至治之極，故善者亦不過因之、利導之而已。其次教誨整齊，猶能導利而上下布之。最下者與争，以心計取之，所謂不加賦而國用自足也。古者，國有分土，民安其居，無遠商大賈，故略舉各地所出，此善者之所因也。「農而食之」云云，此因之、利導之之事，虞夏以來之政術也。太公、管子教誨整齊之事，王道之始變也。太公、管仲，富國之巧者也。計然以富家之術施於國，則少貶矣，故别之於太公、管仲。陶朱公、子貢、白圭，富家之巧者也，故並以能試所長許之。倚頓而下，則商賈之誠壹者耳。時富商大賈得與王者同樂，而封君低首仰給，所謂得勢益彰也。不敢顯言，故陰以子貢之事當之。謂子貢之所以顯聞，乃不以其學而以其財也。秦皇帝客巴清，與尊卜式略同。漢興，海内爲一，舟車無所不通，故詳載行賈之地，道里疆界所湊，并及其民性質習俗。貨殖列傳。

韓厥陰德事，於傳無考。太史公自序。

方望溪文集全編卷三十二[一]

評點柳文

獻平淮夷雅表

評云：表簡而則，雅亦典蔚。但韓碑古在意義，此獨句讀不類於時耳。蓋退之志在約六經之旨以成文，而子厚則較文字之工於毫厘分寸間也。

鐃歌　苞枿章

「以安曰」○「曰」無下畫。

[一]　本卷輯自方望溪遺集附録一，第一二九至一六〇頁。

貞符

「堯曰克明俊德」以下○評云：「摹畫秦、漢人，形貌亦近，而無可咀味。」

封建論

評云：「議論英發，而筋骨或懈。」

起首評云：「起勢雄奇，按之則無理實。」

「不初」○旁批：「稚。」

「夫假物者必争」至「刑政生焉」○句圈。

「挾中興復古之德」○旁批：「氣弱。」一作：「詞豐而氣弱。」

「時則有叛人」九字○圈。

「咎在人怨」○句圈。

「非郡邑之制失也」○句圈。

「時則有叛國」九字○圈。

「時則有叛將」九字○圈。
「失在於制」○二句連圈。
「失在於政」○二句連圈。
「天子之政」至「不制其侯王」○句圈。
「及夫郡邑」○旁批：「氣弱。」
「公之大者也」至「自秦始」○句圈。

四維論

「若義之絶」至「果絶乎」○連點。
「苟得矣」至「羞矣」○三句二圈。
「則義果存乎」○五字連點。

守道論

「道之器也」至「之事者」○四句二圈。

「凡聖人之所以爲經紀」至「無非道者」○三句二圈。

時令論上

「凡政令之作」至「而行之者」○三句二圈。

「斯固俟時」至「人時者也」○二句二點。

「則其闕政」至「行之者也」○二句二點。

「然則夏后」至「逸矣」○連點。

刑斷論下

「胡不謀之」○旁批：「稚。」

「是知蒼蒼者焉」○旁批：「稚。」

「是亦必無而已矣」○旁批：「佻。」

「以諂是物」○旁批：「稚。」

「權也者，達經者也」○一句二圈。

辨侵伐論

「正其名，修其辭」○旁批：「承接不洽。」

「其憐雖大」○旁批：「晦澀。」

「文告修文德」○評云：「滿腔私意以詁聖人之經，可乎？」

「而罕知」○旁批：「稚。」

「是以有其力」○旁批：「强合。」

六逆論

「何必曰亂」○旁批：「稚。」
「其爲理本大矣」○旁批：「稚拙。」
「而降守是爲」○旁批：「稚。」
「而欲世之多」○旁批：「稚。」
「可知及化者」○旁批：「稚晦。」

晉文公問守原議

「然而齊桓」以下○評云：「轉折辟强。」
「誤之者晉文公也」○旁批：「無謂。」
「嗚呼得賢」至「失問也」○連點。
「然猶羞」至「兩失者」○連點。
「其何以救之哉」○句點。

駁復仇議

評云：「義理切著，文亦勁暢。退之以文墨相推，以有此種耳。」

「其本則合」至「而并焉」○三句二圈。

「蓋聖人之」至「而已矣」○四句二圈。

「若元慶之父」至「其私怨」○四句一圈。

「是守禮而行」至「何誅焉」○連圈。

「其或元慶」至「於法」○四句二圈。

「是非死於吏」至「何旌焉」○連圈。

「是必達理」至「仇者哉」○連點。

桐葉封弟辨

評云：「此篇苦效韓公子郤克分謗篇。」

「王之弟當封耶」至「以成之也」○四句二圈。

「設有不幸」至「從之乎」○連點。
「設未得其當，雖十易之，不爲病」○二句二圈。
「若戲而必行之」二句○句圈。
「或曰」至「成之」○連點。

辯列子

評云：「古雅澹宕」。
「魯穆公時」至「知其時」○句點。
「然觀其辭」至「而已矣」○連點。

辯文子

評云：「意致妙遠，在筆墨之外。」

論語辯上

評云：「此二篇幾可與韓子并駕争先」。

「或曰」至「之徒也」〇連點。

論語辯下

「論語書記」至「是何也」〇三句二點。

「故於常常」至「而立之」〇連點。

辯鬼谷子

「幸矣」至「過矣」〇連點。

辯晏子春秋

「皆録之儒家中」至「不若是」○句點。

「非晏子」至「道也」○連點。

辯亢倉子

辯鶡冠子

「吾意好事者」至「之決也」○連點。

「何以知其」至「不類」○連點。

箕子碑

「於虖」至「於斯乎」○句圈。

評云：「數語卓立，惜前幅體制不雅。」

碑陰文

評云：「諱字誤用。」

曹溪第六祖碑

「以爲心術」○旁批：「稚晦。」

「在帝中宗」下○評云：「事不足稱而辭特古。」

碑陰記

「吾不動矣」○旁批：「稚。」

龍安海禪師碑

「其異是者」○旁批：「俗套。」

「復其初心」○旁批：「稚。」

衡山中院大律師塔銘

「瓚公言」○旁批：「稚。」

「嗚呼始終哉」○旁批：「稚。」

段太尉逸事狀

「太尉曰副元帥」○評云：「頗傷於繁，蓋以狀迫遽中口語複沓，然終是作者精神衰散處。」

故銀青至柳公行狀

「其蒞政」〇評云：「時弱幾近明、宋人。」

國子司業陽城遺愛碣

唐故給事中皇太子侍讀陸文通先生墓表

唐故衡州刺史東平呂君誄

評云：「序排而不害其古，誄則辭費而旨淺。章法亦散漫。」

「道不勝禍」八字〇連點。

「嗚呼」以下〇評云：「枝蔓無理。」

故永州崔君志

唐故萬年裴君碣

呂侍御恭墓志

「渢渢之風乎」○旁批：「無謂，與下義不屬。」

唐故嶺南經略馬君志

唐故安州刺史孟公墓志銘

故連州員外淩君志

故嶺南鹽鐵李侍御志

亡友獨孤君碣

故襄陽丞趙君墓志

東明張先生墓志

「或曰先生」○評云：「前後韻語，而間以問答，散文銘辭無是體。」

「吾曰道去友耶」○旁批：「佻而稚。」

覃季子墓銘

故叔父侍御府君墓版

「嗚呼分闔委政」○評云：「意鄙而辭庸。」

「孝如方輿公」○旁批：「俗套。」

志從父弟宗直殯

「洋洋而」至「離」○連點。

「是月二十四」至「志其殯」○連點。

先太夫人歸祔志

「姪」○評云：「傳曰：謂吾姪者，吾謂之姑，非所施於兄弟之子也。史記魏其武安列傳：跪拜如子姪。漢書作姓。豈傳寫之誤而韓、柳諸公過而承用之耶？」

亡姑陳君夫人志

「吾生四十有四年」○評云：「可怪！若再嫁，則法不宜銘。」

亡姊氏君夫人石文

亡妻楊氏志

「及許嫁於我」以下○評云：「若效左傳、國語句調，轉成稚拙。」

「嗚呼痛哉」以下○評云：「子厚志厚姑姊及妻，辭意多雷同，以其體制本不能大遠於俗也。」

故尚書户部侍郎王君先太夫人河間劉氏志文

「獻可替否」以下○評云：「不獨屈諂可矖，志其母而歷序其子之官階，陳其子之功德，於文律亦大乖矣。」
「惟昔孟氏」以下○評云：「擬人不於其倫。」

設漁者對智伯

愚溪對
「雖極汝之所往」○旁批：「醜。」

對賀者

天説

鶻説

朝日説

捕蛇者説

禇説

「不明斯之道」○旁批：「晦。」

乘桴説

「聖人至道之本」○旁批：「不可通。」

説車贈楊誨之

「非衆車之説也」○旁批：「其義何居？」

「衆車之説」以下○評云：「鋪叙無謂。」
「是故任而安之」以下○評云：「仍一車之説耳。」
「若輪守大中以動」○評云：「仍一車之説。」
「視叱齊侯」○旁批：「不雅。」

復吴子松説

「於此者征之」○旁批：「稚。」
「問爲物者」○旁批：「晦而稚。」

宋清傳

「今之交」至「遠者乎」○連點。評云：「此子厚以文中最雅飭者，而感慨亦淺。」

種樹郭橐駝傳

童區寄傳

梓人傳

「猶衆工」至「食力也」○連點。
「猶梓人」至「定制也」○連點。
「猶梓人畫」至「於成也」○連點。
「猶梓人之善」至「藝也」○連點。
「猶梓人」至「列也」○連點。
「是誠良梓」至「可乎哉」○連點。

罵尸蟲文

「帝必將怒」○旁批：「稚拙。」

「而苛慝」○旁批：「誤用。」

「然後爲帝也」○旁批：「稚拙。」

「來尸蟲」○旁批：「醜。」

「尸蟲逐禍」○評云：「通體可笑。」

宥蝮蛇文

「且彼非」至「氣甚禍賊」○五句二點。

「雖欲不爲是，不可得也」○句圈。

吊萇弘文

評云：「子厚擬騷之篇，格調似出七諫、九懷、九歎、九思之上，而義藴亦淺。」

吊屈原文

伊尹五就桀贊

評云：「將以是自解耶？有伊尹之志則可，有伊尹之道則可。」

梁丘據贊

「豈惟賢不逮」至「又況晏氏」〇連點。

霹靂琴贊引

「天下將不可載焉」○旁批：「稚。」

師友箴

三戒

涂山銘

評云：「絶無義藴，詞亦淺。」

武岡銘

舜禹之事

評云：「謗譽咸宜。藴義雖淺，而氣尚清明。此則庸妄人所託，決非子厚作。」

「往之所謂堯者」○旁批：「不成語。」

「而禪天下得之」○旁批：「狂人語。」

東海若

評云：「此等文之丑惡轉無所用指摘。」

讀韓愈所著毛穎傳後題

「而學者得之」○旁批：「稚。」

「而不若」至「陳也」○塗。

「且凡」○評云：「此轉於篇法爲駢枝，而意義亦無歸宿。」

裴墐崇豐二陵集禮後序

「賈誼以經術起」以下○評云：「舉古人之近似者以相擬，最文章惡道，而子厚每蹈之。」

柳宗直西漢文類序

評云：「『殷周之前』以下當別爲一篇。合之，則理體俱失。」

「森然」至「價可也」○塗，旁批：「無謂。」評云：「自明以來陋習，皆此等爲之先驅。」

「而公孫弘」○評云：「儕弘於三君子，亦不可解。」

楊評事文集後序

王氏伯仲唱和詩序

「嗣來京師」○評云：「塵容俗狀，令人不可耐。」

「塡篪」○旁批：「醜。」
「卜氏」○旁批：「可怪。」
「操斧」○旁批：「醜。」

送楊凝郎中使還汴宋詩後序

評云：「庸弱至此！」

送崔群序

「有柔儒温文之道」○評云：「索之無氣。」

送邠寧獨孤書記赴辟命序

「諭告西土」○評云：「又用此惡套！」

同吴武陵送前桂州杜留後詩序

評云：「以譬喻發端，亦惡道。」

送幸南容歸使聯句詩序

評云：「援古證今，近世村師幕賓皆用此爲活。」

「合度於易於之間」○旁批：「用古，醜甚！」

送苑論登第後歸覲詩序

「於太常」○旁批：「可怪！」

「余拜而兄之」○旁批：「稚。」

「在兄而已」○旁批：「佻。」

「遐登王粲之樓」○評云：「以古蹟點綴，亦惡道。」

送蕭煉南歸序

「如九江之拜」○旁批：「稚。」

送班孝廉覲省序

評云：「歎美其人之上祖，亦惡道。」

「舅氏珠玉」○旁批：「浮佻醜惡！」

送豆盧膺秀才南游序

「豆盧生，内之有者也」○旁批：「稚。」

「是固所以有乎内」○旁批：「稚而晦。」

同吴武陵贈李睦州詩序

評云：「此篇頗簡勁，惜結束無力。」

送南涪州量移澧州序

「其往也」○旁批：「稚。」

送薛存義序

送李渭赴京師序

送嚴公貺下第歸興元覲省詩序

「有魏絳之金石焉」○評云：「又用此伎倆！」

送元秀才下第東歸序

「庶周乎」○評云：「周字恐誤。」

送辛殆庶下第游南鄭序

「半孔徒之數」○評云：「求雅得俗。」

「方之於釣者」以下○評云：「退之亦間設吟，而不若子厚之膚庸且數見不鮮。」

「文昌下大夫」○旁批：「求雅得俗。」

「抑而不歎」○旁批：「佻而稚。」評云：「短札中有此亦成俗套，況記序乎？」

送從弟謀歸江陵序

「吾不智觸罪」○評云：「突入此語，與上下文義不貫，是謂枝綴。」

送瀨序

送内弟盧遵游桂州序

送表弟吕讓將仕進序

陪永州崔使君游宴南池序

愚溪詩序

序飲

序棋

送韓豐群公詩後序

「以是知吾兄矣」○旁批：「稚。」

送元十八山人南游序

送僧浩初序

送浚上人歸淮南覲省序

「故乘韋之比」以下○評云：「惡道。」

監祭使壁記

評云：「務必炳炳烺烺，其實皆世俗人意趣。」

四門助教廳壁記

評云：「直頭布袋，錢牧齋輩所俎豆也。」

武功縣丞廳壁記

評云：「觀子厚諸記，足徵其學無根柢。蓋如此，則每題皆有現成一篇文字，可信筆鋪叙，不假思索矣。」

館驛使壁記

評云：「正大雅飭，柳文之無疵者。」

嶺南節度饗軍堂記

興州江運記

「公命鼓鑄」以下〇評云：「文近頌銘，不以入散體破壞格制。」

譚州楊中丞作東池戴氏堂記

桂州裴中丞作訾家洲亭記

「大凡以觀」至「唯是得之」〇塗去。評云：「陋套削去，轉覺大雅。」

「則凡名觀」至「是亭者乎」〇塗去。

「退讓」二字〇旁批：「稚拙。」

邕州柳中丞作馬退山茅亭記

永州韋使君新堂記

永州崔中丞作萬石亭記

零陵三亭記

零陵郡復乳穴記

道州毀鼻亭神記

永州龍興寺東丘記

永州法華寺新作西亭記

游黄溪記

評云：「學史記大宛傳，尚不見摹擬之迹。」

始得西山宴游記

鈷鉧潭記 此篇原本缺

鈷鉧潭西小丘記

「噫以兹丘之勝」至「兹丘之遭也」○連點。

至小丘西小石潭記

袁家渴記

石渠記

石澗記

小石城山記

柳州東亭記

柳州山水近治可游者記

評云：「此記最高古，無蹊徑。」

「北流潯水瀨下」○評云：「『北流潯水瀨下』六字，當屬『其宇下有流石』後。」一本批：

「『北流潯水瀨下』或衍，或上有闕文。」

寄許京兆孟容書

與楊京兆憑書

評云：「所答三事而聯絡一氣。」

「然立言存乎其中」至「可十七八」〇三句句圈。

與裴塤書

與蕭翰林俛書

與李翰林建書

「足音則跫然」。評云：「跫然，足音非□貌也。」

與顧十郎書

與韓愈論史官書

與吕恭論墓中石書書

「夫僞孝以姦利」以下○評云：「聲調太似左傳，亦破文體。」

「作東」至「其道美矣」○塗。評云：「此段贅甚，理體氣格俱失，削去，乃覺完好。」

「夫以準濟」至「幸甚」○塗去。

「婁子眇然」○旁批：「纖而稚。」

與劉禹錫論周易九六書

答元饒州論春秋書

答吴武陵論非國語書

與吕道州温非國語書

答元饒州論政理書

答周君巢餌藥久壽書

與李睦州論服氣書

「兄陽德其言」以下〇評云：「摇頭瞬目，醜態百出。」

「今使號於天下」以下〇評云：「醜甚。」

「號姻婭則左袒矣」以下〇評云：「更無謂。」

「願椎肥牛」以下〇評云：「惡道。」

答貢士沈起書

賀進士王參元失火書

「僕自貞元」至「足下也」○連點。

「是祝融回禄」至「足下譽也」○連點。

「乃始」六字○塗。

「獨自得」至「出諸口」○塗。

「黔其」至「無有」○塗。

「其實」四字○塗。

「於兹吾」七字○塗。

「二十一」○塗。

與太學諸生喜詣闕留陽城司業書

答韋中立論師道書
答貢士元公瑾論仕進書
答嚴厚輿秀才論爲師道書
答韋珩示韓愈相推以文墨事書
答貢士廖有方論文書
報崔黯秀才論爲文書
答吴秀才謝示新文書

復杜温夫書

上門下李夷簡相公陳情書

上桂州李中丞薦盧遵啓

上大理崔大卿應制舉不敏啓

爲裴中丞賀克東平赦表

柳州賀破東平表

代裴中丞賀分淄青爲三道節度表

代韋永州謝上表

代人進瓷器狀

爲裴中丞伐黄賊轉牒

祭吕衡州温文

又祭崔簡旅櫬歸上都文

祭外甥崔駢文

評云：「本以詭之以志痛，而枝蔓滯拙，轉近於戲。」